"六位一体"
课程创新系列
从课程创新到
学校育人创新

"六位一体"：
普通高中课程自主创新的首都模式

丛书主编：李 奕 杨德军

LIUWEI YITI
PUTONG GAOZHONG KECHENG ZIZHU
CHUANGXIN DE SHOUDU MOSHI

本册主编：杨德军 黄晓玲

北京师范大学出版集团
BEIJING NORMAL UNIVERSITY PUBLISHING GROUP
北京师范大学出版社

图书在版编目(CIP)数据

"六位一体"：普通高中课程自主创新的首都模式 / 杨德军，黄晓玲主编. —北京：北京师范大学出版社，2018.1

("六位一体"课程创新系列)

ISBN 978-7-303-22708-2

Ⅰ．①六… Ⅱ．①杨… ②黄… Ⅲ．①课程建设—教学研究—高中 Ⅳ．①G632.3

中国版本图书馆 CIP 数据核字(2017)第 213000 号

营销中心电话　010-58802181　58805532
北师大出版社高等教育分社网　http://gaojiao.bnup.com
电 子 信 箱　gaojiao@bnupg.com

出版发行：北京师范大学出版社　www.bnup.com
　　　　　北京市海淀区新街口外大街 19 号
　　　　　邮政编码：100875
印　　刷：北京玺诚印务有限公司
经　　销：全国新华书店
开　　本：787 mm×1092 mm　1/16
印　　张：23.25
字　　数：394 千字
版　　次：2018 年 1 月第 1 版
印　　次：2018 年 1 月第 1 次印刷
定　　价：45.00 元

策划编辑：路　娜　　　　　责任编辑：梁宏宇　刘文丽
美术编辑：焦　丽　　　　　装帧设计：焦　丽
责任校对：陈　民　　　　　责任印制：陈　涛

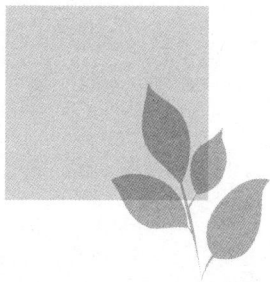

自主·创新·活力·特色

——写在北京市普通高中自主课程创新实验六年之际

北京市在 20 世纪末已普及高中阶段教育，在 21 世纪寻求新的增长和突破，需要进一步打破"应试"与"同质"两大顽疾。2007 年开始的高中课程改革，为我们提供了一个涉及课程体系、学校管理、考试、评价、升学制度、教师教学行为、学生学习行为等方方面面系统变革的载体。焕发学校办学活力，促进高中学校特色发展，实现高中教育战略转型，必须从"课程"这一学校教育的核心要素入手。我们抓住以学生发展为本的改革目标，突出学校以课程建设为核心内涵的特色发展，坚持结合实际，打破束缚，鼓励创造性地实施高中课程，重点推进具有前瞻性、引领性的创新项目，不断探索创新、彰显特色。自 2008 年上半年开始，我们陆续在解决新课程促进学校特色发展、信息化与教学方式变革、通用技术课程建设、完全自主安排新课程等方面启动重点项目。特别是结合国家级体制改革试验，开展了高中自主课程实验和高中特色建设试点项目，以促进高中学校的特色发展和多样发展。

高中自主课程实验，是依据教育发展基本规律、高中阶段教育性质和功能、高中课程的基本特点，在相应政策保障前提下开展的促进学生、教师和学校发展的，以课程建设为核心的以校为本的综合性实验。该实验是在全市平稳推进高中新课程实验过程中，根据北京市高中学校实际，力图探索高中课程创新、增强北京市高中教育活力、形成北京市基础教育课程改革特色的系统设计。在工作方面，力图通过学校自主申报和教委批准一定数量的学校在高中课程改革的背景下进行适当"赋权"的自主创新实验，探索高中新课程改革实施的多种途径和可能实现的突破，促进实验学校学生全面而有个性的发展、教师的专业发展和学校的特色发展，丰富北京市高中阶段优质教育资源供给，把握教育需求与资源供给矛盾解决的有效方式，探索高中教育新的增长点和发展方式，发挥在整体实验中的示范、带动和引领作用。在研究方面，力图揭示学校课程结构、课程体系构建和运行的基本规律，课程丰富性、选择性与多样人才培养、人才培养模式变革的内在机制，学校课程整体建设与学校特色发展的基本关系，高中阶段教育价值与独特定位和学生发展的突出特征，为新时期高中阶段教育重点和难点问题的突破奠定基础。

实验推进以“研究引领、行政推动、学校自主、区域共享”为基本思路，在学校层面主要采取以校为本的行动研究法，同时辅之以经验总结法、个案研究法、调查研究法等方法协同推进。实验以项目管理的方式委托北京教育科学研究院基础教育课程教材发展研究中心进行整体的规划、研究、实施、跟踪、监控和提供相关业务支持，并建立了较为规范的常规管理制度、联系人制度以及校际交流、年度总结、调研反馈、资源共享等保障机制。实验的主要过程包括：（1）筹备阶段：进行理论研究和实验设计，系统梳理高中新课程基本理念、主要内容、推进思路、世界经验等，研究高中课程的“自主创新”与“实现路径”，初步形成“六位一体”整体性课程创新实验框架。（2）首轮实验：指导 10 所学校围绕“六位一体”设计、论证和开展实验，厘清学校育人目标、办学理念、发展定位，分析学校课程需求、课程基础、课程资源，课程创新政策、制度空间和基本条件等，重在课程结构设计、适宜性调整和创新实施。（3）第二轮实验：强化实验顶层设计，进一步清晰行动路径，新增 13 所学校开展实验，指导学校在课程结构、内容整合、课程实施等方面加大探索力度，设立专项并建立机制，规范过程管理，加强课程资源和成果总结。（4）第三轮实验：对首批实验学校进行周期复审，追踪第二批学校实验，梳理周期成果并推广，尝试在更大范围开展实验，直接促成义务教育阶段课程创新实验——“遨游计划”的开展，进一步开展实验的纵深研究。

六年的实验极大地增强了实验学校的办学活力，形成了首都高中“六位一体”课程创新模式，即基于课程方案和课程标准的“课程目标自主、课程结构自主、课程内容自主、课程实施自主、课程评价自主、课程主体（选择）自主的‘六位自主’和以三级课程整体建设为核心”的整体性学校课程创新。建构了针对学校课程体系的基本分析框架，探索了课程创新与学校特色发展的动态互促机制，指导实验学校形成了促进学生全面而有个性发展的课程体系，围绕课程创新实验开展了高中阶段教育价值和基本定位、多样化人才分类培养、学校整体课程结构科学性与合理性、整体课程框架下的教与学模式变革等系列专题研究，形成了具有北京特色的高中阶段课程创新实体，积累了一批高质量的辐射全市的课程资源，拓展了以课程建设为核心的新的研究问题和实践领域。实验在高中学校、区县及市内外发挥了积极的示范和引领作用，受到教育部、兄弟省市区和北京市区县的广泛关注和一致肯定。

课程实验是一种有目的、有计划、有步骤的研究活动，又是一种现实的学校教育教学实践。六年两轮实验，我们突出在研究的基础上推进学校以课程创新为核心的系统变革，强调实验研究的规范性和专业力量的支持，并组织专家组对实验进行现场的周期复审，全面梳理学校的实践探索和创新经验，形成这套周期研究成果的报告丛书。丛书展现了实验学校六年的研究历程、学校关于实验价值和课程建设的思索，以及实验取得的实际成效、存在的不足和以后的发展方向，既体现学校鲜明的个性和特点，又蕴含北京市高中课程改革的价值取向和基本思考。更为重要的是，实验的先期摸索，为我们对高中课程改革重点和难点问题的突破提供了方向和思路上的启示，同时拓展了课改深入发展中的新问题和实践领域。随着实验的深入推进，我们在研究视角、研究内容、研究方式和研究成果等方面都有不同程度的突破和创新，努力使实验的推进有思想、有智慧、有实践、有创新、有远见、有魄力。

在深入推进教育综合改革的新阶段，自主课程实验担负着更为重要的历史使命。我们需要从课程这一学校育人的核心载体出发，努力践行立德树人，加强社会主义核心价值体系教育；需要在创新人才培养、育人模式变革、满足学生个性化教育需求方面进行更深入的探索；需要在学业水平考试和综合素质评价、学科考试、文理融通、外语等科目社会化考试等方面理出新的思路；需要在进一步增强学生的社会责任感、创新精神和实践能力，促进学生的身心健康、体魄强健，提高学生的审美和人文素养方面有更强针对性的措施。站在阶段节点上审视过去、展望未来，自主课程实验对于教育发展将被赋予更多的改革意义和期待。此套丛书的出版，意味着在新时期我们的高中学校应以一种主体的姿态进行自我发展的突破和超越，走以课程创新为核心的可持续发展之路，并在改革中体现应有的责任与担当。期待在教育领域全面深化改革的新形势下，更多的高中学校能自信地开展持续深入的以校为本的课程改革实践，遵循教育发展的基本规律，注重改革的系统性、整体性、协同性，努力构建既具有首都特色、充满活力，又有利于学生全面而有个性发展的课程体系，促进学生和教师共同成长，促进高中教育教学质量的不断提高和学校办学特色的形成，全面推进素质教育的实施。

李　奕

2014 年 11 月 3 日

2007 年北京市进入高中课程改革实验，为创新人才培养模式，推动以课程为核心的学校整体变革，给不同类型高中学校提供发展机会和空间，《北京市普通高中新课程实验工作方案（试行）》提出"分类指导"的基本原则。《北京市实施教育部〈普通高中课程方案（实验）〉的课程安排指导意见（试行）》指出："各区县应确定一所或几所普通高中学校，经市教委批准后进行完全自主安排课程的实验，并总结经验，逐步推广。"为此在高中课程改革整体推进的顶层设计下，相继开展了赋予学校合理而充分课程自主权的自主课程实验、促进学校人才培养模式创新的特色实验班、促进资源共建共享的开放式重点实验室、拔尖创新人才早期培养计划、国际优质课程资源引入等一系列改革。随着这些项目的实施，丰富了北京市高中教育的实践样态，促进了高中学校多样化、特色化发展。

自主课程实验是北京市高中课程改革区域创新的重要内容。2008 年，首批自主申报学校（10 所）经过严格评审开始实验；2012 年，第二批实验学校（13 所）进入；2013 年，对首批实验学校进行周期复审；目前，两批实验学校已分别进入到第二轮、第三轮实验。实验相关成果辐射到全市中小学和外省市，受到教育部、兄弟省市区和北京市区县及实验学校的高度关注和一致肯定。实验推进过程中注重调动学校积极性，形成较为完善的保障制度，及时总结实践成果，逐步形成北京市高中课程改革的"六位自主"创新模式，即学校利用合理而充分的课程自主权，依据高中课程方案和各学科课程标准，在课程目标自主、课程结构自主、课程内容自主、课程实施自主、课程评价自主和学生选择自主等方面进行实践探索，由此带动学校课程建设的整体创新，促进学生全面而有个性的发展、教师持续的专业发展和学校的多样化、特色化发展。

在"六位自主"的探索过程中，项目组和实验学校及时总结实践经验和梳理实验成果，"北京市普通高中自主课程实验研究""北京市普通高中整体性课程创新研究"先后获得北京市第四届基础教育教学成果奖一等奖、首届国家级基础教育教学成果奖二等奖。北京师范大学附属实验中学、北京市潞河中学、北京中加学校，北京师范大学附属中学、中国人民大学附属中学，北京师范大学第二附属中学、北京市第四中学、北京一零一中学相继在全面梳理实验创新的基础上出版了学校自主课程实验成果，第二批实验学校中北京市第十二中学、北京市第十四中学、首都师范大学附属中学、中央民族大学附属中学也相继出版相关成果。项目组在实验整体设计和成果梳理的基础上，结合全国教育科学"十二五"规划2012年度教育部规划课题"以课程建设为核心的学校特色发展研究——以北京市高中自主课程实验学校为对象"，着重对"六位自主"进行了深入研究，相关成果汇集成本书的主要内容。

本书共分八章，分别从实验整体设计、课程目标自主、课程结构自主、课程内容自主、课程实施自主、学生选择自主、课程评价自主以及自主课程创新未来展望进行论述。"六位自主"的研究分别从理论视野、历史回顾、国际比较、自主创新、未来展望五个方面呈现，力图揭示自主课程的理论依据，以及在历史与比较的视角中探寻自主课程实验的继承和创新，从而为新时期学校课程整体性自主创新提供依据，体现课程创新的一贯性和发展性。在自主创新部分，梳理北京市自主课程实验中探索的新思路、新模式以及不同的行动路径，并配合学校案例再现学校的探索过程，以给更多学校启示和借鉴；在未来展望部分，深入分析自主课程实验还有待进一步深入探索的问题，并结合教育领域综合改革，特别是新高考改革的背景，对后续课程的自主创新提出建议。全书突出理论与实践结合，历史与现实、未来贯通，国内外比较及借鉴兼顾，路径设计与模式建构、案例分析融合，以及成效彰显、问题分析及未来思考一体的特点，尽可能有理有据地分析自主课程实验设计的科学性，展现学校自主课程创新实践的操作路径，揭示实验探索的规律性和成果的代表性，为更多课程改革的推进者和实践者提供学校课程整体创新的路径参考和行动案例。

自主课程实验由北京教育科学研究院基础教育课程教材发展研究中心(以下简称北京教科院课程中心)协助市教委进行整体的规划、研究、实施、跟踪和监控，本书由北京教科院课程中心和实验学校共同研究和梳理而成。前期由北京教科院课程中心提出"六位自主"课程创新整体思路，结合课题研究形成本书的撰写提纲，在此基础上和实验学校共同梳理实验成果，提出各部分的思考视角和撰写思路，然后由项目组和部分实验学校主要负责人分工完成。各章的主要负责人是：第一章：北京教科院课程中心黄晓玲，第二章：北京师范大学附属中学冯建，第三章：北京市第八十中学范晓琼，第四章：北京市第十二中学王自勇，第五章：北京师范大学附属实验中学范淑婧，第六章：北京十一学校赵继红，第七章：北京市第八中学赵鑫，第八章：北京教科院课程中心范佳午。全书由北京教科院课程中心杨德军主任、项目负责人黄晓玲负责统稿，在各章初稿的基础上汇总提出修改建议，经多次集中研讨和分工修改而成，体现了实验研究团队的集体智慧。

　　本书的成书过程离不开北京市高中课程改革的顶层设计和教育领域综合改革的推进，正是引领发展的主动设计和对教育发展的敏锐把握，让我们有机会深入研究高中学校课程整体创新的内在规律和实践路径，并投入相应的实践工作中。感谢北京市教委基教二处对高中课程改革和自主课程实验项目的高度重视和高位引领，感谢北京教科院课程中心领导和同事在课题研究和项目工作中给予的支持和帮助！本书能顺利完成并反映当前高中学校课程创新的典型成果，与课题研究指导专家和北京市高中自主课程实验项目咨询专家的指导、两批实验学校的支持密不可分，正是专家的指导和学校的支持，让我们有了更开阔的视野和基础的实践支撑。鉴于高中课程自主创新实验的逐步发展和深入推进，诸多理论与实践问题还有待进一步研究和拓展，书中难免有疏漏和不妥之处，敬请读者批评指正。

编　者

2017 年 1 月

目 录

CONTENTS

第一章
"六位自主"课程创新：实验设计与实践探索

新高中课程具有基础性、时代性、整合性和选择性的特点，新课程实验赋予学校合理而充分的课程自主权。把握新课程改革契机，通过课程这一学校育人核心要素的整体创新变革，实现课程的一体化构建并发挥整体育人功能，是学校特色发展的必由之路。2007年秋季，北京市开始进行高中新课程改革。北京市教委在高中课程改革的大框架下规划、布局，把着力点放在以下问题上：如何通过课程建设解决千校一面、千人一面的同质化问题，实现首都高中教育增长方式的重大变革，从而促进高中学校多样化、特色化发展。经学校申请和市教委审批，北京市第二中学等10所学校和北京景山学校等13所学校分别在2007年、2012年获得课程自主创新实验和自主会考资格。学校围绕"课程自主创新"这一核心，基于课程方案和课程标准，在课程目标自主、课程结构自主、课程内容自主、课程实施自主、课程评价自主、课程主体（选择）自主的六位自主和以三级课程整体建设为核心的整体性学校课程创新上进行了大量探索。实验项目的推进极大地增强了学校的办学活力，形成了首都高中基于"六位自主"的整体性课程创新模式，积累了具有北京特色的高中阶段课程创新经验，收集了一批高质量辐射全市的课程资源，发现了以课程建设为核心的新的研究问题。研究及实验在学校、区县及市内外发挥了积极的示范和引领作用，受到教育部、兄弟省市区、北京市区县和实验学校的高度关注和一致肯定。

一、发展背景：课程自主创新势在必行

(一)高中课程如何突破同质化瓶颈

2004 年开始实验的普通高中新课程突出基础性、时代性和选择性，强调赋予学校合理而充分的课程自主权；改革的基本目标是构建具有中国特色、充满活力的普通高中课程体系。这是高中课程突破同质化瓶颈的基本方向，同时也为自下而上、以校为本的学校课程创新奠定了制度基础。北京市高中课程改革从首都教育多样生态和优质供给的目标出发，针对分层发展的高中学校现状明确提出"分类指导"的基本原则，鼓励有较强综合实力和学科优势的学校进行部分或整体的创新探索，力争在课程改革推进的重点和难点问题及教育综合改革中有新的突破，并逐步总结经验，形成典型案例和成果，在区域课程改革中发挥示范引领作用，为北京市建设具有首都特色的现代化高中课程体系、丰富多样化的人才培养模式贡献智慧。为此，北京市开展学校课程自主创新实验，鼓励有基础的学校积极申报并开展三年为一个周期的实验。

(二)高中教育战略转型依托什么载体

长期的应试取向与同质化建设，使得高中学校基本形成了这样的教育功能观："教学＝教育""学科＝课程""育分数＝育人才"。受此教育功能观的影响，高中教育所采取的教育生产方式无疑是一种单一的人才培养模式，这与学生群体异质化、求学动机多样化、家长对子女期待多样化、高校和社会对高中毕业生需求多样化之间形成了尖锐的矛盾，而要化解这些矛盾，就必须进行高中教育的战略转型。高中教育发展战略转型，其基础是教育功能观的转变，其核心是培养模式的变革，而这两者都无疑与学校最基本、最核心的供给——课程息息相关。转变教育功能观，最主要的是挖掘和实现学校课程的整体育人功能，而整体育人功能的体现需要以学校课程的一体化构建为基础；要想变革培养模式，必须给予学校更多的自主权，预留课程创新的空间，实现基于学校基础与价值追求的探索。由此观之，高中教育战略转型所依托的主要载体，也就是本实验的主要内容，即一体化设计的学校课程整体育人功能的实现。

（三）高中学校如何应对未来发展

21世纪，科学技术迅猛发展，产业结构不断升级，信息技术飞速发展，高中教育在发展方式、教育形态、教育观念和教育模式等方面都面临重大挑战。未来社会更是一个创新型社会，要想建设创新型社会，就需要提高国民整体创新水平，建立新型的人才培养体系。作为高层次创新人才培养的基础，高中教育必须具有面向未来的前瞻性，积极开展一系列创新性探索。课程自主创新实验是学校以课程为核心的整体变革，是在创新课程设置、创新教学模式、创新管理方式、创新校园文化等方面进行的实质性改进。该实验对高中学校探索以提高国民素质为宗旨，以培养学生的社会责任感、创新精神，提高学生的实践能力为重点，促进学生主动发展的新的培养模式有积极的促进作用，是现阶段高中学校增强核心竞争力，适应学生全面而有个性发展的要求，满足社会多样化教育需求的必然选择。

二、行动框架："六位自主"课程创新实验设计

（一）实验目标和内容

1. 核心概念

"学校课程自主创新"，是指学校教育主体利用合理而充分的课程自主权，通过新的创意、新的构想、新的思维和行为方式、新的教育技术和手段，突破和超越课程中原有的不合理的理论观点、思想方法、技术手段等，在课程变革与发展中更有效地实现教育目的的一种创造性活动。其主要内容有：学校依据国家课程方案和课程标准，围绕本校育人目标、办学理念和已有课程基础，自主改造与设计、安排、实施、管理和评价学校部分或全部课程，并以此为载体实现学校人才培养模式的变革，促进学校的特色化、多样化发展，形成区域内特色鲜明、课程丰富、资源开放、评价多元、育人全面的普通高中发展的新局面。

"自主课程实验"，是2007年以来根据北京市基础教育课程改革总体设计，先在高中阶段展开进而渗透到义务教育阶段的学校课程自主创新实验。该实验是学校依据义务教育课程方案和各学科课程标准，围绕本校育人目标和办学理念，自主开发、安排、实施、管理和评价学校全

部或部分课程，并以此过程为载体，实现学校人才培养模式变革，促进学校发展的探索性实践。

2. 基本假设

构建多层次、高质量、多类型、可选择的课程体系是学校创新育人模式、打破高中学校同质化发展的关键。赋予学校合理、充分的课程自主权，鼓励并指导学校在坚持高中课程改革基本理念和要求的前提下进行整体性的创新探索，实现以课程建设为核心的系统变革，有利于学生全面而有个性的发展、教师持续快速的专业发展和学校多样化、特色化发展，增强高中学校的办学活力，增加多样优质教育供给，能为区域高中课程持续深入发展和形成特色提供直接支撑和典型经验。具体假设是：①课程建设是学校特色发展最核心的载体，学校课程建设的过程，就是彰显学校特色，提升学校内涵的过程。②合理而充分的课程自主权是学校开展课程自主实验，以课程建设为核心，促进特色发展的基础条件之一。③促进学校特色发展的课程建设是在全面分析学校育人目标、课程需求、课程条件等基础上的，具有鲜明学校特色的课程体系，以及实施、管理和评价等机制的构建。④以课程建设为核心的学校特色发展是课程建设与学校特色发展之间相互促进的动态过程，不同发展阶段，学校在这两个方面有不同的内在需求和外在表征形式。⑤体现学校内在需求的自主实验和行动研究能在一定程度上带动课程发展方式和研究方式的转变。

3. 实验目标

（1）工作目标

通过学校自主申报和市教委批准在高中课程改革背景下进行适当"赋权"的学校整体性、自主性的课程创新实验，探索高中新课程改革实施的多种途径和突破，探索教育需求与资源供给矛盾解决的有效方式，以及高中教育新的增长点和发展方式，满足学习者多样化、个性化的学习需求，丰富北京市高中阶段优质教育资源供给，发挥实验学校的示范、带动和引领作用。

（2）研究目标

研究学校课程目标、课程结构、课程内容、课程实施、课程管理和课程评价的基本运行机制，课程丰富性、选择性与人才培养模式创新的内在关联性，学校课程整体建设与学校特色发展的互动关系，高中阶段教育价值与独特定位在课程中呈现的表征等。具体包括：①明确学校基于不同育人目标、课程自主权、课程需求和课程基础等构建整体课程体系的基本类型、主要机制、影响因素等问题。②以合理而充分的课程自主权为内在动力，研究学校在课程目标自主、课程结构自主、课程内容自主、课程实施自主、学生选择自主、课程评价自主等方面的创新实践。③探讨基础教育课程改革深入发展过程中学校课程建设可能实现的体制和机制方面的突破，以及学校特色发展过程中课程建设的新视角、新思路。④积累学校基于自主课程建设促进特色发展的典型经验和操作案例，为处于不同发展阶段的同一类型学校和不同类型学校的实践探索提供第一手参考资料。⑤尝试自下而上的课程发展方式和研究方式的转变，力图为课程改革的深入和研究的创新提供有益的借鉴。

4. 研究内容

实验鼓励学校在课程丰富性、选择性及其实现机制，人才培养模式变革，特别是创新人才培养，学校课程建设在继承和超越的基础上实现特色发展等方面进行深入探索。核心是从课程创新的内涵出发，基于课程方案和课程标准，在课程目标自主、课程结构自主、课程内容自主、课程实施自主、课程评价自主、课程主体（选择）自主的六位自主和以三级课程整体建设为核心的整体性学校课程创新方面进行探索。赋予学校合理而充分的课程自主权，带领学校在明确实验框架的基础上，循序渐进，逐步推进课程目标自主、结构自主、内容自主、实施自主、评价自主和学生选择自主，形成具有一定特色的以自主课程为核心的学校整体性课程创新。

具体包括：①学校课程体系构建研究。在坚持高中课程方案和各学科课程标准的前提下，学校开展基于独特育人目标和办学理念的课程整体建设研究，特别是课程结构的科学性与合理性的构建与实验。②学校课程发展机制研究。包括课程建设的决策机制、实施机制、管理机制、评价机制以及所需要的课程政策、制度空间、基本条件等。③课程建设与人才培养模式变革研究。针对学生多样化、个性化的学习需求，学校提供更为丰富的、满足学生需求的优质课程及其资源，并保障学生自主选择的实现。④学校课程与学校特色发展研究。主要分析学校课程建设与学校特色发展间双向互促、动态适应的基本规律、主要特征、影响因素等。⑤高中教育与高中学校发展研究。通过培养目标、课程设计等研究直接反观高中阶段教育的基本价值、独特定位，由课程延伸至高中教育和高中学校发展。

(二)实验过程和方法

1. 实验推进过程

课程自主创新实验是"研究引领、行政推动、学校自主、区域共享"的学校自主课程实验，实验过程伴随着研究、行动、推进、总结、扩展等环节。自 2007 年至今，首批实验学校已完成两轮实验，进入第三轮实验，第二批实验学校已进入第二轮实验。实验的基本情况如图 1-1 所示。

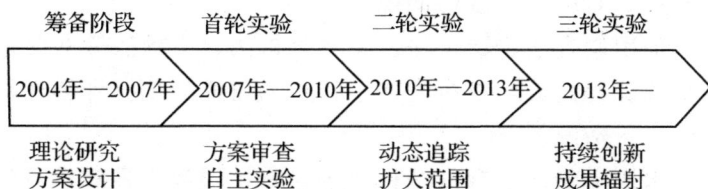

筹备阶段	首轮实验	二轮实验	三轮实验
2004年—2007年	2007年—2010年	2010年—2013年	2013年—
理论研究 方案设计	方案审查 自主实验	动态追踪 扩大范围	持续创新 成果辐射

图 1-1 北京市普通高中课程自主创新实验推进概况

（1）筹备阶段

主要进行理论研究和实验方案设计，在系统研究高中新课程基本理念、主要内容、推进思路、先期省市的基本做法、世界主要国家高中课程改革的创新实践的基础上，研究和分析高中课程的"自主创新"与"实现路径"，初步形成基于课程方案和课程标准的"六位一体"课程自主创新框架。

（2）首轮实验

指导学校围绕"六位一体"设计和论证实验，主要厘清学校育人目标、办学理念、发展定位，分析学校课程需求、课程基础、课程资源，课程创新政策、制度空间和基本条件，重在课程的结构设计、适宜性调整和实施创新，10 所学校依据实验方案自主开展行动研究。

（3）第二轮实验

强化实验顶层设计，进一步清晰实验路径，围绕"六位一体"自主创新，加大指导和追踪力度，新增 13 所学校开始实验，鼓励学校在课程结构、课程内容整合、课程实施机制等方面加大探索力度，设立专门项目，建立机制，规范实验过程管理，加强课程资源和成果总结，逐步凝练实验特点并鼓励更多学校开展不同程度的课程创新。

（4）第三轮实验

对首批实验学校进行二轮实验周期复审，持续追踪第二批学校实验，系统梳理实验学校周期成果并推广，尝试在更大范围内开展实验，直接促成义务教育阶段课程创新实验——"遨游计划"的开展。同时，完善实验机制，针对处于不同发展阶段的学校提出不同实验要求和全方位服务，进一步开展实验的纵深研究。

2. 主要研究方法

课程自主创新实验在市级层面主要是采用项目研究方式，在学校层面主要是采用以校为本的行动研究方式，同时辅之以经验总结法、个案研究法、调查研究法等方法协同推进。

第一，采用调查法、访谈法、文本分析法、文献法等对北京市自主课程实验学校课程建设和特色发展进行行动研究，把握课程建设和学校发展的实践运行情况。

第二，运用文献法、理论分析法等对学校课程建设和学校特色发展开展理论研究，提出相应模型或思路，以供学校实践操作时参考。

第三，在理论研究和实践把握的基础上，运用个案研究法、比较研究法对课程建设与学校特色发展的内在机制进行分析，从理论与实践相结合的角度提出课程建设促进学校特色发展的主要方式、影响因素等。

3. 实验保障机制

在第一轮实验的基础上，实验研究和实验机制逐步建立和完善，集中以项目管理的方式进行整体的实验规划、研究、实施、跟踪、监控和提供全方位的服务。作为一项持续推进的探索性课程实验，整体性课程自主创新实验建立了一套针对性、操作性强的实验工作机制和操作流程，包括常规管理制度、联系人制度、校级交流制度、年度总结制度、及时反馈制度、资源贡献制度等，以保证实验的顺利推进。

三、实践探索："六位自主"课程创新实验实施

(一)学校课程创新的"六位自主"

1. 学校课程目标自主

课程目标自主是以学校作为课程规划的主体，从社会环境、学生需要和学科要求出发，结合本校办学传统和育人目标，自主确定的能够统

领学校课程设计、实施、评价等相关因素及条件的课程目标，以从目标层面整合国家课程、地方课程和校本课程目标，实现学生、教师与学校的最佳发展。课程目标自主的依据是学习者的需要、当代社会生活的需求、学科的发展。从培养目标到课程目标的一般路径为：教育目的(社会培养人的总的要求，由社会发展阶段和发展水平决定)—教育目标(各级各类学校的具体培养要求，即教育目的在各级各类教育中的具体培养人的质量规格)—学校培养目标(根据国家基础教育阶段教育目标、本校学生需求、学校的发展定位、学校办学优势和传统等确定)—课程目标(培养目标是学校整体的育人质量规格，是学校培养人的整体形象，而课程目标是针对具体课程领域或课程的，或者说育人目标是整体的，课程目标是更具体、分化的)—教学目标(是课程目标的具体化，是师生在学科教学活动中预期达到的教学结果、标准)。课程目标自主的主要策略：一是特色化策略，即课程目标承载学校独特的育人取向，影响学校特色育人目标的主要因素有学校的文化历史传统、办学价值追求、特定发展阶段及特色育人的需要。二是整合化策略，即整体构建与育人目标对接的课程体系。课程体系是在一定的教育价值理念指导下，将课程各个构成要素加以排列组合，使各个课程要素在动态过程中统一指向课程体系目标实现的系统。三是动态生成策略，即在动态变化中完善课程体系对接育人目标，课程实施过程中目标和内容的调试是常态，这种动态的变化与生成，体现了课程目标的时代性。

2. 学校课程结构自主

自主课程实验强调学校课程结构自主创新，即学校是否通过课程结构自主创新形成涵盖三级课程的、结构合理的、具有学校特色和个性的课程体系。普通高中的性质、任务与培养目标直接影响国家或学校的课程结构，尤其是课程结构的实质结构，因此在探讨普通高中课程结构设计时，不能脱离对普通高中性质、任务和培养目标的分析。站在发展的角度分析未来普通高中教育的性质和定位、基本任务和培养目标，从中深度挖掘有益于课程结构构建的启示，可以让学校构建的课程结构具有更强的时代性和适应性。学校课程结构自主创新的首要任务是准确定位学生培养目标和学校发展目标，以此为引领，全面梳理、分析课程结构各构成要素，深度开发和综合利用广义课程资源，以此为基础，构建具有学校特色的课程体系。学校课程结构自主创新的一般路径是：向上统一到未来普通高中教育的性质、任务和培养目标，以及学校发展目标和学生培养目标（这两个主要影响课程实质结构的价值取向），向下打通国家课程、地方课程和校本课程三级课程的边界，挖掘各类课程的综合育人价值，整体构建具有学校特色的课程结构，发挥学校课程的综合育人效果。在"穿越边界、整体育人"的学校课程结构中，地方课程和校本课程不再是行政管理意义上的"三级"之一和条分缕析的分头实施，而是从"立德树人"的角度，以学生发展为核心，兼顾学生能力素质结构、课程领域与学科分布、学校传统与资源、课程实施与变革，形成高度结构化、开放多元、体现学校特色并与时俱进的课程组织形式。

3. 学校课程内容自主

课程内容自主是为实现学校的育人目标和学科课程目标，在教育法规和国家课程标准等政策框架下，依据学科的知识逻辑、学生的认知规律、学生的特点和社会发展对人才的需求，选择并组织课程内容和实施策略所拥有的可支配的能动力量。课程内容自主选择主要针对校本课程而言，校本课程的内容选择必须与学校教育哲学相一致，必须符合学习理论和教学理论的要求，但最重要的还是要符合学生的发展需要。一要分析学生的核心素养及其所缺，选择最有价值的课程内容；二要弄清学生的兴趣，强调课程内容对学生的吸引力，致力于满足学生的求知欲望，发展学生广泛的兴趣。学科课程内容的选择主要由专家进行，包括选择学科的基本事实、学科的基本概念、学科的基本原理和方法。课程内容自主的主要内容包括：课程内容自主的目标设计、国家课程内容科学处理、校本课程内容自主构建。国家课程内容校本化改造和校本课程内容自主开发是课程内容自主的有效路径。对于国家课程和地方课程，教师在课程标准的精神指导下，需要根据学校和学生实际，对国家课程按照学科知识体系、不同学科知识之间的匹配、学生的认知水平和学生的发展方向进行校本化改造，在课程标准的"弹性"上下功夫，对常规课程进行改编、扩充、整合和拓展等，使符合"教"的课程走向符合"学"的课程，真正满足学生对课程内容个性化的需求。校本课程的内容选择要突出体现学校的教育哲学，与国家课程形成优势互补，针对本校学生的发展需求，充分利用本校或当地的课程资源，以实现多样化、可选择、有特色。

4. 学校课程实施自主

课程实施自主是在学科教学整体实施模式以及具体课堂教学方式两

个方面进行自主探究、合理改革。教师和学生是课程实施的主体，应充分发挥教师与学生应有的主体地位，让"教"与"学"更加符合教育教学规律，从而促进"教"与"学"质量与效率的提升。课改初期课程实施重点在于课堂教学方式的变革，强调学生的主体性，强调对学习过程的关注，如重视教学设计的规范性，重视教学策略的科学性，强调"自主学习""探究学习""合作学习"等。随着改革的深入"翻转课堂""虚拟课堂""分层分类走班教学模式"等逐步实施。更加强调绽放课堂的"生命活力"。课程实施自主的基本原则是以学生学习为中心，突出教学方式的多样性和适宜性，注重课程实施中资源与条件的保障，凸显信息技术的支持作用。课程实施自主的主要影响因素有：不同学生的学习特点与风格、不同课程内容的属性与特点、教师的专业水平及综合素质、资源与条件的制约、实施效果的反馈等。实验学校课程实施自主的创新实践有：满足学生个性化学习需求的课程实施、在课堂教学中焕发学生的生命活力。当前学校课程实施自主关键要加强教师培训，进一步提升教师的专业素养，让教师适应越来越个性化的教学需求。

5. 学生课程选择自主

课程选择自主是对课程内容及实施方式的自主选择。回归人的需要、观照人的差异、促进人的发展是课程内容及其教学实施具有选择性的价值起点。因此，课程自主选择的主要内涵应突出课程内容的丰富性和可选择性，激发学生课程选择的兴趣，注意方法引导的适切性，引导学生构建精准的学习系统，以及增强学生课程选择机制的有效保障。为保障学生的课程选择权，自主课程实验学校基础课程设置突出分层与分类、专项与综合相结合，校本课程突出学生需求和学校特色。在课程内容设计上，首先，各个实验学校在对国家课程进行整合，很好地完成国家课程必修内容的基础上，使其课程体系围绕本校育人目标，与学校的教育价值观保持高度一致，形成统一的顶层设计。其次，学校课程体系的研发与实施都是基于学校基础设施、办学水平和师资条件而进行的。再次，课程体系是立足学科特点、尊重学生的认知规律、以学生的发展需求为出发点而设计的。最后，课程体系是在学校实际的教育教学过程中，经过实施而不断丰富完善，逐步构建完成的。自主选择课程的重要前提是尊重学生的兴趣爱好，发挥学生的个性特长。通过学生的自主选择，让课程落地，满足每一位学生的发展需求，让每一位学生成为他自己。自主课程实验学校的探索集中在以下几个方面：一是用未来的方向引导学生，启动学生发展的内动力；二是引导学生学会自我规划、自我选择与自我负责；三是教给学生课程选择的基本方法。学校课程最终要落实到每一位学生身上，同一科目的课程有不同的层次和类别，在不同的时段重复开设，学生通过选择适合自己的课程模块，选择适合的学习时段，形成自己每个学期的课程组合。通过对高中三年的整体规划，形成每个学期的重点。由此，构成每位学生高中三年的课程学习系统。此外，学生课程选择实现的机制保障也是建设的重点，包括重建管理制度，年级实施"分布式领导"，实施导师制和咨询师制，实施综合素质评价报告单制度，建立适合本校课程的网络平台，研发适合学校课程体系的诊断工具等。

6. 学校课程评价自主

课程评价自主是指课程的实施主体获得对课程开发、实施及评价等进行评价的权力，以对课程方案、课程内容、课程实施和效果进行评估。课程评价自主实施的前提是学校办学自主权的全部或部分获得，牵涉到课程管理的理念、权利、实践与制度的创新。学校课程评价自主能够强化课程实施的主体意识，引领学校关注课程实施过程，及时实现对课程实施过程的反馈与调整，激发学校的办学活力，促进学校的个性发展。学校课程评价包括对学生、对教师、对课程等方面的评价。自主课程实验中学生发展性评价，主要是对学生的学习状况和水平进行的评价，重点在评估学生的发展水平和通过评价查找影响学生进一步发展的问题与因素，并通过评价过程本身对学生的发展产生影响。以课程为核心促进教师专业发展的评价，主要是通过教师自主评价、领导评价、教师同行评价、学生评价和家长评价等多种角度，使用问卷、访谈、测试等多种形式，判断课程在学生成长过程中的教育价值，彰显教师在课程推进过程中的作用，这有利于教师的专业发展，有利于新课程的顺利推进。促进课程体系完善的特色彰显的课程评价，其主要是对课程的开发与实施价值与课程预期之间关系的判断，具体表现在三个方面：一是内容是否符合国家教育方针对学生全面发展培养目标的要求，包括课程门类是否齐全，课程内容是否合理；二是课程之间逻辑是否严密，内容、形式是否各自独立又互相照应互补；三是课程是否既符合国家课程改革理念，又立足学校实际，突出学校课程特色。以课程为核心的学校发展评价，通过对课程设置与开发实施的评价，判断学校教育功能的品质、水平，从而引导学校反思本校课程的数量与质量，调整课程的目标与内容，改进课程的开发与实施，调整课程的评价评估，更好地发挥教育功能，实现特色发展。学校课程开发与开设的数量反映学校课程的开发能力，开设的质量反映学校的实施潜力；课程与教育教学目标的关系反映学校教育内容与教育目标的契合度；课程的开发与实施反映学校课程开发与实施者的水平与能力；课程价值判断与落实质量评估表现学校对课程育人功能的理解程度与结果控制。

（二）自主课程建设与学校特色发展

1. 形成学校课程体系建设的基本分析框架

课程自主创新实验的核心是学校自主探索，构建具有本校特色的课程体系并创新实施，结合实验学校的探索和研究推进，形成了包含五个基本组成部分的学校课程体系构建分析框架：①学校办学定位与育人目标分析。包括梳理学校办学目标、办学理念、培养目标和办学方略等，以突出课程设计与育人目标的适切度，体现学校鲜明的办学特征。②个性化的学校课程结构设计。从横向课程领域、纵向课程层次设计学校立体化课程结构，协调处理课程设计中科学性与人文性、学术性与职业性、民族性与国际性等多种关系，考虑课程对学生个性化学习需求的满足程度。③创新性的课程实施策略。包括课程内容的调整、整合，课程内容的层次选择性，具体课堂教学方式的创新等。④课程资源系统建设。创建适合学生自主选择学习的教育资源基地和学习资源系统，充分挖掘课内外、校内外，显在潜在的，动态生成的多种资源，最大限度地满足学生的学习需求。⑤课程制度与管理系统创新。以基本制度及其高效运行保障教师的课程开发权、学生的课程选择权以及资源的有效整合和利用，提升课程建设的执行力。

2. 学校构建科学合理、特点鲜明的课程体系

各实验校从培养目标出发，落实新课程理念，注重整体建设和系统规划，在保证学生全面发展的基础上，突出学生个性、特长及不同发展方向，体现深厚的学校文化和课程建设特色，形成了具有学校特色的课程体系（表1-1）。同时，在课程与整体育人、课程与学校特色发展关系方面进行深入研究和实践探索，对北京市高中课程改革深入发展和区域特色的形成产生了重要影响。课程体系的核心是基于培养目标构建具有内在逻辑的课程结构。学校课程结构是一种体现学校目标价值的课程文

化，是一种基于学校情境的课程创新，是一种校本化的课程领导行为。学校课程结构构建要在审视学校课程目标的基础上，分析各种课程类型和具体科目的价值与功能，从中选择符合学校课程目标的课程类型与具体科目，并形成结构体系。实验结合学校实践探索了四种课程结构变革模式，即基于学生素养发展目标的体系、基于课程功能优化的课程系列、基于学习领域统合的课程门类和基于学校的国家课程改造重组。学校课程结构构建的基本策略首先应对学校课程进行 SWOT 分析，然后确立学校课程理念与目标，构建符合目标的课程图谱，并在实施中修正和完善课程结构(图 1-2、1-3、1-4)。在三轮实验中，实验学校不断调试和完善课程结构，并建立与之配套的运行机制。

表 1-1　首批实验学校课程体系及其发展一览表

学校	培养目标	课程体系	主要特点	新发展
北京市第二中学	"坚持学生的全面发展，倡导学生的个性发展，实现学生的可持续发展"，培养多样化人才	"阶梯式模块"结构与"生成性"核心课程体系	突出以课程为核心的高中多样化发展，体现北京市二中学生的分类发展，为学生发展提供更多选择	以多样化人才培养为核心，精心打造核心课程，开展科学创新活动、"六百"教育活动、国际合作，利用相关的课程支持系统
北京市第四中学	培养学生善良的人性和科学的理性，不断拓宽学生的国际视野，提高学生的文化融通能力	"以人文教育为基础，以科技教育为特色"的课程体系	科技与人文并举，学生在学校生活中践行北京四中教育价值体系	优化课程结构：精化必修，完善选修，探索特修，指导自修；在课程整体设计、课程内容、教学策略与教学方法上进一步探索
北京师范大学附属实验中学	培养"全面发展、学有特长"的"英才"	"必修＋专修＋选修＋综合实践活动"课程体系	课程体系与培养目标高度契合，通过特色项目构建特色人才培养模式	构建学科教学知识体系，支持国家课程校本实施，研发生涯规划校本教材，完善复习用书，持续改进课堂教学

续表

学校	培养目标	课程体系	主要特点	新发展
北京师范大学第二附属中学	培养"人格发展和身心发展兼优、知识基础和能力基础兼优、科学素养和人文素养兼优，个性得到健康发展"的优秀毕业生	"6+1+1"课程体系	根据普通学生、优秀学生、顶尖学生分类设置多样化课程，满足学生多种课程需求	优秀学生：设置人文实验班和理科实验班顶尖学生：开设大学先修课程和导师工作室普通学生：设置PGA国际课程班、项目学习实验班、社科特色班、数字化学习特色班
北京师范大学附属中学	实施"全人格"教育，实现学生"德育为先、全面发展、学有所长"的育人目标	"全人格、高素质"的课程体系	突出"人生基石"课程、个性发展课程、创新精英课程	解读"全人格"教育，确立课程灵魂；依照课程灵魂构建课程体系；努力开发"全人格"特色课程
中国人民大学附属中学	全面发展＋突出特长＋创新精神＋高尚品德	"基础课程＋拓展课程＋综合课程＋德育课程"课程体系	"基础课程突出选择性，拓展课程突出精品化，综合课程突出综合性，特长课程体现创新性	全面整合课程资源，形成九大领域三十个系列（每个系列分为四个层次）；根据学生发展需求构建数理方向等六大纵向系列课程
北京一零一中学	培养全面优秀，具有个性和特长的学生	"重基础、层次化、生成性、系列化"课程体系	构建自我教育课程体系，搭建学生自主多元发展平台，促进"学生多元发展、教师专业发展、学校特色发展"	搭建满足学生多元需求的、五大领域二十五个系列的学校自我教育课程体系；推进国家课程校本化实施、校本课程精品化发展、特色课程个性化开发
北京市潞河中学	"爱国、乐群、自律、修身"的育人目标	根据学生特点构建多元多层次开放的特色课程体系	多样化、分层次、选择性	深入、持续开展课堂教学的"十个研究"，助力教师发展，促进学生成长
北京中加学校	培养"国际化、复合型人才"	融中外课程于一体的中西合璧课程体系	满足学生的多样需求，突出开放性和校本化实施	特色教学班模式探索，课程体系构建的完善；推进国家课程校本化实施和校本课程的特色建设

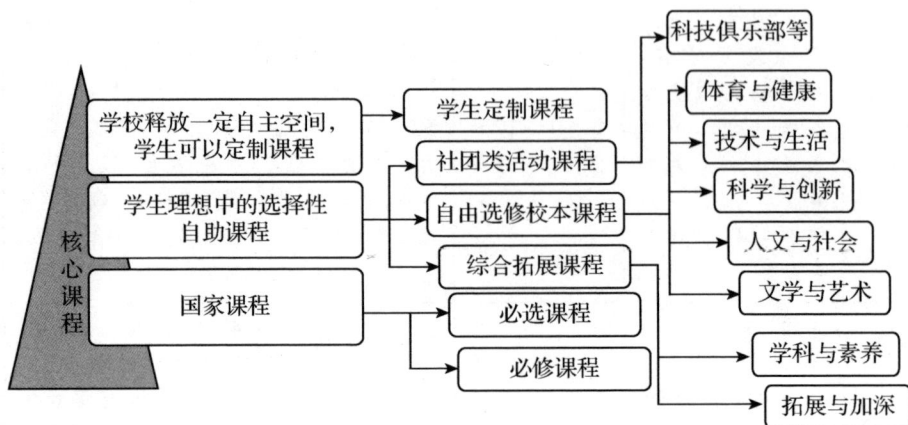

图 1-2　北京市第二中学"阶梯模块与动态生成"课程体系

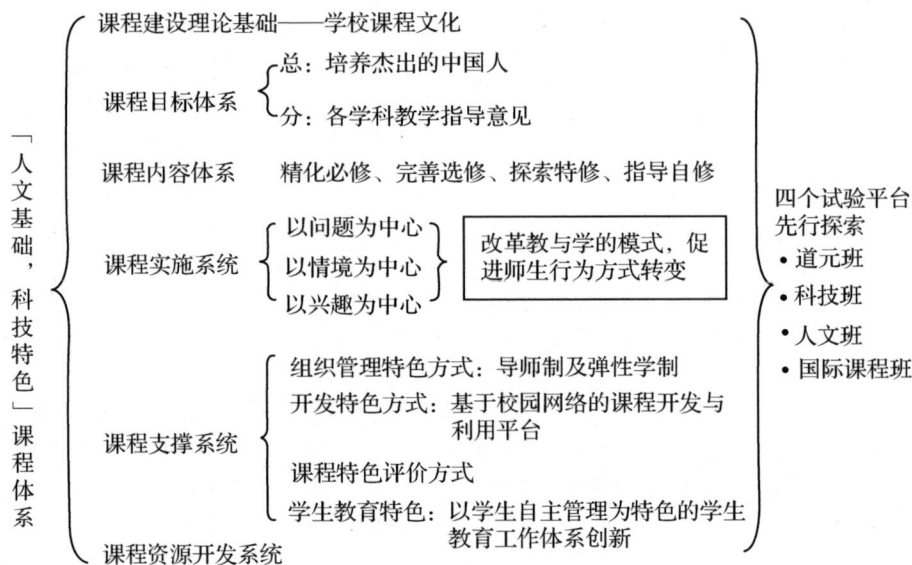

图 1-3　北京市第四中学"人文基础，科技特色"课程体系及其运行设计

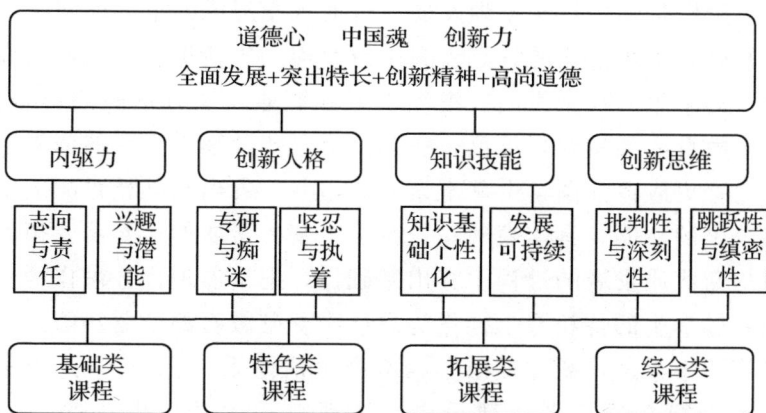

图 1-4　中国人民大学附属中学课程结构图谱

3. 自主课程创新与学校特色发展的关系

学校特色发展是办学主体根据自身的传统优势和发展定位逐步成为具有较高办学水平、显著育人效果并进而成为个性、风格鲜明、稳定的学校的过程。普通高中多样化、特色化发展的根本目的是切实改变高中教育的同质化倾向，形成多样化的教育生态，创造适合不同学生的教育环境，满足学生个性化的发展需求和社会多样化的人才需求。从国内外发展实践看，特色化的内容主要包括办学体制、办学模式、学校类型、育人目标、培养模式、课程建设、学校文化等。当前学校特色发展的着力点是人才培养模式创新，即学校立足生源特点和培养目标实施多样化的培养，以培养模式整合基于学校课程建设、教学方式变革、管理制度创新、评价方式改进、课程资源建设等，促进学生全面而有个性的发展。而人才培养模式创新的核心是构建多层次、多类型、可选择的课程体系，并以此带动学校在管理体制、队伍建设、学校文化等方面形成特色，让学生在充满活力的教育生态中自主选择、自我负责，实现全面、自由、个性化的发展。研究学校课程体系设计、实施、管理和评价等建设过程与学校发展阶段、特点形成、特色彰显等的动态互促关系，即学校课程自主创新过程的实质是学校发展不断凝练优势形成文化特色的过程。

(三)自主课程与高中教育发展相关探索

1. 高中阶段教育价值和功能定位研究

教育价值和功能定位研究是高中学校课程自主创新首要研究的问

题。高中阶段是学生自我意识发展、价值观念形成的重要时期，具有奠定共同基础和适当分化的特点。高中教育连接生活世界、职业世界和学术世界，对学生的社会生活、继续学习和职业发展有重要的奠基作用。基于高中教育的独特教育价值，在北京市已普及高中教育的前提下，首都高中教育更应该强调学生基本素质的培养，突出基础教育的定位与培育现代公民的功能。具体表现在：对学生基本素质的培养需要拓展与深入，在均衡优质发展的过程中突出基础性，把培养现代公民作为基本功能，把发展学生的特长与个性作为高层次基础教育的重要功能。实验中北京市第四中学经过研究提出学校教育价值体系（表1-2），并力争将该价值体系贯穿在学校课程建设中，体现在学生学校生活的每一个环节中。

表 1-2　北京市第四中学教育价值体系

板块 层次	前提与归宿		社会关系属性	
	生命教育	生活教育	职业教育	公民教育
技能 认知	健康常识、 心理、两性、 健体、避害、 纯洁、保护 ……	家政技能、 文化修养、 婚姻、家庭、 爱情、事业、 伦理、廉耻……	学科知识技能、 职业技能、 创业技能、 规划定向 ……	国家文化归属、 公民常识、 社会、法律、 责任义务 ……
情感	生命的意义、 本体和客体 ……	乐观、豁达、 积极、热情 ……	敬业、忠诚、 合作、服从 ……	同情、怜悯、 正义、良知、 诚实……
精神	存在的意义、 死亡的意义 ……	不幸、苦难、 幸福 ……	职业操守、 职业精神 ……	国民意识、 国民精神 ……
目标 指向	良知、信仰、崇高、尊严、使命……		人性、理性、道德、责任、博爱……	

2. 高中阶段多样化人才分类培养

学校课程自主创新是针对高中教育同质化问题提出的，着力点就是依托课程创新人才培养模式。随着实验的深入推进，实验学校的研究不仅集中在课程本身，更体现在多样化创新人才的分类培养、特色培养上。学校按横向分类、纵向衔接的思路进行了更精细的课程设计和优化实施。例如，北京师范大学第二附属中学全校学生的分类培养（图1-5）、北京中加学校的特色教学班模式、北京一零一中学人文素养教育模式（图1-6）、中国人民大学附属中学和北京市第八中学的早培班、北京市第四中学道元实验班和北京师范大学附属中学"钱学森班"等，都体现了高中学校培养目标的多样性以及人才分类培养的特点。

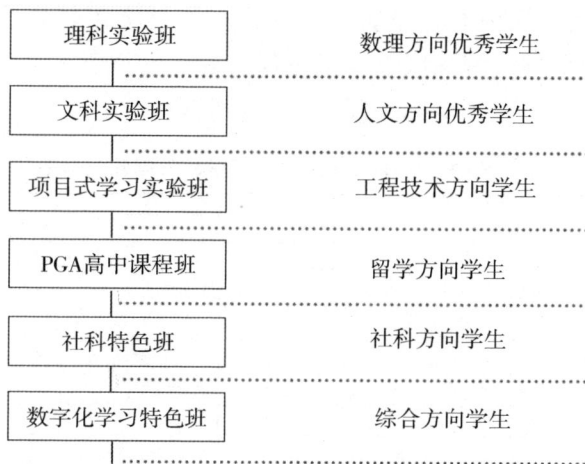

理科实验班	数理方向优秀学生
文科实验班	人文方向优秀学生
项目式学习实验班	工程技术方向学生
PGA高中课程班	留学方向学生
社科特色班	社科方向学生
数字化学习特色班	综合方向学生

图1-5 北京师范大学第二附属中学六个方向的分类培养

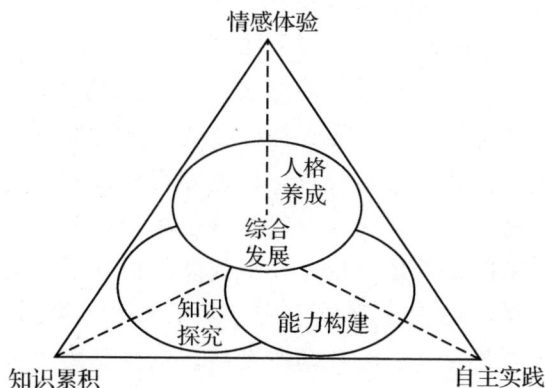

情感体验

人格养成

综合发展

知识探究　能力构建

知识累积　　　　　　　自主实践

图1-6 北京一零一中学人文素养教育模式

3. 学科教学知识体系构建和学科整合

课程自主创新实验要求学校整体设计课程，而整体设计课程不是简单地做加法，需要重新整合和系统建构。实验学校在坚持各学科课程标准的前提下，在学科教学知识体系构建和学科整合等校本实施方面进行了深入探索，提升了实验的整体效益。例如，北京师范大学附属实验中学进行了学科教学知识体系的研究（表1-3），北京一零一中学制定了各学科课程教学标准，北京师范大学附属中学制定了各学科课程规划等。在突出学科教学知识体系构建的同时，突出学科内容的调整、整合，并生成多样课程形态。例如，北京二中自2012年起就深入挖掘教师、学生、校友、家长、社会工作者中的课程资源，录制并播放"百节学科素养课"。学科素养课内容并不拘泥于课本，而是突出体现学科思想、学科应用以及跨学科、跨领域综合。不仅内容生动活泼，而且呈现形式灵活多样，注重与社会环境和实际生活密切联系。

表1-3　北京师范大学附属实验中学学科教学知识体系研究

维度	名称	功能
课程	课程纲要	呈现课程目标、计划、评价
课程	读本（教材）	用于学生自学、课堂教学
课堂	学案	用于学生课上学习
课堂	练习册	用于学生课下练习
课堂及教研	教学设计	用于课堂教学及教研

4. 特色课程、主题课程发展机制

针对多样化人才培养和学生的个性化需求，实验学校开发了优势学科群类课程、传统文化类课程、德育类课程、活动类课程等特色课程，还针对特定学生对象开设了实验班特色课程、国际课程、大学先修课程等（表1-4、表1-5）。从学校实践看，特色课程建设的基本思路主要有三种：一是在整体规划、科学建构中建立特色课程。例如，北京市第二中学的动态生成性课程，就是学校在办学理念的指导下，对课程进行整体规划和设计，在课程结构上释放空间，然后再设计该课程的目标、内容，并依托丰富资源有效实施和动态发展。这种思路比较适合新建学校和一些与社会、生活、学科发展紧密结合的课程。二是在学校自身特点或优势的基础上确立特色课程。例如，北京中加学校和北京市盲人学校，根据各自不同的办学模式和特殊生源，一开始就开设了具有相应特点的课程，在特色课程建设的过程中，将已有课程中具有特点或优势的

课程确立为特色课程。这种思路适合于有一定课程基础且课程建设系统规范的学校。三是在继承和创新中生成特色课程。例如，北京市第四中学、北京师范大学附属实验中学、北京师范大学第二附属中学、北京一零一中学等，在发展的新阶段既有未来的课程规划，又有多年积累的文化传统和课程资源，在特色课程建设过程中，一方面继承已有课程优势，另一方面不断创新将已有优势课程在未来发展的前景展望下进行新的提升，使之成为学校可持续发展的、高质量的特色课程。这种思路适合既有积累又有长远规划的学校。

表 1-4 中国人民大学附属中学创新人才培养的大学先修课程

序号	课程名称	授课教师
1	中国现代文学三十年	北大教授、本校教师
2	微积分	北大教授、本校教师
3	英语基础写作	北外教师、本校教师
4	普通物理学	北大教师、物理组教师
5	普通化学原理	本校教师、化学组教师
6	现代生物学导论	北大教师、本校教师
7	中国古代历史文化	人大教授、本校教师
8	微观经济学	人大教师、本校教师
9	Java 语言程序设计	人大教师、本校教师
10	自动化技术	北理工教师、本校教师

表 1-5 北京一零一中学特色课程的个性化开发

以"人文实验班"为基础的文科拔尖创新人才培养系列课程			以"钱学森理科实验班"为基础的理科拔尖创新人才培养系列课程					以"国际合作班"为基础的系列课程			以特长为主的专长人才培养系列课程		
人文方法课程	人文经典课程	人文实践课程	大学先修课程	科学素养课程	科学实验探究	科学实践活动	数理学科拓展	大学先修课程	AP课程	SDP课程	SAT课程	专业理论课程	专业技能课程	职业生涯课程

四、成果效益：学校特色发展与示范引领

(一)促进学生全面而有个性地发展

学生的发展是课程实验效果评价的第一标准。选择什么样的课程，就意味着学生有什么样的学校生活。实验学校根据学生课程需求和学校课程基础进行的课程创新实验受到学生的普遍欢迎，学生在个性化的课程修习中得到生动活泼的发展，在学业成就、大赛获奖、综合素质提升和个性发展等方面成绩显著。

北京市第二中学第一轮实验后的 2010 年自主招生在东城区占绝对优势，获得自主招生考试、市优秀干部、市三好学生加分的高三学生约160 人；学生多次在科技创新大赛等活动中获得佳绩；学生艺术团多次参加大型活动演出，受到高度赞誉。北京师范大学第二附属中学每年对实验情况开展追踪调研，学生对教师课前准备、课堂教学难度控制、课堂教学内容把握、课后收获的评价标准逐年变高，新课程实施的反响较好。

北京市第四中学学生在谈到学习高中新课程的感受时说："课程改革对我的影响在我的课余活动中也得到了充分体现。社团、社会实践等活动在我的高中生活中占了很大比重，使我在学习之外，心系他人，走向社会，为未来面向更广阔的世界打下了基础。"

北京师范大学附属中学学生在《课改畅想曲》中写道："作为经历课程创新的第一批学生，伴随着新课程改革的实行，我们的学习生活有了焕然一新的变化，我们发现并体会到了学习的另一番乐趣。当我们在老师的指引下自主学习时，当我们在研究性学习中体会知识的魅力时，当我们在选修课中发现自己的优点与潜力时，当一切有关学习的事情都变得有趣并具有吸引力时，当我们走出校园去做社会实践时，甚至连考试都变成了一件幸福的事情。"

北京市潞河中学的学生对新课程也有比较理性的认识："总的来说，新课程在很大程度上丰富了我们的学习生活，提高了我们的综合素质及能力，开阔了我们的视野，对我们未来的发展有着重要的意义。但是，如何处理好课程改革与考试选拔制度之间的冲突，以及如何调整好高考

与非高考科目学习之间的重心，应该是学生和学校在未来需要共同探求并改进的课题。"

(二)实现教师持续深入的专业发展

对于教师而言，开发和实施什么样的课程，也是体验一种什么样的职业生活，参加既有挑战又有提升的课程实验，是一个累并快乐着的过程。在课程自主创新实验中，教师从参加前期的通识培训，到深入钻研课标、教材，再到实施模块教学和对学生进行有效指导，这是一个亲历和见证课程开发和学生成长的过程，同时也是自己的专业持续发展的过程。伴随着实践过程中全心全意的实践与研修，教师的专业发展效果明显。

首先，教师逐渐树立了体现新课程理念的课程观，对课程的本质、结构、功能、目标、内容，学习方式与评价，特定课程的性质与价值，课程设计与实施等有了比较正确的认识，教师的课程意识和课程开发能力明显提升。其次，教师将目光聚焦在课堂上，把着力点放在课堂教学的研究与探索上，形成自己的教学价值观，不断转变教学行为，提高课堂教学效率。再次，教师群体在合作中研究、实践，逐渐形成了善于反思教学，善于开放自己，善于交流协作，善于发现问题的团队文化。在和谐的团队氛围中，一大批优秀教师脱颖而出。最后，伴随新课程实验，教师积累了丰富的第一手资料，形成了丰富的研究成果。有的教师坚持写教学日志，有的教师通过博客等形式广泛交流，有的教师发表了高质量的论文，出版了专著。教师的教学研究和科研水平得到很大提升。

北京市潞河中学的老师感受是：成长的方式是如此独特——在课程中需要就学，在课程中不会才教；课堂的意义是如此之重——在激情中焕发活力，在创新中展现智慧。北京市第四中学的老师在谈到教学的感受时说："要给学生一碗水，老师就要有一桶水，就要有一缸水。""要给学生一碗水，教师不仅要有一桶水，更关键的在于如何将水倒给学生。""新课程教学中学生的自主意识增强，教师更加注重与学生进行交流，注重学生对知识的获取和理解。"

(三)逐渐形成课程特色及学校文化

新课程改革实质上是学校文化的系统变革，是课程特色和学校文化的生成过程。实验学校充分依托自身优势资源，在课程建设方面寻找突破点和生长点，努力在追求特色中提升质量，在创新探索中凝聚文化。伴随新课程实验的深入，实验学校在更新观念、大胆实践的同时，开始以理性的态度反思课程改革和课程创新实验这些新生事物，系统思考学校的办学哲学、整体发展等更上位、更深刻和统领学校可持续发展的问题。

北京市第二中学提出了"空气养人"办学新理念，他们认为："教育不是刻板的训导，而是一种教育生活的哺育。""学校是一个个生命成长的地方，同样需要清新的'空气'、滋润的'空气'、养人的'空气'、健康的'空气'。""空气养人"的核心是建构最适合师生发展的学校文化，包括物质文化、管理文化、课程文化、教师文化和学生文化五大实践体系。在这种理念的熏染下，学校特色以及文化建设取得了很大成就。

北京市第四中学在不懈追求教育理想的过程中，将崇尚科学、追求民主、全面发展、学以致用、终身学习、服务社会作为发展主线和优良校风的内涵，科技与人文并举成为其显著的课程特色。

中国人民大学附属中学课程构建的基本思考是：教育是为了人的发展，使人获得和谐、自主、全面而有个性的发展。学校的办学应尊重个性，挖掘潜力，一切为了学生的发展，一切为了祖国的腾飞，一切为了人类的进步。基于此，课程应适合学生——让学生各得其所，自主探究，主动发展；将创造赋予师生——使课程成为智慧的载体；将世界融入课程——使课程成为现实生活中一个真实的组成部分，使课程流淌着时代的活水。

北京师范大学附属中学提出学校课程应"宜学""宜教"，促进学生与教师的发展，使学校发展具有持久的活力，实现优质教育。北京市潞河中学提出努力追求科学、人性、特色化的高中新课程建设，构建多元、多层次的课程体系，体现学校满足多元学生多样化需求的价值追求。

(四)积累一批高质量的辐射全市的课程资源

经过实践，研究项目和实验学校逐步总结、提炼和积累了一大批体现学校特色的、与课程体系相配套的课程资源，在北京市高中课程改革中发挥着示范、引领和带动作用，受到其他实验学校及社会的一致好评。

一是特色课程或精品课程类资源。此类资源目前鲜明地体现了学校特点，是学校实验的重点内容。例如，北京师范大学附属中学开发的兼备"健全人格"和"提升素养"效能的"全人格、高素质"融合课程："穿越时空的声音""伦理学系列课程""时文点评课程""提升元认知课程""研究性学习性质的游学课程"等。目前实验学校形成了数量不等、特色鲜明的课程类资源，这些特色课程直接支撑学校独特课程体系构建、多样人才培养和学校的特色发展。

二是系统完整的校本教材类资源。实验学校在国家课程校本实施和校本课程、特色课程建设中编写了大量校本化的教材类资源，此类资源是学生学习的重要载体，体现了教师团队的整体实力。例如，北京师范大学附属中学的《生命伦理学》校本教材、北京师范大学附属实验中学的《生涯规划》校本教材和各学科学案等。教材类资源直接带动教师队伍的发展，体现学校师资力量的整体水平。

三是课程学习所需材料类资源。每所实验学校都有大量公开出版和未出版的此类资源。此类资源是全体教师和学生以及其他参与者共同智慧的结晶，是实验推进中最为丰富的课程资源。如北京师范大学附属实验中学的各学科学案集、北京一零一中学的学科教学标准等。此类过程性资源是实验推进和创新的真实反映，体现了校际课程真实的运行过程。

四是教育教学活动视频类资源。此类资源记录了学校课程实施的动态过程和教师的优质课例，是实验中最鲜活的课程资源。例如，北京市第二中学录制了百节学科素养课，从多角度提升学生的人文素养和综合素质，引领学生的情感、态度和价值观作用，教师搭建展示教学魅力的另一个平台。该类资源立体化地呈现了实验的推进过程，是新课程实施的精品类课程资源。

五是数据库、资源平台类资源。学校完善了课程平台、教学管理平台、学生管理平台等数据库，有的还直接形成了课程交流类资源平台。例如，中国人民大学附属中学和清华大学附属中学、北京大学附属中学和首都师范大学附属中学合作形成了校际跨校选修平台，该平台成为海淀区国家级教育体制改革基础教育项目拔尖创新人才培养的重要组成部分。部分学校建立了网校和虚拟课堂，通过网络平台发挥及时提供资源的作用，为全市乃至全国提供了先行者的探索和创新启示。

(五)发挥实验学校的示范、引领和辐射作用

实验学校在各级各类活动中发挥着示范、引领和带动作用，受到其

他高中课程改革实验学校的一致好评。课程自主创新实验本身也成为北京市高中课程改革的一大亮点，受到教育部、兄弟省市区、北京市区县和实验学校的高度关注，浙江省、重庆市等外省市专门派出校长团深入学校蹲点考察，中国教育报、中国青年报、新华网等媒体进行了专题报道。

实验学校作为北京市高中课程改革的排头兵，不但多次承办全国、市、区级的大型教育教学研讨、交流和观摩活动，还注重在实践中及时总结经验。编辑、出版了大量教学资料、新课程改革论著，汇集了丰富的教学案例、校本教材、辅助资料和视频录像。中国教育报、现代教育报、新华网还做过多次专题报道，北京教育科学研究院、北京教育学院、首都师范大学基础教育研究院、现代教育报刊社等单位编辑整理了大量实验资料。在第三届、第四届北京市基础教育教学成果奖等评选中，部分实验学校获得较好成绩，相关成果在全市推广。

实验学校还多次接待教育部、外省市调研、考察专家组，多次参加国际、国内课程教学相关研讨会，多次参与考察交流，在资源辐射、成果推广方面发挥了很好的示范作用。此外，实验学校还把积累的经验和资源辐射到全国。例如，北京市第二中学、北京市第四中学、北京师范大学附属实验中学等利用网校、对口支教等形式与外省市学校和薄弱学校开展手拉手活动。中国人民大学附属中学更是成立了"国家基础教育资源共建共享联盟"，联合全国一百所优质中学，通过网上远程教学，支援西部地区；无偿支援中西部贫困地区办学，率先尝试派出多名优秀教师到边远山区支教，让山里的孩子享受到优质教育的阳光。

(六)吸引大量学校积极研究和主动参与实验

课程自主创新实验取得了良好的效果，特别是通过对首批实验学校第二轮实验的周期复审，项目组、专家组和实验学校进行了全面的总结和梳理，不但直接推进了实验学校的课程建设和学校发展，还积累了丰富的课程资源和系列研究成果。全市高中学校越来越看到实验的效益和课程自主创新的趋势，实验越来越受到区县教育行政部门和高中学校的关注。

区县教育行政部门和业务部门领导主动参与课程自主创新实验的相关会议，积极组织学校开展相关理论和实践研究，学校更是将参与课程自主创新实验作为发展的一个新的里程碑。在全面总结和充分论证的基础上，2012年扩大实验范围，在各区县和学校的精心组织和准备下，

35 所学校(加上第一批 10 所学校，占全市高中示范校的 70%)提交了实验申请，经专家评审和现场评审，最后 13 所学校被批准进入第二轮实验。与此同时，项目组进一步完善实验机制，突出研究意识和过程的规范性，保障实验的常态推进。实验学校高度重视实验的设计和准备，在前期方案论证的基础上，结合实验准备情况开展了全方位的调研、教师培训以及方案的再完善工作，对实验推进中的重点、难点问题进行了梳理，并明确提出了实验目标、成果预期以及特色点。

以课程自主创新实验为带动，目前已形成以 23 所自主课程实验学校、48 所"遨游计划"实验学校为核心的实验团队。同时"学校课程创新实验"项目的市级实验学校 80 余所，分布在全市 17 个区县(图 1-7)。以这批实验学校的持续探索和示范引领为主体，逐步形成北京市高中课程创新的区域特色，在教育综合改革的背景下，成为高中教育和高中学校战略转型和应对未来发展的新增长点。

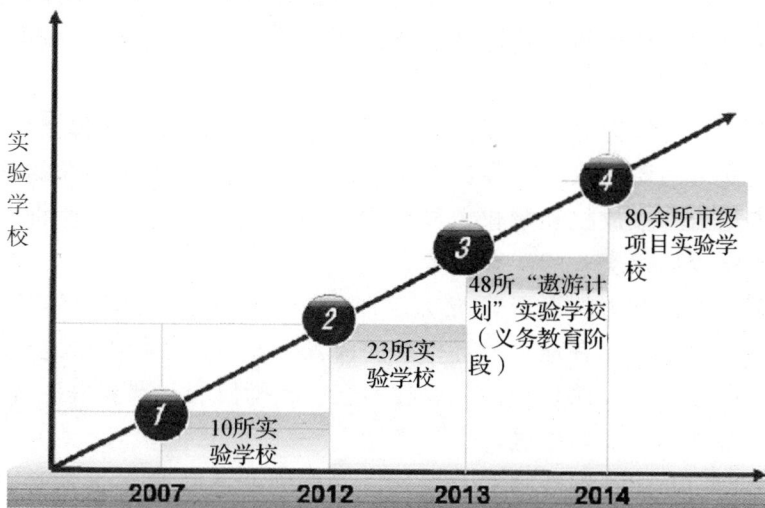

图 1-7 北京市课程自主创新实验学校发展情况

五、讨论思考：课程自主创新实验发展建议

学校课程自主实验取得了一系列丰硕成果，实验学校基本实现了预期目标，在应试化、同质化教育的突破上有了新的进展，经过全面总结

和梳理也更清晰了发展方向和需要改进的问题。在第一轮实验中，学校课程建设重在结构的适应性调整，实验的推进重在学校的自主探索。随着实验的深入，培养目标的调适改进、课程的结构性突破、实验的底线和可能突破的空间、实验的特色呈现、实验的规范性等问题逐渐凸显出来，更多学校认识到：必须进一步放权以增强学校的办学活力，加强高中阶段教育的理论研究，学校课程要更加多样化、个性化和具有选择性，整体课程建设挑战教师的专业能力，实验的相关配套政策和实施机制还有待进一步完善等。实验发展中集中体现出需要持续加强的共性问题有：

第一，观念的更新和思想的解放。实践证明，课程自主创新实验对学校来说既是机遇也是挑战，是学校战略发展的有效途径。学校干部教师要对当前高中教育发展的世界趋势、社会背景、教育需求、课程发展及教育教学方式的变革等有清晰的了解，从高中教育培养多样化人才、为学生终身发展奠基的功能定位出发，抓住课程这个核心的育人载体，大胆地进行整体创新，实现高中教育发展方式新的突破，形成学校发展新的增长点。

第二，合理而充分的课程自主权。课程自主创新的前提是赋予学校合理而充分的课程权。在保证课程方案、课程标准基本要求的前提下，应更多地给学校放权和赋权，鼓励学校局部或整体的自主探索和创新，并给予学校进行实验的配套政策。

第三，强有力的课程领导力。课程自主创新涉及学校的整体性变革，实验学校必须有强有力且持续的课程领导力。学校办学定位、培养目标，课程规划、课程结构，课程实施、教师发展和课程资源等方面都需要统筹规划、协调推进。

第四，高水平的教师专业发展。课程创新依靠高水平教师的实践，教师和教师团队的专业水平是基本的保障。课程创新过程本身是教师专业发展过程，是二者双向互动持续提升的过程。

第五，优质、丰富课程资源支撑。课程创新就是课程不断满足学生多样化、个性化学习需求的过程，这意味着需要更多、更优质的课程资源作为基础，同时课程创新本身也是一个课程资源积累和完善的过程。

第六，良好的利于改革的环境。课程创新需要得到广泛的认同和支持，在浓厚的考试文化的影响下，课程创新的环境需要不断优化，以让创新得到学生、教师、学校、家长、社会的支持。

　　学校课程自主创新实验经过近三轮的实施，在实验方案论证、培训交流、实验管理等方面更加完善，逐步聚焦并突破实验的重点问题，鼓励学校在课程建设上有结构性突破，培养多样化创新人才，以课程建设为突破口实现特色发展；在推进方式上，鼓励校际合作研究和研讨交流，鼓励实验学校之间的资源共建以及实验学校与非实验学校资源共享，鼓励学校根据自身的发展定位进行个性化探索，同时明确提出加强相关理论研究的要求，这都为实验的后续研究和深入发展奠定了基础。

　　高中教育的战略转型是一项艰巨而持久的工程，"应试化"和"同质化"这两大顽疾的消除也绝非一时之功。本实验的推进为彰显学校办学活力、恢复课程整体育人功能提供了参考和借鉴，但在实验中也发现了很多问题，还需要实验团队继续群策群力，在深入推进实验的过程中继续探索和研究。

第二章
课程目标自主：
从育人目标到课程目标

课程目标，一般是指在国家人才培养目标的指导下，建立在社会力量、人的发展理论和学习及学习风格特征三大理论基础之上，结合学校的实际情况确定的培养目标。其外延包括学生在本校接受自主课程的学习之后应该掌握什么技能、学到什么知识、过上什么生活、对社会有什么用处等方面。学校层面的课程目标，直接受制于学校的育人目标，因此对于高中学校来讲，在课程目标自主过程中最应该关注的，也是最可能有所作为的是育人目标的自主。在此基础上，学校需要构建起与育人目标密切对应的课程体系，该课程体系应该由彼此具备一定逻辑关系的单个课程或课程群构成。整个过程可以借鉴我国历史上或其他国家的一些经验，并关注课程论的基本观点，同时沿着一定的思路去开展工作。

一、课程目标及课程理论中的课程目标

课程目标是课程理论的重要概念。不同历史时期、不同学者对课程目标的称谓不尽相同，如教育目标、教育宗旨、培养目标等。为了更好地厘清这一概念，使本章内容的叙述更加清晰，让我们先把这一概念放在课程论的大视野下，看看这一概念的内涵，以及"泰勒原理"和不同课程观对它的解读。

（一）课程目标的基本内涵

课程（Curriculum）一词最早见于英国教育家斯宾塞（H. Spencer）《什么知识最有价值？》（1859）一文中。它是从拉丁语"Currere"一词派生出来的，意为"跑道"（Race-course）。根据这个词源，最常见的课程定义是"学习的进程"（Course of study），简称学程。实际上，对于"课程"的定义有许多，没有一种能让所有人接受。《当代课程规划》一书中罗列出课程的几种解释：学习过程、学习内容、预设的经验、预设的学习结果和学生校内外的所有经验。最后给出如下定义：课程是学习者在所有教育项目中获得的全部教育经验的总和，它的目的就是获得在理论和研究、过去和现在的专业训练、不断变化的社会需求的框架内所形成的目的和目标。[1] 沃克（Decker F. Walker）等在《课程与目标》中认为，课程是指"学校实际生活中教师、学生与管理人员所开发的所有教育项目的目的、内容、活动和组织。"[2]本书使用较通用的课程概念，即学校为实现培养目标而选择的教育内容及其进程的总和，它包括学校教师所教授的各门学科和进行的有目的、有计划的教育活动。

在课程的定义中，有三个关键要素：课程目标、课程内容及安排和实施。课程目标有广义与狭义之分。广义的课程目标的含义定位于教育与社会的关系，即教育意图，包含了"教育方针""教育目的""培养目标""课程教学目的"和"教学目标"，而教学目标又包含年级教学目标、单元

---

[1] ［美］弗雷斯特·W·帕克等：《当代课程规划》第八版，孙德芳译，4 页，北京，中国人民大学出版社，2010。

[2] ［美］戴克 F. 沃克、乔纳斯 F. 索尔蒂斯：《课程与目标》第四版，向蓓莉等译，6 页，北京，教育科学出版社，2009。

教学目标和课时教学目标。狭义的课程目标的含义定位于教育内部的教育与学生的关系，主要指"教育目标"。在狭义上，课程目标不包含"教育方针"，只包含"教育目的""培养目标""课程教学目的"和"教学目标"。可见，课程目标解决学生通过课程学习应该掌握什么技能、学到什么知识、过上什么生活、对社会有什么用处等问题。从课程目标的定义我们也可以看出，课程内容回答教什么的问题，要紧紧围绕课程目标进行选择和设计；安排和实施则回答如何安排课程内容进程如何组织实施的问题。

(二)"泰勒原理"与课程目标

众所周知，迄今为止影响最大的课程理论莫过于泰勒的课程理论。他认为课程研究要关注四个基本问题：第一是确定目标，即学校希望达到的教育目标是什么；第二是选择学习活动，即为了实现这些目标可以提供哪些教育经验；第三是组织学习内容，即如何有效地组织这些教育经验；第四是发展评价手段，即我们如何才能判断这些教育目标已经实现。[①]

从泰勒课程论的四个基本问题我们可以看出，他的理论逻辑是关注学校育人目标与学校课程之间的关系，并且每一个步骤都渗透学校自主构建课程的理念。泰勒指明在建构学校课程时，首先需要思考教育目的和具体的目标(即育人目标)是什么，但他并没有提出学校应以什么为目标，他主张每一所学校都应当有自己的教育目标，并且有权决定自己学校的教育目标。并指出学校在决定教育目标时，应当从对学生、当代社会生活、不同学科专家的研究中寻求帮助和支持，并且只有从学生、社会和学科专家的研究中才能找到确定教育目标的依据。在确定教育目标过程中，泰勒认为，学校应当发展自己的教育哲学，这是引导出学校教育目标的一个重要标准，它将努力使每个目标与学校哲学、理想的教育目标协调一致。同时，泰勒还认为引导出教育目标的另一个重要标准是对学习心理学知识的了解，它能够告诉学生应该学习什么和不应学习什么，哪些教育目标切合学校和学生的实际，而哪些教育目标对这一阶段的学生来说是不合适的等。既然确定目标是由学校自主进行的，那么选

---

① ［美］戴克 F. 沃克、乔纳斯 F. 索尔蒂斯：《课程与目标》第四版，向蓓莉等译，64 页，北京，教育科学出版社，2009。

择知识和经验、组织实施以及评价就顺理成章地围绕学校自主课程目标展开了。

(三)不同课程观中的课程目标

"泰勒原理"提供了课程设计范式，但课程设计中如何设定课程目标，怎样选择和组织实施课程内容，以及如何评价目标的实现，却处处体现出不同的课程观。纵观现代国外课程的发展，由于教育目的、哲学观点、对现实看法及对儿童看法的不同，形成了各种不同的课程观或课程理论，可谓流派林立，学说各异。概括起来在众多课程理论流派中，最具影响、最有代表性的课程论流派主要可以分成以下四大类：

第一，从知识中心论理解课程目标。知识中心论也称学科中心论、科目中心论或教材中心论，主张从有关科学领域中选择部分知识作为学科的内容，并按一定的结构、顺序把这些知识组成各种不同的学科。其课程目标非常明确，便是重视对成人生活的分析及为儿童适应将来生活做准备的要求。其特点是：将人类的知识按照逻辑进行编排，形成一定的课程及内容，选定好教材，由教师分科进行教授。这是一种有着悠久思想渊源的课程论，历史上学校课程基本上可以说是以知识为中心的。知识中心论没有明确提出学校在课程设计方面有自主权，但却隐含着这样一层意思：每所学校、每位教育工作者都要思考什么知识最有价值，知识浩瀚如海，在学校有限的教育时间里，究竟应教授哪些最为重要的知识？优先权应给予传递既有知识还是发现新知识？何种途径可以最为有效地将知识传递给年青一代？知识中心论观点的持有者对这些问题的看法不尽相同，但有一点是共同的，即其课程目标应当是对经典知识的掌握、沿袭和发现新知识。

第二，从儿童中心论理解课程目标。儿童中心论的思想渊源也是很早的。如人本主义的课程论在反对封建主义的斗争中就提出过重视儿童、学习者与发展儿童个性的主张。夸美纽斯提出适应自然的原则、卢梭的自然教育论，都反映了课程要适应儿童身心发展这条教育规律。但把这条规律的要求推向极端，明确提出儿童中心论的是 19 世纪末 20 世纪初美国实用主义教育家约翰·杜威。所谓儿童中心课程，就是围绕儿童个人的需要和兴趣组织教学，而不是按学科内容进行施教。杜威并不认为教育是为未来生活做准备，他提出教育即生活，社会即学校，因此该课程理论的课程目标可以理解为：教育目的不应排斥教育的出发点——儿童，要把教育的出发点和归宿点统一起来，综合考虑，由于儿童正处于"未成熟"的状态，应当尊重能力的多样性，提供适当的环境，引起适当的新刺激，促进儿童个性的健康发展。可以明显看出"儿童中心论"强调的课程目标是儿童的个性成长与发展。儿童中心论明确反对知识中心论，极为重视个人权利、个体天赋的发展，自我实现，幸福追求以及个体的社会、经济与智力发展。自由是这个群体的口号，摆脱权威与强迫，反抗顺从与刻板的教育。学校不是去压制孩子们非社会化的冲动，而是鼓励他们以社会能够接受的方式来表达。儿童中心论赋予自主课程强大的理论支持。一般而言，国家课程标准是统一的、指导性的，而自主课程需要学校根据自己的情况进行课程设计，自己的情况就包括学生的情况，不同学校的生源、学生年龄阶段、学习风格均不相同，因此学校进行课程设计时必须要将学生考虑在内，从这个意义上讲，学生也应当是自主课程的参与者。

第三，从社会中心论理解课程目标。社会中心论课程是为了克服儿童中心课程论的片面性提出来的，强调以社会问题为中心，主要有社会适应派和社会改造派。尽管他们的观点有所不同，但他们都认为设计课程要通过对社会问题的分析来确定课程目标及课程内容，主张打破传统的学科课程界限，但不按学生的活动来组织课程，要兼顾儿童的年龄特征，但不主张以学生的兴趣和动机作为编制课程的基本出发点，而提出要以社会现实问题作为课程设计的核心。因此该理论的课程目标是：按照主观设想的蓝图"改造社会"，把学校作为形成"社会新秩序"的主要工具。为此，他们主张围绕社会改造的"中心问题"组织学校课程。

第四，从折中主义论理解课程目标。近年来许多学者反对把课程安排绝对化，既反对按学科中心设计课程，也不主张完全按社会中心、儿童中心的思想来编制课程，而是提出要把这三方面因素综合起来加以考虑。其课程目标兼顾儿童的发展和社会的需要，希望课程设计既符合儿童的身心发展，又能帮助儿童适应未来生活，且具有解决社会实际问题、批判改造社会的功能。目前这种发展趋势越来越明显。我们把这种理论称为折中主义课程论，它的主要流派有情境中心论和问题中心论。

以上四种课程观从不同的角度表达了对课程的理解，作为课程的设计者和组织实施者，没有必要必须选择一种观点，而应汲取各种观点的长处，努力理解所有最适宜目前环境的传统课程的精髓，在自主课程中不停地追问现在最有价值的知识和经验是什么，而这种追问应当在所有自主课程的参与者中进行，包括学生。

二、我国高中课程目标发展概述与启示

20世纪以来，我国高中教育的发展可以划分为体系创建、规模扩张、质量提升三大阶段，每个阶段国家整体的育人目标、学校课程目标的主要内容及核心特点都体现出浓厚的时代特色。

（一）体系创建时期（1902年至1921年）

体系创建时期是我国高中教育体系初创时期，始于清政府颁布的"壬寅学制"，成型于"壬子癸丑学制"。该时期的课程设置由最初的中西兼顾并带有浓厚封建色彩的课程，转变为体现国民政府"国民健全之人格"教育宗旨的课程，实行分科教育，并赋予地方极大的教育自主权，期间进行了教育目标及学制的调整与试验，并在一些试验学校出现了高中教育，为1922年新学制奠定了基础。

1. 癸卯学制时期

现代意义上的中学学制，始于1902年清政府颁布的"壬寅学制"，该阶段属于中等教育的初创时期。该学制规定中学堂为四年制，为"高等专门之始基"，但"壬寅学制"公布后未及实行，很快被"癸卯学制"所代替。1904年重新修订的"癸卯学制"中，将中学修业年限设为五年制，《奏定学堂章程·中学堂章程》中提道："施较深之普通教育，俾毕业后不仕者从事于各项实业，进取者升入高等专门学堂均有根柢为宗旨。"设修身、读经讲经、中国文学、外国语、历史、地理、算学、博物、物理及化学、法治及理财、图画、体操等课程。1909年对中学制度进行调整，仿德、法制实行文、实分科，课程各有侧重。

当时并没有明确的课程概念，均以"科""业"等名称称呼，更无课程目标的阐述，而是进行教育宗旨的讨论，教育宗旨在中国近代有"教育方针"和"教育目的"双重含义。1902年，梁启超著文明确提出"教育当定"宗旨。张之洞在1904年奏请颁布《奏定学堂章程》时声明："至于立学宗旨，无论何等学堂，均以忠孝为本，以中国经史之学为基。俾学生心术一归于纯正，而后以西学瀹其智识，练其艺能，务期他日成才，各适实用，以仰副国家早就通才、慎防流弊之意。"此宗旨表现出浓厚的封建性，其目的是让学生效忠于封建王朝。1906 年，学部(1905 年清政府成立的中央教育行政机关)针对民权思想的流行和资产阶级革命派的活动，拟定"忠君、尊孔、尚公、尚武、尚实"五项教育宗旨，虽依然将忠孝等封建教育宗旨摆在首位，但后三项注意到国民公共心、国家观念、身体素质和基本生活技能的培养，已有很大进步，而且这五项教育宗旨是中国近代史上第一次从国家层面正式宣布的教育宗旨，只是作为包括中等教育在内的各级教育的总纲领，这五项教育宗旨依然没有将自主的思想放在里面。虽然清末"新政"时期及变法失败后废科举兴学校，中国近代史上出现了难得的兴办新学的热潮，但由于这些学堂办学形式、来源(很多是就书院改办而成的)、生源、师资、课程设置等情况错综复杂，无法将他们认定为现代意义上的高中教育，高中课程目标自主也就无从谈起。

在学部宣布教育宗旨的同时，王国维从受教育者的基本素质要素出发，提出以体育培养人的身体之能力，以智、德、美三育培养人的精神能力，相应发展真善美之理想，以期培养"完全之人物"。这是中国近代史上第一次提出德、智、体、美四育并重的教育宗旨，对以后教育目标模式的设计产生了重大影响。

2. 壬子癸丑学制时期

1912 年中华民国成立，在蔡元培文理兼修的教育理念的影响下，当年颁布的"壬子学制"规定中学改为四年制，自该新学制公布至 1913 年 8 月，又陆续颁布了各种学校规程，对新学制有所补充和修改，于是又综合成一个更加完整的学制系统，即壬子癸丑学制。壬子癸丑学制将"养成共和国民健全之人格"列为首要的教育宗旨，我们可以理解为其课程目标是致力于国民健全之人格的教育。因此最初我国中学教育课程目标的设定是具有前瞻性的，最早提出了国民教育与人格健全之教育，将国家与个人紧密地结合在一起，而并非仅局限于儿童发展、社会问题甚至单纯的应试。一百多年之后再看该目标，依然可圈可点，值得借鉴。学制规定中学校开设修身、国文、外国语、历史、地理、数学、博物、化学、法制经济、图画、手工、乐歌、体操等课程，女子中学加家事、园艺(可缺)、缝纫等课程。从课程设置可以看出，该学制废除了癸卯学制中的"读经讲经"课，设立了许多近代学科，也注重对中国传统文化进行批判的继承，注意"本国道德之特色"，同时提高了唱歌、图画、体操、农业等美育、体育课程的地位，从德、智、体、美四方面体现出当时政府的教育宗旨。

1915 年新文化运动开始后，中等教育的规模有所扩大，质量有所提高。1916 年 10 月，在第二届全国教育会联合会议上，与会者提议今后中学教育应定位为：以完成普通教育为主，而以职业教育和预备教育辅之。这就明确提出了中学教育的课程目标为兼顾升学和就业的双重职能。次年，教育部采纳了这一建议，并对中学学制做出调整，如中学从第三年起减少普通科，加习农工商等职业科，以为学生不升学而就业做好准备。同时为了提高中学教育质量，完成教育任务，业界呼吁延长学制，一些学校还率先试验，如北京高等师范学校附属中学（今北京师范大学附属中学的前身）的中学六年三三分段，上海中国公学中学部实行的五年三二分段等，初步尝试了将中等教育分为初中与高中两个阶段，并为 1922 年新学制做了思想和实践方面的准备。①

这一时期教育部赋予中学教育很大的自主权。1919 年 4 月，教育部通令中学可以酌量地方情形增减制定各种科目和教学时间，这给予各地学校较多自由发展的余地。从此，中学开始实行选修课，选修课程目标各不相同，或升学，或就业，或扩大知识面，或提高能力。20 年代初期，选科制成为不少著名中学的改革目标，如南高师附中、北高师附中、南开学校中学部、江苏省立一中等。虽然学校有较大的自主权，但均基本秉承了国家的教育宗旨，国家教育宗旨与学校自主课程的关系平衡和谐。

由此，我们可以将该阶段的课程目标总结为：由封建王朝末期的忠君、读经兼顾西学，最终转变为符合资产阶级要求的共和国健全人格之教育，培养德、智、体、美全面发展的新公民教育。其特点是由封建王朝失去对教育的控制权逐渐转变为国民政府统一教育宗旨，赋予各学校自主权，从而平衡了中央指导与各学校自主的关系。

（二）规模扩张时期（1922 年至 20 世纪末）

高中教育规模扩张时期，从 1922 年国民政府颁布新学制到 1999 年全国第三次教育工作会议，共分为三个阶段。民国时期高中教育创立和逐步完善，1949 年后新中国政府继承、改造高中教育，逐步明确高中教育的性质和教育目标，探索建立具有良好弹性的高中课程结构体系。

---

① 孙培青：《中国教育史》第三版，385 页，上海，华东师范大学出版社，2009。

1. 逐步完善，走向成熟

从 20 世纪 20 年代到新中国成立，高中教育逐步完善并走向成熟。1922 年当时的教育部颁布原名为《学校系统改革案》的壬戌学制。壬戌学制是我国近代教育史上实施时间最长、影响最大、最为成熟的一个学制，它的制定与颁布，是中国教育近代化进程中的一个里程碑，对于近代中国学校体系的建立、教育制度的建设、教育政策的制定以及人才的培养，都产生了重大的影响。"新学制"的标准为：①适应社会进化之需要；②发扬平民教育精神；③谋个性之发展；④注意国民经济力；⑤注意生活教育；⑥使教育易于普及；⑦多留各地伸缩余地。新学制的标准体现出新文化运动以来所倡导的"民主"与"科学"的精神，尤其是实用主义的教育思想。最后一条标准明确提出给予各地各类学校很大的自主权。

壬戌学制确立了小学六年、初中三年、高中三年的"六三三"学制。"六三三"学制符合中国实情与世界教育发展趋势，更符合儿童身心发展规律，有利于鉴别学生的个性差异，因材施教，学制内容从中国的实际出发，富有很大弹性。中等教育是改制的核心，新学制的精髓，修业年限由四年变为六年，初高级各三年，也可以"初级四年，高级二年，或初级二年，高级四年"。这样提高了中学教育程度，改善了中学与大学的衔接关系。

新学制在中学实行选科制。初级中学施行普通教育，"但得视地方需要，兼设各种职业科"；高级中学分普通、农、工、商、师范、家事等科，"但得斟酌地方情形，单设一科或兼设数科"。在我国率先采用选科制的是 1919 年蔡元培任校长时的北京大学及某些中学，如北京高等师范学校附属中学、南京高等师范学校附属中学、江苏省立第一中学、南开学校中学部等。可见，选科制是当时教育界的一种潮流。壬戌学制的规定适应了这种潮流，也受到教育界人士的好评。这段时期高中教育还进行了学分制和分科制的不断尝试。

北京高等师范学校附属中学高级中学课程设置要点

高级中学分为普通科及职业科。普通科分第一、第二两部，职业科先设商科。

"所谓第一第二部，即含有一般所谓文科理科的意思。所以不用文科理科两个名称者，因为近日一般的见解，把文理两个界限分得太清了。"①

设"一、二部"，而不设"文理科"，其良苦用心在于：学科设置既要使高中课程学习作为学生们升学的基础，又注意尽量使学生们避免文理课程的偏与废。林砺儒先生对此的阐释是：

"学文科的人，对于理科的知识太外行，学理科的人，对于文学又太随便：这是近日的通病。我们要矫正这点毛病，所以第一、第二两部，虽各有所注重，而第一部有必修的数理等科，与第二部有必修的文学科，都是要把普通的基础打广些。我们认定高级中学普通科的效用，是完成最高的普通教育，同时作升学的基础。所准备的就是最高的普通基础。至于某种专门学问的准备学科，我们以为应属于大学分内事。所以只分第一、第二两部，而放大选修科的活动范围听其发展个性。各种选修科目里面，隐然寓有分门之意。惟不明立分门名称，而听自由选择。自然的依其个性而分道扬镳，当较诸多之门系者更为有效。"②为此，第一、第二部必修科目与总学分设置如表 2-1 所示。

表 2-1　北京高等师范学校附属中学高级中学课程设置

第一部	国文	英文	算学	伦理学	体育	生物学	物理	化学	中国历史	合计
	52	60	32	8	18	8	8	8	8	202
第二部	国文	英文	算学	伦理学	体育	理化				合计
	36	52	56	4	18	32				198

通过梳理这段历史，我们不难发现该时期的课程目标依然是延续了中学教育初建阶段的目标，继续致力于国民健全人格之养成的教育，且用实际的改革(如学制的确立、学分制的实行)将该目标落到实处。其做法依然值得当代教育改革借鉴。

1927 年"四一二"反革命政变之后，国民党在南京成立了国民政府，实施"党化教育"的方针，颁布"三民主义"教育宗旨，并颁行"戊辰学制"，之后虽做过调整，但 1922 年新学制的基本框架未变。1931 年 9

① 转引自刘沪：《中国名校丛书——北京师大附中》，33 页，北京，人民教育出版社，2000。

② 转引自刘沪：《中国名校丛书——北京师大附中》，33 页，北京，人民教育出版社，2000。

月国民党中央通过了《三民主义教育实施原则》，规定中等教育的目标为：确定青年三民主义之信仰，并陶冶其忠孝、仁爱、信义、和平之国民道德；注意青年个性及其身心发育状态，予以适当的指导及训练；对青年进行职业指导，为其就业做准备。

1932 年教育部对中学教育做出较大调整。12 月国民政府颁布的《中学法》，废止综合中学，将普通中学、师范学校、职业学校分别而立，而高中不分文理科，并进一步明确中学教育的目标为：继续小学之基础锻炼，以发展青年身心，培养健全公民，并为研究高深学术及从事各种职业之预备。这一变革明确了中学的教育目标，保证了普通教育、师范教育和职业教育的教学质量，就目前来看依然是有益的变革。不分文理科有利于学生的科学素养与人文素养的协调综合发展，是一项超前的决定。新中国成立后教育部对高中文理科分科教育进行了各种尝试，实践证明，不分科更有利于学生的全面发展。[①]

国民党统治时期虽然对学校实行严格管控的高压政策，通过颁布修订各级学校的课程标准达到课程的统一性和规范性，不允许学校有自主权，将公民、党义、"三民主义"、童子军训练、军训等硬性规定为必修科目，但颁布的课程标准有利于统一教学规范，保证教学质量。国民政府统治时期还建立了学校训育制度，对各级各类学校实行严格管理，虽有一些道德教育的价值，但帮助实施专制独裁统治的作用是主要的。所提倡的道德规范，如教育部令全国各学校悬挂"忠孝仁爱信义和平"，不少属于封建道德规范，相比中华民国初期所提倡的人格教育、国民精神等教育宗旨，是一种倒退。

这一时期的高中教育由无到有，由规模小到不断扩大，教育目标由较笼统到逐渐明确，兼顾基础性与实用性，具有升学与就业双重功能，其性质转变为为资产阶级服务。期间不断调整矫正，虽然袁世凯复辟时教育短暂倒退，南京国民政府成立后教育目标在某些方面也有所倒退，但总的来说，现代高中教育诞生了，其教育目标也反映了时代的需要，甚至具有超前意识。

2. 机械照搬，短暂倒退

中华人民共和国成立到"文化大革命"以前，中国的教育事业一直在进行改造调整，以贯彻教育向工农大众开放的方针。各级各类学校学生

---

① 孙培青：《中国教育史》第三版，445 页，上海，华东师范大学出版社，2009。

的成分发生了明显的变化，1953年普通中学生中工农子弟及其他劳动人民的子女已占学生总数的71%。该时期是中国的非常时期，中华人民共和国成立初期教育部统一领导和部署，在全国范围内对原有学校的课程、教材进行了改革。改革总方向是：以辩证唯物主义和历史唯物主义为指导，清除宣扬封建的、买办的、法西斯主义思想的内容，取消烦琐、陈腐、庞杂的材料和结构，在实现教育目标的前提下进行课程改革。要求课程改革主要参照苏联的教育经验，从中国实际出发，编订各级各类学校的新课程和使用教材。[①] 但实际上，我们在学习苏联的过程中，采取"一边倒"策略，非常机械和教条，各级各类教育均照搬苏联经验，高中教育根本谈不上课程目标的自主。

到"文化大革命"时期，中国各级各类学校的教育教学工作陷入全面混乱，学生不在课堂里学习而是响应中央号召停课闹革命。中学生成了当时造反派的主力，中学校园成了"文化大革命"的主战场之一。当时为了对知识分子进行"再教育"，中央采取了"干部、教师下放劳动"和"知识青年上山下乡"两项措施，教师和学生被迫离开学校，即便是在学校进行教育工作，也会因为很正常的教育行为而遭到打击和迫害，广大教育工作者人人自危[②]，所以这个时期根本谈不上研究课程，课程目标自主更是无从谈起。

3. 重建体系，明确方向

从十一届三中全会到1999年第三次全国教育工作会议，这个阶段是中国的课程改革慢慢恢复并蓬勃发展的时期，课程目标逐渐明确并确立，根据实际情况不断修正。1977年至1984年，是拨乱反正恢复中小学课程秩序的时期；1986年至1992年，是基础教育课程改革的深化时期；1994年至1997年，是适应性的课程调整时期；1998年至20世纪末，是全面推进素质教育的新一轮基础教育课程改革时期。虽然大多数学者将2001年作为新一轮基础课程改革的起点，但实际上，此次课程改革在1998年便开始孕育，1999年6月在召开第三次全国教育工作会议前夕，中共中央、国务院发布了《关于深化教育改革全面推进素质教

---

① 王炳照等：《简明中国教育史》第四版，456～463页，北京，北京师范大学出版社，2008。

② 王炳照等：《简明中国教育史》第四版，479～489页，北京，北京师范大学出版社，2008。

育的决定》，"素质教育"的提出主要是针对中小学教育中长期存在的应试教育，片面追求升学率而影响学生全面发展的情况。此时期关于高中课程改革的讨论和实验非常多，对于高中教育的性质，教育界进行了深入讨论，有学者认为，在我国，实施九年义务教育，保证了一个公民所必需的最基本的素养，它主要体现为包括知识、智能以及做人在内的多方面的基础。因此，义务教育具有典型的基础性或不定向性。而高等专业教育或就业后的社会实践教育则不同，它们直接为社会各行业培养不同层次的各种人才，因此，这一阶段的教育具有明确的定向性，是定向教育。

另外，只接受义务教育的学生（15岁左右）并不具备（也不可能具备）稳定的就业倾向和必要的专业选择能力或就业能力。因而，一个社会完整的教育系统必须存在一个介于不定向教育与定向教育之间，起中介过渡作用的教育阶段——准定向教育阶段。实施这一特定阶段的教育，使学生在进一步获取知识的同时，形成比较稳定的职业倾向和就业意识，获得必要的就业选择能力，为进一步升学或走向社会，确定自己的发展方向，做好必要的准备。再有，16～18岁正是青少年向多样化方向发展，形成稳定而健康的个性特长的重要阶段。这个时期，青少年的自我反省意识增强，对自身的各个方面，特别是今后发展潜能及其价值的认识逐渐明朗化，他们在各种各样的活动领域中开始有选择地发展自己的兴趣和特长。因此，我们说高中教育是具有准定向特性的中等教育。相应地，作为义务教育的小学、初中教育是不定向的基础教育，而高等专业教育或社会实践教育则是具有定向性的专业教育。由此，有学者提出，国家制定统一的基础课程（核心课程）标准，同时，为适应学生的发展，考虑到地区经济与文化背景的差异以及学校培养目标与办学条件的不同，开设多种分科课程（专业课程），实施必修、必选、自选三种课程修业形式，形成一个具有良好弹性的课程结构体系。

（三）质量提升时期（21世纪初至今）

20世纪末21世纪初，我国不失时机地抓住历史机遇，进一步推动课程改革的深化，在"扩大学校自主权"和"教育松绑"的呼声下，我国课程的部分权力进一步由地方下放到学校。2001年6月教育部颁布了《基础教育课程改革纲要（试行）》，在课程目标、课程结构、课程标准、教学过程、教材开发与管理、课程评价、课程管理、教师的培养和培训以及课程改革的组织和实施等方面进行深入改革。其中规定：改变课程管理过于集中的状况，实行国家、地方、学校三级课程管理，增加对地方、学校及学生的适应性。学校（校本）课程的实施就是一个标志。该《纲要》还强调，基础教育课程改革必须坚持民主参与、科学决策的原则，积极鼓励高校、科研院所的专家、学者和中小学教师投身于中小学课程教材的改革中，建立教育部门，以及社会各界有效参与课程建设和学校管理的制度，积极发挥新闻媒体的作用，引导社会各界深入讨论、关心并支持课程改革。①

这一阶段教育界对高中教育的反思也此起彼伏，讨论非常活跃甚至激烈。许多学者开始质疑高中教育阶段的课程设置问题，有学者研究发现课程内容繁、难、偏、旧已成为我国高中教育的顽症。有些学校为了应付高考，随意拔高教学大纲的要求，大搞"题海战术"，使学生疲于奔命，苦不堪言，这就出现了"越是重点高中的学生越觉得教材太难"的奇怪现象。课程目标决定课程内容，我国高中课程内容的陈旧落后是由知识技能取向的课程目标和"为考试而教"的教育价值观所决定的，在新的历史时期，我们需要什么样的课程目标？"健全的心理素质""综合运用知识解决实际问题的能力""人际交往能力""竞争意识""接受新知识的能力""一定的专业技能"，是学生所需要的也是高中教育应加强培养的。正是基于这种认识，本次课程改革突出培养高中生的"健全人格创新精神和实践能力，并以此为参照，选择和重建高中课程内容。

三、国外高中课程目标发展经验与借鉴

在高中教育中推行自主课程的做法在国外由来已久，并且形成了各自的特色和体系。推行自主课程在实现高中教育目标、提升高中教育质量、培养合格甚至优秀的高中毕业生方面起着举足轻重的作用。下面从两个维度介绍世界上主要国家自主课程的做法，以供我国高中教育改革借鉴。

---

① 王炳照等：《简明中国教育史》第四版，511～512 页，北京，北京师范大学出版社，2008。

（一）不同管理体制下的课程目标自主

目前就课程管理体制而言可分为中央集权、地方分权、中央集权与地方分权相结合三种类型，不同管理体制下课程目标的自主权有所差异。

1. 中央集权体制下的课程目标自主

教育中央集权的国家通常会在国家层面进行自上而下的高中课程管理，对课程目标、课程的组织实施、评价等进行较为详细的规定，地方及各学校拥有较少的自主权，以法国和韩国为代表。

法国政府在国家层面对高中教育的任务、教学、课程的编排与实施做了规定，以加强对高中教育的指导和管理，提升高中教育质量，这些规定是通过一系列报告体现出来的。例如，1998年的《在高中教什么知识》、1998年的《为了21世纪的高中》等，对高中的任务、教育、教学进行了重新定义和构建。这些文件都表达了这样一个共同思想，即学校应该让学生获得某种共同文化，获得能力和知识，帮助他们获得自治，成为现代社会警醒的公民。法国政府对高中的课程表进行了详细的规定，法国高中的课程表是按照阶段和专业来呈示的。其中，高中被分为决定阶段和终结阶段，高一年级作为决定阶段使用共同的课程表，各专业的高二和高三虽然各有课程表，但是在呈现的时候，它们被归于终结阶段教育的名称之下。

法国政府还从国家层面规定了高中课程实施的措施，《为了21世纪的高中》介绍了有关措施，即教学陪同方式，以此提升高中教育质量。这三种教学陪同方式即课程类型、班级组织和物质资料配备。课程类型除包括高中已有的模块课程之外，新的改革还在高一年级设立了针对部分学困生的"个体化帮助"课程，在高二和高三设立了注重学生个人（或集体）探讨的"框架性个人研究"课程；除了通常的班级教学之外，增加以半组形式进行的学习活动。另外，文件还指出，学校的资源中心（信息资料中心和计算机中心）应该尽可能向更多的学生开放。改革还特别强调所有学生都应掌握信息和交流的新技术，认为这些技术可以提高教育质量。新技术教育包括学科教育借助于新技术和学生学习新技术的课程两个方面。[①]

①　汪凌：《法国普通高中的课程研究》，载《全球教育展望》，2002(3)。

韩国也属于教育集权的国家。近几十年来，韩国已经进行了七次课程改革。1997 年 12 月 30 日韩国教育部公布了第七次教育课程大纲，即《初、中等学校教育课程》，并于 2002 年 3 月 1 日正式实施，后一直沿用至今。"这次改革的基本精神是将'封闭式的教育体系'转向'开放式的教育体系'，将'生产者为中心的教育体系'转向'消费者为中心的教育体系'。"基于这一理念，首先，第七次课程改革增加了一部分能力培养活动课程的学时；其次，为满足不同能力学生的需求，引入了"差别教育课程"；最后，"为适应信息社会的要求，加强了技术/工业、家政、外国语等科目的学习"。之后，为回应社会结构发生的变化，韩国教育部公布了《2007 年修订教育课程》，这标志着新一轮改革开始。韩国在该轮改革中明确提出，"考虑学生的能力、个性、发展前途，使教育内容和方法多样化，确立可以使学生根据自身的个性和素质选择教学科目、能动而自律地学习的'以学习者为中心的课程'体系"，为此要"建立国民共同基本课程和选修中心课程体系"。[①] 因此，韩国高中课程的特点为国家制定基本课程与选修中心课程体系，并确立符合学生不同特点的个性化课程体系，在一定范围内使学生选课具有一定的自主性，而地方与学校是无法拥有自主权的。

2. 地方分权体制下的课程目标自主

实行地方教育分权的国家通常只在国家层面规定高中教育的基本目标和理念，而将课程的具体组织实施、评价等都交给地方和学校自己来做，以美国和英国为代表。

美国高中课程管理实行国家—地方—学区—学校分级管理体制，学区与学校拥有非常大的课程自主权，在州制定的课程标准框架下编制和实施具体课程，因此学区与学校在确立具体的课程目标方面具有很大的自主权。

美国联邦教育部对各州的教育主要起号召和建议的作用，一般不直接插手各种教育事务，50 个州都赋予本州法定权利，为本州公立学校制定课程标准。大多数州的传统是将课程权力授予地方教育系统，地方教育系统的机构名称有很多，诸如学区、镇和县。这一系统通过其董事会而代表辖区居民行使地方教育管理的最终权力。对课程起实际作用的

---

① 谭菲、马金晶：《韩国 2007 年高中课程改革的背景、内容及特点分析》，载《教育探索》，2011(3)。

是学区，学区拥有极高的自主权，各学区组织一个专门委员会，根据州课程标准编制具体课程，选择不同版本的教材。学校是具体课程的实施者，根据学区的课程安排及教材选择进行本校的课程设置。由于美国中学采用学分制，开设选修课空间较大的学校可以根据本校本地区特点向学区申请校本课程，这样学校有更大的自主权。[①] 虽然在实际工作中，美国教师具有较大的自主权，即便其课程改革大胆，甚至脱离了官方的要求，也往往不会受到公开的责备，但是，他们的课程决策权力也超越不了学校系统权力的限制，同时也要回应学生、家长和公众等各种利益团体的诉求，所以也并非随心所欲，而是权利共享、共同决策、民主开发和互动合作。[②]

英国普通高中课程设置的多元化决定了其课程目标的多样性，没有统一课标和统一目标，使得各个办学机构拥有课程目标自主权，课程目标自主得以实现。

英国注重中等教育内部以及中等教育与中等教育后的教育与培训的衔接与沟通，课程评价方式灵活、多样、人性化。同时，由于不同教育机构办学条件、办学思想等有差异，高中课程设置呈现出多元形态，学校因而各具特色，学生也获得了多样发展机会。[③] 英国高中教育包括两个阶段：高中低段 10—11 年级，也称为第 4 学段（Key Stage 4，KS4）；高中高段 12—13 年级，也称为第 5 学段（Key Stage5，KS5），还称为第六学级（the Sixth Form）。其高中阶段教育是以单个学科和资格证书为中心的，而不是以教育计划为中心的，其中全国的中等教育毕业证书（General Certificate of Secondary Education，GCSE）和 A 水平考试占主导地位。学生在 14—16 岁学习相对狭窄的核心课程（国家规定 7 门核心课程和 50 多门学校根据自身情况进行选择的中等教育毕业证书课程），而 16 岁后教育具有选择性，课程全部采用选修的方式，国家提供了近百门学术和职业教育类课程[④]，没有统一的课程标准，没有共同的或者

① 陈时见、赫栋峰：《美国高中课程改革的发展趋势》，载《比较教育研究》，2011(5)。

② ［美］戴克 F. 沃克、乔纳斯 F. 索尔蒂斯：《课程与目标》第四版，向蓓莉等译，6 页，北京，教育科学出版社，2009。

③ 郭宝仙：《英国普通高中课程方案及其特点》，载《全球教育展望》，2012(2)。

④ 綦春霞：《英国高中课程设置及其启示——以两所学校为例》，载《中国教育学刊》，2012(5)。

是明确表述的总目标，没有法定的核心学习内容，高中阶段结束时也没有一个共同的离校证书之类的东西标志该阶段结束。学生 11 年级毕业时要参加 GCSE 考试，13 年级结束时要完成 A 水平的考试。

3. 中央集权与地方分权相结合体制下的课程目标自主

有些国家力求在中央集权与地方分权之间寻找一个契合点，即在国家层面发挥中央对高中课程管理的主导作用，又希望发挥地方及学校的主动性和创造性，采取一种中央与地方相结合的方式，以日本和南非为代表。

日本高中课程的设置，大的方面由文部省通过制定学校教育法实施规则和学习指导要领来规定，提出普通高中和职业高中都开设的普通学科和科目，并规定每个普通科目的标准学分，在各普通科目中规定必修科和选择必修课，规定全年授课周数和每周授课时数，还对高中毕业应取得的最低学分数做出规定。而高中课程设置者可以做若干补充规定，如根据实际需要提出文部省没有开设的普通科目和专业科目，规定文部省没有规定的科目学分，审批所属高中的课程安排。高中课程的具体安排则由学校负责。学校通过制订教学计划，拥有较大的自主权，如分科和科目的设置，规定必修、必选和选修科目，确定本校开设科目的学分和学生毕业时必须取得的学分等。① 日本高中教育虽然获得了迅速发展，但随着日本社会的快速发展，高中教育逐渐显露出其不适应性。日本于 20 世纪 80 年代开始实行高中教育改革，该改革以 1999 年 3 月文部省颁布新修订的《高中学习指导要领》为标志而告一段落。在这次高中教育改革中，日本提出要建立灵活的后期中等教育结构，使高中教育在学制、内容、招生等方面具有多样性和弹性。1999 年 3 月文部省新修订的《高中学习指导要领》提出，各学校发挥创造性，推进有特色的教育设计，建设有特色的学校。②

南非是一个长期存在严重种族隔离现象的国家，1994 年南非新政府成立，消除种族隔离成为南非政府的重要工作。在这种背景下，新政府对南非高中的课程政策和内容设置进行相应改革，旨在促进南非的教育公平，满足南非多种族、多民族、多文化的教育需要，适应国家在民主转型期对中等人才的培养要求，同时使南非课程改革与国际课程改革

---

① 雷树人：《日本高中课程的改革（上）》，载《课程·教材·教法》，1993(3)。
② 张德伟：《日本普通高中新课程改革研究》，载《全球教育展望》，2002(3)。

接轨。①

总之，世界上绝大多数国家的学校课程都在不断发生变化，虽然各国的国情和文化传统相差悬殊，但课程改革也呈现出一些共同趋势。例如，各国课程政策不断强化学校在课程改革中的重要性，即赋予学校充分的课程自主权，最大限度地调动学校在课程开发和实施方面的积极性、主动性和创造性，各国在制定课程政策时都不同程度地强调民主参与、平等协商的重要性。法国、日本、韩国等教育集权的国家不断推动课程决策的分权化，强调课程改革中地方和学校的积极作用。即便英美等教育分权的国家也着力建立国家标准，并没有放弃课程决策分权化和个性化的传统，而是在保持这一传统的基础上进一步强化国家和政府在课程改革中的责任。②

(二)不同发展取向下的课程目标自主

各国国情不同，教育体制各有差异，因此各国高中课程目标各有特色；同时，高中学校类型多样，即使同一类学校在具体培养目标和实践操作等方面也存在很大的不同。但综合来讲，主要可以分为学术型和综合型两类。

1. 学术型课程目标

这类高中以升入高等学校尤其是顶尖大学、培养社会精英为目标，如美国、法国等单独设置的普通高中，英国的文法中学(含公学)，德国的完全中学等。学术型高中的入学条件相对于其他类型的高中来说更加严格，录取比例也极低。③ 就英国而言，第三学段升入第四学段(即高中低年级)基本是本校直升，但第四学段升入第五学段要由学生的GCSE 成绩和学校自身的要求而定。据 2011 年英国教育部的调查报告，各种类型学校高中阶段的招生分数线存在着较大差异。以 5 门 GCSE 成绩为例，文法学校录取的平均分为 233.7 分，综合中学为 209.5 分。④

---

① 田腾飞、何茜：《南非高中课程改革的目标、内容及特色》，载《比较教育研究》，2011(5)。

② 陈时见、王芳：《21 世纪以来国外高中课程改革的经验与发展趋势》，载《比较教育研究》，2010(12)。

③ 杨光富：《国外普通高中教育多样化特色比较》，载《外国中小学教育》，2014(3)。

④ 綦春霞：《英国高中课程设置及其启示——以两所学校为例》，载《中国教育学刊》，2012(5)。

可见英国学术型高中的入学标准较综合高中严格许多。再以美国为例，美国纽约州三所老牌名校——史蒂文森高中、布拉克斯学科高中和布鲁克林技术高中每年12月联合举办选拔考试，三校每年录取学生约2700人，不足考试的十分之一。①

2. 综合型课程目标

综合高中相对于普通中学或职业中学，是将普通教育与职业教育融为一体的单轨制中学，其培养目标是多元的，既担负着为大学输送新生的使命，又为社会培养各种中等级技术人才。综合中学开设各种普通和职业课程，开展各种适应学生能力的教育，后期进行分科教育，但仍把中等基础教育放在重要位置。例如，美国的综合中学实行三科制，即学术科，为学生升入大学做好准备，占学生总数的20％～30％；普通科，要求学生掌握一定的文化知识，占学生总数的40％～50％；其余为职业科，为学生就业做准备。②

一般情况下学校招收一个地区的所有学生，从入学条件看，上文已述综合高中比学术型高中录取条件低很多，校与校之间也有较大差异。英国通常规定，年满16岁的学生中GCSE考试中有3门以上科目获得D或D以下证书者，或两门以上科目只得E等水平证书者，可以进入第六学级（第五学段）学习，但只能学习一年制的"职前教育证书"课程，或花一年时间补习"中等教育普通证书"课程，获得规定的成绩后，方可学习"高级水平教育证书"的课程。③ 也就是说其第六学级入学条件为GCSE3门以上D等水平，而伊顿公学和里丁学校（一所与伊顿公学排名不相上下的公立男校）对GCSE的要求为若干门为A、A＋，或者至少为B，里丁学校的录取分数甚至是GCSE考试的8科总分为380分④，远远高于文法中学的平均分。

实际上世界各国的高中教育课程目标始终摇摆在升学与就业两端之间，或倾向于升学，或更注重就业，或者将二者有机结合起来，总是希望在这两者之间达到一个平衡，以满足不同学生的需要。从各国课程政

---

① 杨光富：《国外普通高中教育多样化特色比较》，载《外国中小学教育》，2014(3)。
② 杨光富：《国外普通高中教育多样化特色比较》，载《外国中小学教育》，2014(3)。
③ 杨光富：《国外普通高中教育多样化特色比较》，载《外国中小学教育》，2014(3)。
④ 綦春霞：《英国高中课程设置及其启示——以两所学校为例》，载《中国教育学刊》，2012(5)。

策和国家层面的课程目标来看，各国的课程导向日益趋于一致，既为大学学习做准备，又为将来生活和职业做准备。不同类型的学校可以根据自己学校的情况或者偏重于学术，或者偏重于职业，或者兼而有之。

美国高中课程目标在经历了长期的调整和变革后，目前具有为大学学习做准备，同时为未来职业和生活做准备的双重性。公立学校发展初期的目标主要是强调共同的道德要素，1893年，全美教育协会下属的"十人委员会"发表报告制定了全美第一套统一课程，该套课程以学术性为核心，其目标主要是使中学课程达到大学入学要求。1913年，在进步主义教育思潮的影响下，全美教育协会成立中等教育改组委员会，并于1918年发表《中等教育的基本原则》，确立美国中等教育的课程目标从追求大学预备转向关注未来的公民生活。随着进步主义教育的失败，美国也不断反思高中教育的定位和目标。20世纪80年代以来，美国的标准化运动不断推动美国高中课程目标逐渐走向统一，建立一流的学术标准和课程体系，从而培养学生批判的思维能力、解决问题能力和运用知识创新的能力，使学生既能胜任大学学习，又能为就业和生活做准备。从老布什总统到前任总统奥巴马，都签署了一系列文件，以保证高中教育质量的高水准，实施更加严格的为大学和就业做准备的标准与评估。[①]

英国高中课程经历了几次改革，从英国《1988年教育改革法案》规定全国所有公立中小学实行统一的国家课程后，又分别在2000年和2008年进行了国家课程改革。现行的高中课程是按照2008年的国家课程要求进行的，其目标包含四方面的内容：第一，使学生在课程方面有更多的选择机会；第二，将学生的学术课程学习与职业课程学习有机结合起来；第三，注重发展学生的关键技能；第四，使学生能够参与数量众多、内容丰富的活动。[②] 可见英国的课程目标也是升学与就业兼而有之。

那日本的情况如何呢？日本学校教育法第42条规定，高中"必须努力达到以下所列目标：一是进一步发展和扩大初级中学教育的成果，培

---

① 刘学智、曹小旭：《美国高中课程标准的构建：经验与启示》，载《现代教育管理》，2011(7)。

② 綦春霞：《英国高中课程设置及其启示——以两所学校为例》，载《中国教育学刊》，2012(5)。

养学生具有作为国家和社会有为的成员所必备的素质；二是使学生能够基于对必须履行的社会使命的认识，结合自己的个性，选择未来的道路，提高一般教养，掌握专门持能；三是培养学生具有对社会的广泛而深刻的理解和健全的批判能力，努力形成自己的个性"①。"教课审"在1998年7月的报告中，又对高中的作用作了如下阐述："高中教育要使学生能够思考自己的生存方式和行为方式，培养选择未来出路的能力和态度，加深对社会的认识，通过适应各自兴趣和关心等的学术和职业领域的基础性的基本的学习，谋求个性的进一步发展和自立。"②1999年3月，文部省颁布新修订的《高中学习指导要领》。这次改革的基本指导思想是在"轻松宽裕"中，培养"生存能力"。可见，培养全面人格、鼓励个性化发展和培养生存能力成为日本高中教育目标的核心。而从日本高中的社会功能来看，它一方面发挥着为学生升入大学做准备的功能，另一方面又发挥着为学生就业做准备的功能。

再以韩国为例，韩国教育是以人道主义思想为基础的，进行完善人格品质和独立生活教育是其基本教育目标。2007年修订的高中课程的基本目标仍以追求人性化为主要目的，并在此基础上深化人本主义思想，强调学生的全面发展，实现真正的全人教育。"高中教育是中等教育能否取得成功的关键，应强调存在个人态度和天赋基础上的个人能力发展和培养具有世界品质的公民。"具体目标为：第一，形成强健的体魄和健康的思想，全面理解和实现自我价值；第二，在做学问和生活中培养学生批判性、创造性的思维能力和学习态度；第三，培养学生在多个领域中获取知识的能力，并基于学生的态度和天赋发展他们的职业能力；第四，要用积极的态度来对待韩国的传统和文化，并提升其在全球的形象；第五，为国家和社会的发展而努力，具有世界公民的意识和走向世界的态度。可见韩国高中课程目标在突出学生身心健康、传承传统文化和培养世界公民意识的同时，依然强调做学问、生活能力和职业能力并重。

通过以上对各国高中教育课程目标权限和内容的分析，可以发现世界各国高中教育课程目标虽各具特色，但有许多共同的趋势，这是各国高中教育改革对社会的急剧变革作出迅速及恰当回应的结果。这些共同

---

① 雷树人：《日本高中课程的改革（上）》，载《课程·教材·教法》，1993(3)。

② 张德伟：《日本普通高中新课程改革研究》，载《全球教育展望》，2002(3)。

趋势表面反映在课程目标权限和内容上，深层反映出的各国高中课程改革的共同使命是：使每一所学校成功，使每一位学生成功，尊重不同学生的个性特点，使社会经济处境不利地位的群体获得均等的教育机会，使学生在升学和职业两方面有更多的选择性，这是教育民主在高中课程改革中的体现，并且有了新的内涵。不仅从数量上，而且要从质量上考虑教育民主，使高中教育达到卓越的程度。将学生的学术课程学习与学生经验、社会生活有机结合起来。①

四、高中学校课程目标自主及创新实践

有了课程理论的支撑，历史和他国经验的借鉴，高中学校该如何实现课程目标自主？显然有一定的路径可循。概括来讲，就是遵循课程目标自主的依据；明确自主过程中的重点工作；根据学校自身的特点，选择一个或综合多个自主的策略，从而在实现课程目标自主的同时，不断推进学校工作的创新和教育教学改革的深入开展。

（一）课程目标自主的基本依据

课程目标自主是以学校作为课程规划的主体，从社会环境、学生需要和学科要求出发，结合本校办学传统和育人目标，自主确定能够统领学校课程设计、实施、评价及相关因素与条件的课程目标整体构建，以实现学生、教师与学校的最佳发展。课程目标自主的依据有三个：学习者的需要、当代社会生活的需求、学科的发展。不同教育者对这三个来源的关系认识不同，这集中反映了不同教育价值观，由此产生出"儿童本位课程论""社会本位课程论""学科本位课程论"三种典型的观点以及一些具有折中性质的课程观。②

1. 当代社会生活的需求

人是社会的人，儿童的成长是不断社会化的过程，社会生活的需求理应成为课程目标自主的依据。尽管不同的社会本位观，具体观点有所

---

① 张华：《世界普通高中课程发展报告》，载《教育发展研究》，2003(9)。
② 张华：《论课程目标的确定》，载《外国教育资料》，2000(1)。

不同，但有一点相同，即"社会的生存和顺畅发展是教育的根本目的"①。当代社会生活的需求包括两个维度：一是空间维度，指从儿童所在社区到一个民族、一个国家乃至整个人类的发展需求；二是时间维度，当代社会生活的需求不仅指社会生活的当下现实需要，更重要的是社会生活的变迁趋势和未来需求。将当代社会生活的需求确定为课程目标，至少需要贯彻三条原则：民主性原则、民族性与国际性统一的原则和教育先行原则。② 结合当前中国的社会需求与未来发展趋势而言，高中课程目标自主应当符合我国教育的根本任务——立德树人，以社会主义核心价值观为最根本的教育价值观，弘扬中华民族的传统文化，并且放眼未来和世界，具有前瞻性和国际化的高度。依据社会需要进行课程自主，强调社会需求的优先性和根本性。

2. 学习者的需要

课程目标指向学习者，因此课程目标自主必须考虑学习者的需要，与学习者关于学习经验的目标是兼容的，甚至学习者是"课程规划中主要的潜在资源"③。那如何确定学习者的需要呢？总的来说就是尊重个体差异性，这种差异性包括年龄段的差异性和个体之间的差异性，尽可能促进每个学生的自我成长，实现自尊和促进心智健康，使学生能够创造性地表达，发展个人天赋与培养兴趣，合理使用闲暇时间，为当前生活做准备，获得健康与安全等。当课程以满足学习者的需要、促进个性发展为直接目标的时候，这种课程就是"经验课程"或"儿童本位课程"。依据课程儿童本位进行的课程目标自主强调学习者的需要和个性发展的优先性、根本性。

3. 学科的发展

学科的发展是课程目标自主另一个主要依据。怎样将学科发展确定为课程目标？泰勒早就指出，在确定课程目标的时候，应将学科专家(subject matter specialists)的建议作为重要来源。泰勒认为，由于学科专家谙熟自己的领域，因此，他们应该能够根据这门学科的训练方法和

---

① ［美］戴克 F. 沃克、乔纳斯 F. 索尔蒂斯：《课程与目标》第四版，向蓓莉等译，39 页，北京，教育科学出版社，2009。

② 张华：《论课程目标的确定》，载《外国教育资料》，2000(1)。

③ ［美］弗雷斯特·W·帕克等：《当代课程规划》第八版，孙德芳译，7 页，北京，中国人民大学出版社，2010。

内容等，指出这门学科能对他人做出哪些可能的贡献。泰勒过于关注学科的工具价值，但学科发展本身构不成课程目标，因为它不过是满足个人需要和社会需要的一种手段而已。从这个意义上说，学科发展无法成为课程目标自主的依据。

张华认为就目前看来将学科发展确定为课程目标的来源需要合理认识以下几个问题：第一，知识的价值是什么？人们创造知识究竟是为了提升生活的意义，还是仅仅为了满足人的种类繁多的功利需求？可以说自18世纪以来，人类的知识被完全工具化，而时至今日，时代精神的发展趋向是，把知识的价值指向理解世界，以与世界更好地和谐共存，指向提升生活的意义而非仅限于功利追求。第二，什么知识最有价值？斯宾塞在140年以前就提出了这个著名命题并给出了自己的回答："什么知识最有价值？一致的答案就是科学。"斯宾塞秉持的是功利主义课程观，他把科学视为最有价值的知识是可以理解的。然而，当人类饱受科学功利主义之苦的时候，开始认识到：最有价值的知识是使生活的意义得以提升的知识，是使个人获得自由解放、社会不断臻于民主公正的知识，这类知识整合了科学精神与人文精神。因此，作为课程目标的知识应是整合了科学精神与人文精神的知识。第三，谁的知识最有价值？在"科技理性"的支配下，人们认为知识尤其是科学知识是对"实在"的客观反映，是"客观真理"的化身，是"价值中立的"。但时至今日人们认识到知识是价值负载的，它负载着社会意识形态，它负载着并衍生着文化、种族、民族、阶级的差异和不平等，即使是自然科学知识也在执行着意识形态的功能。因此，在将学科知识确定为课程目标的时候，应当考虑知识所负载的价值观究竟是推进着社会民主和公平还是维持着社会的不平等，践踏社会公平的知识不是有价值的知识。当课程开发以学科知识及其发展为基点、强调学科知识的优先性的时候，这种课程即"学科中心课程"或"学科本位课程"。"学科本位课程"并非不要课程目标的其他来源（学习者的需要、当代社会生活的需求），而是强调学科发展的优先性、根本性，认为人的发展归根结底是学科素养和学科能力的发展。①

(二)课程目标自主的主要内容

学校层面的课程目标自主，在实践层面首先需要厘清的问题是自主

---

① 张华：《论课程目标的确定》，载《外国教育资料》，2000(1)。

的内容。也就是说，课程目标自主，学校能做什么？有多大的空间？要做的主要工作聚焦在哪些方面？

根据前述课程论及课程目标相关理论，结合 20 世纪以来我国高中教育发展的阶段性变化，同时借鉴他国的一般情况，可以看出从培养目标到课程目标的一般路径为：教育目的（一定社会培养人的总的要求，由社会发展阶段和发展水平决定）—教育目标（各级各类学校的具体培养要求，即教育目的在各级各类教育中的具体培养人的质量规格，义务教育阶段可参见课程设置方案中的培养目标）—学校育人目标或学校培养目标（根据国家义务教育阶段教育目标、本校学生需求、学校的发展定位、学校办学优势和传统等确定，培养主要是通过学校所设置的课程而达成的）—课程目标（培养目标是学校整体的育人质量规格，是学校培养人的整体的形象，而课程目标是针对具体课程领域或课程的，或者说育人目标是整体的，而课程目标是更具体、分化的）—教学目标（是课程目标的具体化，是师生学科教学活动中预期达到的教学结果、标准）具体路径图如图 2-1 所示。

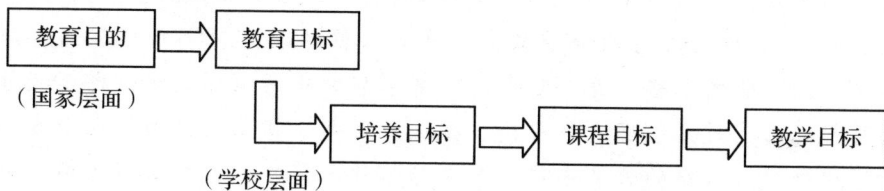

图 2-1 从育人目标到课程目标的转化过程

国家的教育目的和教育目标体现出国家某个时期人才培养的基本要求，是每个学校开展教育教学活动的目标底线，因此它不属于学校层面课程目标自主的范畴。学校的培养目标，既受国家人才培养目标的制约，又直接决定着学校课程和教学目标，处于承上启下的位置，自然地成为学校课程目标自主实践中需要考虑的中心环节。课程和教学由学校实施，虽然某些课程和教学（主要是国家课程）的目标已由课程标准统一限定，但在国家课程校本化、校本课程实施、课程体系构建等方面，学校有着相当大的自主权，大有可为。由此，学校的课程目标自主，应该聚焦的主要问题有三个：一是学校培养目标的确定，二是符合培养目标的学校课程体系的构建，三是单门课程与总体课程目标和培养目标的对接。

（三）课程目标自主的主要策略

1. 特色化策略

特色化策略是指课程目标承载学校独特的育人取向，育人课程目标要集中体现学校特色教育哲学。学校课程目标自主，首先要形成校本化的、富有学校特色与印记的培养目标。影响学校特色培养目标的主要因素有学校的文化历史传统、办学价值追求、特定发展阶段及特色育人的需要等。

（1）承载学校历史文化传统

大多数历史悠久的学校，培养目标是不断沿袭和传承的。这类学校的培养目标，往往成形于其建校早期，基本模式是教育专家（或学校领导）凝练出概括性的提法，学校通过教育教学的实践使其更加明确和清晰，并不断朝着这个目标努力。当然，在不同的历史时期，也会进行适当的调整，但总体上保持着对传统的尊重。

北京师范大学附属中学培养目标中的"全人格教育"思想，其核心理念产生于20世纪初。我国著名教育家林砺儒先生是全人格教育的开拓者与倡导者。1922年，林先生在就任北京师范大学附属中学校长的演说中说："我认定理想的中等教育，是全人格的教育。"全人格教育，顾名思义是完全的人格教育，它是对教育本质的一种深刻认识，也是指导教育行为的一种系统理念。人格，狭义地理解，指人的品格。在全人格教育理念中，人格的含义很广，既包括道德人格，也包括心理人格、法律人格，特别强调是做人的资格。全人格教育起源于健全人格教育，它以"人格"培养为核心，以"完全"的人格为培养目标，以德育、智育、体育、美育等为手段，从而实现人的全面发展。林砺儒先生不仅对"全人格教育"的名称予以确认，而且对全人格教育理论做出了自己的发展。他提出，"教育是人格的成长"，"一个完整的人格，定必包含动物的、人类的、公民的、职业的四种资格"。他不仅肯定了人格是做人的资格，并且指出完整人格必定是由上述四种不同的资格构成的。这对于我们进一步理解什么是全人格，如何进行全人格教育有着重要的指导意义。

通过不断地实践与研究，北京师范大学附属中学的教师越来越深切地认识到：全人格教育使教育回到原点。人格培养自始至终都是人类教育的重要内容。特别是基础教育，它不是侧重学生的专业培养，而是为学生的人生奠基。基础教育作为学生成年前的教育，对象从0岁到18岁，这正是人格形成的重要时期。按照当今世界普遍实行的学制，学生一般都是 18 岁前后高中毕业，这不仅意味着他们基础教育学业的完成，更标志着他们步入成年。因此，基础教育的一个重要任务就是使高中毕业生具备健全的人格。"全人格"培养目标的提出，突出了健全人格养成的重要性，强调青少年在成长时期要得到充分的发展，而不是急功近利，考虑谋生、专业发展的需要。这个培养目标要求首先突出解决学生"成人"问题，即经过全面的教育，特别注重道德情操的陶冶，使他们人格健全，为今后的人生奠定坚实的基础。为了明确和具体实现"全人格"的培养目标，北京师范大学附属中学将"全人格"细化为以下八个具体的发展目标：

①独立人格(自尊、自信、自爱、自省)；②博爱人格(爱心、同情、兴趣)；③共处人格(尊重、诚信、合作)；④勤学人格(乐学、勤学、善学、终身学习)；⑤勤劳人格(勤劳、耐劳)；⑥勇敢人格(勇气、坚强)；⑦创新人格(探索、创造、接受新事物)；⑧乐观人格(胸怀宽广、幸福、自乐)。

这些良好人格是学生"成才"的基础，是全人格教育的重要内容。北京师范大学附属中学的校训"诚、爱、勤、勇"是对"全人格"培养目标的高度概括。学校一直秉持这样的信念：只有具备健全人格，学生才会一生幸福，才能为社会做出自己的贡献。学校教育在学生良好人格的养成方面发挥着直接且重要的作用，此外，家庭教育和社会教育也发挥着不可忽视的作用。因此，家庭、社会与学校都要对学生的人格成长负责，不仅学校要在所有活动中贯穿全人格教育的思想，家庭生活与社会环境也要给学生的人格成长带来正面的影响。

在学校发展的各个阶段，北京师范大学附属中学都秉承着"全人格教育"的理念。新中国成立以来，学校注重党的教育方针与"全人格"育人目标相结合，无论是在前文提到的"教育必须为无产阶级政治服务，必须与生产劳动相结合"的年代，还是"我们的教育方针，应该使受教育者，在德育、智育、体育各方面都得到发展，成为有社会主义觉悟的，有文化的劳动者"的时期，北京师范大学附属中学都是积极的贯彻者。近些年来，学校又认真学习和实施"素质教育"的教育方针，铆足劲为"培养造就数以亿计的高素质劳动者、数以千万计的专门人才和一大批拔尖创新人才"而努力奋斗，学校还将继续坚持"全面贯彻党的教育方针，坚持教育为社会主义现代化建设服务、为人民服务，把立德树人作为教育的根本任务，培养德智体美全面发展的社会主义建设者和接班人"。为国家、为民族、为世界培养出一代又一代的优秀人才，做出师大附中人力所能及的贡献。

随着时代的发展，北京师范大学附属中学又赋予"全人格教育"新的内涵。在 2011 年建校 110 周年之际，学校结合时代发展的需要和本校的优良历史传统，提出了"培养身心健康、有道德有理想、有宽厚而又扎实的知识基础和各种基本能力、有个性特色和创新精神的德智体美全面发展的优秀中学生"的育人目标，这个目标概括而言为"全人格、高素质"。即在百年"全人格教育"理念基础上，又提出"高素质"的要求。"全人格"规定人的发展内容，"高素质"规定人的发展质量，学生要有"高素质"，以保证"全人格"的实现。

"高素质"的培养目标强调学校培养的人的发展质量要高，体现的是学校培养的人才的层次和水平。国家国力的强弱，经济发展后劲的大小，越来越取决于劳动者素质的高低，取决于知识分子的数量和质量。公民素质是民族素质的基础，民族素质是综合国力的一个重要组成部分，综合国力的提升需要"高素质"的人，而这正是北京师范大学附属中学奋斗的目标。"高素质"具体包括"知识"和"能力"两个方面的发展指标，北京师范大学附属中学在坚持高标准、扎实地向学生传授各学科知识的同时，把各种能力培养贯穿在教育教学始终。能力方面包括基本的生活能力和自我保护能力，学习与工作方面需要的自学能力，分析及解决问题的能力、动手实验能力、文字表达能力、外语能力（国际交往能力）、审美能力、科研能力和创新能力，人的社会化方面需要与人合作的能力、组织能力（领导力）、社会实践能力、理财与经营能力，自身修养方面的自我心理控制能力和锻炼身体能力（保持身心健康的能力）等。针对时代的飞速发展，我们还要培养学生接受新事物、终身学习和可持续发展的能力。我们将根据中学生的特点建立知识和能力发展的系统的目标体系，分层次、分步骤地规划目标实现的过程，适应各个发展水平的学生，最终使他们都能成为"高素质"的人才。生活能力和自我保护能力在中学阶段必须很好地完成；动手实验能力、文字表达能力、外语能力、国际交往能力、审美能力、与人合作的能力、社会实践能力、保持身心健康的能力、吃苦耐劳的能力等在中学阶段也可以完成得比较好；而科研能力、创新能力、理财与经营能力、组织能力等在中学可以阶段性地完成，达到一定水平。其中，创新能力的培养只靠中学阶段是不可能完成的，我们需要做的是努力培养学生的科学态度、创新意识，培养学生敢为天下先的精神，为他们今后的创新实践奠定基础。

"全人格、高素质"的培养目标与国家的教育目标和方针政策是紧密配合的，与社会时代的发展需求是协调一致的。"全人格、高素质"的具体内容充实了素质教育的内涵，体现了国家培养"高素质劳动者""专门人才"和"拔尖创新人才"的要求，贯穿了"立德树人""德智体美全面发展"的总体发展目标。总之，"全人格、高素质"既体现了人的内在发展需求，也体现了国家、社会、时代对人才成长的外在需要，学校将从内到外、从外到内地按照个人与社会的需要，更好地推进人的全面发展。

（2）体现学校独特的办学价值追求

教育的使命到底是什么？教育要追求怎样的终极目的？这是每一所学校都要考虑的问题。对于这两个问题的思考，不同的学校虽有差异，但也存在同质化的倾向。经过梳理我们发现，有的学校的思考是独到和深刻的，这就决定了它们的办学价值追求也非常独特。而独特的办学价值追求直接影响着学校育人目标的确定，并体现在学校课程目标中，使得这些学校能够脱颖而出，在很多方面走在前列。

北京师范大学附属实验中学。在对历史继承的基础上，他们响亮地提出了自己的办学价值追求——"做真教育，真做教育"。学校注意到，英国教育哲学家怀特把世界上流行的教育目的观分为三种：教育内在目的观、学生中心教育目的观和以社会为指向的教育目的观。学校认为，真正的教育既不是简单的"以知识为中心"，也不是简单的"以社会为中心"，当然也不是纯粹的"以学生为中心"，而是三者的有机平衡。在此基础上，学校开始积极倡导"做真教育，真做教育"。"做真教育"，就是从促进人的发展的高度理解教育，理解人的成长规律，认真地研究学生，了解和尊重学生的需求、变化，让每个学生都能成为有能力创造幸福生活和美好社会的全面发展、学有特长的英才。"真做教育"就是要求教师具备专业情感和态度，有开阔的视野、崇高的境界、积极的态度和扎实的专业素养，要脚踏实地地进行教育教学工作。"两真"方针帮助教师深刻理解学校教育的价值追求，树立崇高的职业理想，确保我们的教育回归教育本真任务，按照教育规律、学生的个性需求促进学生自主发展的意识和能力。

有了这样明确的办学价值追求，学校很自然地提出了恰如其分的育人目标。那就是：培养全面发展、学有特长的英才。努力培养学生的科学素养和人文素养，增强学生的艺术修养和身心健康，使每一个学生都能做到：会做人、会求知、会办事、会生活。尊重个性，激发兴趣，挖掘潜能，培养特长，使学生具有深厚的中华优秀传统文化底蕴和开阔的国际视野，学业成绩和综合素质超群，特长突出，胸怀远大，具有强烈的社会责任感，为学生将来成为各个领域的拔尖创新人才打下坚实的基础。

（3）体现学校特定发展阶段的特征

在不同的发展时期，学校的育人目标呈现出阶段性特点。这些阶段性的变化，原因往往包括：国家发展的历史阶段改变（如由新中国成立前到成立后，改革开放前到改革开放后等）、国家新的大政方针（特别是教育方针、政策）出台，学校发展中的大事件出现（扩大规模、撤销、合并、重组、生源剧变等），学校领导的更迭等。而育人目标，一般会随之出现"与时俱进"的改变。

北京景山学校是一所专门进行中小学教育改革试验的学校，从1960年建校至今五十多年来一直进行教育教学改革试验，特别是在学制、课程、教材方面进行了积极的探索与实验。景山学校是全国率先进行学制改革的学校，目前学校实行小学、初中九年一贯，高中三年的学制。现在看来，这种探索对今天仍有重要意义。

给景山学校育人目标带来重大变化的是邓小平同志的题词。1983年国庆节，邓小平为景山学校题词："教育要面向现代化，面向世界，面向未来。""三个面向"成了全国教育改革的指导方针，也为景山学校的发展指明了方向。20世纪90年代初，学校在高中率先进行了选修课、实践课、学分制、长短课时的试验。2000年，学校在九年一贯学制的基础上，依据因材施教的原则，开始对部分品德行为良好、学习成绩优秀、体育成绩达标、已完全具备初中毕业水平的学生进行直升高中的试验。2010年，为了鼓励优秀学生成长，培养拔尖创新人才，学校从实际出发，依据一部分学有余力学生发展和成长的需要，实行初中二年和高中三年的五年贯通试验。学校认为，与其让学生慢慢成长，去适应固化的学制教育，追求高分低能，不如让他们放开手脚去超前学习，给学生创造多种学习机会，如提供先修和选修课程，最大限度地满足一部分优秀学生多样化和个性发展的需求。学校从长远目标整体规划学生成长的路径，统筹课程资源，合理配置师资，搭建课程阶梯，形成了从小到大一条龙培养模式和特点。学制改革试验为全面实现普及高中教育提供了有力的实践经验，特殊的学制成为学校改革与创新的起点，课程设置、教材安排都要依据学制展开。

在新的学制改革下，学校在新阶段的育人目标也逐渐清晰起来。学校提出，从"全面发展打基础，发展个性育人才"的办学理念入手，通过九年甚至十二年的时间跨度统整课程、教材、教法、教学，分层递进，实行无缝衔接。对课程目标、课程安排、课程内容、课程管理、课程评价几个方面进行整体设计，努力建构一个使学生全面发展、个性充分张扬，可供选择的课程体系，使每个学生既拥有生动活泼的少年青春，又夯实未来发展的基础，实现学校培养目标——培养"素质全面发展、个性充分发扬、能够真正适应未来社会需求与挑战的人才"。新阶段的育人目标，恰当地反映了景山学校当前的人才培养追求。在此基础上，学校明确了课程建设目标——孕育全面而卓越的时代英才。对于课程目标中全面、卓越、时代三个关键词，学校如是解读：

全面强调课程的基础性、完备性。学校开齐开足国家课程，根据本校和学生的条件因地制宜地开发校本课程，力求为学生的成长提供最丰富的课程资源。全面的课程，应使学生基础扎实，知识面宽广，有较高的科学素养和人文精神；胸怀宽广，志向高远，具有健康和谐的身心与个性；拥有强烈的社会责任感（平等、自律、担当、感恩）和勤奋刻苦、坚韧不拔、积极主动热爱学习的品质。

卓越强调课程的精品化、个性化。在满足基础性、完备性的基本课程内容的基础上，我们要开发和积累一批精品课程，不仅要为学生提供优质的课程资源，更要为学生提供一流的教学方法，让学生学会学习，学会积极主动地学习。保证课程的高品质、高效率、高效益，在区域内发挥示范和辐射作用。

时代强调课程与时俱进，开拓创新，着眼于学生在未来社会的生存与发展所需。时代在发展，社会所需要的人才也在不断改变。"面向未来"是景山学校的办学宗旨之一，具有时代性的课程，要培养学生强烈的参与意识与合作精神，使学生善于创新和进行批判性思考，具有发现、分析和解决问题的能力。

(4)凝聚学校的育人特色

特色中学的存在是教育发展的必然，高中的特色化发展也是很多地方教育改革和创新要突破的重点。一些学校也做了积极有益的尝试，如十二年一贯制学校、民族学校、女子中学、中外合作办学学校等。这些学校的育人目标必然是育人特色的集中体现。

中央民族大学附属中学作为民族教育的重要平台，始终把建设各民族共有精神家园作为战略任务，以爱国主义教育、民族团结教育、社会主义教育为抓手，教会学生认知国情、国体和国制，反对大汉族主义和狭隘民族主义，认真实践多民族共存、多元文化交融、多样一体的民族教育，积极培育学生国家意识、国家责任和国家担当，将爱我中华、社会主义核心价值观埋在每个学生的心灵深处。在党和国家一系列政策和意见的指导下，在建校 60 余年的不断探索和实践中，学校办学理念明确，发展定位清晰，精神文化厚重，形成了独具一格的"民附特色"。其中最主要的就是富有民族特色的育人目标，即为党和国家培养社会主义建设者和接班人，培养"维护民族团结、传承民族文化、培养民族人才、促进民族发展""建设伟大祖国、建设美丽家乡"的各民族人才。除了育人目标之外，其他很多"民附特色"也对课程目标的自主确定有着重要的影响。例如，民大附中以"各美其美，美美与共"①为校训，以"为人为学、至诚至和"为校风，以"进德敬业、精益求精"为教风，以"好学好问、善思善行"为学风，构建"混合式"人才培养模式，实施"共美教育"的办学思想。针对学生具有来自全国各地、少数民族未成年人、生源不整齐三大特点，构建了"混和式"（混—多元、多样，和—共存、共同）人才培养模式，开展"腌萝卜式"（浸润、熏陶）的"各美其美、美美与共"共美教育，尊重教育规律，尊重民族平等，尊重学生个体，注重学生的全面发展和健康成长，即"5 长"——长思想（多元、包容、上进、大气）、长知识（虚心、积累、交流、心得）、长身体（身心健康、清纯阳光）、长情趣（多才、多艺、多姿、多彩）、长技能（学习、生活、工作、社会）；"4 形"——民族情怀（忠诚与热爱）、人文见长（情感与态度）、才能卓越（领导与领袖）、社会担当（责任与引领）"；"3 懂"——感恩（国家与社会）、责任（集体与家庭）、成才（作为与改变）；"2 美"——个美与共美；"1 做"——民族的精英，国家的栋梁。

这些特色的存在，要求学校必须有特殊的课程体系来支撑和承载。为了实现学校特色发展、教师专业成长以及民族学生个性需求，通过近几年的实践，学校构建了独具特色的"共美教育"课程。这一课程体系承载着培养具有特质的"附中人"的希望，所产生的教育结果具有不可替代的特殊性，也必将对全国民族基础教育起到示范和引领作用。

----

① "各美其美，美美与共"，意即促进各个民族文化的传承发展，展现师生的个性气质和独特风采，进而促进各个民族融和，实现各民族和谐共存、共同进步、共同繁荣的目标，其实质就是追求与实施"各美其美，美人之美，美美与共，天下大同"的学校"共美教育"。

2. 整合化策略

整合化策略即整体构建与培养目标对接的课程体系。每门课程都有其独特的育人价值，而为了使课程总体效能最大化，保证学校教育哲学的实现，就需要学校潜心研究、精心设计反映其育人目标的课程体系。课程体系正是在一定教育价值理念的指导下，将课程各个构成要素加以排列组合，使各个课程要素在动态过程中统一指向课程体系目标实现的系统。在这个过程中，需要完成的最主要工作是，在育人目标的基础上，分析课程体系中各门课程的育人功能，即每门课程的课程目标是什么，整个课程群或课程体系的课程目标又是什么，能否与育人目标相对应。这也是实现课程目标自主的重要环节。

（1）在历史传承中丰富培养目标内涵

学校课程体系构建的基本原则是：课程目标坚持将"促进人的发展"与"促进社会发展"统一起来；课程搭建坚持以学生发展层次为主，学科内容逻辑为辅；课程体系坚持发展、开放。

上文提到，北京师范大学附属中学的全人格教育就是要培养"全人格高素质"的人才，努力使学生"人格健全，素质优秀"。具体可将全人格教育的培养目标分解为：第一，品德优良，身心健康；第二，学业基础扎实而宽厚；第三，特色鲜明，学有优长；第四，具有可持续发展能力。学校按照满足全体学生"基础发展"和"个性发展"的需求，以及针对部分特色学生的"卓越发展"，构建了"夯实基石—发展个性—走向卓越"的三级课程，使得不同发展方向、不同水平的学生都能得到最充分的发展。

首先，坚持"促进人的发展"和"促进社会发展"相统一。北京师范大学附属中学作为百年名校，具有强烈的使命感，主张教育既要为学生的一生负责，又要为国家的未来负责。学校全人格教育要促进青少年的身体、心理、思想品德与科学文化素质等各方面的发展，使他们健康、自由、充分、全面地发展，同时要求他们以良好的人格回馈社会，推动社会发展。学校的课程目标就是培养具有独立、健全人格的人，能够服务于社会的人。这也是学校坚守人格教育的根本所在。正如校长所言："社会经济的发展并不会直接带来社会的文明，不讲道德的利益竞争会给社会带来巨大的破坏和灾难。有的人为了追求眼前利益，不惜破坏自然生态，祸及子孙后代；有的人为了追求暴利，不管他人死活，在食品中搞假冒伪劣；有的人因为恩恩怨怨，杀死身边的同学，甚至亲人；有的人身为公职人员，贪赃枉法，给国家和人民带来巨大损失……经济发展了，科技进步了，但是人的道德不会自动跟上世界快速发展的步伐。社会上出现的种种病态现象，归根结底是由人造成的，而这些人有一个共同点，就是丧失了起码的人格。人格教育必须从小抓起，守住了做人的底线，就不会迷失做事的方向。在我们大力维护社会和谐安定、努力建设社会主义文明的时候，全人格教育能够起到基石的作用。"

正是基于这样的思想，在基石课程中学校特别注重德育课程，加强核心价值观教育，让学生通过军训历练、泰山远足、社区服务，以及临终关怀病区、蒲公英打工子弟学校、启蕊培智中心和红丹丹盲人影院等系列志愿者服务活动，体验生活、提升自己，努力做"有梦想、有修养、有境界、有担当"的人，学习本领，服务社会。在志趣课程的建设中，不仅按照多元智能理论规划、开发课程，还兼顾职业分类，努力使学生的特长、兴趣与国家发展方向相结合。针对社会发展对杰出人才、拔尖创新人才以及国际化人才的需求，学校开发卓越课程，重点培养优秀学生的卓越品质，突出"学术性""实践性""创新性""国际化"以及"领导力与合作精神"。

其次，课程构建满足学生发展需要并兼顾学科特点。在构建学校课程体系方面，目前很多学校采取"基础课程—拓展课程—研究课程"模式，而北京师范大学附属中学的三级课程为"基石课程—志趣课程—卓越课程"。看似相像，但构建的逻辑不同。"基础课程—拓展课程—研究课程"依据"学科本位"构建课程体系，其中，基础课程为学生掌握基础知识、基本技能和基本方法而设；拓展课程是基础课程的延伸和拓展，可以分科，也可以综合。研究课程建立在拓展课程基础上，往往以"课题探究"组织课程内容，探究主题是开放的、弹性的，涉及的知识内容是综合的。上述模式，课程目标虽然指向学生各方面能力培养，但课程搭建基本依照课程内容自身逻辑进行。学校"基石课程—志趣课程—卓越课程"体系，其核心目的是实现"人才培养的多样性"。基石课程面向全体，是所有学生的共同基础；志趣课程也面向全体，但为学生提供了选择性，使得各类人才都有发展渠道和发展空间；卓越课程为各类人才当中的佼佼者提供高水平培养途径，努力使他们得到最充分的发展。在构建三级课程中，学校注重学科内在逻辑，使得同一学科在三级课程中呈现融通性和连续性，便于学生学习的衔接与上升。

最后，保持课程体系的发展性和开放性。今天的全人格教育课程体系是不断发展完善的课程体系。与新课程改革之初构建的课程体系相比，北京师范大学附属中学课程内容更加丰富，课程脉络更加清晰，由原来的平面两级课程（必修课程—选修课程），上升为立体三级课程（基石课程—志趣课程—卓越课程）；课程构建与实施进一步细化，由原来的"面向全体，全面发展、学有所长"，变为现在的"使不同发展方向、不同水平的学生，都能全面发展，特色鲜明，学有优长"。

人生基石课程（基石课程），面向全体，是指通识教育的必修课程，由德、智、体、美四类课程组成，实现育人的基础性功能；个性发展课程（志趣课程），同样面向全体，是基石课程的延伸与拓展，并努力与大学专业衔接，分为政治经济、历史文化、数理科学、语言文学、信息技术、人格塑造、艺术技能、体育技能八个领域的志趣课程，学生可以自主选择，发展其个性，体现课程的选择性，实现育人的多样性功能；卓越课程，面向部分极具发展潜力，志向远大、特色突出的学生，是专修课程，为他们将来能够成为杰出人才奠定基础，实现特色人才的早期培养。目前已开发出"钱学森班"课程、"国际项目合作班"课程、科技创新人才培养课程、艺术人才培养课程和体育人才培养课程。三级课程力图使不同发展方向、不同水平的学生都得到充分的发展。

基石课程、志趣课程和卓越课程濡浸于学校文化之中。北京师范大学附属中学长期致力于以全人格教育为特色的学校文化建设，对学生的健康成长、成人成才起到了重要作用。同时，我们还坚持让师生走出课堂，走出学校，走进大中国，走向全世界。让学生成长在中国文化、世界文化中，把他们的学习扩大到中国大课堂、世界大课堂里。

北京师范大学附属中学"全人格教育"课程体系图示（图 2-2、图 2-3、图 2-4）。

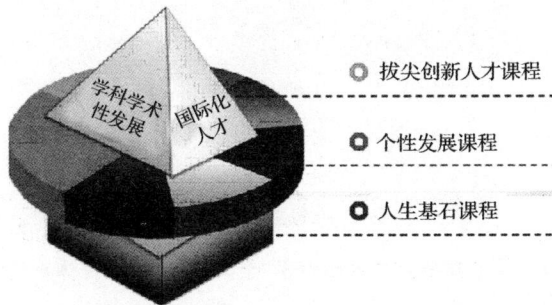

图 2-2　北京师范大学附属中学中"全人格教育"课程体系立体图

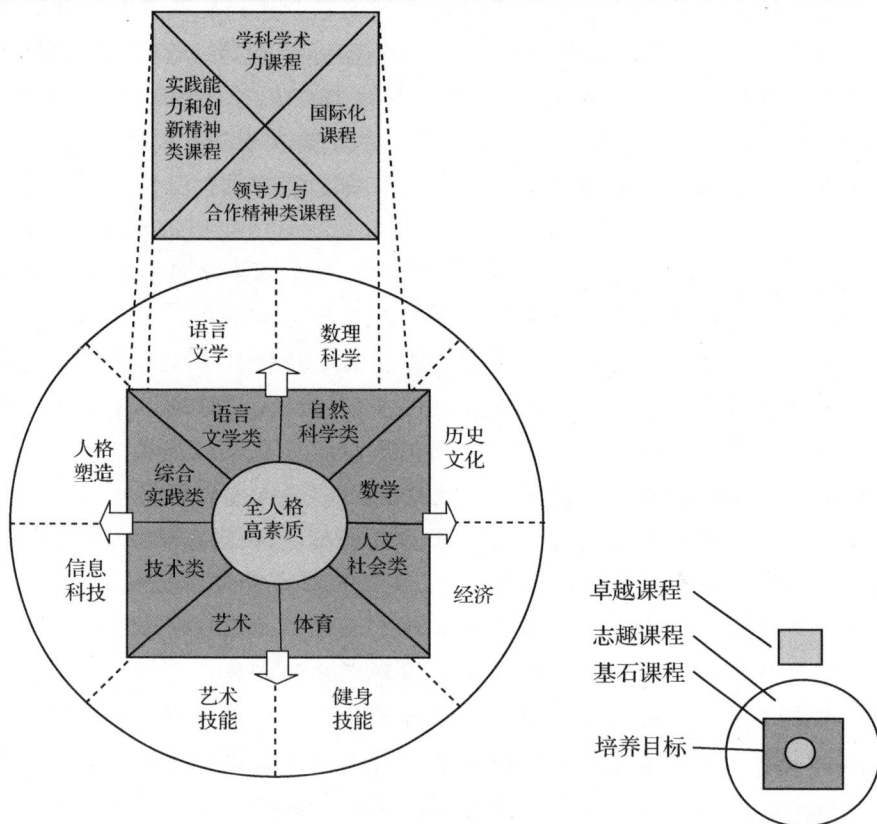

图 2-3　北京师范大学附属中学"全人格教育"课程体系俯视图

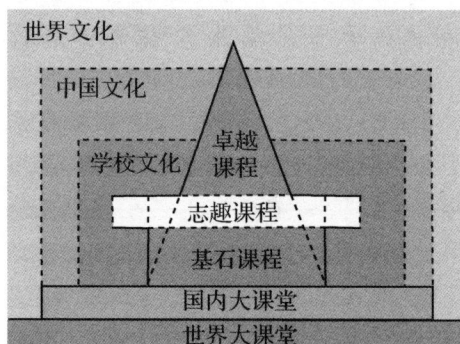

图 2-4　北京师范大学附属中学"全人格教育"课程体系侧视图

（2）从办学价值追求出发细化核心素养

北京市第十二中学在课程体系的构建过程中，也很好地实现了培养目标与课程目标的和谐统一。学校先从办学价值追求出发，细化了育人目标，该目标实际上包含了作为十二中学生应该具备的核心素养。围绕该目标，学校构建与这些目标、素养相一致的课程体系。

北京市第十二中学的办学价值追求，即学校"求真，崇善，唯美"的办学理念。十二中课程育人目标通过构建真善美交融的初高一体化课程体系，满足学生课程选择的多样性、层次性、综合性、时代性、发展性的需求，旨在培养具有"社会责任、学术素养、创新能力、国际视野"的大写的人。具体来看：

社会责任是社会化人才最核心的品质。社会责任体现在对自我的责任、对他人的责任、对家庭的责任、对弱势群体的责任、对社会的责任、对自然与环境的责任、对道德与文明建设的责任。

学术素养是复合型人才最核心的潜质。学术素养体现在既有见识，具有知识层次的高度和远度；又有学问，拥有知识结构的宽度和深度；还有才智，体现知识融会贯通的衔接度和延伸度。

创新能力是创新型人才最核心的能力。创新能力体现在有专注、执着、热情和爱好的品质，有创造无限价值、改变世界的理想，有克服困难的意志，有献身实践的勇气，有创造的自信，有自觉自愿的创新意识与习惯，有追求完美和卓越的创造潜力。

国际视野是国际化人才最核心的态度。国际视野体现在有开放的意识与眼光，有对世界多元文化的认知与理解力，有积极参与国际事务、交往、沟通、活动与合作的心胸与格局，有在全球化竞争中善于把握机遇和争取主动的灵性与慧性，有积极涉猎国际先进知识的空间观念，有主动通晓国际惯例、规则和礼仪的远见和心态。

大写的人就是大雅的人——德高而有大才，是精神和智慧并存、大爱与大智共生；大写的人就是真善美的新人——有求真的智慧、崇善的精神、唯美的气质，是拥有"中华民族之元气"的优秀公民。

达到上述目标的学生应该具备的核心素养为：具有中华美德、勇于肩负责任的早期社会化人才；具有丰富知识、精于融会贯通的早期复合型人才；具有创新精神、勤于探究实践的早期创新型人才；具有全球视野、善于进行国际交往的早期国际化人才。

在此基础上，北京市第十二中学通过学校自主课程，力争使学生在德智体美等方面都能得到有效发展，促进学生全面而有个性化发展，着力培养优秀早期拔尖人才，营造让优秀者领跑、让所有人优秀的课程设置环境，全面实现"素质全面、学有特长、勇于创造、和谐发展、有国际视野"的优秀学生培养目标。

从具体目标来看，学校通过自主排课实验，满足学生成长与发展过程中的个性化需求，满足人文、科技、艺术等不同兴趣特长学生学习需求，关注个性差异，实施差异发展，满足不同认知发展水平学生学习能力需求，满足学校分层教学分类指导教育模式对课程的需求，满足学校"钱学森航天实验班""空军预备飞行员实验班""中美国际课程班"等特色实验班教学需求，旨在"培养具有文理学科兼通，学贯文理的知识综合型早期人才；培养具有理解他国文化，会通中西的国际理解型早期人才；培养具有动手操作能力，勇于探索的实践创新型早期人才；培养具有适应社会需求，多元出口的社会实用型早期人才"，为培养未来型创新型高素质人才奠基。

基于此，学校构建了"国家课程＋校本必选课程＋校本任选课程"的课程结构，建设与课程目标和理念相统一的学校课程体系，形成长短课时相结合、行政班与教学班相结合、分类指导与分层教学相结合的多样化课程；突出创新性、综合性、实践性、开放性和可选择性，逐步形成注重人文素养、突出科技教育的学校教育特色，促进学生全面而有个性发展，促进教师素质整体优化，促进学校教育教学质量不断提高。

3. 动态生成策略

动态生成策略，即在动态变化中完善课程体系，对接培养目标。学校培养目标与整体的课程目标确定之后，构建的课程体系中绝大部分课程也会相对固定下来。但随着课程的实施和课程各要素之间的相互磨合，会出现单个课程调整的情况。这些调整或是因为某些课程的地位发生了变化；或是因为这些课程的目标与育人目标及整体的课程目标不完全契合；或是因为需要增加课程，以使得育人目标的某些要素加以凸显；或是出于整个课程体系动态平衡的需要等。总之，这样的调整(增、减、完善)会成为课程实施的常态，也会是课程目标自主过程中随时需要关注的问题。从另一个角度来看，这种动态的变化与生成，恰好体现了课程目标的时代性。

北京市第四中学作为一流名校，其确立的学生培养目标为培养杰出的中国人，即培养学生的忠诚(国家、团队)和服务(社会、他人)精神，以及追求卓越的职业与生活态度，使学生在未来优雅地生活和工作，成为职业领域与个人生活的成功者，成为有益于社会的公民。在此基础上，北京市第四中学构建了"人文基础，科技特色，多元发展"的学校课程体系。其中的"人文基础"作为整个体系的基石，在构建和实践过程中经历了不断的调整和完善，课程门类不断丰富，越来越有利于培养目标的实现。其人文基础的课程发展历经了不断完善和充实的过程。

(1)依托人文实验班开设人文教育系列课程

北京市第四中学自 2007 年开始设置人文实验班。该实验班的课程设置特点为：文理兼顾，侧重人文社会科学；加强基础，注重实践能力培养。在完成教育部和北京市教委规定的普通高中所设置的全部课程的基础上，增设人文特色课程，增加人文社会实践课程，加强人文和社会学科专题研究，强化创作实践，提供多种交流平台。人文特色课程的目标是借助人文特色课程，使学生拥有较系统且扎实的人文学科(文史哲、政治经济等)基本知识，阅读与涉猎一些经典文本，扩大(提升)学生的文化修养，培养学生深刻的思维力和明智的判断力。从 2011 年 9 月开始，学校进一步推进人文教育和人文实验班的改革力度，开始在人文实验班尝试开设人文特色课程。北京市第四中学人文课程内容如表 2-2 所示。

表 2-2 北京市第四中学人文课程内容

高一第一学期	高一第二学期	高二第一学期	高二第二学期
关于人文特色课程	孟子大义	世界文化史	文字学与中国文化
《诗经》	文学经典书目导读	"命运与人"专题	游学课程—— 古朴的中原
儒家与《论语》	《楚辞》与屈原	人文游学课程	宗教问题
中国古代文化史	中国哲学基本精神	哲学	民族政策与民族关系
经济学	游学课程—— 古朴的中原	经济学	我国的人口
人文游学课程	电影学院课程	法学	电影学院课程
人文课程检测	参观艺术展	心理学	经典文本导读
	人文课程分组汇报	人文课程检测	人文课程调查与反思

借助人文特色课程，使学生拥有较系统且扎实的人文学科(文史哲、政治经济等)基本知识，阅读与涉猎一些经典文本，提升学生的文化修养，培养学生深刻的思维力和明智的判断力。这是人文课程开设的初衷。

2011 年，学校成立了北京市第四中学人文教育工作室，这意味着四中人文教育的又一个新开端。紧接着，探索一条可实践、可操作的人文教育路径，是学校要重点思考的问题。在众多教师的谋划和引领下，开发了特色化的精品活动和课程。这些活动和课程经过时间的淘洗，逐渐形成了规模和程式，出现了良好的教育效果。

目前，北京市第四中学人文游学的足迹已遍及许多区域。例如，"古朴的中原"，涉及河南安阳、洛阳、开封、登封等地，重在体会中华文化的素朴；"风雅的江南"，涉及无锡、苏州、杭州等地，重在探寻文化的南徙，领略文人的风骨与深情；"丹山碧水，理学寻风"，涉及福建武夷山、福州、马尾等地，看福建武夷山双遗产的价值所在，并体会近代杰出人士探索国运之艰辛；"美丽的台湾"，进行友好校的交流参访，体味台湾的风土人情；即将建设的湖湘线路将着力探究近代人士的忧患意识和奋进勇气。

游学路上，最动人的是三五学生凑在教师身边，聆听教师的讲解，最温暖的是教师悄悄地和学生进行谈心。教师站在文化现场，敞开心灵迎接与历史、与圣贤的交会，与山水、与自然的契合，并在彼此间获得更多的精神认同，高扬起共同的教育理想之旗帜。传道之重担在肩，为人师的尊严和价值也得以体现出来。

（2）通过丰富的活动营造校园人文氛围

组织师生开展系列课外活动，形成多层次的校园文化教育网络，使校园文化建设的参与者能够尽可能辐射到一定范围，以保证人文氛围营造的有效性。主要有以下五个方面的活动。

第一，北京四中大讲堂。北京四中大讲堂活动由教学处组织，自2006年9月开始举办，到现在已进行了多场次。由大讲堂的题目和报告人可以看出，大讲堂之"大"在于它的包容性，这不仅表现于内容的博杂上，不同学科皆可作某一专题的知识引领，还表现在报告人的身份上，以本校深受欢迎的教师为主，以在校学生、毕业校友、专家学者为辅。

第二，师生共读。由北京市第四中学语文组发起的"师生共读"活动已历时3年，在"共读"文章选择、导语话题创设、材料发放方式以及营建交流平台等方面进行了一系列的实践摸索，以期在校园内进一步营造良好的读书、交流氛围，以便于师生平等地沟通思想，在"共读共学"中共同提高，共同发展。每期相隔约两星期，文章由全校师生推荐，经语文组负责教师编订、校领导审核后，先于全校集会场合被分发到各位教师手中，然后由语文组教师负责向全体学生推荐。为方便大家切磋交流，学校还在校园网上开设了"师生共读"论坛，使师生在论坛中交流讨论。至今，"师生共读"共推荐了文章 50 多篇。其间，根据学校倡导国学和读书交流的需要，还穿插了"论语共读"和"假期书目推荐"等内容。

"共读"得到了师生广泛的关注和热爱，开大会之前的几分钟，教师总能手执共读文章悉心阅读，有的教师还在课堂上就共读话题和同学们展开讨论，在争鸣中深化认识。学校网站上也经常有学生关注共读文章并坦言自己的看法。在学生的作文中，也时常能看到引用"共读"材料来论证自己观点的片段。有些即将毕业的学子还将全部"共读"的文章拷贝以作纪念，"师生共读"对学子的影响可见一斑，浓厚的人文氛围洋溢在"共读"中。

第三，教师人文沙龙。2007 年秋天，由教师自发，后来逐渐由专人牵头的北京市第四中学教师人文沙龙开始启动，形成教师学习的小团队。以沙龙的形式来更加灵活地建设学习型校园文化氛围。一学年下来，教师共聚会了七八次，每次聚会安排在周一至周五的下午第三节课后的课余时间，每次由一位教师做主题发言，其他教师自由讨论。话题涉及人文的内涵、长城文化的思考、北京文化的特点、《士兵突击》的意义、安阳之行的感受、太湖大学堂的启发等。

第四，人文社团活动的规范性与持续发展。北京市第四中学各学生社团在课题研究期间得到蓬勃发展。北京市第四中学现有学生社团十多个，尤其是各人文类学生社团，在校园文化的建设上，充分调动了学生的积极性和主动性，如文学社、国学社、话剧社、模拟联合国、MESE社、历史读书俱乐部、辩论社等。其他社团的相继成立，如摇滚社、动漫社、街舞社、芭蕾社、心理社、天文社、文物爱好社、棋牌社等，丰富了学生的课余生活。

第五，有意识地开设人文方面的校本课程。在必修课外拓展学生的视野，提高学生各方面的能力。在新课程的理念下，"学校如何根据当地社会及经济发展需要、学校特点、学生的发展需要开设出可供学生选择的校本课程（选修Ⅱ）等，这是衡量学校课程方案质量的标准"。北京市第四中学在多年开设选修课的管理经验基础上，把新课程的实施看作学校选修课进一步规范和长足发展的机遇。

考虑到学生具备一定程度的学习自主性，大部分学生有扩大自己学习领域的愿望，北京市第四中学积极拓展校本课程的开设空间，调动校内教师的积极性，运用社会各方面的资源。2007—2008 学年度，面向高一年级的学生每学期开设了 27 门校本课程。其中，人文教育类的校本课程，如电影艺术欣赏、诗的情趣与培养、士与中国传统文化、人的觉醒、文化寻梦、心理选修、西方经济学基础、模拟联合国、美术基础、欧洲古典音乐欣赏、中国区域历史地理等都属于在知识与能力上给学生提供良好发展平台的课程。此外，动物、环境与人，分子生物学与基因工程，科技史拾遗等课程也包含了很强的人文因素。

五、高中学校课程目标创新的思考

通过 20 世纪我国各个教育发展阶段育人目标及相应课程目标的变化，以及世界主要国家育人目标和课程目标的设定给我们的启示，力图阐释育人目标下学校课程目标自主的内容、原则和思路。

(一)对课程目标自主实践的认识

育人目标体现国家意志和人才战略，学校育人目标是学校教育哲学的核心内容；育人目标决定着课程目标，课程目标要全方位体现育人目标；在教育改革不断深化的背景下，单一课程很难实现人才培养的需求，必须有完备的课程体系或课程群作为有效支撑；课程体系的构建过程，是对学校育人目标进行解构的过程；课程体系的构建过程，同时也是对学校课程文化进行继承和发展的过程；课程体系的构建并非课程的简单堆砌，而是需要自成逻辑，需要结构化；课程体系需要符合学生的个性化发展需求，具有可选择性，不能加重学生的学习负担。

(二)对课程目标自主创新的思考

近两年基础教育改革在不断深化，新技术的应用也不断对传统的教育产生冲击，这些都促使我们对育人目标及课程目标的思考更加深入。课程目标自主既是学校课程建设，又是实现学校育人目标的重要工作，未来更需要突出以下四个方面。

第一，课程目标自主应体现该阶段教育的基本功能和任务。长期以来，我国受"精英教育"和"应试教育"的影响，基础教育尤其是高中教育一直致力于为上一级院校输送人才，忽视了其本应担负的劳动力培养的基础功能，直接导致学生高中毕业后对就业岗位的不适应。究其原因，这与我国课程标准的设计理念陈旧有关，即课程设计未能关注学生高中毕业后基于不同选择的现实需求，未能着眼于学生的升学与就业的要求。我国在制定高中课程标准时，应充分融合企业雇主、高校教师、课程专家和学生本人的建议，既增强课程内容的有效性，又很好地区分职业需求和学习需求，使学习目标与工作能力有机地结合在一起，形成从学校场景到工作场景的课程对接。

第二，课程目标自主应立足本土实际并兼顾世界发展趋势。我国实行的是教育集权制，国家制定了统一的高中课程标准，但是由于我国幅员辽阔，民族众多，各地经济发展不平衡，区域教育发展存在诸多差异，因此单纯依靠国家层面的课程标准，很难满足各地区高中教育的差异性需求。我国构建高中课程标准时应立足本土化视野，既要体现全国对课程内容的共同性要求，也要因地制宜，鼓励地方以国家课程标准为蓝本，结合本地区经济发展状况和教育实际，制定出具有本地区特色的高中课程标准，为高中生就业和升学准备充足的知识与技能。同时在全球化背景中，兼顾学生的未来发展，体现世界教育改革的趋势。

第三，课程目标构建过程中要发挥专业团体的审议作用。我国应整合社会各种资源，使社会课程专业团体参与到课程体系的构建和课程标准的研制过程中，充分发挥社会各方人士的作用，采纳企业管理者、高校教师、企业员工等人对课程标准研制的建议，保证课程标准既能满足学生学习的需要，也能满足社会、大学和企业对人才知识与技能的要求。

第四，重视新信息技术带来的未来教育的新特征。使信息技术更好地与课程整合，与课程体系整合，在课程目标中加以体现，发挥其应有的效能和作用。

第三章
课程结构自主：
从适应调整到结构创新

什么是课程结构及课程结构自主创新？ 如何全景式地理解课程结构及课程结构自主创新的内涵？ 回顾反思我国普通高中课程结构的历史沿革和分析归纳国外普通高中最新课程结构的共同特点， 对学校课程结构自主创新有哪些启示？ 自主课程实验校要实现学校课程结构自主创新， 将国家课程结构转化为学校课程结构， 要考虑哪些因素和经历怎样的转化途径？ 典型的案例有哪些？ 要实现学校课程结构的持续发展， 学校课程结构自主创新还需要思考哪些问题？ 本章在对课程结构及其创新基本观点进行把握的基础上， 从国内外实践发展出发分析课程结构自主创新的经验和启示， 并结合自主课程实验学校的探索， 归纳学校课程结构自主创新的一般路径。

一、课程结构及课程结构自主的内涵

正确理解课程结构内涵是优化课程结构的前提和基础，只有对课程结构的外在和内在图景做出合理阐释，直接面向实践的课程结构问题，即课程结构自主，才能找到正确思路。

(一)课程结构的内涵

课程结构可界定为"学校课程系统中包含的各种课程要素，要素间的组织形式及各要素间的比例关系"。它由两方面构成：一是课程要素，它是课程结构的基本构成因素；二是各要素之间的组织化程度，即它们的关系状况。"课程的功能并不仅仅取决于课程由哪些要素构成，更重要的还取决于课程要素间的关系状况。"因此，课程要素的增减并不一定能带来课程结构的改善，只有课程要素既体现多样性，课程要素间的组织又体现均衡性，才能使课程结构产生最大效力。

学者对于课程结构的阐释众多，比较有代表性的是"三层次结构观"和"整体性课程结构观"[①]。

1."三层次结构观"

借助结构主义关于结构分层的方法论，学术界普遍认为课程结构横向可分为三个层次，即宏观结构、中观结构和微观结构。宏观的课程结构涉及范围最广，反映课程门类、课程类型及相互关系(如处理必修课与选修课、学科类课程与活动类课程、分科课程与综合课程、普通课程与职业课程等不同类型课程之间的关系)，它主要解决的问题是根据学校和学生发展目标应该设置哪些门类课程，如何设置这些课程(各种类型的课程如何结合，以达到整体优化的效应)，这里主要涉及课程计划的编制。与宏观结构相比，中观结构涉及范围略窄，主要处理某种课程类型中各具体科目的构成与相互关系(如必修课开设哪些科目，各科之间的关系等)，这也是编制课程计划要解决的问题。微观的课程结构也叫学科知识结构，是指某个学科内部知识的选择、组织和呈现如何兼顾

[①] 郭晓明：《整体性课程结构观与优化课程结构的新思路》，载《教育理论与实践》，2001(5)。

学生、社会和学科的需要，这主要涉及课程标准和教材的编制。这种观点借用结构主义的方法论，明确提出了课程结构的三个层次，把人们对课程结构的把握由"学科内"扩展到"学科外"，即在分析的"范围"上扩大了，但没有关注课程结构分析的"深度"。

2. 整体性课程结构观

在"三层次结构观"基础上，郭晓明提出，要想从根本上把握课程结构，就必须由整体入手，构建一种整体性课程结构观，全景式地观照课程结构，即既不能只局限于课程结构的某一狭小领域（如学科知识结构），也不能只停留于课程结构的表象，而应该深入课程结构的实质。达此目的的必由之路，是在课程结构分析中同时把握"范围"和"深度"这两个基本维度，并处理好它们之间的关系。如前所述，依分析"范围"的不同，课程结构横向有宏观、中观与微观三个层次。依分析"深度"的不同，课程结构纵向可分为"形式结构"和"实质结构"。那么，什么是课程结构的形式结构？什么是课程结构的实质结构？郭晓明在《论整体性结构观的构建》一文中指出：形式结构是指课程的存在形式及相互关系，如必修课程与选修课课程、学科课程与活动课程、分科课程与综合课程等；而实质结构是潜藏于课程内部，借助理性思维获得的关于学校发展目标、学生培养目标及课程目标等要素信息，其存在形式既可以是学科，也可以是活动，既可以是分科，也可以是综合，它们关心的不是课程的存在形式问题，而是课程的价值取向问题。形式结构和实质结构的根本区别在于：前者展现的是课程的"躯壳"，后者则标示着课程的"精、气、神"，是课程的生命之源。因此，课程结构的根本问题，不是外部存在形式问题，而是课程内部的价值取向问题。整体性课程结构观中关于形式结构和实质结构的阐释，对课程结构改革最重要的启示之一就是课程结构改革必须同时关注形式结构和实质结构，避免"技术主义"倾向。以往人们对课程结构的理解多侧重于形式方面，结构优化以课程门类的增减以及学科课程与活动课程、综合课程与分科课程、选修课与必修课之间比例的调整为焦点，通常被认为是一种技术性工作，不涉及价值问题。整体性课程结构观明确提出了课程的实质结构问题，认为课程结构改革不只是个技术问题，而必须深入课程的价值取向，因此要将"技术分析"与"价值分析"结合起来，既关注形式结构的改革，又关注实质结构改革，并以实质结构的优化为基础。对实质结构的关注将使课程结构改革由数量关系的调整提升到课程价值层面，这对宏观、中观和微观课程结构的改革都具有重要意义。

综合上述两种对课程结构内涵的解读，我们初步建立学校课程结构的分析框架(图 3-1)，本章将主要在宏观结构范围内分析国内外及自主课程实验学校课程的形式结构和实质结构。

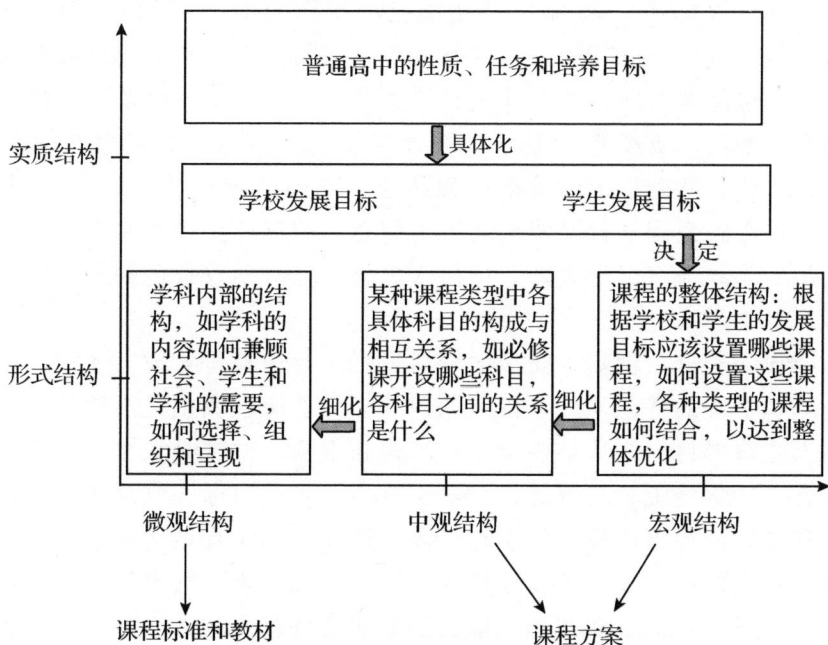

图 3-1 学校课程结构的基本分析框架

(二)课程结构自主的内涵

当前高中教育同质性强，学生个性和学校个性难以展现。究其原因，可以从影响学校特色与个性的三重结构(教育的存在状况、学校的生存状态和创造主体的个性状态)中得到启示：如果学校是整体生存的方式，校长和教师的创造力可能降低或减弱，学校精神处于阻滞状态，学校之间的个性与特色容易趋同。当今绝大多数学校就属于这种状况；如果学校是个体生存的方式，且教育的存在状况，尤其是价值取向是多元的，资源和权利的来源是多元的，学校是自治机构，校长和教师是有创造力的，这时学校精神处于凝聚状态，个性与特色才可能是鲜明的。[1] 由此观之，三级课程管理体系赋予地方和学校课程自主权，为学

---

① 张东娇：《最后的图腾——中国高中教育价值取向与学校特色发展研究》，北京，教育科学出版社，2005。

校形成与众不同的个性和特色课程建设创造了必要条件，学校可以充分利用课程自主权，调动每一个人的创造力，而校长和教师的创新程度是学校特色与个性形成与发展的核心所在。因此自主和创新，是每一个学校形成特色和保持个性的必由之路。

北京市教委自 2008 年以来相继批准了两批共 23 所高中学校开展"课程整合、自主排课"的自主课程实验。该实验不仅包括必修课程的校本实施、选修课之间的整合并进、校本课程的动态生成以及三级课程之间的有机整合，更要形成基于学校发展定位和育人目标的学校课程体系，并以此为基础形成学校的课程特色，支撑学校的特色发展。因此，自主课程实验强调学校课程结构自主创新，即学校是否通过课程结构自主创新形成涵盖三级课程的、结构合理的、具有学校特色和个性的课程体系。

课程结构自主创新，要求学校认识到，要想真正实现人才培养模式的变革和学校的特色发展，仅有课程的局部适应性调整是不够的，必须根据人才培养目标，从结构上进行解构和重构。学校必须在分析学校办学理念、文化传统、发展愿景、学生特点、培养目标、教师优势、课程基础和课程资源等前提下，主动整体设计和建构课程结构体系，向丰富多彩、自主发展的方向转变，具体有整合三级课程、突出与培养目标的对接、体现学校传统和文化基础、凸显学校特色课程、培育学校课程文化等切入点。校长要提高课程领导力，从宏观结构与中观结构层面研究课程结构，重视宏观与中观课程结构的构建与完善。教师要由被动地教教材内容变为主动在微观课程结构层面研究课程结构，要从在"一堂课"上下功夫转变为深入研究"一门课"，依据国家课程标准主动地筛选课程内容，整合课程资源，尤其是突破"怎么教"这个空间，在"教什么"这个领域里做一些探究。学校课程结构自主创新，不仅能带来学校整体的改变，而且能聚合社区、家长和社会的丰富育人资源，形成学校持续发展的新动力。

二、我国高中课程结构发展概述与启示

我国高中发展历程根据时序关系将百年高中划分为新中国成立前和新中国成立后两大阶段，再根据高中教育价值主流取向将其划分为三个阶段，从对每个阶段高中教育宏观课程结构的分析中可以看出不同时代、不同教育价值取向对国家或学校课程结构的影响。

（一）全人格取向的课程结构

全人格的培养目标是 20 世纪初中学教育的目标，这是难能可贵的，因为它并非诞生在生产力水平较高的和平年代，而是起步于风雨飘摇的落后时期。1912 年 9 月，教育部根据临时教育会议的决定公布了民国教育宗旨：以"养成共和国健全之人格"为目标，注重公民道德教育，以实利教育、军国民教育辅之，更以世界观教育和美感教育完成其道德教育的任务。于是，培养身心健康的公民的教育价值取向就落实为这一时期中国第一批中学的培养目标。例如，张东娇在《最后的图腾——中国高中教育价值取向与学校特色研究》中提到，1922 年，北师大附中的办学宗旨是培养健康身体，发展基本智能，培植高尚品格，养成善良公民，并制定了诚、爱、勤、勇的校训。全人格的培养目标是怎样实现的呢？其课程结构是如何体现全人格的培养目标的？从 1923 年发布的《新学制课程标准纲要》可以看出，整个普通高中的课程结构分为普通科和职业科。其中，普通科又分为文科类和理科类，以升学准备为目的；职业科分为农、工、商、师范和家事科，以就业为主要目的。从 1923 年普通高中（普通科）课程结构表可以看出，其主要特点是"一个中心，两个力求"，即以学生综合素质的提高为中心，力求兼顾学生的升学需要和就业需要，力求体现课程内容的现代性和课程形式的多样性。

1922 年的新学制及其基础教育课程结构的最大特点是第一次初步实现了我国基础教育课程内容的现代化和课程形式的多样化，初步体现了学生素质全面发展的需要和资本主义经济快速发展的需要，是中国教育史由近代教育进入现代教育的转折点，标志着我国现代基础教育课程体系的初步形成。张建文在《基础教育课程史论》中提到，其具体表现有以下三个方面。

第一，课程结构设计的指导思想力求体现学生和社会多方面的需要。表现在：设置公共必修科目、分科专修科目（文、理）和纯粹选修科目，有利于体现学生全面发展与个性发展相结合的原则；采取"分科选课"方式来设置，有利于正确处理学生升学与就业的矛盾，以满足不同学生的需要及高校和社会的需要。

第二，课程内容进一步增强了时代性和先进性，如高中开设了人生哲学、社会问题、文化史、科学概论、卫生法、健身法等,进一步体现了使学生传承系统基础文化科学知识的基础教育课程的本质。

第三,课程形式较好地体现了多样性和灵活性,课程形式不但有单科性课程,也设置了综合性课程,如体育、社会问题、自然科学等。课程设置和授课时间安排凸显了一定的灵活性和弹性,体现了中国幅员辽阔,地方情况各异,社会需要十分繁复,以及中学生个性和智能有差异等特点。

(二)追求全面素质的课程结构

新中国成立后至1999年,高中课程历经数次改革,逐步从体现鲜明的政治性发展到突出学生的素质发展。

1. 新中国成立初期至"文化大革命"时期

中华人民共和国成立初期至"文化大革命"时期,采用的是基于行政主义(含劳动主义)和政治主义(含阶级斗争)价值取向的课程结构。1949—1952年是新中国成立初期,强调学校课程为国家生产建设服务,从而为我国培养了大批"又红又专"的社会主义合格建设者。张建文在《基础教育课程史论》中提到,这一时期的普通高中课程设置体现了学科本位和社会本位的课程价值取向,表现在以下三个方面。

第一,所列教学科目均为必修课程,没有选修课程。原因有两个方面:一方面,受到苏联的影响;另一方面,与我国中央集权、强调全国统一的课程政策相关。

第二,先后颁布的两个教学计划中都没有设置劳动技术教育方面的课程。原因有两方面:一方面,这一时期确定的中学培养目标没有对劳动教育做出明确具体的表述;另一方面,这一时期社会对学校所培养的人在文化知识方面的要求高于劳动训练方面的要求。

第三,两个教学计划中,课程改革的焦点都集中在数学和自然学科上。原因有两个方面:一方面,相对于其他学科,原教学计划中数学和自然学科的内容重复烦琐,课程分量最重,以致学生负担过重;另一方面,中华人民共和国成立初期,国家急需大批有一定数学知识和自然科学知识的经济建设人才,而当时原有的数理化课程满足不了国家建设的需要。总的来说,这一时期的课程学科设置比较齐全,有些课程还及时吸取了当时比较先进的研究成果,内容丰富且全面,但是,过于强调学科本位和社会本位,忽视了学生的兴趣与需要,课程结构单一,不利于普通高中教育质量的提高。另外，课程设置过分强调借鉴苏联经验，没有建立在对中国国情进行系统调查的基础上，这导致某些课程在一定程度上脱离了中国实际。

1953—1957 年是社会主义改造时期，为了适应经济建设的需要，党和政府对文化教育工作提出了新要求："普通教育不仅要供应高等学校以足够合格的新生，并且还要供应国家生产建设以具有一定政治觉悟、文化教养和健康体质的新生力量。"这一时期的普通高中课程设置仍然是一种以学科本位为主的课程体系，在系统地总结新中国成立初期课程设置经验的基础上，重视政治、经济对教育的制约，更注重构建系统的课程体系，突出表现在以学术性课程为主，实用性课程、适合地方需要的课程、对学生进行生活教育和艺术审美教育课程的轻视。例如，在学科设置上，重语文、数学、物理、化学等学科，轻体育、音乐、美术学科及社会科学类学科；课程门类过多，课时总量偏高；必修课过多，对学生要求过于统一，缺乏弹性，学生的课业负担过重等。虽然 1956 年的教学计划首次设置了劳动技术教育科目，但职业技术教育课程尚是薄弱环节，课程设置仍不能满足社会对普通高中学生的整体素质发展水平的要求，仍不利于学生生动、活泼、主动地发展。

1958—1965 年是我国全面建设社会主义的重要历史时期。该时期课程设置的价值取向仍以学科本位为主，开始考虑到学生的发展。体现在：一方面适当提高语文、数学、外语三门课程的课时与教学要求，非常重视学生的基础知识和基本技能；另一方面在新中国课程发展史上第一次提出开设选修课程，打破了只有必修课的单一的课程结构模式。这种课程设计有利于发挥学生的兴趣、爱好和特长，有利于培养学生主动学习的习惯，为学生的全面发展提供条件。虽然只在高三年级开设选修课，占高中阶段总课时的 3.59%，但是这也意味着国家意识到了学科本位课程观的局限性，开始出现学生本位课程观的萌芽。另外，重理轻文也是这一时期课程设置的显著特点，对技术人才的重视使课程偏向了对科学知识的认同，重理轻文使中国课程的人文教育严重削弱，人文性消失在对科学知识的过度追逐中。

1966—1976 年是"文化大革命"时期，倡导"在各类学校中，必须贯彻执行毛泽东同志提出的教育为无产阶级政治服务，教育同生产劳动相结合的方针，使受教育者在德育、智育、体育几方面都得到发展，成为有社会主义觉悟的有文化的劳动者"。该时期的课程设置体现了当时社会本位课程观的取向。在"课程要精简"，教材要"删繁就简"，学生要"兼学别样"的纲领指导下，该时期的课程突出教育为无产阶级政治服务，突出课程的实用性，突出生产劳动而削弱文化知识教育，鄙视书本理论而以阶级斗争为纲。学校大量的文化课被砍削，剩下的也贯穿了大量政治色彩，阶级斗争成为学校主课，生产劳动成为改造的主要手段，大搞形式主义、实用主义，各学科的科学体系被破坏，削弱了1963年教学计划强调的基础知识、基础理论，课程体系支离破碎，质量大幅度下降。

2. 改革开放至21世纪初

改革开放至21世纪伊始采用的是基于高考主义和素质主义（含物质主义和行政主义）价值取向的课程结构。1978—1985年是我国普通高中课程的恢复时期，尤其是高考制度的恢复是中国教育价值取向的转折点，学校及其教育开始了高考图腾的历史，高考已经成为当今高中教育的主轴，它构成了中国目前高中教育实际的价值取向和培养目标。高考是一把双刃剑，它在某一方面解放了教育和学校，但在另一个角度也阻滞了学校个性与特色的完整发展。这一时期恢复了"文化大革命"前以学科课程为中心的课程模式，初步建立了以现代课程理论为指导，以学科类课程为主，活动类课程为辅的课程结构，初步打破了"集权制"绝对支配的局面。但普通高中仍缺乏必要的职业技术教育课程。虽然开设了选修课，但这些选修课，多是学科课程的选修，学生发展的需要仍得不到满足。

1986—2000年是我国普通高中课程的发展时期，社会生活价值取向多元化的转变必然引发教育价值的转变，这也是高考主义价值取向和素质主义价值取向博弈而共存的时期，高考主义和素质主义的价值取向构成高中教育实践发展的矛盾，这个矛盾的实质仍然是教育本体价值和工具价值的矛盾。在强调和鼓励创新的时代，教育本体价值越来越被青睐，保护个性、鼓励创新的学校特色建设开始被重视，教育目的也直接表述为"以培养学生的创新精神和实践能力为重点，造就有理想、有道德、有文化、有纪律的德智体等方面全面发展的社会主义建设者和接班人"。这一时期在课程管理和课程结构上基本形成了"三级管理，四个结合"的新特点。课程管理方面明确提出普通高中课程由中央、地方、学校三级管理，地方和学校有了更多的自主权和灵活性，能充分发挥地方和学校办学的积极性。课程结构上进一步优化，在课程类型上坚持了学科课程与活动课程相结合，短期课程与长期课程相结合，学生本位课程观得到进一步加强，在学科课程之外，增设活动课程、课外活动和社会实践活动，满足不同学生的发展需要；在课程形态上坚持了必修课程与选修课程相结合，必修课占绝对主导地位的情况有所改变，选修课课时和范围都进一步增加，在选修课程上开设了限定选修学科和任意选修学科，限定选修学科侧重接受预备教育或就业预备教育所必须进一步学习的课程，任意选修学科以发展学生兴趣爱好，拓宽和加深知识，培养特长和某方面能力为目标而设置；在课程范畴上坚持了显性课程与隐形课程相结合；在课程内容上坚持了学术性课程与应用性课程相结合。这种课程设计体现了课程结构的统一性与多样性、层次性与灵活性，既注重了共同基础性要求，又解决了学生个体差异和分流的问题，为培养多层次、多规格、高素质的创新人才奠定了基础，有利于全面提高学生的素质，有利于学校办出特色，使学生学有所长。但课程的选择性仍然不够，仍未能较好地解决课程结构单一化与社会、个体需求多样化之间的矛盾，课程结构过于统一而缺乏弹性。

（三）新中国成立以来高中课程结构的主要特点

在新中国成立后，高中教育课程结构经历了从 20 世纪二三十年代基于全人格主义价值取向，到 20 世纪八九十年代健全人格发展的素质主义的价值取向轮回，中间经历了行政主义、政治主义和高考主义价值取向，课程结构价值取向的演变和轮回，也直接影响着课程的形式结构，主要存在以下几个突出问题。

一是必修课程一统天下，缺乏多样化和选择性。尽管在 1963 年的课程计划中规定，有条件的地方可以在高中阶段开设选修课，但这种建议并没有真正实现。1981 年，《全日制六年制重点中学教学计划试行草案》出台，在高中二、三年级每周开设 4 节选修课，这是我国在真正意义上推动高中课程多样化的一次尝试。但是，这次增加的选修课被划分为"侧重于文科"和"侧重于理科"的选修课两种类型。在高考竞争日趋激烈，片面追求升学率的情况下，这种划分无疑为学校强化考试科目的学习提供了合法性，导致学生文理偏科日趋严重，违背了开设选修课的初衷。1990 年以后，普通高中的课程计划开始将学科课程划分为必修课和选修课两部分。1996 年的教学大纲还将选修课划分为限定选修课和任意选修课。在 2000 年的课程计划中设置"地方和学校选修课"。总体来看，这些改革措施尽管在一定程度上对高中课程结构单一、强调文理分科的传统带来了一定的冲击，但并没有从根本上改变必修课程一统天下的局面。必修课程一统天下这种课程结构最大的"成功之处"就是使所有学生按照同样的要求学习所有的课程，这就保证了每个学生有基本统一的知识与技能；最大弊端也在这里，就是所有的学生不分资质、潜能、兴趣，都得按照完全相同的要求来学习所有的课程。表面上是学生全面发展，实际上是学生按照一个模子发展，让原本具有多元智慧的万千学生只能朝着一个被课程设计者固定的方向发展；表面上它制造出少数高水平的毕业生，实际上却留下大多数学生"在大千世界中找不到自己应有的位置"。课程结构在这一方面几乎产生了负面影响，学生的大部分潜力发展受到了阻碍。这种缺乏选择性和多样性的单一的课程结构无法满足社会、个体需求的多样化，必将面临新的挑战。

二是分科课程占据主导地位，缺乏必要的统整性。按照分科知识的学科属性不同，课程可以分为自然科学课程和人文社会类课程。按照综合课程的形式，政治、历史、地理等科目，可以合并为人文社会类课程，物理、化学、生物等科目可以合并为自然科学类课程等。在国家正式颁布的与普通高中有关的课程计划和授课时数表中，以综合性的合科形式设置的课程极少，相反，将地理、历史进一步细化为中国地理、外国地理、中国历史、外国历史则比较常见，分科课程一直占据着主导地位。在分科课程的状态下，学生将永远不知道各门学科之间的那种天然的相通性，在头脑中也将因不知道各门学科之间广泛的联系而无法形成广博精深的知识构架，也必将难以进行大跨度的、有效的思维迁移和创造。学生不能将学到的知识融会贯通，就不能运用各种知识解决问题，甚至会一叶障目。学生的学习脱离社会生活和个人经验；与社会生活相互隔离；学科之间缺乏沟通，学科内部的知识之间缺乏联系和统整。这种缺乏统整性和综合性的课程结构，不仅难以突出各学科之间的联系，造成知识割裂，而且为了满足高考的需要又强调各自的系统性和完整性，导致出现学科过于分化、学校设置科目过多的现象，导致学生负担过重，影响学生的身心健康和全面发展。尤其今日社会比较复杂，各种问题的解决离不开整合的观点。所以，当今课程呈现出分科与综合共存的趋势，软化学科界限、体现知识之间的横向联系也成为国际基础教育课程改革的一个走向。那么，加强课程的统整性和综合性，平衡分科课程与综合课程之间的比例，也必将成为我国新一轮课程改革的一个重点。

三是学科构成以工具类、知识类课程为主，不重视文体类和职技类课程。工具类课程包括语文、数学、外语三门学科，它们不仅是学习其他学科知识的基础，其自身在学生心智发展过程中也有不可替代的价值。知识类课程包括自然学科基础知识课程（如物理、化学、生物等）和人文社会学科基础知识课程（如政治、历史、地理等），它们是人类文化遗产中最具普遍性和现实价值的那部分学科和知识的代表，或是适应和建立现代公民生活不可缺少的方面，对个体的发展和社会的延续至关重要。文体类课程主要指音乐、美术、体育课程，着重于学生的健康体魄、艺术修养。职技类课程主要包括劳动技术、职业技术、信息技术、通用技术等，着重于学生基本生活与职业技能的锻炼和培养。不论从学生个人的发展还是从社会的发展来看，文体类课程，尤其是艺术教育和技能类课程，这两门课程是普通高中教育中不可缺少的两个重要学习领域，但是传统的课程结构却没有给予它们以应有的地位。长期以来在我国普通高中课程中一直缺少艺术类课程，职技类课程也形同虚设，迫于升学的压力，直到现在这一类课程仍没有得到重视，职业教育也没有得到应有的发展，更谈不上体系的完善与健全，与现代职业技术发展的需要极不相符。工具类课程中，语文、数学、外语三门学科一直是普通高中课程的核心，单科比重一直位于前三位。知识类课程比重紧跟工具类课程，但重理轻文倾向比较严重。尤其是改革开放后骤然紧张的科技人才问题使得政府以及国家领导人不得不再次强调科学技术的重要性，这使学校再次以对数学、物理、化学等课程课时的增加作为培养科技人才的主要手段，而且年级越高科学课程课时增加得越多，结果是理科课程课时量被放大到极端化的程度。20世纪90年代以来，国家公布的课程标准调整了各科课时，数理化课时开始回落，历史、地理等人文社会类课程课时相应增加，到2000年新标准又进一步平衡科学与人文学科。从课程计划来看，教育是在向人文回归，科学与人文在走向平衡，但失衡局面并未扭转过来，这与我国长期存在的功利主义课程观有很大的渊源关系。

三、国外高中课程结构发展概述与趋势

由于各国社会文化、历史传统、地理环境、民族构成、政治见解的差异以及经济增长速度的不同，高中课程结构设置也有所差异，但仔细地分析和研究各国高中的课程结构改革，仍能从中获得一些规律性的认识。

(一)国外部分国家高中课程结构概况

1. 美国高中课程结构及其主要特点

高中课程方案能否适应人口结构多元、文化价值观多元的美国社会，能否为需求各不相同的各类学生提供发展的可能，是美国教育改革一直以来重要的主题。因此，美国高中在重视高中课程多样化，强调共同基础和个性差异的平衡方面一直不遗余力。2010 年 7 月 7 日，奥巴马在卡拉马祖中央高中的毕业典礼上发表演讲时明确指出：美国高中教育的目标是拓展学术才能、个人责任，以胜任大学教育和职业生涯。在政府和相关法案的影响下，美国各州加大了高中课程改革的力度，修订课程标准，完善必修课课标，不断优化课程结构，探索开发选修课纲要，广泛开设选修课程，实行分层教学，突出基础知识并满足多样化需求，提倡优秀学生提前学习大学内容，促进高中与大学、社区的联系，全面提升高中教育质量。美国高中的培养目标定位于做一个民主社会中有效率的人，扮演好经济社会中的各种角色，拥有促进经济增长的能力，学习各种知识和技能，从而胜任成人社会，并在各自领域中有所作为。

美国明确提出，高中课程应该达到以下四个基本目标。第一，通过语言教学，帮助所有学生培养批判性思维能力、有效沟通的能力。第二，通过核心课程，帮助所有学生认识自己，认识人类文化遗产，认识他们生活中相互依赖的世界。第三，通过选修课程，为所有学生参加工作或继续接受教育做好准备，培养个人兴趣。第四，通过学校和社区服务，帮助所有学生履行社会和公民义务。在这一目标引领下，美国高中课程设置大致可以概括成核心的基础必修课程、丰富的选修课程以及各种怡情益智的活动计划。

美国课程改革定位于"注重提高教育质量和实现学生平等发展"的双重目标，在优质教育上，一直试图通过加强核心基础必修课程中的学术课程来达到提高学生的学术成就、实现国家发展的目的。具体表现在："第一，《2000 年目标：美国教育法》在继续强调英语、数学、科学、历史、地理这五门主要科目的基础上，新增加了公民和教育、经济、艺术三门课程，使核心课程达到八门，更加提高了学术性课程的地位。第二，继续加强了英语、数学、自然科学的'新三艺'课程，在六项教育目标中明确要求美国学生在数学和自然科学方面的成就要达到世界首位的水平。同时加强长期被忽视的历史和地理两门学科，将历史和地理确定为核心学科。"[①]为适应学生的兴趣需求及个性发展，也为今后学生的求学、就业和生活做准备，美国高中开设了多元的选修课程，选修课既包括为准备升大学的学生提供的高级课程，也包括各种时尚、趣味、实用的社会与生活课程。在这些选修课程中，最具特色的是高中与大学衔接的课程，美国超过半数高中广泛开设了富有挑战性的学生性课程，学生在完成必修和自选的课程外，可以按照自己的能力和兴趣选修大学预备课程，具有代表性的课程有 AP 课程、IB 课程、DE 课程。在职业类选修课程中，计算机技术专业课程、通信技术受到高中生的青睐，健康护理和儿童护理得到重视，而其他职业选修课程不受重视。除了必修课和选修课以外，还开设了一些项目和活动课程。在必修课程、选修课程与活动课程内，注重综合课程与职业课程的开设比例，力求在必修课程与选修课程、分科课程与综合课程、普通课程与职业课程之间达到平衡。在课程综合化方面，比较有特点的是美国面向 21 世纪所进行的社会学科的改革，这次改革对社会学科进行了综合化和系统化，以历史、地理为核心，其他传统的课程，如经济、政治、社会等，作为基础课来开设。

美国高中课程结构有以下几个主要特点。

一是注重提高教育质量和实现学生平等发展的双重目标。明确提出进入 21 世纪，高中阶段的课程要以促进人的整体发展为主要目的，同时既要为高等教育的发展服务，又要为学生的就业和生活做准备。美国高中面对所有高中学生的基本要求，整体上低于中国的基本要求，但是

---

① 陈时见、杨茂庆：《高中课程改革的国际比较——侧重 2000 年以来的经验、问题与趋势》，重庆，西南师范大学出版社，2010。

美国最优秀的学生，其基本学分要求，开始有所超越中国同类学生。既不让一个学生掉队，也不让一个学生受限，成就了美国中学生在知识基础和创新能力方面的卓越表现。这是机会均等理念和教育效率追求的有机结合，真正体现了让课程适应学生而不是让学生适应课程的教育理念。

二是课程结构的多样化和均衡化。主要体现在三个方面：必修课程与选修课程并重、分科课程和综合课程并重、普通课程与职业课程并重。首先，从现在美国高中"必修＋选修＋活动"的课程结构来看，"回归基础运动"突出和偏向了必修课程的一端，为了满足学生不同的需求，尽可能地针对学生丰富多样的个性提供多样的、富有选择性和个性化的选修课程，并且在每一科目下设置不同的层次，以满足不同学生的选择需要。其次，当前美国高中课程在推行综合化的同时，对英语、数学等学科仍采用分科形式，以保证这类工具课程知识结构的系统性。最后，美国高中生在学校所学的课程，除了基础知识以外，其他大部分是培养升学、就业和生活的各种能力。例如，美国让大多数高中学生接受职业技术教育，这些课程还根据专业程度，分为入门课程、核心课程和高级课程，强调整合职业技能和学术教育，为不同学生提供了职业知识与技能学习的可能性，帮助学生培养责任观念，学习如何获得一份工作，获得职业信息和经验，并在高中毕业后的学习和职业中做出正确选择。

三是专业分化体制和以学科为本的体系。美国课程多样化，除分层分类的课程结构多样化和均衡化外，第二个显著特征就是专业分化体制，在同一层次或类别内，会有不同专业类别之分。以专业志愿为指引而进行修课，可以是精深的专才，也可以是相对广博的通才甚至文理兼备。专业分化，其实是一个兼容并包的多元化的课程组合体系。例如，人文研究专业志愿，在人文艺术领域涉猎广泛，要求高中重点学习的科目可以是 AP 英语语言、AP 英文文学、艺术历史、音乐历史、哲学、世界历史、世界宗教等。显然，这样的人才类型是中国所缺乏的。专业分化，其实质是多类型分化，包括各种人才类型，而文理分科，只培养两类人才，以偏概全，得不偿失。不同层次的高校、不同类型的专业志愿，对各个学科提出了不同的要求，由此形成了以学科为本的加速体制，构成了美国课程多样化的第三个特征，主要分为常规和加速两大系列，常规、拓展和大学水平三个等级，学生根据自己的智能水平、学业成绩以及其专业志愿来学习。在专业分化体制和以学科为本的加速体系的课程体系下，多样化的课程特征奠定了美国高中教育和人才竞争的优势。

2. 英国高中课程结构及其主要特点

"课程 2000"是英国课程发展史上最为重要的一次课程改革，突出特点之一就是力图寻找普通高中教育"质量"与"平等"之间的制衡点，提出了四个主要目标："使学生在课程方面有更多的选择机会；将学生的学术课程学习与职业课程学习有机地结合起来；注重发展学生的关键技能；使学生能够参与数量众多、内容丰富的活动。"[①]课程设置考虑到学生的个别差异，注重了共同基础和选择性，同时又设立了高级拓展证书（AEAS），以保证在追求平等的同时，质量不至于因此而降低。英国力图通过探究共同价值（common values），使新的课程设置在学生、社会、知识之间找到平衡点。为此，英国展开了全民族、全国乃至更大范围内的共同价值——学生、社会、知识平衡的大讨论，从"个人""人际关系""社会""自然环境"四个方面规定了课程的任务。

针对英国传统高中课程中存在的问题，如"职业课程与普通课程两级分离；课程设置总类偏少，尤其缺乏与现实社会联系密切的关键技能课程；缺乏丰富的非考试性活动课程（如摄影、艺术表演等）"等，英国高中引入为学生即将到来的成人生活与就业做准备的关键技能课程，并由原来的三种扩展到六种：交流（能够积极有效地进行阅读、写作、商谈）；数字的运用（在真实的情景中运用数学知识）；信息技术（应用计算机和互联网）；与他人共同工作（学会成为工作团队的一部分）；提高自己的学习能力及成绩（能够在取得的成绩上设定新的目标并继续前进）；问题解决（意识到问题，找出问题，并通过不同路径解决问题）。针对学生不同的层次，将每一种关键技能分为基础水平、中等教育普通证书水平、高级水平。开设造就绅士与培养公民，促进精神、道德、社会和文化发展的公民课程，使公民完全理解其责任和义务，正确处理生活中遇到的道德和社会问题，建立生活自信心，健康独立成长，以适应以后独立个体、父母及社会成员的角色。

首先，"英国高中的课程不再拘泥于传统的普通教育证书高级水平课程，新增了与学生将来的就业、愿望、抱负相关的技术类课程，向着

---

① 陈时见、杨茂庆：《高中课程改革的国际比较——侧重 2000 年以来的经验、问题与趋势》，重庆，西南师范大学出版社，2010。

宽广、灵活的课程设置发展"。其次，通过证书制改革进一步融合职业与普通课程。"在 20 世纪 90 年代之后推出的作为职业课程的'国家职业资格'课程和连接职业、普通课程的'普通国家职业资格'中介性课程的基础上，进一步将学生的职业与普通课程学习相结合作为其目标之一，并在课程管理改革方面，以新的职业教育证书（VCE）部分代替了普通教育职业资格证书（GNVQ）。除此之外，课程 2000 还将关键技能课程贯通于职业与普通课程之中，使之成为一种桥梁式课程，进一步融合了职业与普通课程。"增设关键技能课程与公民课程，融合普通课程与职业课程，体现了课程的灵活性与双重选择。历次高中课程改革要求学校和政府为学生提供尽可能广泛的课程选择，并不断引入和更新不同水平层次的证书，以满足不同学生不同方面不同层次的需求，以学生的发展和进步为第一要务，处处体现以人为本的理念。

英国高中课程结构有以下几个主要特点。

一是课程设置体现"以生为本"的理念。英国高中在一定共同基础上，设置多样化课程，促进学生灵活多样地发展，兼顾高中教育为就业、生活和升学做准备的功能，具体的目标是使所有年轻人成为成功的学习者，乐于学习，取得进步。有所成就的个人，能够安全地生活并且实现自我；负责任的公民，能够对社会做出积极贡献。

二是课程设置具有鲜明的多样性和灵活性。其一，必选科目多样化，如第四关键学段的学习要求在英语、数学和科学这几门学科内必选 1 门 GCSE 考科，而各科又有多种学习方式。其二，可选课程种类多样化，除了传统的学术性 GCSE，A 水平课程，还设立了文凭课程、职业教育课程等，为不同兴趣能力和发展意向的学生提供多种学习路径，而且任何一种路径都可获得国家资格证书，获得升入大学和就业的资格。其三，选修选考学习科目多样化。每种资格证书课程开设丰富多样的学科门类，如 GCSE 有 50 余门科目，A 水平有 80 门科目，学生可选的课程门类又因所在学校的不同而有一定的区别。其四，水平和层次上的多样化。设置面向不同层次学生的资格课程，同一种资格证书课程本身也具有不同的水平和层次。这种分级学习细化了课程教学要求，使得学习在难度、广度和时间长度上体现出一定的层次性，既关注到了学生的共同学习基础，又提供了拓展和延伸的机会。其五，课程和科目组合方式多样化。学生可以在不同资格证书课程之间选择和组合学习科目，形成个性化课程组合，如学生可以灵活地组合学术性课程与职业性课程进行学习，而不是两者非此即彼，相互排斥。

3. 日本高中课程结构及其主要特点

2008 年 1 月，日本中央教育审议会建议修订中小学指导要领，强调增加教学课时，减少作为"宽松教育"代表的综合学习和选修课的课时，确保学生基础知识和技能的习得，以期扭转"学校教育导致学力低下"的尴尬局面。2009 年 3 月 9 日公布高中学习指导要领，并要求 2013 年开始全面实施，这标志着日本又开始了新一轮的高中课程改革。日本高中教育的培养目标仍旧以培养学生的生存能力为目标，掌握基础知识以及基本技能，以培养扎实的学力，培养思考能力、判断能力、表现能力，确实提高和培养学生的学习兴趣、学习习惯以及充分发挥个性，培养丰富心灵和健康体魄。① 日本高中实行学分制和必修课与选修课并行制，课程结构分学科和科目两个层次，将科目分为共同必修科目和选择必修科目。被设为"共同必修科目"的有国语的"国语综合"，数学的"数学 I"，外语的"交际英语 I"，保健体育的"体育"和"保健"，所有的高中生都必须取得这些科目的学分。除此之外，各学校可以根据地区、学校以及学生的实际情况进行多样化的必修科目的设定。在学科下面的科目中学生可以选择其中的一科或数科作为必修科目，这样的科目称为"选择性必修科目"。这样，必修科目既保持了共通性，也兼具了多样性，各高中可以较灵活地配置必修课程。在课程设置上，日本高中有很大的自主权，鼓励各学校根据其培养目标自行决定开设大量类型多样的选修课，以适应学生各自的能力及未来的发展方向。日本高中教育日益朝着文理渗透、学科融通、知识交叉的方向发展，复合型人才的培养逐渐成为日本高中教育的目标，综合学习课程是日本课程改革中最令人瞩目的焦点，对综合学习课程的调整与完善也成为此次修订的重头戏，强调综合性学习课程所重视的体验活动应该和学校活动以及学科学习结合起来，而不应删减主要学科的教学时间，另设教学时间实施。

日本高中课程课程结构有以下三个主要特点。

一是重构培养目标的核心理念"生存能力"。日本最早关于培养儿童的"生存能力"的解释是："今后的儿童需要的是无论社会如何变化，都能自己发现课题、自己学习、自己思考、自主地判断、行动，更好地解

---

① 陈时见、杨茂庆：《高中课程改革的国际比较——侧重 2000 年以来的经验、问题与趋势》，重庆，西南师范大学出版社，2010。

决问题的素质及能力。另外，能够严于律己、与他人协调合作、同情他人、有感动的心灵和丰富的人性。当然，为了生存下来的健康体力也是不可缺少的。我们将这些素质和能力称为在多变的社会中的生存能力，使其协调平衡地培养是十分重要的。"设置综合学习课程就是实现"能自己发现课题、自己学习、自己思考、自主地判断、行动，更好地解决问题的素质及能力"这一目标的一个重要措施。在2009年的要领中，"扎实的学力"取代问题解决能力构成"生存能力"的重要因素，以"扎实的学力"为基础的"生存能力"，不仅包括知识和技能，也包括自我思考、自主判断并解决问题、表达意见的资质和能力，更包括学生的学习意愿，加之以道德、艺术和感性构成的丰富的心灵和健康的身体，从而使日本的教育成为以追求学力、道德和身体三位一体为目标的活动。

二是必修课程多样化和选修化。为了实施以学生为本、发展个性的教育，除了鼓励学校开设丰富的选修课程，日本高中提出了必修科目内的多样化、选修化的方法。学生可以在各个学科的必修科目中的多个被选科目里选自己喜欢的课程。有的学科（如艺术）是分层的，有的学科（如公民、保健体育、信息）是分类的，还有的学科（如数学、理科）是既分层又分类的。分层次、分类别地选修课程，可满足学生的兴趣爱好以及就业、升学的要求。这些改革措施体现了尊重学生兴趣，给学生更多自由选择权的精神。

三是加强学科间知识体系的联系，培养学生的问题解决能力、创新精神及实践能力，使教育更具综合性。日本开设了综合学习课程，除此之外，日本许多学科都设有基础性科目和综合性科目，如"国语综合""数学基础""理科基础""理科综合 A""理科综合 B""家政基础"和"家政综合"等，而且这些科目往往被作为必修科目。

4. 韩国高中课程结构及其主要特点

2007年2月28日，韩国教育部公布了《2007年修订教育课程》，这标志着韩国对教育课程新一轮的改革修订开始了。韩国高中教育的培养目标仍旧以追求人性为主要目的，强调在个人态度和天赋基础上个人能力的发展和培养具有世界品质的公民。[①] 在课程结构安排方面，仍然将课程分为国民共同基本教育课程和以选择为中心的教育课程。国民共同

---

① 陈时见、杨茂庆：《高中课程改革的国际比较——侧重2000年以来的经验、问题与趋势》，重庆，西南师范大学出版社，2010。

基本教育课程体系中能力培养活动是校本课程的重要组成要素，其中学科能力培养活动是对选修课程和国民共同基本教育课程的深化和补充性学习；创造性能力培养活动是在满足学校和学生特殊的教育需求中，关于全部学科的学习以及自主性的学习。以选择为中心的教育课程主要是对学生能力、兴趣和未来就业的考虑，学科选修课程由普通选修和专业选修组成，其中普通选修课程包括国语、道德、数学、社会、科学、技术、家政、体育、音乐、美术、外国语、汉语、教养等；专业选修课程包括绿色产业、工业、商业情报、水产、海运、家政、职业教育、科学、体育教育、艺术、外国语和国际事务等。专业选修课主要在进行专业教育的高中开设，如职业高中、科学高中和外国语高中等。

韩国高中课程改革有以下两大特点。

一是培养目标走向人本化。培养目标强调加强人性修养和增强人的自主性和创造性，实行以学习者为中心的系统的人性教育。具体的措施就是课程内容设置将充分考虑学生的特点，适合学生的个性和能力，以能够开拓未来出路的学习者为中心，同时对学生进行"世界公民教育"。

二是课程结构呈现多样化。主要体现在以下几个方面。其一，必修课程与选修课程并行发展。为提高学生的学业水平，韩国高中在设立国民共同基本教育课程、重视基础学科地位的同时，大量增加和新设多样化水平和不同特色的选修课程，使得学生在高一年级夯实工具学科、重视基础学力，在高二、高三年级则遵照学生的个性、能力和个人职业选择的要求开设大量的选修课，以供学生选择。其二，学科课程与活动课程相互渗透。学科课程的重点是学术性、知识性，活动课程的重点是实践性、应用性。韩国高中强调两者相互渗透，认为两者的相互补充有利于学生的发展，因此，无论是在国民共同基本教育课程中，还是以选择为中心的教育课程中，都有特别活动课程的设置。其三，学科领域的多样化设计。为满足学生的兴趣和需要，韩国高中规定每一门学科不同的领域设计，学校根据高一年级学生学术能力和水平差异，高二、高三年级学生的兴趣和未来职业需求的不同，在数学、英语、科学、社会等科目上设置差别教育课程，使学生根据自己的状况来学习和掌握所需要的知识和技能。

(二)国外部分国家高中课程结构发展趋势

综观国内外高中课程结构设置的简况，各国高中的课程结构设置呈现出以下两种趋势。

1. 课程的实质结构在价值取向上趋于辩证统一

各国及地区的高中课程设置都是从本国的政治、经济、文化实际情况出发，针对高中课程原有的问题进行改革。同时，各国高中阶段的课程设置都比较重视学生的需要与个别差异，回归教育的本体价值，力求实现"学科、社会、学生"三因素的平衡。例如，美国的课程体现了学生本位的课程观，注重学科课程体系的构建，力求学科课程与活动课程之间达到平衡。英国力图通过探究"共同价值"，使新的课程设置在学生、社会、知识之间找到平衡点。在培养目标上，各国的高中课程设置都强调超越教育工具化倾向，强调教育的内在价值，即人的发展，考虑到社会对普通高中学生的整体素质发展水平的要求，普遍关注学生作为公民的责任、个性发展与生存能力、创造力与批判性思维、交流合作与团队精神、信息素养和国际视野。例如，日本高中课程设置既重视基础学力的培养，也重视学生实践能力和生存能力的培养。各国也都将职业教育作为一个重要的教育内容，以培养高素质的职业人员。

2. 课程的形式结构强调多样化和均衡性

课程结构设置在课程门类上趋于多样化。各国及地区都开设了多样的课程门类，尤其是选修课程，并且注重课程的更新换代。例如，美国在每一科目下都设置不同的层次，课程门类多样，以满足不同学生的需要。日本开设国语、历史地理、公民、数学、理科、体育保健、艺术、外语、家庭、信息十大学科，所有学科都设有两门以上科目，许多学科分不同的层次和类型，供学生选修。英国重视语言教育、文化教育、公民教育、信息教育和艺术教育，增加了关键技能应用性课程及技术性课程。

课程设置在课程类型上体现出多样化，同时强调均衡性。主要表现为学科课程与活动课程相结合、必修课程与选修课程相结合、分科课程和综合课程相结合、普通课程与职业课程相结合的趋势，并强调保持课程的均衡性。

一是必修课程与选修课程相结合。为了在强调课程的多样性与选择性的同时保证课程基础性，多数国家将课程的多样性、选择性和基础性统一于课程结构体系中，采用必修课程和选修课程相结合的方式来保证上述三者的有效统一。例如，美国高中实行"必修＋选修＋活动"的课程设置。"为满足学生的不同需求，美国高中将学术类必修课

程分成'基础''普通''先进'和'高级'四级，或'普通''先进'和'高级'
三级。学生可以在指导教师、家长的帮助下，根据自己的学业水平和
发展意向在必修课程中选择不同层次的课程内容。"又如，英国高中采
用"考试（非考试）科目＋选修（组合选修＋任意选修）"的课程设置模
式。日本最大的特色是在强调必修的基础上，实行灵活的选修制度，
通过分层次、分类别的选修，来满足学生的兴趣爱好，以及就业、升
学的要求。

二是学科课程与活动课程相结合。基于高中生学习兴趣的不同，以
及能力的多样性，为了培养其个性，促进其综合素质的发展，各国高中
课程改革也体现出了学科课程与活动课程相结合的特点。例如，美国中
学开设了以活动或项目的形式出现的教育计划课程，该课程旨在关注和
培养学生的品性，为学生提供个性化的社会生活体验，整个学习过程可
以完全由学生独立探索，也可以由指导教师提供支架式帮助。又如，英
国高中阶段普遍采用的课程的兴趣学习部分就包含课内活动和课外活动
两个部分。再如，日本高中课程在结构上，以学科课程为主，以特别活
动为辅。

三是分科课程和综合课程相结合。分科课程的开设，有利于保证知
识结构的系统性。综合课程的开设有助于高中生自主地吸收一些最新的
基础知识，能够给学生提供大量最有价值的基本文化成果。今天的高中
学生不仅需要掌握传统的课程内容中至今仍有价值的基础知识，还需要
吸取科学最新研究成果。为了更好解决有限的学习时间与无限的学习内
容之间的矛盾，合理地平衡普通高中分科课程与综合课程的关系成为各
国高中课程设置的趋势。例如，日本在高中阶段开设"国语综合""理科
综合 A""理科综合 B""家政综合"等综合课程。又如，美国在推行综合
化的同时，对英语、数学等学科仍采用分科形式，以保证这类工具课程
知识结构的系统性。

四是普通课程与职业课程相结合。课程改革强调对学生适应性能
力的培养，许多国家为此积极谋求普通课程和职业课程相结合。例
如，美国在加强学术课程，提高美国教育质量的同时，尤其注重学生
实践技能、社会责任感、公民意识和团队精神的培养，力求培养学生
作为"社会人"应具有的最基本能力。又如，英国针对传统课程中职业
课程与普通课程两级分离的现象，增设了职业技术性课程，设置了与
现实社会联系密切的关键技能课程，将学生的学术课程学习与职业课

程学习有机结合起来，寻找普通高中教育"质量"与"平等"之间的制衡点。再如，日本普通高中的学生也应学习一定的职业类课程。"日本新《指导要领》规定的'职业类学科及科目'要在农业科、工业科、商业科等十三个实施专门教育的学科及每门学科所包括的多门科目中选择。"普通课程与职业课程相结合为学生提供了多种选择机会，可供不同发展潜能的学生选择课程，以满足学生对课程的不同需求，满足社会对普通高中学生的要求。

四、高中学校课程结构自主及创新实践

面临新的时代特征与要求，很多普通高中一方面，以史为鉴，梳理和反思国家和学校高中教育的发展历程；另一方面，通过国际视野密切关注当代高中教育改革的重大议题、决策和争议，积极开拓进取，自主创新，从历史和全球的眼光来审视和勾勒学校高中课程结构的愿景和思路。

（一）课程结构自主的基本依据

普通高中的性质、任务与培养目标直接影响国家或学校的课程结构，尤其是课程结构的实质结构，因此张华等人在《普通高中课程方案修订研究》中提到，在探讨普通高中课程结构设置时，不能脱离对普通高中性质、任务和培养目标的分析。站在未来普通高中教育的角度来分析未来普通高中教育的性质定位、基本任务和培养目标，从中深度挖掘有益于课程结构构建的启示，可以让学校构建的课程结构具有更强的时代性和适应性。

1. 普通高中教育的性质定位

对普通高中教育的性质定位直接关系到高中教育改革发展的整体走向，并将由此牵动和影响学校课程结构的解构和重构，其重要性不言而喻。总体来看，今后一个时期对普通高中教育的性质定位至少应该强化以下三种观念。

第一，普通高中教育是基础教育，而非大学预科。既然明确阐明普通高中教育是基础教育，学校教育就必须体现并坚守普通高中教育的内在价值(培养高中生的健全人格或公民基本素养，为每一位学生终身发展奠基），而内在价值的实现需要以健全工具价值的实现为条件，但要避免陷入"工具主义"，即实现普通高中教育内在价值与工具价值一体化。

第二，普通高中教育是普通教育，而非专业或职业教育。既然明确阐明普通高中教育是普通教育，学校教育就必须体现高中阶段教育"普通性"（"通识性"）与"专业性"（"职业性"）的融合，让高中教育走向综合化和多样化。用联合国教科文组织的著名报告书《学会生存》中的话来说，就是"普通教育的概念必须显著地加以扩大，使它明确地包括社会经济方面的、技术方面的和实践方面的知识"。即让普通高中教育更适合高中生的特点和需求，更适应职业世界和社会生活日新月异的变化。

第三，普通高中教育是大众教育，而非精英教育。既然明确阐明普通高中教育是大众教育，即民主教育、优质教育，那么学校教育就绝不仅仅要提供平庸化的教育机会，从数量上追求"教育平等"，满足于提高高中的升学率，而要彻底摒弃"应试教育"和"精英主义"，保证教育高质量，满足每一个高中生的个性发展需要。既在群体（如阶层、种族、性别等）意义上追求教育机会均等，又在个体意义上尊重每一个学生的个性特点；既在数量上为所有人提供均等的教育机会，又在质量上保证每一个教育机会的高水平和卓越性，群体与个体的融合、数量与质量的融合是教育大众化（民主化）的新内涵。

普通高中教育的性质定位对课程结构构建的启示有四点。首先，既然普通高中教育是一种"基础教育"，强调培养高中生的健全人格或公民基本素养，那么凡是有利于高中教育内在价值与工具价值一体化的教育内容都应在普通高中教育课程结构中得到反映。普通高中教育有两大工具价值：一是适应多元化的大学教育；二是适应急剧变革的职业生活和社会生活。前者需要发展高中生的"大学知识"（college knowledge），后者需要发展学生的"职业技能"（career skills）和"公民参与力"（civic engagement）。诸如此类的工具价值不仅促进，而且生成内在价值——高中生的健全人格和高质量的高中生活。离开了对工具价值的关注，普通高中的内在价值显然会陷于抽象与虚妄。因此学校课程结构应体现高中教育为升学、就业和生活做准备的三重功能。其次，既然普通高中教育是一种"基础教育"，强调其对每一位学生终身发展的奠基作用，那么学校就应从终身学习和终身教育的角度理解这种基础性，把普通高中教育理解为为学生终身学习和终身发展奠定基础的阶段，由此，学校应在终身学习和终身教育的框架下构建课程结构。再次，既然普通高中教育是一种"普通教育"，强调高中教育的综合性和多样性，那么在学校课程结构方面就应该构建综合性和多样性的课程，在学术性知识、实践性知识和应用性知识之间建立内在联系。最后，既然普通高中教育是一种"大众教育"，强调群体与个体的融合、数量与质量的融合，那么学校就应该构建以人为本、多元开放、自主选择的课程结构，以满足群体和个体、数量和质量的需求。

2. 普通高中教育的基本任务

高中教育的性质定位决定其不能再固守"单一"或"双重"任务，而应该以学生综合素质发展为落脚点，以不变应万变，构建一种整体性、复合化的任务观。比如有学者提出，未来高中的基本任务应该是"基础＋选择"，这不失为一个可资借鉴的思路。高中教育既要强调共同基础，又要兼顾学生的个性发展，通过提供多样化可选择的教育，为不同学生的不同走向做准备。因此，普通高中的任务应为三方面的统一、融合：一是培养每一个高中生的健全人格、公民素养和社会责任感，为学生的终身学习、终身发展奠定基础；二是培养每一个高中生的生涯意识、职业意识和参与社会生活的能力；三是培养每一个高中生在大学做出明智的专业选择和进一步学习的意识和能力。

普通高中教育的基本任务对课程结构构建的启示：既然高中阶段教育的基本任务应该以学生综合素质发展为落脚点，那么学校教育就应从怎样充分挖掘一个人的潜能和职业、生活可能性的角度整体构想自己的培养任务，构建一个入口多元、出口多元，既与高等教育密切衔接，又与未来职业与生活相融合，体制灵活的"立交桥"式的，重基础、多样化、有层次、综合性的课程结构。在这个结构内学生具有充分的可选择性，能够最大限度地利用教育资源，最大限度地实现自主选择。

3. 普通高中教育的培养目标

基于上述对普通高中性质和任务的分析，以及对社会发展的理解，来阐释未来普通高中的培养目标，如表3-1所示。

表 3-1 未来普通高中的培养目标

社会发展	培养目标	对课程结构的要求
人类已经进入以知识为基础的学习型社会	应该跟上和适应当代的知识变化状况，支持高级学习的基本能力：创造性学习的能力（在情意上要注重培养学生在学习上的自治能力和合作学习能力，在认知目标上要注重培养学生的元认知能力、研究性学习能力以及面向学术问题和现实问题的问题解决能力）；自我学习的能力（指对新的经验和关系的接受力，对新事物的好奇心，探究差异的愿望，个体或群体识别和解决问题的能力，反思性地完成这一切事情并乐于行事的能力）；跨学科学习的能力（指整合性地学习知识和跨学科地解决学术性问题和社会实践性问题的能力）	学校的教育重心应该向"学习"转移，并主动探索适合21世纪学生的学习方式。例如，在科学教育中应该把创造性培养作为中心，多给予学生进行探究和实验的机会、自主学习的机会和整合性学习的机会
人类已经进入全球化和追求可持续发展的时代	应该具有在全球化时代学会用新的观念和方式进行交往的能力，获得积极参与社会生活并有所贡献的各种技能，如有关职业和生活的理论知识和实践技能；具有在不断变化的世界里一个负责任的公民所应该具有的基本价值观和素质，为创建可持续发展的未来（社会的未来和个人的未来）做好准备（包括培养学生的生态意识，参与意识，愿意对话和能够对话的新人文主义意识等）	学校教育的课程视野应该扩大，不但包括传统的学术性课程，而且应该纳入社会生活类课程、职业技能类课程和生涯规划指导类课程等，并给予学生"做中学"的空间。同时，健康、环境保护、文化和国家多样性的理解与和平等问题也应该成为课程的一部分

核心目标：应该具有终身学习的意识和素养，并进入终身学习的状态
基本要求：基于终身学习的理念（学会认知、学会做事、学会共同生活、学会生存）重建课程结构，并重建学习的内涵和外延

4. 普通高中课程结构的整体设计

教育部 2003 年 4 月颁布的《普通高中课程方案（实验）》在我国基础教育发展史上具有里程碑式意义：明确了高中课程不同于义务教育课程的最根本的特征——多样化与选择性；提出了"以全面提高素质为核心，以社会的需求、学科的体系、学生的发展为基点"的课程设置指导思想，

改变了以往课程结构过于强调学科本位、科目过多和缺乏整合性的现状，建立了必修课程与选修课程相结合、分科与综合课程相结合、学科课程与活动课程相结合、普通课程与职业课程相结合的多元化课程体系，调整了各科目之间的比例，强化了思想品德教育、信息技术教育、科学教育、环境教育、艺术教育以及综合实践活动等，突出了学生的主体地位。[①]

新课程利用"学习领域""科目""模块"来构建高中课程结构。"学习领域"和"模块课程"的引入，使普通高中课程结构产生了实质性的突破。增设了技术学习领域，加大了综合实践活动的分量，为实现课程多样化和综合化创造了条件。深刻理解国家新课程结构的丰富内涵，有助于学校在构建课程结构时充分整合国家课程、地方课程和学校课程。

首先，高中新课程设置了八大学习领域，包括语言与文学、数学、人文与社会、科学、技术、艺术、体育与健康、综合实践活动，每个学习领域由课程价值相近的若干科目或活动组成。一方面，设置学习领域，能更好地反映现代科学综合化的趋势，有助于提炼出同一学习领域内所有科目对学生所具有的共同发展价值，有利于整体规划课程，提高学生的综合素养。不同的学习领域将分别有助于学生形成与发展相应的基本素质，使学生在人文、科学、艺术等领域的背景下进行各学科的学习。"学生每一学年在所有学习领域都必须获得一定学分。"即学习领域规范着学生素养的基本范畴，为学生的发展提供了共同质量保证，它们是每一个学生每一年都要学习的，任何一个学生在任何一学年都不得缺失任何一个学习领域。另一方面，学习领域的设置尤其是新增加技术学习领域和综合实践活动分量的增加，有利于课程开发者在综合视野下研制各科课程标准，有利于指导教师以跨学科的观点设计并实施分科教学，防止陷入学科本位。

其次，科目是学习领域的构成单位，性质相同或相近的若干科目构成一个学习领域。从安排层面分析，这次改革仍然比较重视学术性科目，坚持课程设置多样化的同时维持着学术科目在普通高中的核心地位。其中通用技术与信息技术、艺术是新增设的科目，艺术与音乐、美术并行设置，供学校选用，这在一定程度体现了课程结构的均

---

① 石鸥：《结构的力量——〈普通高中课程方案（实验）〉的理解与实施》，北京，高等教育出版社，2004。

衡性。学习领域统摄下的各个科目不再局限于单科的逻辑体系，而是强调彼此间的关联，而且每一门学科都强调向学生的经验与生活回归。科目的设计基本包括三种方式：有些科目采取"必修模块＋选修系列"的形式来构建，该科目的选修模块形成若干系列，学生可以自主选择，既可以选择一个系列学下去，也可以跨系列选择选修模块，如数学、语文、物理等科目；有些科目采取"必修模块＋选修模块"的形式来构建，学生可以自主选择模块，如历史、地理、化学、生物、信息技术、通用技术等科目；有些科目则完全直接由若干选修模块构成，学生根据规定和自己的兴趣选择，如音乐、艺术等科目。科目是学习领域的实体，规定着学生必须学习的内容，是学生素养的基本保证，每一个学生都必须学习所有科目，任何科目都不得缺失，但不一定每学年都得学习所有科目，学生可以选择修习的时间，这在一定程度上也体现了学生的选择性。

再次，模块是构成科目的基本单位，在科目之下设模块，将科目分解为相互独立又相互关联的若干模块，是普通高中课程改革在课程结构调整上的重大举措。模块化设计使科目内的结构有了新突破，特别是促进了课程内容的整合，提升了课程的多样性和选择性。从已公布的高中新课程方案来看，在规定的必修课程和选修课程的 7 个领域、15 个科目中，共安排了 31 个必修模块和 115 个选修模块。在普通高中引入模块这一概念使课程体系由封闭走向开放，更加灵活地适应学生自主选择和个性发展的需要；使课程逐步以专题或课题为组织线索，便于学生从事探究学习，有利于减轻学生的学习负担，提高学习效率。进入模块后，学生有了更大的选择自主权。学生对模块的学习有两种形式，一种是没有严格递进关系的"并联"性质的学习，学生可以跨越式选择学习，不受模块之间顺序的影响，如历史、地理等科目；另一种是基于递进式关系的"串联"性质的学习，学生的学习是由严格顺序规定的，如物理等科目。模块的设置有利于解决学校科目设置相对稳定与现代科学迅猛发展的矛盾，便于适时调整课程内容；有利于教学组织模式的变化，学校充分利用场地、设备等资源，使学校提供丰富多样的课程，为学校有特色地发展创造了条件；有利于学校灵活安排课程，学生自主选择课程，形成有个性的课程修习计划。

最后，每个模块都以一个特定的主题作为该模块组织的核心，围绕这一主题展开课程内容，有明确的教育目标，结合学生经验和社会现实，形成相对独立的"学习单元"。与传统课程中的单元结构方式相比，模块间的衔接也体现了更强的综合性。每一个模块都以一个特定的主题作为该模块组织的核心，模块中的所有内容都紧紧围绕这一主题设置。学生在模块课程中所获得的不再是一个个孤立的知识点，而是一种在主题统摄之下的结构化的知识框架。这种模块化的内容呈现方式一方面减轻了学生学习过程中的认知负担，另一方面使得知识以结构化的而不是零散的形式整合进学生的认知结构中，从而促进了学生整体性思维能力的发展，有利于分科课程发挥综合教育所具有的功能。

(二)课程结构自主的一般路径

学校要通过课程结构自主创新形成涵盖三级课程的具有学校特色和个性的课程结构，首要的任务是准确定位学生培养目标和学校发展目标，以此为引领，全面梳理、分析课程结构各构成要素及三级课程，深度开发和综合利用广义课程资源，以此为基础，构建具有学校特色的课程体系。

1. 准确定位学生培养目标和学校发展目标

课程结构构建具体到每一个学校，不仅要分析国家层面普通高中的性质、任务和培养目标(这决定了国家课程结构的价值取向即实质结构)，还要读懂国家现有课程结构的外延和内涵，更要充分考虑学校发展目标定位(包括学校发展的历史沿革、现实把握、面临的挑战、学校特色、办学思想等问题)和学生培养目标定位(包括本校学生的特点和需求，高等教育、职业世界和社会生活日新月异的变化，终身学习的理念框架等问题)。这决定了学校构建的课程结构能否在课程实施环节得到最大程度的落实。只有准确定位学生的培养目标和学校的发展目标，才能对学校的课程目标设置起到正确的引领作用，而学校的课程目标直接影响甚至制约学校采用何种课程结构。

2. 全面梳理、分析课程结构各构成要素

新课程改革初期，针对高度集中的课程管理强调分权和赋权，以三级课程管理体制确保学校课程开发的自主权，校本课程成为学校"提高课程的适应性，促进学生的个性成长，提升教师的课程意识和专业发展，实现学校的课程自主创新和特色形成"的主要途径。当前新课程改革已经进入深化发展阶段，校本课程作为学校课程中最富有活力的课程样态，面临更多的价值冲突和选择矛盾，特别是在整体构建学校课程、

学生选择性日益增强的背景下，校本课程的核心价值在哪里，什么样的校本课程最有价值，如何引导校本课程由自在向自觉的理性发展等成为校本课程在新课程改革深化阶段必须面对的问题。学校需要在明确校本课程的价值取向，凸显课程整体育人功能，促进学生个性化发展的基础上，全面梳理、整合和拓展校本课程资源，促进校本课程向特色化和精品化发展，促使校本课程从单一的课程门类发展到支撑学校育人目标和特色发展的课程群，或以校本化作为整个学校课程体系构建和实施的取向。

3. 深度开发和综合利用广义课程资源

三级课程管理体系赋予地方和学校课程自主权，确立了地方课程和校本课程在学校课程中的地位。地方课程作为三级课程中的中间一级课程，内容极为广泛，密切联系地方实际，有鲜明的地方特征，具有承上启下的作用。一方面，地方课程既是国家课程目标在特定社区条件下的具体化，是学生了解社会，接触社会，关注社会，学会对社会负责，增强社会责任感的有效途径，又是对国家课程的补充。国家统一课程过分强调理性知识，地方课程更贴近生活和社会，让学生成为学习活动的主体、个体生活的主体和社会活动的主体。另一方面，地方课程是研制学校课程或校本课程的重要依据，校本课程不能完全脱离地方课程资源和社区发展实际来体现学校特色，它需要将地方课程具体化。因而可以说，地方课程是沟通国家课程与学校课程的桥梁。

北京是中国的首都，可供学校深度开放和综合利用的地方课程资源非常丰富。①地方人文资源，如文化古迹、革命历史遗址、风景名胜、民俗民风等。②专业职能部门或机构的资源，如大专院校、科研机构、企事业单位的专家、学者、研究人员及相关设备等。北京拥有多所高级院校、科研机构和各类企业，学生可以直接面对高校与专家，学校、社区、家长也可以给学生们搭建平台，实现多种资源的交融。③文献资源，如电影、电视、广播、录音带、录像带等音像制品。北京图书馆、北京电影制片厂等也是地方课程和校本课程的资源中心。④社区文化机构资源，如博物馆的收藏品，书店、图书城的书籍、刊物、报纸等。⑤科普教育职能机构的资源，如科协、学会的专家，青少年活动中心等校外教育基地的教师及设备等。⑥大众视听传媒资源，如博物馆、体育馆、美术馆、文化宫、展览馆、公园等。学校应从学生的兴趣和需要出发，建立以学校组织或学生自我设计的基于地方课程资源的以实践活动为中心的地方课程或校本课程，建立开放型、多元化的学校—社（地）区互动育人模式，学校、家庭、社（地）区形成合力。

4. 构建具有学校特色的课程体系基本框架

重视学校的特色建设，让学校拥有选择权，让学生可以有个性地发展，这是未来学校教育的愿景，而体现学校特色的学校课程结构从来都不是完整意义上国家课程结构的"忠实"取向。经过两轮实验探索，自主课程实验中学课程建设已从三级课程开齐开足发展到自主创新、整体规划学校课程结构。综上所述，我们认为学校课程结构自主创新的一般路径（图3-2），向上统一到未来普通高中的性质、任务和培养目标，以及学校发展目标和学生培养目标（这两个主要影响课程实质结构价值取向）为高点，向下打通国家课程、地方课程和校本课程三级课程的边界，挖掘各类课程的整体育人价值，整体构建具有学校特色的课程结构，发挥学校课程的整体育人效果。在"穿越边界、整体育人"的学校课程结构中，地方课程和校本课程不再是行政管理意义上的"三级"之一和条分缕析的分头实施，而是从"立德树人"的角度，以学生发展为核心，兼顾学生能力素质结构、课程领域与学科分布、学校传统与资源、课程实施与变革，形成高度结构化、开放多元、体现学校特色并与时俱进的体系。

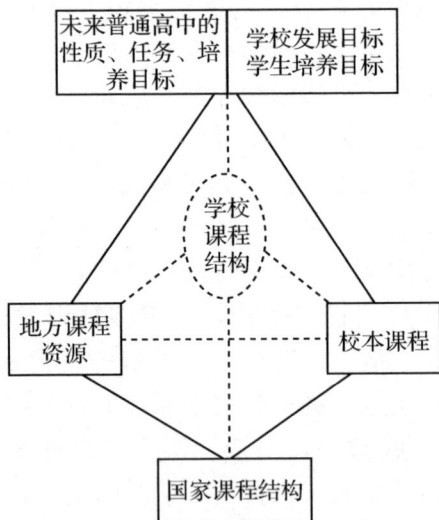

图 3-2　学校课程结构的一般框架

（三）课程结构自主的创新实践

自 2008 年北京市教委开展"课程整合、自主排课"的自主课程实验以来，参与自主课程实验的学校都不同程度经历了从对基于学科的三级课程结构适应调整整合，到对基于社会对多样化人才的需求，再到基于学生的成长和发展，从结构上对学校原有课程结构进行解构和重构的结构创新，逐渐明晰形成了辩证整合的课程价值取向：课程结构要考虑到学生本位、学科本位和社会本位课程价值取向的观点，既要承认学生的个别特征，又要考虑到社会和学科的需要，同时要承认教育本身应有的价值。

1. 基于不同课程类型整合的课程结构自主创新

目前北京市大部分自主课程实验校在第一轮自主课程实验中采取了基于不同课程类型整合的课程结构自主创新。首先，这部分学校在新课程改革初期，充分利用赋予学校的课程自主权，在校本课程开发与实施方面已经取得了很大突破，校本课程的开发与实施已经从单一课程门类发展到支撑学校育人目标和特色发展的课程群，从最初的"锦上添花"发展到影响学校课程的整体变革，校本课程的价值取向已经从最初满足学生的兴趣发展到凸显课程整体育人功能和促进学生的个性化发展上。其次，在校本课程开发与实施过程中获得的积极经验开始运用到国家课程和地方课程，即开始了国家课程或地方课程的校本化实施。最后，学校从学校发展目标和学生发展目标出发，整合国家课程、地方课程和校本课程，本着基础类和发展类相结合的原则，保障学生全面发展和学有所长，由单一线性或平面课程结构向立体化课程结构转变。其中，基础类课程包括国家必修必选课程，基于兴趣培养校本课程中的拓展延伸类课程和实践应用类课程，指向学生的全面发展，发展类课程包括校本课程中技能特长和学术特长类课程等，指向学生的学有所长。基于不同课程类型整合的课程结构自主创新，更多的还是关注课程结构中形式结构的创新与整合，试图通过增加选修课程的门类体现课程结构的多样性和选择性，通过调整必修课程与选修课程的比例（加大选修课程的比例），使生活职业类课程作为普通类课程的补充，使实践应用活动类课程作为学科课程的补充等，来体现课程结构的均衡性。

案例一　北京市第八十中学第一轮自主实验课程结构①

北京市第八十中学课程结构坚持以学生发展为课程设计的出发点和归宿点，依据课程自主选择程度不同，体现出三级立体分层的课程结构（图3-3）特点。它以面向全体的基础必修必选课程为起点，同时以拓展延伸类选修课程和实践应用类选修课程呈现出丰富性和选择性，并以学生发现自己、形成个性的特长自主发展课程为高点进行目标设计。

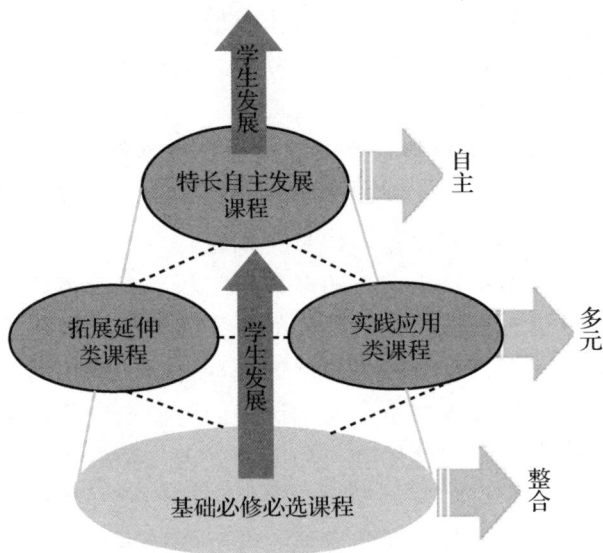

图3-3　北京市第八十中学三级立体分层课程结构

基础必修必选课程：此部分课程属于学校核心课程，在完成国家课程标准必修内容的前提下，结合本校学生实际和育人目标进行课程整合，突出学科的核心概念、主干知识及思想方法，基本能力，以及高中基本学习习惯的培养。学校组织学科带头人研究以求做到：降低必修课程的量化要求，不要太多，要增就一定要减，给学生留一点自由学习的时间。强调课程内容的基础性，内容整合应该是所有学生都必须学的，以后都需要的，体现少而精的特点。学生需要用一年半时间完成基础课程内容的学习。

拓展延伸类课程：此系列学习内容为选修。以高中课标规定的选修课程（Ⅰ）和选修课程（Ⅱ）为基础。在选修课程（Ⅰ）中，必选课程融入基

---

①　北京市第八十中学自主课程实验方案。

础必修系列，非必选课程与选修课程（Ⅱ）系统整合，形成学校丰富多彩的校本选修课程。这些课程涉及数学、物理、化学、生命科学、信息技术、工程技术、人文科学等领域，学生根据自己的兴趣可以选择1～2个领域。在此基础上，学校引进美国大学先修课程——AP课程，并与我国现有高中课程进行有机融合，实施办法是与大学或者科研院所联盟，可由大学教授、海归博士授课，重点是在大学前的知识铺垫、方法指导、信息存储、思维训练和未来志向等方面给予学生引导。

实践应用类课程：此类课程是对学生学习方式的极大补充。它以解决实际问题为导向，注重知识综合应用，强调个人探究与导师指导、个人学习与团队合作学习相辅相成，导师由高校专家与本校老师共同引领。

特长自主发展类课程：学校主要以综合实践活动研究性学习方式，对在科技、体育、艺术、学科等不同领域有浓厚兴趣的学生提供自主发展课程，通过各种学生社团研修、领域特长专业培训、大学先修课程、学科竞赛课程、北京市后备人才培养计划、科技俱乐部等途径，在校内外指导教师、教授、专家身边开展研究实践，发展特长，使学生个性潜能向高水平发展，从而使学生找到自己的人生方向。

拓展延伸类课程、实践应用类课程和特长自主发展类课程通过学生自主选修方式来实施，属于学校立体分层结构中的第二、第三层，多数课程属于北京市第八十中学的校本课程。学校在校本课程建设中力求体现学校办学特色和学生发展需求，强调丰富、多元、高选择性。在学生人格培养、身心意志、创意实践、人文素养、学科特长、国际理解六方面建构课程（图3-4），助推学生全面而有个性地成长。北京市第八十中学六类选修课程互为联系，互相补充，形成了既注重个性特长，又注重全面和谐发展的校本课程体系。以培养"创新型人才"为出发点，六类课程的培养目标各有侧重：人格培养类课程侧重对道德品质和人格品质的培养；身心意志类课程侧重对身体素质、意志品质和心理健康的培养；领袖气质类课程侧重对学生领导力的培养；创意实践类课程侧重对实践能力和创新精神的培养；学科特长类课程侧重对学科素养和兴趣特长的培养；国际理解类课程侧重对国际视野、国际理解力的培养。

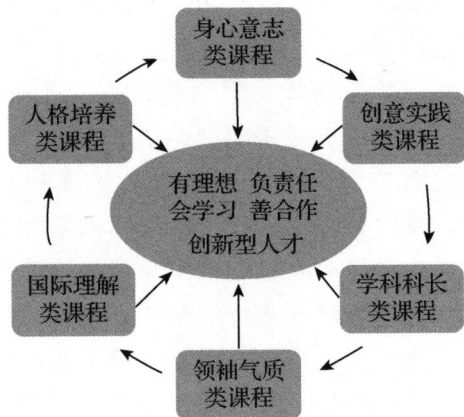

图3-4　北京市第八十中学校本课程六大领域

2. 基于多样化人才培养模式的课程结构自主创新

《国家中长期教育改革和发展规划纲要（2010—2020 年）》明确指出："促进办学体制多样化，扩大优质资源。推进培养模式多样化，满足不同潜质学生的发展需要。探索发现和培养创新人才的途径。鼓励普通高中办出特色。"推进人才培养模式的多样化，坚持走特色化发展之路已经成为高中学校发展的共识。首先，学生个性特点的多样化，决定了人才培养模式的多样化。其次，经济与社会发展对人才的需求是多类型、多层次的。最后，高中教育的大众化既在群体意义上追求教育机会均等，又在个体意义上尊重每一个学生的个性特点，这就必然要求实行多样化的人才培养模式。随着自主课程实验进入深化发展阶段，越来越多的自主课程实验学校在课程建设中开始倡导和实践多样化人才培养（多样性来源于个性，因此，多样化人才培养的本质也是个性化人才培养），尊重和鼓励学生个性发展，为学生的全面发展和个性发展提供更丰富和更加个性化的平台，促进教师的专业成长和学校的内涵发展。

基于多样化人才培养模式的课程结构自主创新，其关键在于建立促进学生个性和社会需求之间和谐发展的课程体系，形成培养多样化人才的教育格局。首先，学校要全面了解本校学生的基础、兴趣、潜质、志趣和发展等问题，有效地研究人的个性发展过程，为形成人力资源做好准备。其次，学校要充分调研高等教育、职业世界和社会生活日新月异的变化发展趋势，终身学习的理念框架等问题，制定符合社会变化发展需求的人才培养规格。最后，构建具有多样性和选择性，直指人才培养规格的课程体系和教学方式，给不同的学生选择学习内容和学习方式提供舞台和自由，使不同的学生有不同的培养方案和发展空间，最终达成人的个性发展和社会需求之间的和谐。其中，因多样化人才培养的本质是个性化人才培养，所以在学生群体中要更注意关注两头，即优秀学生和学习基础差的学生，注意针对每一个学生因材施教，量身定做个性化培养方案，在对优秀学生实行优才优育计划的同时，高度关注学习基础较差的学生。基于多样化人才培养模式的课程结构自主创新，更多地关注了学生本位和社会本位两种课程价值取向的融合，如今已经开始更多地关注学校课程结构中实质结构的优化和改革。

从文科实验班、理科实验班、项目研究实验班、数字化特色班和社科特色班的"班班有特色，人人有所长"的课程面貌，到在实验班和特色班内部实施分级课程，再到探索和尝试以"自主、合作和探究"为主导、带有实践性和研究性课程的开发和实施以提高个性化学习的方式和质量，再到深入研究学生学习动机就提升学习内驱力进行个性化激励和指导等，我们从这一系列的课程改革可以看出，北京师范大学第二附属中学从时代和社会发展对人才的多样化需求出发，从具有不同潜质和志趣的学生发展需求出发，秉承因材施教的原则，积极开展课程改革实践，将基于学生差异开展教育实践研究的课程改革理念落到了实处，在为学生发展提供更丰富和更加个性化平台的同时，也促进了教师的专业化成长以及学校内涵和特色的深化和发展。

案例二 北京师范大学第二附属中学三轮自主课程实验课程结构的变化发展[①]

北京师范大学第二附属中学课程结构自主创新的过程，体现了学校课程结构由形式结构自主创新到实质结构自主创新发展的过程。学校课程结构自主创新将"技术分析"与"价值分析"结合起来，既关注形式结构改革，又关注实质结构改革，并以实质结构的优化为基础。

在第一轮自主课程实验中，北京师范大学第二附属中学构建"6+1+1"的课程体系（表3-2）。此课程体系主要由三个部分（或三大板块）构成，不同部分的课时长短不同，内容安排不同，上课形式不同，学生组

---

① 北京师范大学第二附属中学自主课程实验方案。

成不同，培养目标侧重点不同。

表 3-2　北京师范大学附属第二中学"6＋1＋1"课程体系

| | 第一部分 | | | | | | 第二部分 | 第三部分 |
	1	2	3	4	5	6	7	课外活动
周一		体育		课间操			班会	综合活动类校本选修
周二					体育	午休	学科拓展类校本选修	
周三					体育			
周四					体育			
周五							体育	
每节课 45 分钟							70 分钟	60 分钟

　　结构中的"6"主要安排必修课程和必选课程，培养目标重在促进学生全面发展，为学生打好共同的基础；第一个"1"主要安排学科拓展类校本选修课程，培养目标重在发展学生个性，使学生学有所长，为实现"选择性""发展个性"搭建了一个平台；第二个"1"主要安排综合活动类校本选修课程，培养目标重在满足学生多样化的学习需求和培养学生的兴趣，为提高学生的创新精神和实践能力提供条件。结构中的每一部分都有不同的侧重点，使学校的教育目标通过课程完整地体现出来。

　　从北京师范大学第二附属中学对"6＋1＋1"的课程体系描述中，可以看出学校更多关注的是形式结构的整合，如国家必修课程、选修课程与校本课程的整合，学科分科拓展类与综合活动类课程的整合。

　　在第二轮自主课程实验中，北京师范大学第二附属中学调整了"6＋1＋1"课程体系的板块定位，将后两个板块内容进行适当调整（表3-3）：将原"学科拓展类校本选修课程"调整为"校本特选课程"，为不同类型的学生设计更有针对性的校本选修课程，更充分地满足不同学生的发展需求，更好地促进学生学有所长；将原"综合实践类校本选修课程"调整为"综合实践课程"，对课程进行重新分类，为学生的发展提供更有效的支持。

表3-3 北京师范大学附属第二中学调整后的"6＋1＋1"课程体系

	国家课程（学科领域）	校本特选课程	综合实践课程
课程安排	第1～6节（每节40分钟）	第7节（70分钟）	第8节（60分钟）
课程宗旨	为学生发展打下共同基础，保证学生全面发展	使学生学有所长，促进个性发展	侧重培养学生的创新精神和实践能力
课程内容	主要完成国家和北京市要求开设的必修和必选的内容。每天安排一节体育课	为不同特点的学生设置与其同发展志向相一致的特选课程	以主题活动形式呈现，不受学科限制，设置满足学生兴趣和爱好的选修课程
课程实施	主要按照行政班上课	学生每天必选一种，按照教学班上课	学生自主选择，以活动小组为单位进行学习

从调整后的课程体系中可以看出，北京师范大学第二附属中学课程设置已经充分考虑到学生的兴趣爱好、发展方向和学习潜质，为学生发展打造多元的发展平台，校本特选课程和综合实践课程就充分体现了这种因材施教的原则，根据学生的不同特点，设置与其发展志趣相一致的课程，从而促进学生个性发展，使学生学有所长，培养学生的创新精神和实践能力。学校开设有文科、理科和项目研究三种实验班，分别培养有志于从事文科、理科和工科学习的后备人才。学校围绕各个实验班的办班宗旨，不断丰富和完善实验班的课程改革，促进实验班课程群的个性化实施和共享。

第一，文科实验班的课程改革。学校从文科实验班"高素质复合型文科预备人才"的培养目标出发，针对文科实验班学生的需求，设计制定了各学科文科实验班特选课程纲要，包括学科特选课程和综合研究特选课程，并形成了较为固定的教学内容和行之有效的教学模式。在此基础上，学校将文科实验班高一、高二年级特选课程的教学内容进行整体安排，编写了语文、英语、历史、地理、政治5个学科共计12种文科实验班特选课程教材，为进一步推动文科实验班特选课程的建设打下了基础。学科特选课程将进一步体现人文学科"宽、厚、实"的特色，调整措施有：优化原有特选课程教学内容，增加开设课程的种类，其中优质课程形成较为成熟和稳定的校本教材。同时，综合研究特选课程，将加强对文科拔尖创新人才专业研究能力和人文精神的培养，配套措施有：指导人文课题的专业化研究，建设目标分类的讲座课程体系，改革社会实践考察活动内容和组织形式，开展丰富的人文特色活动，特选课程设置主要内容。

第二，理科实验班的课程改革。为了适应国家对高素质人才的需求，为高校输送全面发展、专长突出的高水平理科预备人才，为满足在数理方面有特长、对自然科学有浓厚兴趣的学生的需求，对理科实验班的课程进行新的改革。突出"高、精、实"的特色，力争在教学模式的探索中有所突破；整合人文学科课程，强化人文教育；构建理科实验班特选课程，促进学生的特色发展。

第三，项目研究实验班的课程改革。为满足社会发展对创新型科技人才的需求，满足学生对科学技术领域有较浓厚兴趣、对自主研究有较强欲望的需求，依据《国家中长期教育改革和发展规划纲要(2010—2020年)》和《北京市实施教育部〈普通高中课程方案(实验)〉的课程安排指导意见》，整合国家课程、地方课程和校本课程，开设"项目研究课程"，以"项目研究"的学习方式为主导，在有利于学生在全面发展的基础上，使学生的科技创新精神和动手实践能力得到培养；在有利于学生自主选择的基础上，使学生的个性特长得到发展。"项目研究实验班"的课程方案以"6＋1＋1"课程安排体系为基础，对国家课程中的人文与社会、技术和综合实践活动领域的内容进行整合，在科学领域的教学中增加"项目学习"的教学模式，在"校本特选课程"和"综合实践课程"中开设"项目研究课程"。"项目研究课程"分年级按学段有序进行，高一1、2学段主要完成项目研究基础课程，高一3、4学段和高二年级学生可从工程与技术、物质与材料、信息技术与网络安全、地球空间与技术、生物工程与技术5个方向中选择自己感兴趣的项目进行研究。为保证项目研究的有效落实，学校明确课程每个阶段，每个阶段内容的教学目标，同时借助高校和科研院所力量对学生进行联合培养。

3. 基于学生身心发展规律的课程结构自主创新

从各种类型课程整合的课程结构到多样化人才培养的课程结构，体现了课程结构从对课程本身的关注到对学习者未来发展方向的关注。课程设计是为了学生的成长和发展，学生是课程设计与实施的起点和重点，以学生为本是基础教育课程改革的核心价值，课程结构的根本价值在于促进学生的发展。基于学生发展的课程结构主张应从学习者的发展和需求出发来设计课程和组织教学内容，其目的是使每一个学生得到发展。

基于学生发展的课程结构自主创新，关键在于对学生发展领域的深刻认知，从身心、智力、审美和情感意识、个人责任和精神价值等方面整合人类个体知识，建立促进学生个性和共性和谐发展的课程体系。例如，美国教育学者福谢依（A. W. Foshay）把人的全部能力领域划分为理智、情绪、社会、身体、审美和灵性六个方面。为了全面发展上述六个方面的能力，他提出了被称为并行课程的课程1、2、3三个方案。课程1是正规的学术性课程及有计划的课外活动；课程2是社会体验课程，即一种突出"参与集体与人际关系"的课程，它以战争与和平、种族歧视、经济贫困、人口增长、环境污染等同学生的社会生活密切相关的活生生的现实问题为题材；课程3是自我觉醒和自我发展的课程，旨在唤起学生对于人生意义的探求，为促进学生人格的解放和发展提供经验，从而帮助学生的人格成长及其自律性的确立。福谢依认为，要使学生由生物的人成长为历史的、社会的、自我实现的人，就得考虑由知识课程、情感课程和体验课程来构成完整的学校课程体系。

案例三　北京市潞河中学自主课程实验课程结构①

北京市潞河中学是一所百年老校，课程建设有着悠久的历史。20世纪初，学校在传统"国学"课程的基础上引入"科学"课程，促进中西文化交流。20世纪20年代至40年代，首任华人校长陈昌佑提出"人格教育"的思想，围绕人的发展，开展丰富多彩的教育活动，除构建了"国文、英文、科学、体育、社会学、人生哲学"公共必修课之外，还开设了"本科必选科"和"纯选科"两组课程，以满足学生选择文科、理科和职科的不同需求。同时学校的职科又分为农业组和教育组两类。学分制、选课制及丰富多彩的社会实践体现了人格教育的魅力。20世纪下半叶，充满爱国激情的学工学农学军等综合实践活动彰显出"一切为了祖国"的办学宗旨。在继承学校悠久办学传统和优良办学文化基础上，世纪之交的潞河确立了"人本位"与"社会本位"相统一的教育观、"一切为了学生

---

① 徐华、祁京生：《为了学生发展的课程变革——北京市潞河中学自主课程建设的创新探索》，北京，北京师范大学出版社，2015。

发展"的办学宗旨和"健全人格"的培养目标，形成了新时期课程建设的指导思想。学校以课程建设为载体，以"良好的道德情感、鲜明的主体精神、突出的创新意识"为内涵，以"自主选择、主动发展、完善个性、追求卓越"为重点，从"德、智、体、美、劳"五个维度，建立学生健全人格细化指标和评价体系，培养学生健全人格，促进学生主动发展、个性完善。健全人格的课程结构如图3-5所示。

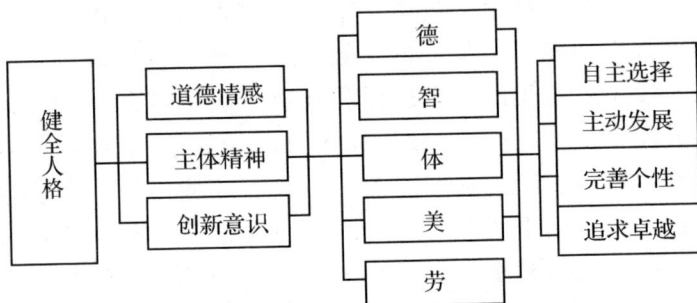

图 3-5　北京市潞河中学健全人格课程结构

为满足多元多层次的学生发展需求，围绕健全人格培养，经过多年努力探索，北京市潞河中学形成了现在的三个层面（基础必选课程、分类选修课程、拓展选修课程）、十三个类别（学科基础课程、成长指导课程、德育活动课程、综合实践活动课程、实验课程、民族课程、涉外课程、人文拓展类课程、科学拓展类课程、技术操作类课程、艺术活动类课程、体育活动类课程和社团活动类课程）的学校显性课程体系。其中，"学科基础课程"和"综合实践活动课程"就是国家八个领域十四个科目的必修和必选内容。"德育系列活动课程"包括学科教学中渗透德育、常规德育活动、科技与人文名家进校园系列讲座、主题教育活动和家长学校等。"学生成长指导课程"包括学生心理健康与指导课程，德博诺思维训练课程，学生认知特点和学法指导课程，学生性格气质与职业选择课程，学生心智训练课程。"实验课程"包括"三自愿""三适度"的资优学生实验课程、艺术特长生补充课程和体育特长生补充课程。"新疆学生补充课程"包括新疆预科年级衔接课程，新疆学生高中文化知识补充课程，新疆学生独立生活指导课程，新疆学生爱祖国、爱北京、爱潞河系列综合实践活动，民族团结教育活动课程。"涉外课程"包括中英高中实验课程，中外学生文化体验交流课程，外国学生学历教育课程，高中学生AFS交流项目，高中学生YFU交流项目，高中学生AYUSA交流项目。还有"人文领域拓展类课程""科学领域拓展类课程""技术领域操作类课程""艺术领域活动类课程""体育与健康活动类课程"和"学生社团活动类课程"。

这些课程，构成了现在北京市潞河中学各年级课程结构以及课表结构：纵向每天8节课，是"7＋1"结构——7节必修和选修课，1节活动课；横向每周40节课，是"30＋7＋3"结构——30节以行政班上的国家必修和必选课程，7节以走班形式上的选修课程（2节艺术、2节体育、1节信息、2节校本选修），3节活动课程。这些课程，围绕健全人格培养，可以整合成六类显性课程：学科基础课程、综合实践活动课程、科技拓展类课程、人文拓展类课程、艺术活动类课程和体育活动类课程。它们组成一个正方体的课程结构。除此之外，还有各种隐形课程。北京市潞河中学学校课程三维结构图如图3-6所示。

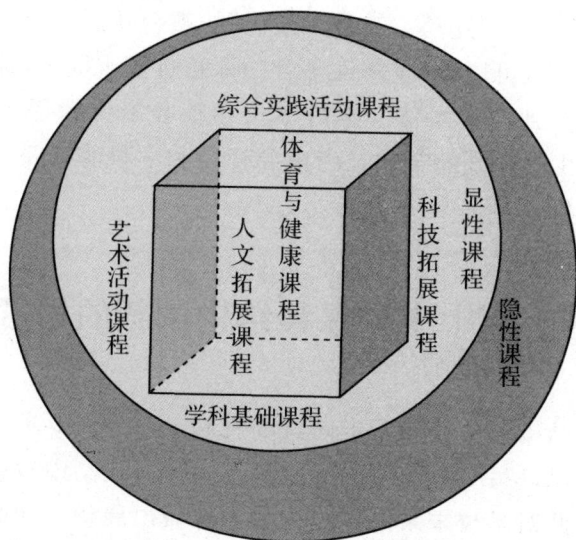

图3-6　北京市潞河中学学校课程三维结构图

北京市潞河中学围绕健全人格培养目标，以"健全人格"本质特征为指向，构建适合自己学生的多元、多层次、多类型和可选择的课程体系，为学生自主选择、主动发展、个性完善和追求卓越，创造了广阔的空间和时间，使学生对课程的自主选择和课余时间的自由支配由过去的可能，变成现在的现实。

总之，无论是基于不同类型课程整合的课程结构，还是基于多样化人才培养的课程结构和基于学生发展的课程结构，在一定程度上都体现了学科、社会和学生对课程结构的影响。当学科影响因素占主导地位时，在课程价值取向上就会产生学科本位课程价值取向；当社会影响因素占主导地位时，在课程价值取向上就会产生社会本位课程价值取向；当学生影响因素占主导地位时，在课程价值取向上就会产生学生本位课程价值取向。社会、学生、学科之间密切关联，不可或缺。无论忽略哪一个要素，或者偏重于哪一个要素，都会使学校课程失去平衡，以致不能完整地、全面地实现教育目标。现代课程理论认为，课程既不应偏离社会要求、学科要求，也不能忽视学生的个性发展，而应求得三者的平衡协调。所以完整的课程设置，必须兼顾社会、学科和个人之间的平衡协调。这就是辩证整合的课程价值取向。从动态发展的角度看，课程价值始终处于变化过程之中，各个层面的各种价值，在课程变化发展过程中，实际上始终处于"互动、互补、互促"的整合状态，统一于人的学习发展过程之中。这可以称为"辩证整合的课程价值观"。辩证整合的课程价值取向要考虑到学生本位、学科本位和社会本位课程价值取向的观点，既承认学生的个别特征，又考虑到社会和学科的需要，同时承认教育本身应有的价值。

五、高中学校课程结构创新的思考

学校课程结构自主创新要走向持续发展，一方面要求学校不断对已有结构进行反思，另一方面要求学校密切关注当代高中教育改革的重大议题，并基于此对学校未来课程结构的走势做出展望。如此，学校课程结构自主创新才能从最初对形式结构的表面模仿走向对实质结构的深度挖掘。

（一）对当前学校课程结构自主实践的认识①

自 2008 年以来，北京市教委相继批准了两批共 23 所高中学校开展自主课程实验并取得了良好效果，该实验从本质上说是学校课程校

---

① 黄晓玲：《试论普通高中学校课程校本实施的行动策略——基于北京市自主课程实验学校的实践探索》，载《教学与管理》，2014(12)。

本实施的过程。衡量课程校本实施程度高低的重要标志是学校是否形成了涵盖三级课程的、结构合理的、具有学校特点的课程体系，即课程结构的构建、创新与完善。经过前期实验，实验校也认识到要真正实现人才培养模式的变革和学校的特色发展，仅有课程的局部适应性调整是不够的，必须根据人才培养目标从结构上进行构建和完善。实验校在分析学校培养目标、办学理念、文化传统、发展远景、学生特点、教师优势、课程基础和课程资源等前提下，整体设计学校课程结构，具体有三级课程整合、突出与培养目标的对接、体现学校传统和文化基础、凸显学校特色课程、培育学校课程文化等切入点。例如，首都师范大学附属中学设计了"基础通修、专业精修、兴趣选修、自主研修"的四修课程结构，体现了学校"全员育人、全程育人、全方位育人"的办学宗旨。各校课程结构在实施中进一步增强适应性，基本框架逐步稳定，各结构要素不断完善，配套措施逐步到位，形成了学校的课程特色和课程文化。

(二)学校课程结构自主创新的思考

新高考方案的出台，将高中课程改革深层次的问题进一步凸显出来；同时，也为高中学校的个性化、多样化发展提供了良好的契机。学校课程结构自主创新过程中如何抓住这一改革发展的契机，认真总结经验，突出问题导向，进而形成深化学校课程改革的新思路和新举措，是每一个学校必须认真思考和回答的问题。

首先，新高考制度意味着对考试文化的根本性突破，力求真正实现从分数唯一到以学生发展为本的转变。而且，在全人教育思潮的影响和推动下，全人教育也逐渐成为各级各类学校的办学理念和育人目标。学生作为"全人"的发展，决定了学生全面而富有个性的发展应当成为课程设计取向的中心。因此，多样化和综合化的课程设计观已经成为世界各国普遍追求的目标。课程在满足多样性的前提下体现出跨学科性、综合性，既是全人教育体系中各种教育内容一体化的必然结果，也是未来社会要求学习者具有综合素质和创新的必然要求。强调课程的综合化是想解决目前课程中存在的什么问题？综合课程核心价值在哪里？学校课程结构如何克服原来的学科中心、自成体系、彼此隔绝的状态，更多地采用跨学科、多学科综合的课程设计方法，制定符合科学原则和学习者认知规律的课程？

其次，新高考方案赋予学生前所未有的考试选择权，要求学生必须学会选择，规划人生。[①] 而且在信息时代与学习化社会，产生了新的学习理念，如连接学习要求将高中阶段与大学、职业生涯和社会生活有机联系起来的学习。这类学习是帮助高中生更好地适应大学生活、职业世界和社会生活的基本保障。张华等在课题研究报告《普通高中课程方案修订研究》中认为，通过“连接学习”，学生可以形成和发展“大学知识”、生涯意识和职业能力、参与社会生活的能力。因此，通过课程结构设置（如增加大学先修课程、生涯规划与发展课程等）如何在时间和空间上重新分配教学活动，从而在培养学生接受高等教育的能力，培养学生进入职业世界和社会生活的能力，以及培养学生作为负责任的公民行事的能力的基础上，做有机化的平衡性思考？课程结构如何向学习者开放，给学生更多的选择手段和方法的自由？

最后，新高考考试内容和考试重点的转变，要求学科课程不仅关注学生的基础知识和基本技能，还关注社会实际和学生的生活经验，关注学生的创新精神和实践能力。而且，在终身教育思想指导下，自学具有不可替代的价值，学习者的态度和对学习活动的积极参与是教育取得成功的重要条件，教育者应使学习者成为教育活动的中心，使教学适宜于学习者，而不是让学习者屈从于预先规定的教育规则。同时新的学习理念，如深度学习，要求将知识用于解决问题，强调自主、合作、探究，以发展批判性思维、创新能力、合作精神、交往能力以及“学会学习”等认知策略。因此，未来的学校课程结构如何体现由过分注重知识的传递转变为注重终身学习愿望的激发、终身学习技巧的训练以及终身学习能力的培养？有利于深度学习的基于项目或主题学习的综合课程，如何在课程结构中体现？

探讨学校课程结构自主创新的未来发展，既要分析和把握改革前进中的问题，也要分析和把握时代特征与要求，目的在于能从历史和全球的眼光来审视和勾勒学校高中课程结构的愿景和思路，积极开拓进取、自主创新。

---

① 裴娣娜：《新高考制度下深化普通高中课程改革的几个问题》，载《中小学管理》，2015(6)。

第四章
课程内容自主:
满足学习需求的校本行动

在深化课程改革的新阶段，学校被国家赋予较大的课程自主权。实验校在北京市课程自主实验中获得了更大的课程创新空间，推出一系列富于创新的校本课程。高中教育活动的主体是课程，而课程的核心是内容，任何课程活动的实行都需要课程内容作支撑。众多学校积极行动，勇于开拓，在课程内容自主探索方面取得了可喜的研究成果和经验，提供了课程内容自主的成功典范，具有很强的启发性与示范性。本章将以内容自主的校本课程为主线，重点阐述课程内容自主的内涵和要素、国内外课程内容自主的趋势和启示、课程内容自主的主要思路等，并展现北京市部分课程自主实验学校课程内容自主典型案例，梳理国家课程内容校本化改造和校本课程内容自主开发的路径，最后，针对目前课程内容自主探索中存在的主要问题与挑战提出建议。

一、课程内容及课程内容自主的内涵

如果将课程框架比为人的骨骼，那么课程内容就好比是人的血肉，它让课程变得丰满、真切、生动。课程内容自主还需要始终关注学生核心素养的发展，将课程内容自主选择和组织作为核心素养发展的出发点和落脚点，并着力关注个体未来在面对不确定的情境时所表现出来的解决真实问题的关键能力和必备品格。

（一）课程内容的内涵及其基本要素

1. 课程内容的内涵

关于课程内容的内涵，国外课程理论中有较大的分歧。一种观点认为，课程内容是教育机构向学生灌输的知识；另一种观点认为，课程内容是在一门课程中所教授或所包含的知识，也指一些学科中特定的事实、观点、法则和问题等。这两种观点都把课程内容仅仅局限于间接经验或理论知识，有一定的片面性。

课程内容是课程的核心要素，从总体上讲，课程内容是根据课程目标，有目的地选择的一系列直接经验和间接经验的总和，是从人类的经验体系中选择出来，并按照一定的逻辑序列组织编排而成的知识体系和经验体系。①

2. 课程内容的基本要素

任何形态的课程内容都包含五种基本的经验要素，即认知性知识或经验要素、道德性知识或经验要素、审美性知识或经验要素、健身性知识或经验要素、劳动性知识或经验要素。②

中小学课程内容一般包含认知性课程内容、道德性课程内容、审美性课程内容、健身性课程内容以及劳动性课程内容，即满足智育、德育、体育、美育、劳动技术教育等全面发展教育要求的课程内容。这些课程内容具体涉及以下几个领域。

一是关于自然、社会和人的基础知识。主要包括各门学科的基本事

---

① 钟启泉等：《课程论》，141页，北京，教育科学出版社，2007。
② 钟启泉等：《课程论》，150页，北京，教育科学出版社，2007。

实、基本概念、基本原理或基本理论等方面的书本知识。中小学各门学科课程的内容主要涉及这些方面的理论知识。

二是关于认识活动方式的能力和技能。主要包括一般智力技能和各种操作能力。发展智力技能方面的内容，包括发展学生观察能力、记忆能力、思维能力、想象能力、创造能力。发展各种具体的动作技能方面的内容，包括身体运动技能、各种艺术活动技能、操作各种简单生产和生活工具的技能等。

三是关于发展实践活动能力的经验。主要包括发展组织能力、自我管理能力、自我调控能力、自我评价能力、语言表达能力、审美能力、品德行为能力以及解决实际问题的能力等方面的经验。[①]

(二)课程内容自主概述

1. 课程内容自主的内涵

查阅众多文献资料后发现，对课程内容自主概念进行明确界定的资料很少。从来源看，课程内容自主是课程权力的一种重要体现，课程权力是指在现有的教育法规和国家课程政策允许范围内，课程主体在对课程进行研究、开发或实施的过程中所拥有的可支配的能动力量。课程主体是指有课程支配力量的教育工作者，如课程编制者、教师与学生等。[②] 而学校的课程主体主要是教师和学生。因此，我们认为，课程内容自主是为实现学校的育人目标和学科课程目标，在教育法规和国家课程标准等政策框架下，学校教师和学生依据学科的知识逻辑、学生的认知规律、学生的特点和社会发展对人才的需求选择并组织的经验系统和实施策略所拥有的可支配的能动力量。

2. 课程内容自主选择

课程内容自主选择主要是针对校本课程而言的，校本课程的内容选择必须与学校教育哲学相一致，必须符合学习理论和教学理论的要求，但最重要的还是要符合学生的发展需要。一要分析学生的核心素养及其所缺，选择最有价值的课程内容；二要弄清学生的兴趣，强调课程内容对学生的吸引力，致力于满足学生的求知欲望，发展学生广泛的兴趣。

学科课程内容的选择主要由专家进行，需要对科学知识加以选择，

---

① 　钟启泉等：《课程论》，153～154 页，北京，教育科学出版社，2007。
② 　吴艳玲：《教师课程权力的概念解析》，载《安徽广播电视大学学报》，2007(2)。

从科学中选择出理论知识，保持科学理论知识本身的逻辑结构。因此，学科课程内容需要从以下三个方面来选择科学的理论知识：学科的基本事实、学科的基本概念、学科的基本原理和方法。学科课程内容的选择要保证课程内容的时代性、基础性、选择性和关联性，同时要有系统性、理论性、结构性，从而使学生通过对课程内容的学习，既掌握系统的文化科学基础知识和基本技能，又发展能力；既具有全面发展的知识基础，又具有完善的独立个性。而活动课程的内容是以直接经验为主的，主要由学校自主选择。活动课程内容的选择具有与学科课程内容选择不同的标准和要求。直接经验选择的依据是学生的现实社会生活的需要和学生社会性发展的需要。课程内容中的直接经验结构和体系，至少涉及学生生活三个方面的内容：第一，是学生处理与自然事物关系的直接经验；第二，是学生认识和处理与自我关系的直接经验；第三，是学生处理与他人、与社会关系的直接经验。活动课程内容的选择不仅要注重内容的系统性、结构性、知识性，还要注重操作性、应用性和发展性。

3. 课程内容自主组织

早在20世纪40年代，泰勒就明确提出了课程内容编排和组织的三条逻辑规则，即连续性、顺序性、整合性。此外，还应该处理好以下逻辑组织形式的关系：直线式与螺旋式，纵向组织与横向组织，逻辑顺序与心理顺序。[1] 一般来说，课程内容组织必须遵循两个原则，即两个"结合"，两个"统一"。两个"结合"是学科性的内容与非学科性内容相结合，间接经验与直接经验相结合；两个"统一"是知识逻辑与心理逻辑相统一、课程内容的直线性与螺旋性相统一。[2]

二、我国高中课程内容发展概述与启示

经过八次课程改革，我国高中课程内容发展取得了丰硕的成果，积累了丰富的经验。下面将从历史发展视角对学校课程内容自主及其启示

---

[1] 钟启泉等：《课程论》，154～160页，北京，教育科学出版社，2007。

[2] 刘翠鸿：《选择与组织适合学生需要的课程内容》，载《教学与管理》，2005 (13)。

进行简要概述。

(一)我国高中课程内容发展概述

我国高中课程内容发展也是随着社会环境变化、国家发展而变化的。新学制建立到新中国成立前、新中国成立至改革开放前、改革开放到 1999 年第三次全国教育工作会议、21 世纪以来的高中课程改革四个不同历史时期国家对课程内容的表述可以反映出这种变化。

1. 尊重实际，能力为本

1922 年 11 月，以大总统令公布了《学校系统改革案》，即 1922 年创立的"新学制"，或称壬戌学制，由于采用的是美国式的六三三分段法，所以又称为六三三学制。该学制的各教育阶段基本依据我国青少年身心发展的特点划分，这在中国近代学制发展史上是前所未有的。该学制公布后，除进行个别调整外，一直沿用到新中国成立前夕。

从 19 世纪 20 年代初到 1937 年，教育达到第一个发展的鼎盛时期，为中国教育的现代化奠定了基础。就学校教育而言，学校教育制度日趋完善，观念日趋现代，内涵日趋丰富，方法日趋多样。在国民党指导之下，求得教育的"革命化""民众化""科学化""社会化"，提倡"党化教育"。各级教育行政机关和各种教学科目以三民主义为目的，实施以"三民主义"的精神为学生人生观的"三民主义教育"。1932 年 11 月教育部颁布了《中学课程标准》，规定高中课程为公民、国文、英语、中国历史、外国历史、中国地理、外国地理、算学、物理、化学、生物、体育、卫生、军事训练(女生为军事看护)、论理学、国画、音乐等；1936 年 10 月教育部又公布《修订中学课程标准》，修订内容主要有：减少学时数，修订劳作课程，增设职业科目。[①] 1933 年 3 月公布的《中学规程》中则指出民国政府的中学教育目标：锻炼强健体格；陶融公民道德；培育民族文化；充实生活技能；培植科学基础；养成劳动习惯；启发艺术兴趣。[②]

就教育思想和理论而言，形成了多姿多彩的教育理论，使中国的教育理论整体上从简单模仿上升到开始自我创造、初步民族化的阶段。具有代表性的有黄炎培的"职业教育思想"、陈鹤琴的"活教育"教育思想和

---

① 孙培青：《中国教育史》第三版，431 页，上海，华东师范大学出版社，2009。

② 孙培青：《中国教育史》第三版，425 页，上海，华东师范大学出版社，2009。

陶行知的"生活教育思想"。其中陈鹤琴"活教育"课程论的核心是"大自然、大社会都是活教材"，教学论的核心是"做中教，做中学，做中求进步"；陶行知课程教学论的核心表现在"生活即教育""社会即学校"和"教学做合一"。①

中国共产党诞生后，开始探索中国教育的新路，其基本经验有三个方面：教育为政治服务；教育与生产劳动相结合，教育内容紧密联系当时当地的生产和生活实际，进行劳动习惯和观点、劳动知识和技能的教育；依靠群众办学。

这一阶段在课程内容方面的主要特点：兼顾课程内容统一性与自主性，既有规定的公民道德、民族文化、科学基础、强健体格和艺术修养的统一课程内容，又有适量的职业技能、实践课程、生活技能和劳动习惯的自主课程内容；课程内容的选择是将课本知识与政治、生产和生活实际结合起来。

2. 统一集权，知识中心

新中国成立后，国家收回了教育主权，对各类教育问题进行了彻底的改造，对中学课程设置做出了明确的规定。例如，取消了旧中国的"公民、军训、党义"等课程，增设了政治课；规定了必修课，形成了全国统一课程设置、统一教学计划、统一教学大纲与统一教科书的"大一统"课程模式。这一时期的普通高中课程设置体现了学科本位和社会本位的课程价值取向。首先，由于受到苏联的影响，我国采取的是中央集权、强调全国统一的课程政策，教学科目均为必修课程，没有选修课程，忽视了学生的兴趣与需要。其次，因为这一时期确定的中学培养目标没有对劳动教育做出明确具体的表述，社会对学校所培养的人在文化知识方面的要求高于劳动训练方面的要求，所以没有设置劳动技术教育方面的课程。最后，由于新中国成立初期，国家急需大批有一定数学知识和自然科学知识的经济建设人才，而当时原有的数理化课程满足不了国家建设的需要，于是课程改革的焦点都集中在数学和自然学科上，数学和自然学科的内容重复烦琐，以致学生负担过重。

随着国民经济的恢复，1953年我国开始执行"一五"计划，教育

---

① 孙培青：《中国教育史》第三版，457～475页，上海，华东师范大学出版社，2009。

势必紧跟经济的发展做出相应的变动。课程改革初步形成了比较全面的中学课程体系，突出表现在以学术性课程为主，有计划地修订了教学计划、教学大纲和教科书等，对普通高中课程的进一步发展起到了承前启后的重要作用。但是，这一时期的普通高中课程设置，仍然是一种以学科本位为主的课程体系。实用性课程、适合地方需要的课程、对学生进行生活教育和艺术审美教育的课程薄弱。例如，在学科设置上，重语文、数学、物理、化学等学科，轻体育、音乐、美术学科及社会科学类学科；课程门类过多，课时总量偏高；必修课过多，对学生要求过于统一，缺乏弹性，学生的课业负担过重等。虽然1956年的教学计划首次设置了劳动技术教育科目，但职业技术教育课程尚是薄弱环节。

全面建设社会主义时期的课程改革，主要是为了响应毛泽东《关于正确处理人民内部矛盾的问题》报告的指示："我们的教育方针，应该使受教育者在德育、智育、体育几方面都得到发展，成为有社会主义觉悟的、有文化的劳动者。"这次课程改革经历了调整时期、"大跃进"时期及调整与反思时期。调整时期强调知识教学和劳动教学有机地结合，完成中学肩负的"双基"任务；"大跃进"时期改革的主题是缩短学制年限、精简课程，把基础教育的学制压缩到10年，随意对原有课程进行删减和合并，随便停课搞运动；调整与反思时期主要以"调整、巩固、充实、提高"方针为指导对中学课程进行改革，制订并颁布了新的教学计划和教学大纲，起草并编写了第四套全国通用教材，供12年制学校选用，但因种种原因，修改后的教材没有在学校正式使用过。这一时期的课程改革出现了新的动向：重视学科与育人的作用；首次提出设置选修课，打破了只有必修课的单一的课程结构模式，有利于发挥学生的兴趣、爱好和特长，有利于发挥学生学习的主动精神，为学生的全面发展提供了条件，开始出现学生本位课程观的萌芽。但是重理轻文也是这一时期课程设置的显著特点。

"文化大革命"时期的课程改革可以说是"半途而废的课程改革"，主要发生在1964—1966年。1964年年初，毛泽东发表了关于中小学教育的"春节讲话"，提出学制、课程、教学方法都要改，随后又做出"课程可以砍掉三分之一"的批示。根据这些指示，教育部发出了《关于调整和精简中小学课程的通知》。但是这次改革没有进行多久就爆发了"文化大革命"，课程改革被迫中止，1961年调整课程以来取得的一些成果付之东流。这一时期的课程却也不乏创新之处。例如，"文化大革命"中对文化课实行"走出去、请进来"的政策，使学生将理论知识与实践密切结合起来，走出校门了解社会等都是我们当代教育改革努力探索的方向。此外，当时全国没有了统一的教育方针，没有了统一的教学计划、教学大纲和教科书，由地方、学校、师生自行设计课程，自选教学内容，生活、社会、革命构成了全部的课程内容。自编教材的做法也有一定的积极意义，它打破了新中国成立以来大一统的课程编订局面，给地方、学校一定的自主权。

新中国成立后至改革开放前的课程内容主要特点有四个。第一，课程内容的价值取向主要以学科本位和社会本位为主，学生本位的课程内容相对不足。第二，课程内容以知识为中心，内容偏难，知识面偏窄，应用性较差。第三，整体的课程内容重理轻文，注重内容统一性，忽视内容自主性。第四，学科内容只考虑"升学"和"专家"的要求，很少考虑一个普通公民应具备的基础知识素养以及学生的个性发展。只重视知识的学习，忽视独立思考能力、自学能力、动手能力和创造性能力等智力因素的培养。[①]

3. 初步回归，学生本位

"文化大革命"结束后进入了"拨乱反正"时期，高中教育也进行了相应的课程改革，以 1978 年 1 月教育部颁发《全日制十年制中小学教学计划试行(草案)》为起点，开始了第五次课程改革。这一时期的课程改革的重点是：恢复了"文化大革命"前以学科课程为中心的课程模式，初步建立了以现代课程理论为指导、学科类课程为主体、活动类课程为辅的课程结构，初步打破了"集权制"的绝对支配地位。但本阶段普通高中仍缺乏必要的职业技术教育课程，虽然开设了选修课，但这些选修课，多是普通教育课程范围内的选修。学生发展的需要仍得不到满足，课程内容主要缺点是过于"深、难、重"。

1985 年 5 月中共中央颁发的《中共中央关于教育体制改革的决定》和 1986 年 4 月全国人大通过的《中华人民共和国义务教育法》，拉开了第六次课程改革的序幕。这次改革有几个重要内容：在课程类型上，高中开设了选修课；在课程门类上，开设了包括选修课与劳动技术课在内

---

① 孙绵涛、于江：《现状与变化：改革开放前后我国的基础教育课程改革分析》，载《教育》，2010(5)。

的 12 门课，恢复了以学科课程为主的课程结构；但在各科课时比例上，延续了新中国成立后重理轻文的倾向。

由于实行九年义务教育后初中课程已从原有的中学课程体系中分离出去，故而国家教委于 1990 年颁发了《现行普通高中教学计划的调整意见》，1996 年颁发了同义务教育课程计划相衔接的《全日制普通高中课程计划（试验稿）》。期间，由人民教育出版社负责全新编写和修订的第七套全国通用中小学教材，也于 1988 年秋开始使用。经过这次改革，高中的课程结构得到了优化，在学生学习必修课程的基础上，开设了限定选修学科和任意选修学科，限定选修学科侧重接受预备教育或就业预备教育所必须进一步学习的课程；任意选修学科以发展学生兴趣爱好、拓宽和加深知识、培养特长和某方面能力为目的。学生本位课程观得到进一步加强，在学科课程之外，增设活动课程、课外活动和社会实践活动，满足不同学生的发展需要。这种课程设计有利于全面提高学生的素质，有利于学校办出特色、学生学有所长。但课程的选择性仍然不够，仍未能较好地解决课程结构单一化与社会、个体需求多样化之间的矛盾，课程结构过于统一而缺乏弹性。①

改革开放以后的课程内容的主要特点有三个。第一，逐步改变了以往课程内容"难、繁、偏、旧"和过于注重书本知识的现状，加强了课程内容与学生生活以及现代社会和科技发展的联系，关注学生的学习兴趣和经验，精选终身学习必备的基础知识和技能。第二，选修课比例有所加大，增设活动课程、社会实践活动课程等。第三，课程内容的选择进一步关注以学生发展为本，学生本位的课程内容得到了重视。

4. 趋于丰富，素质至上

20 世纪 90 年代以来，我国提出并开始实施素质教育，素质教育有别于应试教育。为了全面实施素质教育，更好地解决前七次课程改革遗留的课程问题，顺应世界课程改革的潮流，我国政府又开始了一场广泛、全面、深入持久的课程系统改革。2001 年 2 月，国务院批准《基础教育课程改革纲要（试行）》，这标志着我国基础教育课程改革全面启动。2003 年 3 月教育部制定了《普通高中课程方案（实验）》，课

---

① 孙绵涛、于江：《现状与变化：改革开放前后我国的基础教育课程改革分析》，载《教育》，2010(5)。

程设置由必修和选修两部分组成，并通过学分描述学生的课程修习状况（表 4-1）。

表 4-1 普通高中课程设置表

学习领域	科目	必修学分（共计 116 学分）	选修学分 I	选修学分 II
语言与文学	语文	10	根据社会对人才多样化的需求，适应学生不同潜能和发展的需要，在共同必修的基础上，各科课程标准分类别、分层次设置若干选修模块，供学生选择	学校根据当地社会、经济、科技、文化发展的需要和学生的兴趣，开设若干选修模块，供学生选择
	外语	10		
数学	数学	10		
人文与社会	思想政治	8		
	历史	6		
	地理	6		
科学	物理	6		
	化学	6		
	生物	6		
技术	技术（含信息技术和通用技术）	8		
艺术	艺术或音乐、美术	6		
体育与健康	体育与健康	11		
综合实践活动	研究性学习活动	15		
	社区服务	2		
	社会实践	6		

这次课程改革在前期改革的基础上，最突出的特点是设置了丰富多样的选修课程，将综合实践活动设置为必修课程。其中设置研究性学习活动旨在引导学生关注社会、经济、科技和生活中的问题，通过自主探究、亲身实践的过程综合地运用已有知识和经验解决问题，学会学习、培养学生的人文精神和科学素养。此外，调整了各科目之间的比例，强化思想品德教育、信息技术教育、科学教育、环境教育、艺术教育以及

综合实践活动等，突出了学生的主体地位。

(二)我国高中课程内容发展的启示

我国高中课程内容的发展给当前课程内容自主设计提供了很多有益的启示，主要体现在课程内容设计的价值取向，课程内容的选择和组织等方面。

1. 课程内容价值取向

经过四大阶段八次课程改革，课程的价值由重视学科本位、社会本位及其互动逐步向关注学生本位转变。因此，课程内容自主选择和组织应以学生的发展为本，保证学生全面、均衡、富有个性地发展。

2. 课程内容的关联性

总体上，课程改革逐步改变课程内容"难、繁、偏、旧"和过于注重书本知识的现状，加强课程内容与学生生活以及现代社会和科技发展的联系，增强课程内容与职业世界的内在联系，关注学生的学习兴趣和经验，精选终身学习必备的基础知识和基本技能。为了实现这一目标，各课程标准无不强调从学生的已有经验出发，密切课程内容与社会生活的关系。

3. 课程内容综合化

新课程改革对课程结构进行了重建，强调综合性，加强选择性，并确保均衡性。新课程计划中高中课程第一次划分为学习领域、科目和模块三个层次，为分科课程的进一步微型化、选修化奠定基础，在理论上，也为综合性教学提供方向。"学习领域"的设置更好地反映了现代科学的综合化趋势，有利于在学习领域的视野下更合理地确定科目设置，研制各科课程标准，指导教师教学；有利于整体规划课程内容，提高学生的综合素养，体现对高中学生全面发展的要求。在科目之下设模块，将科目分解为相互独立又相互关联的若干模块，则是普通高中课程改革在课程结构调整上的重大举措。模块化设计使科目内的结构有了新突破，特别是促进了课程内容的整合，提升了课程的灵活性和选择性。

三、国外高中课程内容发展趋势与借鉴

研究国外高中课程内容的发展趋势，可以给我国课程内容建设带来很多有益的启示。我们在完善课程内容时，一方面，从信息化和全球化发展的现代人的角度出发，力求课程内容设置符合时代精神，与未来世界发展趋势接轨，真正做到为未来而教；另一方面，引导学生走进生活，走进社会，课程内容也不再拘泥于书本知识，而是将其延伸到与学生生活环境密不可分的各种情境中，使学生关注身边的事物和现实问题的解决。

（一）国外高中课程内容发展趋势

当今国外和我国港台地区的课程结构从"课程分化"走向"课程统整"，课程的决策分别从集权制和分权制逐渐走向"均权化"。在课程及其内容方面呈现如下趋势。

1. 增加适应时代需要的课程门类

除在传统的学科课程中引进与课程目标相匹配的、鲜活的、有时代感的课程内容外，适时增加新的课程领域或门类。

英国课程结构中新增设的课程有以下几门。第一，设计与技术。主要内容包括开发、计划和思想交流。用工具、设备、材料制作高质量的物品等。第二，信息和交流技术。主要内容包括发现事件；开发思想，使事件发生；交流和分享信息；在发生的过程中进行回顾、修正和评价等。第三，公民。对高中阶段学生的主要目标和要求是：培养关键的生活技能；通过义务教育后第一阶段的教育与培训，使所有高中学生积极而有效地参与社会实践；所有青年人必须更多地参与和获得公民课技能有关的活动，并使他们有所收获；提供机会使高中学生在活动中能够体验社区成员、消费者、家庭成员、终身学习者、纳税人、选举人、工人等角色。第四，综合学习。高一设置，鼓励学生进行跨学科学习。

法国课程结构中新增设的课程有以下几门。第一，个体化帮助。高一开设，面向部分学生，每周共 2 小时，分别用于法语和数学。第二，框架性个人研究。高二、高三开设，每周至少 2 小时，学生以个人或小组集体的方式进行跨学科的研究活动。第三，公民—法律和社会教育。贯穿高中三年，主要目标是融合多种学科，引导学生认识自己生活的社会，认识社会的规则，认识自己的权利和义务，教学生做自主的公民。

日本课程结构新增设的课程有以下几门。第一，信息科。信息科是普通高中的必修科目，分为信息 A、B、C，学生可任选其一。第二，综合学习时间。各学校根据所在社区和学校本身及学生的实际，创造性地开展横向性、综合性的学习活动，主旨在于培养学生自己学习、自己思考、独立解决问题的能力，以适应国际化、信息化社会的需要。主要内容包括：关于国际理解、信息、环境、福利与健康等横向性、跨学科性的学习活动；学生根据自己的兴趣、关心和出路等设定的课程，谋求知识和技能的深化和综合化的学习活动；学生考查自己的生存方式、生活方式和出路的学习活动。综合学习时间在高中阶段的必修学分为3～6学分，相应的课时为105～210课时。设置综合学习时间被认为是当前日本课程改革的一大特色。

可见，适应信息化社会所需要的技术和信息技术，适应国际化、多元化社会所需要的价值观教育，适应个性发展需要的活动课程，已经成为高中课程体系的有机构成部分。①

2. 突出课程内容的选择与整合

在课程的知识构成方面，强调设置综合的学习领域。各国高中课程一般都包括语言、数学、自然、社会、体育、艺术、科学和技术、公民教育等基本的学习领域。每个学习领域又包括若干的学科科目。例如，语言学习领域包括本国语和外语，科学和技术学习领域包括物理、化学、生物、信息技术等科目，艺术学习领域包括美术、音乐、戏剧等。这些学习领域是高中生应该掌握的基本知识、技能和态度的综合。荷兰实行"套餐式"的选课模式，即人文—艺术—法律类、经济类、科学技术类、医学—生物—化学类，现在这种模式进一步发展为大范围的综合化，大大拓展了学生的选择空间。瑞士允许高年级段的学生自由选课，比如甲生要选艺术领域，学校就会每周增加至少6节艺术类课程的课时，而乙生要选经济领域，学校又会每周增加至少6节经济类课程。对于高年级段的高中生，实际上已经没有班级的概念了，他们可以根据自己的实际情况选择不同领域的课程。设定学习领域，避免了出现以孤立的、单科的逻辑体系为中心组织课程的状况，使课程既关注学科群的内在联系，又关注学生的经验和发展需要，体现了高中课程的综合化趋势。增加课程的可选择性是国外高中课程结构改革的一个重要特征。保证课程具有选择性的基本做法就是合理调整必修课程和选修课程的比例关系，拓展高中生对课程的选择空间。

目前，各国高中阶段处理必修课程和选修课程之间关系的方法主要有两种。一是把必修课程与选修课程融合起来，"必修"中有选择，"选

---

① 张华：《世界普通高中课程发展报告》，载《教育发展研究》，2003(9)。

择"中有规范、质量，如芬兰在这方面就进行了探索。二是在高中第一年设置公共必修课程，在第二、第三年则扩大选修范围，如德国、法国、日本。美国除了要求高中学生学习英语、数学、科学、社会、计算机、公民教育、经济、艺术等核心课程外，各州、各学区和各学校的选修课程可谓是五花八门。据初步统计，美国中学开设的选修课多达200多门。世界各国都为高中生提供了内容广博、数量众多的选修课程。需要指出的是，对于必修课程与选修课程的关系，各国一致认为，两者不是主次关系，不是主从关系，选修课程不是必修课程的陪衬，选修课程与必修课程具有同等价值。当前，各国都致力于必修课程和选修课程之间的最佳平衡点，希望既能保证高中生基本知识、技能和态度的获得，又能满足其个性化的学习需求。[①]

3. 强化外语能力培养

随着经济全球化的不断推进，各国之间的交流将日益频繁，外语能力无疑对于高中生的终身发展具有重要意义。因此，各主要国家都非常强调高中生外语能力的培养。英国所有高中都开设多种外语供学生选修，如西班牙语、法语、德语、拉丁语及希腊语等；德国也开设了多种外语课程，如英语、俄语、拉丁语、法语、西班牙语及希腊语等。语言是文化的载体，对外语学习的加强实际上也培养了学生的国际意识和对多元文化的认同与理解，这也是信息时代对未来"地球村"公民的一种要求。

4. 强调学习经验与社会生活的联系

随着科学技术的迅速发展，尤其是信息技术的长足进步，科学技术的新成就应该进入高中课程，让高中生了解科技的最新进展状况，跟上时代发展的步伐。高中生思维活跃、兴趣广泛，高中课程改革应引导他们将课程内容与社会生活联系起来，为高中生的体验和实践活动开辟空间。在这方面，日本强调"综合学习时间"，为高中生的实践活动和综合学习提供保障。从发展趋势来看，各国都注重高中教育与社会发展之间的沟通，关注高中生的学习经验与社会生活的联系，由此，强调实践与活动体验的综合活动学习领域很受重视。[②]

[①] 陈时见、王芳：《21世纪以来国外高中课程改革的经验与发展趋势》，载《比较教育研究》，2010(12)。

[②] 钟启泉、杨明全：《普通高中课程改革的国际趋势》，载《当代教育科学》，2003(22)。

（二）国外高中课程内容发展的启示

不同国家与地区的课程内容选择虽然有不同的价值取向，但是整体上有很多统一的趋势，就是课程内容现代化、生活化、层次化以及整合性和平衡性等。这给予我国高中课程内容发展很多有益的启示。

1. 课程内容现代化

长期以来，我国高中课程内容形成了繁、难、多、旧的状况，需要从根本上改变无法适应新时代发展需求的课程内容，删除原有课程内容中艰深、晦涩、陈旧的部分，使课程内容呈现出简洁、明了、有条理和新颖的特征。在这点上，美国的许多做法无疑是值得我们学习和借鉴的。美国课程内容对时代的进步特别敏感，为了培养与时代一同进步的人才，美国的高中课程总在第一时间把最新的理论、方法、技术提供给学生，一些学术带头人，科学家和老师协助教材出版商，把各种社会群体的意见吸收进来，把最新的学术知识与研究成果纳入学校课程内容中。

2. 课程内容生活化

我国高中课程内容基本上是为升学考试选择和设计的，与社会生活、学生生活的关联度很小，缺少与社会生活的联系。我们需要合理选择和组织学校课程中学术性内容、生活性内容和职业教育内容，把在社会生活中遇到的新问题和新思想纳入高中课程内容中来，使课程内容更加具体，更富有生活气息，保证每个学生学到基础知识和技能。

3. 课程内容层次化

课程内容发展要充分考虑学生学习水平的差异和学习兴趣的不同，依据学生未来发展的方向和学习水平设定多种课程内容标准。放弃以往以统一尺度对课程内容进行的界定，实现课程内容标准的层次化。同时，积极探索各类走班教学模式，在国家课程教学校本化处理和校本课程的开发过程中均要开发不同深度和难度的课程内容，做到课程内容统一性和自主性兼容。

4. 课程内容整合性

国外高中的课程内容大多是互相渗透、互相融合的，有一部分课程内容本身就是由不同学科领域的知识围绕某一个问题组织起来形成的一个主题单元。要实现课程内容之间的整合，仅仅依靠综合课程是不够的。在分科课程中打破学科之间的隔阂，用联系的思想将不同学科知识、社会问题完整地向学生呈现出来，使学生学到的知识不再是分散的，而是完整的、综合的和图谱化的。

5. 课程内容平衡性

在保证国家课程内容基础性、时代性、选择性和关联性的基础上，适当增加选修课程内容的比例。在课程类型上要科学合理设计，力求达到必修课与选修课，分科课程与综合课程，学科课程与活动课程，普通教育课程与职业教育课程，国家、地方与学校课程内容的互动、相对平衡。

四、高中学校课程内容自主及创新实践

2008 年北京市启动了自主课程实验，2013 年自主课程实验扩展到义务教育阶段推进中小学课程创新实验——"遨游计划"项目。这些项目都是鼓励学校开展课程创新实验，形成包括课程目标、课程主题、课程内容、课程实施、课程评价自主在内的完整课程体系。经过两轮创新实践，在课程内容自主开发方面取得了宝贵的经验和丰硕的成果。

(一)课程内容自主的价值追求

课程内容自主设计首先必须确立正确的价值取向。我国的课程价值取向经历了从学科本位和社会本位到学生本位过程的变迁。课程内容自主主要引导学生学会学习、合作、生存、做人，培养学生具有社会责任感、健全人格、创新精神和实践能力、终身学习的愿望和能力，关注学生"全人"的发展。21 世纪，我国正处于重要的社会转型期，课程要与时代精神相一致，人的发展也不能绝对主导课程的价值。课程的功能不仅仅是传递学科知识或者是培养未来的劳动者，而是培养具有创造能力和创新精神的适应 21 世纪社会、科技、经济发展的公民，而且要考虑文化价值观的多样性。因此，课程内容选择和组织要考虑的是人的发展和社会发展相结合。我国课程内容自主的价值追求就是学生在接受相应学段课程内容的学习过程中，逐步形成个人终身发展和社会发展需要的必备品格和关键能力。就是既有个体性，又有社会性，而且二者是统一的、融合的。当然，我们需要辩证整合课程内容的价值取向，在社会动态发展过程中，课程内容价值也要互动、互补。

（二）课程内容自主的主要内容

课程内容自主的价值取向需要转化为课程内容自主的目标，通过对国家课程内容进行校本化处理和校本课程内容的自主构建落实。

1. 课程内容自主的目标设计

课程目标是课程内容自主的起点，为整个课程开发过程规定了方向。课程目标是教育目的的具体化，体现出学校教育的目的和宗旨。课程目标有相对共同性的一面，表现为发展学生的知识、技能、态度和价值观以及体能和健康、公民教育等。但是，因为国家课程内容存在一定的局限性，同时每一所学校的教育哲学、所处的地域、校情、办学特色和学生基础等方面存在一定的差异，所以每一所学校的课程目标又有个性的一面。因此，在开发学校课程内容时，需要对国家课程、地方课程内容在目标设定上做必要的补充和调整。例如，强化培养学生的社会责任感、实践能力、创新能力和国际视野等方面素养的课程内容的设计。

2. 国家课程内容科学处理

国家课程内容主要通过教材支持。由于呈现每一门课程的教材是按照模块编写的，同时又分为必修和选修模块，而它们之间的课程内容存在着一定的联系，因此为了避免内容重复，给学生减负增效，克服模块过散、相互独立的倾向，建立学生整体的、完整的知识体系，课程内容自主设计需要根据学生的认知水平、认知规律、学生特点和学科知识的逻辑体系对国家课程内容进行校本化改造。

3. 校本课程内容自主构建

校本课程是对国家和地方课程的重要补充和拓展，与国家课程和地方课程共同承担实现学校的育人目标和学科课程目标的责任。校本课程内容主要是根据课程目标和学校的课程结构自主选择和组织的经验系统。但是校本课程内容选择的底线要保证课程内容的系统性、结构性、知识性，同时还要注重操作性、应用性和发展性。

（三）课程内容自主的影响因素

制约课程内容自主选择的因素比较多，主要包括教育哲学和学习理论、社会因素、学生因素和学科因素等几个方面。

1. 教育哲学和学习理论

在长期的教育研究中已经形成了与教育直接相关的不同哲学观：要素主义、进步主义、永恒主义、社会重建主义和存在主义。

在课程内容方面，要素主义的重点是应当教授所有学生具有普遍意义的核心知识，大量主要的知识存在于科学和技术领域，这些知识是他们将来成为积极上进、对社会有贡献的成熟的社会成员所必备的。

进步主义的重点是教学内容和体验促使学生解决问题并进行反思。学校应尽可能给学生提供机会，使他们在学校之外的情境下学习。

永恒主义的重点是不能过于强调科学实验和技术，从人文和世界上大量文献中可以找到时代久远的关注高品位生活的内容。

社会重建主义的重点是学校课程计划应当把学生培养成为一个为更加公正的社会而奋斗的社会改革者，有关行为科学的内容是一个有益的资源。

存在主义的重点是在理想情况下，学生应该自由地选择学习内容，并拥有很大发言权。[①]

以上这些教育哲学观有各自的特征，我们应该本着多元的哲学观选择课程内容。

关于学习的现代理论数不胜数，其中三个现代的学习理论是课程内容自主的主要理论依据，就是行为主义理论、认知主义理论和多维度理论。

行为主义理论假定，我们通过自己的感官所感知到的世界是真实的。任何整体等于其各部分的总和。研究整体中的部分导致了对人与人之间协调模式的鉴别。赞同这一观点的个体相信，有关学习的相关信息在可观察到的行为中清晰地表露出来。

认知主义理论认为，当我们把新知识与已经掌握的知识进行比较时，我们使用的一整套内部思维组织被称作"图式"。随着时间的推移，这些图式可能被推广或改变，以适应新的信息。一旦某种信息有意义，就很容易被理解。这类信息以整体的形式出现，即以我们在世界上实际遇到的形式，而不是以由人为地从更大和更完整的事物中分离出来的部分形式出现。

备受关注的是多维度理论，该理论研究始于这样一个假设，即个体的智力并非一个整体的因素，相反，众多的智力共同造就了我们的学习能力和兴趣爱好。20 世纪中期，吉尔福特提出了一种三维智力结构模型。近年来，美国哈佛大学心理学教授霍华德·加德纳在大量科学研究

---

① ［美］阿姆斯特朗：《当代课程论》，陈晓端主译，103 页，北京，中国轻工业出版社，2007。

的基础上指出人的智能结构是由语言、数理逻辑、音乐、空间、身体、人际交往、自我认知、自然主义和存在主义等要素组成的。[①] 每个人都在不同程度上拥有上述九种基本智力，智力之间的不同组合表现出个体间的智力差异。多元智力理论的基本特征是强调多元性、差异性、创造性、开发性。因此，学校课程内容的设计不只在于知识的传授，更在于关注能引发学生兴趣并促进多个智能领域得到发展的内容。

2. 社会因素

社会发展对学生素质发展的一般要求，是课程内容选择的客观依据。一定的社会生产力的发展水平和状况、政治经济制度、社会意识形态，对学生的素质发展提出了不同的要求。学生要适应社会生活和生产的需要，就必须具有认同社会主流的价值观念、思想意识和社会生活方式。因而，学校教育在课程设置以及课程内容的选择上，需要注重社会取向，根据社会发展的需要，选择适应社会发展需要的课程内容。

3. 受教育者身心发展规律

受教育者身心发展的规律、水平和需要，制约着课程内容。一方面，课程内容的选择需要考虑受教育者现有的发展水平及其发展规律。受教育者身心发展的水平制约着课程内容的广度和深度。超越学生身心发展现有的水平的课程内容，会对学生造成过重的智力负担。另一方面，课程内容的选择必须满足受教育者身心发展的需要，促进受教育者个性的自由发展。对受教育者天性的理解和认识不同，学校教育为受教育者提供的知识、经验就不同。

4. 科学文化知识

课程内容的基本要素是知识。因而，课程内容的选择必须考虑人类科学文化知识和技术本身的特点及其发展趋势。知识是制约课程内容选择的基本因素。一方面，人类科学文化知识是课程内容选择的直接来源；另一方面，科学文化知识的发展速度制约着课程内容更新的速度。还有，科学文化知识的结构制约着课程内容的结构。

总体而言，制约课程内容选择的因素是多方面的。在课程内容的选择上，应处理好社会、受教育者和知识等因素之间的相互关系，孤立地、片面地强调某一因素对课程内容选择的制约作用，势必导致课程内

---

① ［美］阿姆斯特朗：《当代课程论》，陈晓端主译，107～111 页，北京，中国轻工业出版社，2007。

容的片面性。[①]

(四)课程内容自主的主要思路

国家课程内容做校本化改造和校本课程内容的自主开发是课程内容自主的主要思路和有效路径，平衡和整合这两方面课程内容，构建学校课程内容体系。

1. 国家课程内容的校本化改造

国家课程也称为"国家统一课程"，包括必修与选修课程。它是指自上而下由中央政府负责编制、实施和评价的课程，集中体现了一个国家在学校教育方面的基本要求，是提高公民基本素质的保障。因此，国家课程体现的是学校教育"共性"的一面。而每一所学校的条件、环境、特色和学生基础都有很大差异，国家课程还要体现的是学校教育"个性"的一面。国家课程校本化可以使国家课程更好地适应具体学校的特殊教育条件和具体学生的个性化发展需求，可以更好地实现国家课程的意图和教育价值。因此，教师在课程标准的精神指导下，需要根据学校和学生实际，对国家课程按照学科知识逻辑体系和不同学科知识之间的匹配、学生的认知水平和学生的发展方向进行校本化改造，在课程标准的"弹性"上下功夫，对常规课程进行改编、扩充、整合和拓展等，使符合教的课程走向符合学的课程，真正满足学生对课程内容个性化的需求。国家课程内容校本化改造的主要思路是调适和整合。

2. 校本课程内容的自主选择

校本课程是指学校根据自己的教育哲学，在有效实施国家课程的前提下，通过对本校学生的需求进行科学评估，充分利用当地社区和学校的课程资源而开发的多样性的、可供学生选择的课程。校本课程是对国家课程的补充和拓展，与国家课程共同保证高中课程内容的时代性、基础性、选择性和关联性的基本要求。校本课程开发的价值取向主要体现为养成健全人格，增强社会责任感，培养实践能力和创新精神，拓展国际视野，凸显学校特色等。纵观国内外校本课程主要有以下几个特点：第一，体现学校的教育哲学；第二，与国家课程形成优势互补；第三，针对本校学生的发展需求；第四，充分利用本校或当地的课程资源；第五，多样化、可选择、有特色。

[①] 钟启泉等：《课程论》，154～160页，北京，教育科学出版社，2007。

3. 学校课程内容的系统建构

课程内容的构成应以课程目标为出发点，包括三个维度的构成要素：学科知识、社会生活经验、活动经验。

（1）学科知识

学科知识来源于科学知识。科学知识的分类结构是学科知识结构和内容形成的重要来源。美国学者泰克西纳把人类所有系统化的知识分为12类：信息符号、物质能、生物学、心理学、社会学、演进领域、未来领域、传播领域、探究领域、统合领域、调节领域、艺术领域。

（2）社会生活经验

社会生活经验包括关于自然、社会、技术、人类的直接经验，关于活动方法、方式的经验，创造性活动的经验，对已成为活动现象或活动手段的现实情感——评价态度的经验。

（3）学习活动经验

学校中的教育活动可分为：物质—实践活动、社会活动、精神活动。教学过程中的学习活动由以下成分构成：需要、动机、学习任务、动作与操作。针对我国必修课偏多的现状，应该逐步增加校本选修课的比例，达到国家课程、地方课程和学校课程的相对平衡。校本课程内容自主开发要围绕促进学生个性的发展和素质的全面提高以及社会对人才的需求系统构建。集中体现在学生公民素质、文化素养、创新能力和国际视野等方面。同时，还需要整合国家课程内容和校本课程内容，形成学校的课程内容体系。

（五）课程内容自主的创新实践

自主课程实验学校在课程内容自主方面做了大量开创性工作，形成了一些典型的经验和鲜活的案例。国家课程内容校本化的主要方法是调适和整合。校本课程内容开发主要是补充、拓展国家课程内容育人功能的缺乏和不足，特别是关注社会迫切，学生最急需、最薄弱的关键核心素养。

1. 国家课程校本化转化与实施

现行的高中课程主要是分科课程，学科教材是按照模块编写的。为了避免模块内容过多重复，克服模块过散、相互独立的现象，学校教师需要依据有关教育理论对国家课程内容进行校本化改造，主要方法是调适和整合。

（1）学科内调适

课程内容的调适是课程调适的核心环节。具体包括：对于国家课程，在内容方面有增、有减，在结构上先解构后重构，教学内容先后顺序调整等。例如，北京市第十二中学数学组在理科教学中，调整学科模块顺序，补充部分模块的相关内容，调适课程内容，采取专题化教学的方式，将教学内容分为五大专题：大函数专题（包括大学先修课程相关内容）、解析几何专题、立体几何专题、概率统计专题和零散知识专题。适当增加《微积分》《线性代数》《概率统计》等大学先修课程内容。

（2）跨学科整合

跨学科课程内容整合主要是对学科本位的课程进行整合。依据学科知识的相关程度，学科本位的课程整合可以分为学科内整合、相近学科间整合，强调各学科的纵向视野和学科间的横向联系，帮助学生建立"既见树木，又见森林"的完整的、综合的、图谱化的知识结构，并能够综合运用，以解决问题。例如，首都师范大学附属中学以数学为主线开发了数学和技术的整合课程（表 4-2），北京市第十二中学研究性学习与通用技术课程内容整合（表 4-3）。

表 4-2　首都师范大学附属中学以数学为主线的数学与技术的整合课程

整合科目	整合的内容	具体内容要求
数学必修 3 第一章算法初步	算法与程序框图（数学）与程序设计中的算法结构（信息）整合	算法概念
		绘制程序框图
		三种基本逻辑结构（顺序、选择、循环）
	基本算法语句（数学）与程序设计语言初步（信息）整合	用程序设计语言实现三种控制结构
		理解模块化程序设计的基本思想
		学习调试、运行程序的方法
信息技术选修 1 算法与程序设计	中国古代算法案例（数学）、算法与问题解决（信息技术）整合	学习面向对象程序设计语言的思想方法
		解析法与问题解决
		穷举法与问题解决
		查找、排序法与问题解决
		递归法与问题解决
		中国古代算法案例程序实现

整合科目	整合的内容	具体内容要求
数学必修 3 统计与概率	统计（数学）与网页设计及因特网应用（信息）整合	随机抽样
		用样本估计总体
信息技术选修 3 网络技术应用		变量相关性
		利用网络进行问卷调查，完成数据的统计与分析
数学必修 2 第一章立体几何初步	立体几何初步（数学）与结构设计（通技）整合	空间几何体的构成要素及结构特征
		空间几何体的表面积与体积计算
通用技术必修 2 结构设计		绘制几何体三视图
		完成几何体模型制作

表 4-3　北京市第十二中学研究性学习与通用技术课程内容整合课程
——通用技术联动装置模块教学安排

课次	教学内容	教学目标	实验用具
第一讲	1. 认识通用技术的特点 2. 认识联动装置 3. 认识联动装置与通用技术的关系 4. 基本联动装置技术的介绍 5. 明确学习任务：设计一个联动装置	1. 认识通用技术的学习内容：技术与设计 2. 知道通用技术有哪些，如何使用	联动装置实物
第二讲	1. 利用通用技术的知识小组内部合作提交一个联动装置的设计方案与可能用到的材料（提前利用课后时间做好） 2. 学习联动装置设计分工与合作的组成与运作 3. 学习设计的可能实现形式，并安排实际操作的场地与时间	1. 能够在理解通用技术中的技术知识的情况下设计联动装置 2. 学会综合运用通用技术	激光雕刻机、常用技术加工工具箱、亚克力板、锻木板等

续表

课次	教学内容	教学目标	实验用具
第三讲	1. 分享各个小组联动装置制作的进度 2. 根据小组的制作情况，提出优化建议 3. 优化设计与制作	运用通用技术知识，把设计变成实物，并在设计上优化方案	激光雕刻机、常用技术加工工具箱、亚克力板、锻木板等
第四讲	1. 各个小组技术与设计成果的展示 2. 学生分享与互评 3. 学生对通用技术的深刻认识	1. 重新定义学生对技术与设计的认识 2. 分享成功的喜悦	小型手持摄像机

（3）跨学段课程内容整合

学段衔接就是对于某一门国家或地方的学科课程，按照学科的知识体系和学生的认知水平进行学科内的不同年级、不同学期课程内容的整合，如北京师范大学附属第二中学开发的衔接性课程。

北京师范大学附属第二中学为了探索拔尖创新人才的个性化培养策略，建设并完善了衔接性课程。良好的学习习惯的养成，适应自身特点的学习方法的探索和内化，对学科内容的持续性关注，使兴趣发展为志趣，这些都不是某一个教育阶段可以单独完成的内容。尤其是对那些具有学科特长，具备拔尖创新人才潜质的学生，更应该给予其一贯制的教育，从初中到高中，从高中到大学，都使其保持强烈的学习兴趣、良好的学习习惯，不断体验到学习的快乐和成就感，并在成长的过程中不断规范学习方法，提高学习效率，深化认识水平。为此，实验班的一项重要工作就是站在连续性培养的视角，积极发现和培养有学科特长的学生，促进其成长成才。

初中与高中衔接。一方面，针对初中阶段学有余力的学生，通过举办冬令营、夏令营、开放实验室等活动，为学生开设体验性课程，提供多样的学习方式和学习资源，激发学生的积极性，培养学生的学科兴趣，为学生适应高中阶段的学习做好准备；另一方面，与初中学校密切合作，针对学有所长的学生，进行一体化培养的课程实验，在初中阶段开设相应的活动课程，建设相对应的导师工作室，为学生提供开放的、以基本能力培养为主旨的学习平台，为拔尖创新人才的早期培养做准备。此外，针对新高一学生，建设各个学科的衔接教育单元，帮助他们在学习内容、学习方法、学业规划等方面，尽快适应高中阶段的学习，打好高中学习的基础。

高中与大学衔接。针对高中阶段学有余力和有明确学科发展方向的学生，积极与大学合作，为学生的特长和专业发展提供有效的支持。第一，开设大学先修课程，使有浓厚学科兴趣和明确专业指向的学生，在高中阶段体验大学的学习内容、学习方式、评价方式等，帮助其适应大学阶段的学习，并提高学生的学习效率。第二，将学生的学习和研究空间拓展到高校，创造机会使学生参与到大学的课题研究和学习项目中去，提高学习和研究的水平，提高学生的学习能力和研究素养。第三，与高校合作，在北师大二附中建立不同方向的实验室和工作室，建设相对应的特色课程、研究课题、创新项目，与大学教师一起制订和实施培养计划，为在某一领域有专长的学生的充分发展，构建更加丰富和有效的成长空间。

（4）基于特定人才培养的课程内容

针对特殊学生群体，围绕某一主题来整合课程内容，形成特色课程群，这样有利于培养不同发展方向的学生。例如，北京一零一中学"构建培养拔尖创新人才的特色书院主题课程群"。

北京一零一中学确立了以"自我教育理念为核心的人才培养模式实践研究"。构建书院特色主题课程群，从课程内容到教学模式，都将成为自我教育理念下相关实践研究的主阵地，是学校特色的集中体现。拔尖创新人才的早期培养需要与之相适应的特色课程的支撑。书院特色主题课程群有：以"人文实践班"为基础的人文主题课程群，包括人文方法课程、人文经典课程、人文实践课程和大学先修课程；以"钱学森实验班"为基础的科学主题课程群，包括科学素养课程、大学实践探究、大学实践活动、大师领航课程、数理拓展课程；以"国际合作"为基础的国际理解与合作主题课程群，包括 ESL 课程、SDP 课程、剑桥技能课程、精英实践课程和国际游学课程，以"担当文化"为核心价值的德育主题课程群，包括生命生态课程、道德伦理课程、胸怀视野课程和使命责任课程；以"多元发展"为追求的专长主题课程群，包括竞技体育、美术专业、音乐专业和科技创新课程。

2. 围绕办学特色自主选择校本课程内容

校本课程内容选择的标准，第一是课程的价值取向。按照不同的价值取向，课程可以分为社会本位课程、学科本位课程和学生本位课程。新中国成立以来，我国普通高中的课程要么过分强调课程的学科体系，要么过分强调课程的社会功能，而忽视了学生的要求。"为了每位学生的发展"是基础教育改革的核心价值追求。课程的核心价值取向是以学生为本，促进每一位学生全面而有个性的发展。因此，课程内容选择应凸显学生的主体地位，以学生的兴趣为出发点，以学生的发展为归依，关注学生的利益实现。主要体现养成健全人格、增强社会责任、培养实践能力和创新精神、拓展国际视野、凸显学校特色等方面。

校本课程内容自主开发的思路。针对我国必修课偏多的现状，应该优化国家课程结构，逐步增加校本选修课的比例，达到国家课程、地方课程和学校课程的相对平衡和互动。校本课程内容自主开发的定位是"补充和拓展"，即对国家课程内容的不足进行补充，对国家课程内容在深度和广度上进行适当拓展，实现课程内容育人的最优化。校本课程内容自主开发具有一定的时代性，要关注学生的素质结构和当前学生相对比较薄弱、社会急需的核心素养，校本课程内容自主开发的一般思路主要是围绕学生公民素质、学科综合能力、创新能力和国际视野等方面进行。

（1）培养学生的公民素质

公民素质是社会化人才最核心的品质。课程目标体现在思想品德方面，强调正确的价值取向、社会责任感和一般生活技能的养成等方面。思想品德是一种社会意识形态，是人们在一定的思想体系指导下，根据社会规定的道德准则行动时，表现在其身上的某些稳定的特征和倾向。思想品德是一个完整的概念，但就其内涵而言，包含思想品质、政治品质和道德品质三个方面。国家大力提倡素质教育，而思想品德教育是素质教育的根本，学校将培养学生的高尚品德、健全人格放在人才培养的首要地位。因此，加强对学生的思想品德教育，提高学生的思想道德修养，是校本课程开发的主要内容之一。

此外，联合国教科文组织对普通高中教育的任务做了整体性的思考，具体来说就是，对培养学生接受高等教育的能力，培养学生进入劳动力市场和社会生活的能力，以及培养学生作为负责任的公民行事的能力做有机化的平衡性思考。普通教育都应该把培养学生面向生活和职业的普通社会知识实践技能作为自己主动承担责任的目标。为实现这种目标，普通教育的课程视野应该扩大，不但包括传统学术性，而且纳入社会生活类、商业类课程和技能等，并给予学生"做中学"的空间。

中国人民大学附属中学、北京师范大学第二附属中学和北京市第十二中学通过开发德育和实践类核心课程，提高学生的公民素质。

中国人民大学附属中学目前开设的德育类课程主要由思想品德教育、人生发展教育、健全人格教育和综合社会实践活动四部分组成。具体可分为中华传统文化系列主题德育课、爱的系列主题德育课、文明礼仪教育系列主题德育课、成长系列主题德育课、和谐校园文化系列主题德育课、爱国主义教育系列主题德育课、感恩教育系列主题德育课、人生规划设计系列主题德育课、养成教育系列主题德育课等。今后将继续完善和提升德育类课程，将德育类课程与心理课程建设结合起来，重点加强健全人格方面的课程建设。学校以学生发展为本，改革传统的班会课，利用该时间开设了道德教育大课堂，包括生命课堂、生存课堂、生活课堂、青春课堂、幸福课堂、道德课堂、文化课堂、实践课堂、开放课堂、主体课堂等，构成了一个全方位、丰富生动的德育课程内容体系。

北京师范大学附属第二中学德育课程的基本理念、思路和做法，具体讲就是"一个核心""两个重点""三项基本原则""四种基本方法""五条基本渠道"和"六种基本做法"。"一个核心"："人格教育"。"两个重点"：价值观教育和道德践履教育。"三项基本原则"：尊重学生，回归生活，知行统一。"四种基本方法"：民主化德育、针对性德育、实践性德育和欣赏型德育。"五条基本渠道"：一是注重教书育人的主渠道作用；二是强化行为管理的育人功能；三是在高质量的实践活动中育人；四是让学生组织成为学生增长才干的学校；五是用师大附中特有的文化资源陶冶和激励学生。"六种基本做法"：一是以价值观教育为重点，持续开展中国优秀传统文化教育；二是以培养学生服务社会意识和道德践履精神为目标，持续开展青年志愿者服务活动；三是以校本德育资源为依托，持续开展北京师大附中优良传统教育；四是以学科德育为依托，持续开展生命伦理教育，开展模拟联合国活动；五是以军训远足为品牌，持续开展高质量的社会实践活动；六是以互联网为载体，稳步开展网络德育活动，开创德育新模式。

北京市第十二中学根据立德树人、融入社会主义核心价值观教育、增强学生社会责任感的精神要求，开展一系列能够让学生参与志愿服务和社会实践的体验类课程，锻炼学生的社会实践能力，培养具有爱国主义民族精神与社会担当的社会化人才。将社会实践课程目标定位为，引导学生在实践学习中认识自我与社会，获得积极体验和丰富经验，形成对自然、社会和自我内在联系的整体认识，培养学生的问题意识，使学生体验并初步学会解决问题的科学方法。学校在全国建立了十八个教育基地，每年选定五个社会实践基地，组织全体学生进行为期一周的社会实践课程学习。这些实践基地都是文化底蕴深厚、区域文化特色明显的学校。学生进入这些基地，开展多学科驱动、全员参与、深度体验的探究式社会实践，通过参观纪念馆、博物馆、劳动体验、文化和生态考察等研究性学习活动，了解兄弟学校学生学习生活的状况，探索真知真情，践行善行自觉，塑造美德品质。实践教育坚持学生课堂知识学习与社会实践活动相结合，真正打破校内学习与校外学习割裂的局面，注重学生知行统一教育，让学生学习并感悟红色文化、历史文化、书院文化、建筑文化、始祖文化、企业文化、校园文化、地域文化、生态环境等鲜活的课程内容。

（2）培养学生的学科综合能力

学科综合能力是复合型人才最核心的潜质。学科综合能力体现在既有见识，具有知识层次的高度和远度；又有学问，拥有知识结构的宽度和深度；还有才智，具备知识融会贯通的衔接度和延伸度。课程内容整合化是当今世界各主要国家课程发展的又一趋势。校本课程内容的纵向配合，避免了不必要的重复或衔接上的不良。校本课程内容的横向联系，为学生的整体学习能提供了更有效的帮助。同时，随着文理科相互渗透，边缘学科的产生和发展，也强调自然科学与人文社会科学的整合，注重通才教育，使学生具备文理科知识学习的基本能力。此外，学科课程与活动课程、显性课程与隐性课程也在整合之列，提倡两者要相互兼顾，不能偏废。清华大学附属中学《国际安全中的科学技术》校本课程就是一个典型的案例。

案例　清华大学附属中学《国际安全中的科学技术》校本课程

【开发背景】为贯彻高中新课程改革理念，培养创新人才，清华大学附属中学综合类校本课程"国际安全中的科学技术"于2009年由清华附中教务处组织规划，清华大学国际问题研究所李彬教授（李彬，清华大学教授，博士生导师，负责军备控制项目）牵头设计，开发实施。

在新课标实施之前，与国际安全有关的各类课程已经在清华附中开设。这些课程涉及数学、物理、化学、生物、政治等学科，学生反响热烈。清华附中背靠清华大学，课程资源丰富，学生素质高，对高品质课程的需求也越来越迫切，开设综合类选修课程的条件比较成熟。在此条件下，为适应拔尖创新人才培养的进一步需要，学校在清华大学的有力支持下，将这些之前已经开发的课程整合为"国际安全中的科学技术"这门综合类选修课。

【创新特色】本课程融合了清华大学本科教学特色，贯彻高中新课程改革思想，立足本校学生素质与要求。课程结合数学、物理、化学、生物、政治、语文等各学科知识，以研讨战略武器相关的基本原理、发展现状、对国际安全的影响等为主要内容，并从实用的角度研究与国际安全有关的概念、政策和分析方法。由于该课与清华大学课程衔接，并得益于清华大学在核军控问题上的国际影响力，目前已初具规模并有一定成就。

【目标】了解国际安全中的一些科学技术知识，掌握相关概念。关注时政热点，激发学生参与理论、政策讨论的兴趣，培养学生的国防科技意识。培养学生在课堂内外搜集、分析资料的能力，提高学术研究原创能力。结合素质活动与学科教育的优势探究高中教学新方法。提高学生采取技术手段解决政策问题的能力。培养学生的科学技术学习兴趣，提高公民政治素养，储备复合型人才。

【模块设计】(本课程共约 36 课时，如表 4-4 所示)

表 4-4　国际安全中的科学技术模块设计说明

模块一　18 课时			
课程具体内容	负责人	课时	备注
化学与国际安全	陈新福	4 课时	特级教师
物理原理与技术 在国际安全中的应用	郎君轶	5 课时	博士
国际安全中的生物技术	吴丹丹	4 课时	生物
密码与数学	曾建川	2 课时	数学
国际安全概论	邱磊	3 课时	政治
模块二　约 18 课时			
课程具体内容	负责人	课时	备注

续表

在清华大学听"组会"	李彬	2课时	教授
参观防化学院	陈新福	2课时	特级教师
本校学生体验活动	何韵	2课时	博士
本校学生报告	吴丹丹	2课时	生物
国际交流	赵鸿雁	2课时以上	教务主任
通识报告	李彬	6课时以上	教授
论文写作指导	邱道学	2课时	课程秘书

【国际交流情况】本课程紧靠清华大学，积极拓展学生的国际视野，发挥学生的主体作用，课程研究性与趣味性并重，以"引进来，走出去"的策略加强对社会资源的开发与利用。美国、俄罗斯、中国共三个国家的学生参与本课程。

美国蒙特雷国际研究生院（MIIS）自1998年开始创办"防核扩散中心"（CNS），举办国际中学生论坛（Critical Issue Forum）。该论坛主要就"核安全"教育与交流加强对美国中学生的联系与影响，从2001年开始，俄罗斯受邀参加；2011年4月，中国学校首次受邀，清华附中作为中国学校唯一代表参加论坛。参加论坛的学生都要经过清华附中校本课程"国际安全与科学技术"训练与挑选。

（3）培养学生的创新能力

创新能力是创新型人才最核心的能力。创新能力体现为有专注、执着、热情和兴趣的品质，有创造无限价值、改变世界的理想，有克服困难的意志，有献身实践的勇气，有创造的自信，有自觉自愿的创新意识与习惯，有追求完美和卓越的创造潜力。例如，北京市第十二中学科技创新教育校本课程在学生创新能力培养方面进行了积极的探索。

北京市第十二中学科技创新教育校本课程，以"创新驱动 实践育人"为核心理念，将创新教育与各学科教学融合在一起，学科课程与综合实践活动课程融合在一起，科学素养教育与人文素养教育融合在一起，激励学生勤于实践，勇于创新。遵循"着眼未来人才素质，追踪当代科技前沿；开展萃智课程研究，构三融合创新体系；搭建实践活动平台，着力实践创新能力；全面提升科学素养、培养早期创新人才"的科技创新教育工作指导思想，学校构建了"萃智科技创新课程体系"。包括科学实验创新、创客实践创新和基础能力课程三大类基础课程、拓展课

程和卓越课程。其中创新思维、创新算法与发明专利等课程是学校重点
开发的校本精品课程。学校还创建了十五个"科技创新工作室"。其中，
科学探究类工作室有超导、磁特性、天之问、分子生物、环境化学、生
态与环境、绿色能源、脑与记忆共八个工作室，为学生学习科学原理、
综合运用学科知识和现代技术手段开展科学探究提供研究平台；技术类
工作室有机器人、机电一体化、F1赛车、光学技术、二维设计与激光
雕刻、三维设计与3D打印、创意与发明创新共七个工作室。北京市第
十二中学创新教育课程群如表4-5所示。

表4-5　北京市第十二中学创新教育课程群

	科学实验创新	创客实践创新	基础能力课程
卓越课程（15）	脑与记忆、高中物理创新竞赛（CYPT）、颗粒学、物质结构、计算化学、精英化学、环境化学	少年创客、电脑艺术设计、中学生机器人设计、ROBOTC机器人与程序设计	中学生萃智（TRIZ）、知识产权与发明专利、智能控制技术与系统思维训练、C/C++程序设计
拓展课程（20）	天文基础、电学互动实验、力学互动实验、生物技术实践、在丝绸之路上学中医、实验化学基础、食品化学检测、茶中的化学与健康、生活中的化学	三维设计与3D打印、结构设计、人工智能机器人、机电一体化	计算机和网络基础、VB趣味编程、图像处理、数据结构与算法入门、Labview与现代实验技术、动态网站制作之JSP、网页制作——CSS篇
基础课程（20）	科学探究实验、天文观测、流言终结者、探究身边的化学、奇妙的化学、走近物理学家感受物理学发展、花卉和蔬菜的无土栽培	二维设计与激光雕刻、虚拟机器人、电子技术与创新设计、小小机电设计师、创意空间造型、灯具设计、电脑美术	创新思维、中学生益智、游戏工坊、趣味编程、电子控制技术、系统设计与思维训练

在理性主义思潮的影响下，传统的课程内容过分注重僵化的知识传
授，硬性地要求学习者被动接受孤立僵化的知识，致使学习者只知继承
不会创新，屈服知识权威而缺少批判意识，阻碍其潜能的发挥和个性的

发展。生成性内容就是在教师、学生、文本和情境等多种因素互动中所建构生成的一种非预期的、超越于原有预设性课程但富有教育价值的经验体系。在建构主义课程观影响下，课程内容渐渐由"预设"走向"生成"。生成的个性化内容能激发出人本身蕴含的智慧力量，使学习者发挥学习的内驱力，从而引发思维冲突，融入情感智慧，张扬主体意识，从对结果性知识接受的单一方式转变成交往、探究与体验等有效学习方式。清华大学附属中学学生自创课程就是一个典型案例。

清华大学附属中学学生自创课程面向部分拔尖学生，学生自己选择讲学内容，自己当教师授课，通过自己的视角对教学内容进行选择和思考，通过自己的讲演来传播学科前沿知识，培养自身的独立意识和责任意识。自创课程内容结构包括以下三大类。

第一类，科学类自创课程。①使学生获得相应学科的基本概念、理论和方法。②培养学生的科学研究能力，使学生能够将科学思想和方法融入其专业领域中。③提高学生分析问题和解决问题的能力，使其成为复合型人才。

第二类，传统文化普及课程。①书法：使学生通过书法技法的基础训练领悟传统文化精髓，掌握一定的传统文化知识，掌握各种书体的书写方法，并在继承的基础上有所发展。使学生通过课程学习，具备一定的书法创作能力和鉴赏能力，弘扬我国优秀的民族文化艺术，提高文化素养。②中国历史上独特的女性：课程以历史的眼光来审视，以艺术的手法来表现中国历史上独特的女性。课程介绍的人物都有着鲜明的个性和独特的经历，她们虽然都属于"典型环境中的典型人物"，但也都体现了一些人性的共同特质。从她们身上获取的经验和教训，不仅对治理国家这样的大事有启示作用，还对日常生活中待人接物，处理与同学朋友的关系，解决矛盾等平常小事，有一定的参考和借鉴价值。

第三类，外国文化鉴赏课程。①通过日本动漫看日本文化：从动漫出发探讨日本文化，梳理日本文化和社会心理发展线索；梳理日本动漫的特点和产业模式，从中概括日本动漫的发展历程；探讨中国动漫产业的发展之路。②美剧欣赏：提高英语学习水平，渗透文化安全意识。③早期希腊建筑艺术：简单鉴赏早期希腊建筑，提高艺术欣赏能力。

（4）培养学生的国际视野

目前，美国、日本、澳大利亚和欧洲的许多国家，都将使学生具有世界眼光作为重要的教育目标和价值取向。2010 年，中共中央国务院印发的《国家中长期教育改革和发展规划纲要（2010—2020 年）》明确提出："适应国家经济社会对外开放的要求，培养大批具有国际视野、通晓国际规则、能够参与国际事务和国际竞争的国际化人才。"国际视野体现在：有开放的意识与眼光，有对世界多元文化的认知与理解力，有积极参与国际事务、交往、沟通、活动与合作的心胸与格局，有在全球化竞争中把握机遇和争取主动的灵性与慧性，有积极涉猎国际先进知识的空间观念，有主动通晓国际惯例、规则和礼仪的远见和心态。因此，培养学生的世界眼光或国际视野应是校本课程开发的主要目标之一。纵观众多实验学校的课程案例发现，培养学生国际视野的课程建设重点主要有以下几类课程。

国际理解活动课程。国际理解系列课程重在实践、应用与体验，因此，活动是重要载体。系列活动的设计，可使学生身临其境地使用外语，了解世界文化。首先学校可逐步扩大模拟联合国项目的参与范围，带动更多学生了解国际议事规则和礼仪规范。其次，学校可以通过英语戏剧节、英语辩论赛、英语电影周等形式，带领学生走出教室，应用"活的"语言。最后，学校逐步筛选、设计、固化一些国际传统节日的学校活动，如感恩节、圣诞节等，特别是具有教育意义的一些现代国际节日，如地球日、世界水日等。同时可把握一些世界文化名人的纪念日，组织有特色的国际理解活动，如曼德拉逝世纪念等。

小语种课程。小语种课程强调兴趣导向和可选择性，目前实验学校开设的小语种课程包括西班牙语、德语、日语、法语等。小语种课程的策划应注重语言的沟通功能，强调基本场景的对话应用。同时通过经典短文、诗歌的学习，引导学生逐步了解这种语言环境下的文化特点。

国际游学课程。大多数学生主要是利用假期各类国际夏令营的机会进行国际游学。对于国际班和部分更有兴趣的普通班学生，学校鼓励采取交换学习等形式，使其进行更长时间的国际游学。学校逐步为学生联系国际游学的学校和相关项目，并开设游学前期辅导课程。同时可通过开展学生大讲堂等活动鼓励游学学生分享自己的体会。

美国高中高级学业课程（简称 AP 课程）。该课程适合顺利完成基础课程学习的学生。修完高级学业课程并通过相应的 AP 考试，可在美国大多数大学转换学分而获大学免修课程。高级课程由英语语言与作文、英语文学与作文、中华语言与文化、微积分、统计学、化学、物理（力学）、物理（电磁学）、微观经济学、宏观经济学、世界历史等针对国外大学的录取要求及中国学生优势的 4～10 门课程组成。学生在学校学习顾问的指导下选择其中的 3～5 门课程即可。

3. 基于核心素养的课程内容系统建构

为了提高组织成员国的国家竞争力，以应对经济全球化发展的需要，促进个体为适应全球化社会而获得自身发展，国际经济合作与发展组织（OECD）在 1997 年 12 月启动了"素养的界定与遴选"项目。随后推动包括我国在内的众多国家和地区开展学生发展核心素养的研究。因此，基于核心素养体系的课程内容系统构建是课程内容自主的灵魂。

（1）核心素养研究的世界趋势

自 1997 年以来，OECD、联合国教科文组织（UNESCO）、欧盟（EU）等国际组织先后开展了关于核心素养的研究。受其影响，美国、英国、法国、德国、芬兰、日本、新加坡等国家也积极开发核心素养框架。

1997 年 12 月，OECD 启动了"素养的界定与遴选：理论和概念基础"项目，确定了三个维度九项素养。第一，能互动地使用工具。包括三项素养：互动地使用语言、符号和文本；互动地使用知识和信息；互动地使用（新）技术。第二，能在异质群体中进行互动。包括三项素养：了解所处的外部环境，预料自己的行动后果，能在复杂的大国环境中确定自己的具体行动；形成并执行个人计划或生活规划；知道自己的权利和义务，能保护及维护权利、利益，也知道自己的局限与不足。第三，能自律自主地行动。包括三项素养：与他人建立良好的关系，团队合作，管理与解决冲突。该框架对于 PISA（国际学生评估项目）具有直接影响，进而对许多国家和地区开发的核心素养框架产生了重要影响。

2006 年 12 月，欧盟通过了关于核心素养的建议案，核心素养包括母语、外语、数学与科学技术素养、信息素养、学习能力、公民与社会素养、创业精神以及艺术素养共计八个领域，每个领域均由知识、技能和态度三个维度构成。这些核心素养作为统领欧盟教育和培训系统的总体目标体系，其核心理念是使全体欧盟公民具备终身学习能力，从而在全球化浪潮和知识经济的挑战中实现个人成功与社会经济发展的理想。

2013 年 2 月，UNESCO 发布报告《走向终身学习——每位儿童应该学什么》。该报告基于人本主义的思想提出的核心素养，即从"工具性目标"（把学生培养成提高生产率的工具）转变为"人本性目标"，使人的情感、智力、身体、心理诸方面的潜能和素质都能通过学习得以发展。

在基础教育阶段尤其重视身体健康、社会情绪、文化艺术、文字沟通、学习方法与认知、数字与数学、科学与技术这七个维度的核心素养。

确定我国学生核心素养的框架结构与具体指标，是一项浩大的研究工程。在借鉴上述国际组织和国家的学生核心素养框架的基础上，根据人的发展与社会发展的要求确定核心素养。我国专家研究了近三年，《中国学生发展核心素养》研究成果于2016年9月13日在北京发布。核心素养以培养"全面发展的人"为核心，分为文化基础、自主发展、社会参与三个方面，综合表现为人文底蕴、科学精神、学会学习、健康生活、责任担当、实践创新六大素养。具体细化为人文积淀、人文情怀和审美情趣，理性思维、批判质疑、勇于探究，乐学善学、勤于反思、信息意识，珍爱生命、健全人格、自我管理，社会责任、国家认同、国际理解，劳动意识、问题解决、技术应用等18个基本要点。

（2）围绕核心素养选择课程内容

学校课程内容开发的最终目的是促进每一位学生的发展，指向学生的核心素养。因此，学校课程内容开发应凸显学生的主体地位，以学生的兴趣为出发点，以学生的核心素养为归依。选取的任何课程内容都必须能够满足并不断地引发学生内在学习的兴趣，着眼于学生终身发展和社会发展需求必备的品格和关键能力。培养服务国家人民的社会责任感、勇于探索的创新精神、善于解决问题的实践能力和具有国际视野的世界公民。为此，需要以基于教育需求的科学调查为基础选择和组织学校课程内容。在整个学校课程内容开发过程中，应凸显学生的主体地位，吸纳学生积极参与，让学生在教师引导下自主选择、自主发展。

（3）指向核心素养的课程内容组织

指向核心素养的课程内容组织，一般采取纵向与横向、逻辑与心理、直线与螺旋三种结构形式进行编排。

一是纵向结构与横向结构。纵向结构或称序列结构，是指将课程内容的各种要素按照一定准则以先后发展顺序排列，保持其整体的连贯性。横向结构是指打破学科的界限和传统的知识体系，将各种学科知识联系起来，以便学习者更好地探索社会和个人最关心的问题。这种结构形式强调的是知识的广度而不是深度，关心的是知识的应用而不是知识的形式。如果要使学习者所学的内容对其成长具有意义，就必须提倡课程内容的纵向组织与横向组织的有机统一，这样既能够反映客观世界的真实性，也可以反映其整体性。

二是逻辑结构与心理结构。课程内容是按逻辑结构还是心理结构来组织，在教育史上的争论从未停止过，成为"传统教育"与"现代教育"最大的分歧所在。逻辑结构是指根据学科本身的系统和内在的联系来组织课程与教学的内容，强调学科本身的逻辑顺序。心理顺序是指按照学生心理发展的特点来组织课程内容，强调依据学习者认知规律以及他们的兴趣、需要和能力安排课程内容。随着对课程组织研究的逐步深入，越来越多的人倾向于学科的逻辑顺序与学习者的心理顺序的统一。

三是直线式结构与螺旋式结构。所谓直线式结构，是指把一门课程与教学的内容按照直线形式进行编排，环环相扣，组织成一条在逻辑上前后联系的直线，前后内容基本上不重复。所谓螺旋式结构（或称圆周式结构）就是要按照学习的巩固性原则，在不同阶段、单元或不同课程门类中，按照繁简、深浅和难易的程度，使课程内容重复出现，注重前后联系，层层递进，逐渐扩大内容范围并提高其深度，使之呈现"螺旋式上升"的状态。这两种方式各有利弊，分别适用于不同性质的学科和不同阶段的学习者。两者都各有特点，最佳的选择是在保持线性编排思想的同时，恰当融入螺旋式课程要素和直觉思维特点，形成直线前进与螺旋上升的优化编排体系。[①]

五、高中学校课程内容创新的思考

我国已经有很多学校创新实践课程内容自主，在学校层面主要采取以校为本的"行动研究法"，辅之以"个案研究法""文献研究法"，起到协同推进的作用。众多学校积极实践，勇于创新，并且取得了可喜的研究成果和经验，形成了课程内容自主的成功典范，具有很强的推广价值，值得大多数学校借鉴。

在课程内容选择和组织的价值追求上，需要辩证整合课程内容的价值取向，立足学科本位基础，突出学生本位和社会本位的协调、互动、互补。在课程内容选择时注重学术性知识与直接经验相结合、分科课程内容与综合课程内容相结合、学科课程内容与活动课程内容相结合、普

---

① 孙泽文、叶敏：《课程内容的构成要素、组织原则及其结构研究》，载《内蒙古师范大学学报（教育科学版）》，2013（2）。

通教育课程内容与职业教育课程内容相结合、国家和地方课内容与学校课程内容的相对平衡。在课程内容的组织上，立足课程内容基础性、时代性、选择性和关联性，注重课程内容的多样性、人本性、综合性、发展性、生活性、层次性和系统性。在课程内容编排形式方面，基本能按照纵向与横向、逻辑与心理、直线与螺旋等结构形式进行编排。在课程内容自主思路和策略上，通过对国家课程、地方课程做校本化的调适和整合，针对国家课程内容价值的缺失或不足，自主开发包括文化素养、社会责任、创新能力和国际视野等要素在内的校本课程内容。

课程内容自主实验虽呈现一些有效案例，但目前还处于起步阶段，面临很多问题和挑战。我们要不断地总结和反思，站在人才培养的高度，以研究的态度完善课程内容。在深化课程改革的新阶段，国家赋予了学校较大的课程自主权。因此，对课程内容自主及整合的校本行动还要深入推进，继承创新。提高校长的课程领导力、教师的课程意识，丰富课程内容自主的内涵和内容，研究课程内容自主选择和组织的原则和标准，创新课程内容自主的思路和策略，努力系统构建既具有我国特色、充满活力，又有利于促进学生发展核心素养的课程内容体系。

（一）当前课程内容自主中存在的主要问题

在纵观并分析实验校的创新实践中发现，课程内容自主开发过程中暴露了一些问题，主要表现为课程内容适切性不高并带有一定的偏向性，校本课程内容科学性不强，以及国家课程校本化程度不高等。

1. 盲目追求课程内容的偏、高、大

随着教育综合改革不断深化，课程改革已经进入深水区，一些学校积极创新，但存在过于激进的现象，盲目追求课程内容的偏、高、大。出现重视直接经验，轻视学科知识的倾向，主要表现在追求学习者个人发展，直接经验内容选择得不够精要，不重视学科、书本知识学习。过于追求学生的特长、兴趣和动机，课程内容落后于学科与社会的发展。过于追求课程内容的时代性和发展性，把反映社会科技发展的最新成果引入课程，但知识结构过于凌乱，不尽合理，有的也没有考虑学生的接受程度；不能全面遵循学习者认知规律、教育规律和教学规律，脱离学校的条件、学生的特点以及学生的实际需求等问题。

2. 国家课程内容校本化程度不足

现行高中课程主要以分科课程为主，分科课程又包括必修与选修

内容，而且按照模块进行教学，学科内知识缺乏纵向联系，学科间知识也缺乏横向联系，不同学段课程内容有重复性，给学生增加了一定的学习负担。一些学校的校长的课程领导力不强，教师的课程意识淡薄，课程开发水平不高，以及课程变革的动力不足。另外，我国属于课程集权制国家，总体上学校的课程自主权受到一定的限制。因而，学校不能主动按照学生的认知规律和知识逻辑体系对国家课程内容进行合理改造。

3. 校本课程内容科学性有待增强

在校本课程开发过程中，学校虽然关注到了学习者的特长和兴趣，也注重到了经济社会发展对课程内容的要求，但是忽视或者缺乏一定的课程理论指导，课程内容的组织没有遵循顺序性原则，忽略了课程内容的逻辑体系。课程内容要素没有按照从已知到未知、从具体到抽象、从简单到复杂来组织，没有很好地按一定的逻辑框架对课程内容体系做整体性构建，这就造成了课程内容的结构松散，课程内容顺序和难易程度缺乏一定的科学性。

4. 课程内容城市化倾向明显

学校在课程内容选择中，对农村学生关注不够，有明显的城市化倾向。课程内容大多以城市生活为主题，缺乏农村生活素材。例如，"创客""证券""社区"等，这些反映城市生活的名词，很多农村学生比较陌生，活动内容的设计也几乎都是参观博物馆、科技馆、动物园，游览名胜古迹等。诸如此类的课程内容屏蔽了农村学生熟悉的生活世界，对于广大农村地区学生来说，无疑有失公平。

5. "知识、社会和学习者"之间的关系有待进一步协调

经验表明，"以知识为中心"的课程有利于较好地传递人类社会积累的科学文化成果，使学习者建立完善的知识结构，实现知识向能力的迁移。"以社会为中心"选择课程内容，能够跟进时代发展，培养学习者社会活动的意识和能力。"以学习者为中心"选择课程内容，把学习者的经验和感兴趣的问题组成学习单元，能够发展他们的认知水平以及学习的主动性和创造性。当前，基础教育课程内容过度关注学习者的兴趣、动机和生成思维，教材科学性不强，理论基础较薄弱，加剧了内容选择的困难。由于忽视知识的系统性和社会功能，课程不能完整地反映本学科的知识结构，内容庞杂而缺乏连续性，零乱而未形成体系，缺乏启发性和智力价值的问题充斥教材。[①]

（二）课程内容自主发展面临的挑战

《国家中长期教育改革和发展规划纲要（2010—2020 年）》指出："坚持以人为本、推进素质教育是教育改革发展的战略主题，是贯彻党的教育方针的时代要求，核心是解决好培养什么人、怎样培养人的重大问题，重点是面向全体学生、促进学生全面发展，着力提高学生服务国家人民的社会责任感、勇于探索的创新精神和善于解决问题的实践能力。"《中共中央关于制定国民经济和社会发展第十三个五年规划的建议》进一步强调："全面贯彻党的教育方针，落实立德树人根本任务，加强社会主义核心价值观教育，培养德智体美全面发展的社会主义建设者和接班人。深化教育改革，把增强学生社会责任感、创新精神、实践能力作为重点任务贯彻到国民教育全过程。"要从德智体美各个教育环节入手，使大中小学各个学段相互衔接，让学校、家庭、社会相互融通，而不是各搞各的。在立德树人方面，着力培养学生的社会责任感、创新精神和实践能力，使学生适应将来谋生发展的需要。面对未来，课程内容自主面临的挑战主要有以下四个方面。

第一，科学构建德育课程内容体系。课堂教学应该是社会主义核心价值观教育的主渠道，而当前在课堂教学中重学科知识轻育人内容的现象比较普遍。如何根据课程标准、教学内容和学生的实际情况，选择并组织具有学科特色的育人内容，设计相应的教学活动是一种很大的挑战。要把德育渗透于教育教学的各个环节，各科教师要研究如何把各门课程蕴含的社会主义核心价值观教育资源充分开发出来，如何把各门课程已有的社会主义核心价值观的育人功能充分发挥出来，使教学过程具有启发性和感染力，使学生在课堂学习的过程中受到教育。要把德育贯穿于学校教育、家庭教育和社会教育的各个方面，在三位一体教育体系中融入德育教育内容。能够实现知识与技能、过程与方法、情感态度与价值观等三方面目标的有机整合。要构建大中小学有效衔接的德育内容体系，丰富德育内容，不断提高德育工作的吸引力和感染力，增强德育工作的针对性和实效性。

第二，挖掘创新能力培养的课程内容。在对国家课程、地方课程内

---

① 钟启泉等：《课程论》，159～160 页，北京，教育科学出版社，2007。

容进行校本化改造以及校本课程内容自主开发过程中，进一步优化知识结构，丰富社会实践，强化能力培养。着力提高学生的学习能力、实践能力、创新能力，教育学生学会知识技能，学会动手动脑，学会生存生活，学会做事做人，促进学生主动适应社会，开创美好未来。

第三，联动开发职业技能课程。据有关方面分析预测，"十三五"期间每年将新增 1200 万名高中阶段毕业生，其中 500 多万人流入劳动力市场。在这 500 多万名劳动力中，普通高中毕业生达 50 万。普通高中阶段的教育仍然是基础教育，普通高中教育的任务是促进学生全面而有个性地发展，为学生适应社会生活、高等教育和专业发展做准备，为学生的终身发展奠定基础。虽然普通高中阶段既不是英才教育，也不是职业教育，但是"升学"或"就业"是学生完成高中阶段教育教学任务后一次主要的选择。选择是培养的结果。因此，今后普通高中需要进一步加强生活技能和技术技能教育，学校要创造条件开发一定的就业指导及实践课程资源，同时加强与企事业单位、职业教育机构等社会力量的合作，联动开发职业技能教育课程内容，提高学生的就业和职业技能。

第四，开发面向国际化的课程。21 世纪是国际化和信息化时代。普通高中国际交换生数量逐年增加，出国留学生呈现低龄化的趋势。我国提出的"一带一路"战略，涉及 65 个国家和地区，数十个语种，这些国家和地区经济发展水平不同，政治、民族、宗教与文化习俗各异，新合作必将产生新规则，只有在精通业务、通晓国际规则的同时，把握当地的政治、经济、宗教与文化习俗，才能相互信任，进行深层次的合作。因此，今后需要在高中阶段适当强化学生的国际课程、外国文化、国际规则等课程内容的学习。

（三）课程内容自主创新的思考

在信息化、全球化条件下，基础教育课程内容的改革应通过不同学科知识、学习者需求和社会问题等内容的有机整合，按照时代精神和社会发展需要建构一个具有内在联系的文化整体。随着经济社会国际化和信息化的到来，未来国内外课程改革的主要趋势是指向学生发展核心素养。我国课程改革突出强调践行立德树人，加强社会主义核心价值观体系教育，培养德智体美全面发展的社会主义建设者和接班人。总体上，将课程内容的基础性、时代性、选择性和关联性统一起来，将学术课程与学生经验、社会生活有机结合起来，将知识技能的学习与多方面能力的发展融合起来。增设适应时代需要的新的课程领域或课程门类，将分门别类的课程组织为一个有机结构，以最大限度地发挥课程的功能。具体处理好以下几个关系。

第一，注重课程内容的基础性，寻找统一内容与多样化内容的平衡点。基础教育是满足全体公民基本学习的教育，其宗旨是为个体的终身学习和人类全面发展提供各种基础知识和基本技能，构建共同基础。这就决定了其课程内容中总存在一些基础性的、核心的、共同的基本知识，这些知识对于不同民族、籍贯和家庭背景的学习者来说，都是将来工作和生活所必备的。因此，设计基础教育课程内容时应精选各种学科知识，尤其是那些能够产生知识的知识。基础固然重要，但基础本身也在变化。由于社会发展的需求是多层面和多维度的，课程内容必然会呈现出多样化的发展趋势。必须借鉴当前世界各国基础教育课程改革的有益经验，在统一性与多样化之间努力寻找平衡点。不仅教材要"多本"化，而且内容也要多样化，重视学习者在文化背景、智力、兴趣和体能方面的差异，让一些具有生动性、丰富性和情境性的多样化内容进入课程，培养学生的学习兴趣、探索精神以及分析问题和解决问题的能力。

第二，注重课程内容的发展性，使传统的内容与现代性内容高度融合。课程内容的取舍应适应学习者的发展需要，既要重视传统知识中的核心内容，又要具有适当的超前性，把当今社会、政治、经济、科技和文化诸多领域涌现出的新知识吸收到课程中来，并把创新意识与能力、竞争与合作、诚信道德和社会责任感等素质作为重要的内容，培养学习者对社会和科技发展的洞察力、领悟力，以及自我知识获得与更新的能力。在课程内容的现代化进程中，绝不能认为传统内容都是过时无用的而将它们全部删除，也不能简单地依靠开设新的课程来解决现代化的问题，而应注重课程的发展性，使传统内容与现代化内容达成高度融合。

第三，注重课程内容的人本性，使预设性内容与生成性内容兼容共创。基础教育课程改革正努力倡导一种人本主义的教育价值观，以人为出发点，彰显课程内容的人本性。它关注人的情绪、态度、理想和信心等生存状态和生命价值，强调学习的内发性、过程性和情境性，唤醒各种潜能并使之获得充分发展。相对于预设性课程内容而言，生成性内容就是在教师、学生、文本和情境等多种因素互动中所建构生成的一种非预期的、超越于原有预设性课程但富有教育价值的经验体系。在建构主义课程观影响下，课程内容渐渐由"预设"走向"生成"。预设与生成是一对辩证的矛盾统一体。从基础教育发展走势来看，课程内容改革着力追求"预设"和"生成"的兼容共创，既重视知识逻辑和效率，也关照生命体验的过程与灵动，以一种充满生命活力的状态搭建教师与学习者的对话平台。

第四，注重课程内容的统整性，有机协同分科课程内容与综合课程内容。传统基础教育的课程几乎是分科课程，各学科间彼此独立，这就造成了内容之间的整体割裂，课程成为孤立于现实生活世界的抽象存在。基础教育改革消解了这一弊端，将被分割的课程内容的要素或零散、杂乱的其他形态的内容要素分别依据其内在的价值联系、逻辑性或结构性联系、外在的实用价值、学生的认知特点或习惯等主线统整起来。让学习者告别封闭、单一和僵化的知识体系，形成一种开放的、多样化和灵动的综合性课程。综合性课程内容符合学习者的认知特点，容易理解，便于体验。既有利于解决课程门类无限"扩容"的问题，也有利于加强课程与社会和实际生活的联系，培养学习者利用各种知识综合解决问题的能力。但是，课程内容的综合也绝不能采用非此即彼的极端思维，综合课程与分科课程是两种功能互补的课程形态。低年级的学习者宜于采用综合课程，年级升高后分科内容的比重应逐渐加大，高中阶段要以分科教学为主。把分科内容与综合内容有机统一起来，既要注重基础知识与基本技能，为综合打下基础，又要依靠内容综合来最大限度地体现知识的"整体"面貌，从而构建一个完整而有机的，促进学习者全面与和谐发展的基础教育课程内容体系。[①]

第五，注重课程内容的多样性，促进学生个性特长和综合素质的协同发展。在保证共同基础的前提下，使学生在课程方面享有尽可能多的选择机会，使课程适应学生，而不是让学生被动适应课程。为此，要充分考虑学生不同的发展需求，创造条件，设置多样化课程，分层分类设计可选择的课程内容，使学生享有尽可能多的选择机会，促进学生全面而有个性的发展，全面加强和改进德育、智育、体育、美育。在学校课程开发中，注重文化知识学习和思想品德修养的统一、理论学习与社会

[①] 孙泽文：《我国基础教育课程内容改革的特点、问题与发展方向》，载《基础教育》，2013(3)。

实践的统一、全面发展与个性发展的统一。加强体育和心理健康教育，促进学生身心健康、体魄强健、意志坚强；加强美育，培养学生良好的审美情趣和人文素养。重视可持续发展教育、国防教育、安全教育。促进德育、智育、体育、美育有机融合，提高学生综合素质，使学生成为德、智、体、美全面发展的社会主义建设者和接班人。

第五章

课程实施自主：
以学习为中心的教与学

课程实施是将课程规划付诸实际教学行动的实践历程，是学校实现办学目标的基本途径。国内外课程实施发展进程中的大量成果为课程实施自主探索提供了启示。在课程自主权不断增大的自主课程实验中，课程实施更多由关注教的过程转向关注学习的发生。以学习为中心的教与学，不仅是课程实施自主的操作策略，同时也是课程深化改革阶段课程实施的基本取向。本章在对国内外课程实施经验和成果进行梳理的基础上，阐述自主课程实验中课程实施自主的主要依据、价值取向、原则依据、影响因素，对实验校的典型案例及创新做法进行深入分析，并对学校课程实施自主的深入发展提出针对性建议。

一、课程实施及课程实施自主的内涵

课程实施是课程论研究的重要问题，是从课程设计到课程目标达成过程中的关键环节。学校在课程实施中具有充分的自主权，围绕学生身心发展规律和需求，对课程内容进行调整，围绕学生的学习采取适宜的教学方式，开发利用丰富课程资源等，这些都是学校课程实施的专业活动。

（一）课程实施的相关概念

什么是课程实施？课程实施是一个很难下定义的术语。考察课程实施的有关论著，其中两种角度的理解比较普遍：一种是从课程开发的角度，认为课程实施就是教学，是教师通过一定的方法与手段，促使学生吸收教学内容的过程；另一种从课程变革的角度，认为课程实施就是课程革新的过程，是将某种课程理念下的全部计划与方案付诸实践的过程，涉及国家、地方、校本、课堂等各个层面。综合这两种理解，我们能够发现，课程实施在本质上是一个行动的过程，通过这个过程，将课程的设计、方案、策略付诸实践。这两种对课程实施的理解都关照到了课程实施的本质，只是从不同的视角强调了课程实施的不同方面。

结合这两种理解，我们认为课程实施的含义侧重课程实施的实践本质，采用目前比较一致的观点，即课程实施是指把课程计划付诸实践的过程，它是达到预期的课程目标的基本途径。也可以理解为把书面的课程（或开发的课程或变革的课程）转化为具体教学实践的过程。[1] 课程实施中要区分两组概念：一是课程实施与课堂教学，二是教学模式与教学方式。

1. 课程实施与课堂教学

课堂教学中的"课堂"已经不再仅仅局限于"教室"，而是有计划有组织的教学活动所发生的任意场所。课堂教学就是有计划有组织地在一定

---

[1] 施良方：《课程理论——课程的基础、原理与问题》，北京，教育科学出版社，2003。

场所进行的教师的"教"和学生的"学"的行为，从而完成某课程中的某一教学任务。课程实施中最核心的部分是教师的"教"和学生的"学"。课程实施包含课堂教学，课堂教学是课程实施中的一个主体环节，是课程实施的主要渠道。课堂教学的外延，如作业、练习、测试等，都属于课程实施。课程实施还包含教学计划、教学评价等环节。

2. 教学模式与教学方式

教学模式与教学方式就是解决如何教学问题的核心概念。教学模式，是课程实施的组织方式，强调课程的整体实施形式，是在一定教学思想或教学理论指导下建立起来的，较为稳定的教学活动结构和活动程序，如分层走班教学模式、翻转课堂教学模式等。[①] 教学方式，强调具体课堂教学过程的实施，在一定教学思想和教学理论的指导下，具有一定的目标、程序、条件、策略和评估，教学方式包括教的方式和学的方式，如探究式教学方式。

(二)课程实施自主的内涵

如何教学是课程实施的重要课题，是课程实施自主的核心所在。课程实施自主，就是在学科教学整体实施模式以及具体的课堂教学方式两个方面进行自主探究、合理改革。因而，本章中所讨论的课程实施自主主要侧重在这两个方面。无论是学科教学整体实施模式的改革，还是课堂教学方式的改革，都需要在一定的教育教学理念之下进行。现代课程改革理念在于：直接参与者教师和学生是课程实施的主体，通过教学模式和教学方式的改革，改变之前"教"与"学"所面临的尴尬状况，充分发挥教师与学生应有的主体地位，让"教"与"学"更加符合教育教学规律，从而促进"教"与"学"的质量与效率，让课程实施能够科学、顺利地开展。

二、我国高中课程实施发展概述与启示

新中国成立前，我国相关教育家、学者就已经从国外引进了一些新

---

① 冯克诚、西尔枭：《实用课堂教学模式与方法改革全书》，4 页，北京，中央编译出版社，1994。

的学制、教学理论，在课程实施方面进行了一定实践探索，并且根据国情进行了课程实施方面的改革、创新以及理论架构。新中国成立后，课程实施强调学生的实地考察、体验，"文化大革命"期间，正常的教学秩序受到了很大的影响，但即使这样，在课程实施方面，仍然有所创新，特别对课程实施的自主性有了较高的重视。改革开放以来，课程实施的改革力度加大，积极引进西方先进的教育教学理念，重视学生智力的发展，转变学生被动接受的地位。20 世纪 80 年代提出素质教育的理念，21 世纪提出"以人为本"的思想。课程实施越来越有活力，越来越人性化，越来越贴近教育教学的规律。

（一）新学制建立到中华人民共和国成立前：以儿童为中心

从 1912 年中华民国成立到 1949 年中华人民共和国成立，共经历了三十八个春秋，期间经历了多次课程改革。例如，进行"普通科"和"职业科"的分科选课教学改革，但是这个文、实分科的计划，能够实施的省市很少，并没有在全国得到普遍实行。在课程实施方面，主要是按部就班地实施国家课程方案，国家正式课程的变通主要集中在一些大、中城市和发达地区，偏远地区基本上没有任何变通。不过，这一时期，在教学法的探究方面呈现出良好的发展态势，很多教育界学者积极地学习外国教学理论与实践经验，并且试验、创造出自己独有的适合中国国情的教学理论和教学法。这一时期的核心教学特点是强调学习者的中心地位——以儿童为中心。

1. 国外教学法的传入

民国前期，教学方法比较单调、死板，主要采用注入式教学。以吴淞中学的国文课为例，"以前教古文的时候，教师的责任就是'讲'和'写'，学生的责任就是'听'和'抄'。做教员的，在上讲堂的时候，把古文逐字逐句释解，翻做白话，责任就完了。如果能够多备几部类书，把古典详细考察出来，写在黑板上，或者在黑板上多写几段和所教的有关系的文章，那学生就要推重他的学问渊博而认为好教员了"[①]。

1912 年，蔡元培较早开始关注杜威的教育理论，之后教育家黄炎培相继发表的一系列文章为"杜威实用主义教育理论传入"谱写了前奏，为它的传入提供了铺垫。"五四"前后，由于蒋梦麟、陶行知、胡适、陈

---

① 沈仲九：《国文科试行道尔顿制的说明》，载《教育杂志》，1922(14)。

鹤琴等学者和新教育社团的宣传介绍，杜威新教育理论的影响逐渐扩大，"儿童本位"的观点得到广泛的重视，以儿童活动为中心的各种新教学方法相继传入我国，如设计教学法、文纳特卡制、德克乐利教学法、道尔顿制等。

设计教学法是美国教育家克伯屈（今译基尔帕特里克）于1918年创立的，其主要特点是打破学科界限，废除班级授课制，摒弃传统的教科书，学生在教师的指导下，根据自己的学习兴趣确定学习目的，设计学习内容，通过自行设计及操作，获得有关知识与技能。教学设计法在很大程度上激发了学生的学习动机，发挥了学生的学习主动性。

文纳特卡制是美国教育家华虚朋于1919年在芝加哥文纳特卡镇公立中学创建的一种教学组织形式。其特点有四点。第一，学习目标和内容具体，每个单元都有详细丰富的自学教材。第二，重视测验，用各种诊断法检测学生每个单元的学习情况，检测前重视自行练习、自行改错。第三，上一单元的自学及诊断测验是学习下一单元教学内容的前提。第四，教师会对学生进行有针对性的个别指导。

德克乐利是比利时教育家，他的教学法也是我国最早引进的教学法之一。兴趣是德克乐利教学方法的核心。德克乐利对此有个生动形象的比喻："兴趣是个水闸，用它开启注意的水库，并使注意有了方向。它也是一种刺激，脑力依赖它而冲出。"因此，把握儿童兴趣就能有效地集中儿童的注意力，加强教学效果，促进儿童努力学习。他提出以兴趣为中心、以整体为原则的教学过程，此教学过程有3个步骤。第一，从兴趣引发感觉经验。第二，通过联想形成和发展观念，提高儿童的思维能力。第三，通过把概括性知识应用于实践活动，表达儿童的概念和思维。

在民国时期传入的各种新的教学法中，尤以道尔顿制对我国普通中学教育实践和课程实施的影响最大。道尔顿制采用新的教授法，对原有的教授法进行改革，直接原因是对旧的教授法有所不满。道尔顿制在民国时期普通中学的广泛实行是对当时实施分科选科制实施不利的补救。

道尔顿制是由美国柏克赫司特女士于1912—1913年创立的，最早传入我国的时间大约是1921年。道尔顿制立足于三项原则：自由、合作、计划。自由，就是必须让学生自由学习，不加以妨碍和阻止，不给学生任何压力，允许学生按自己的速度支配自己的学习，而不是用课程表限制学生；合作，就是学校应体现实际生活，学生应互相交往、帮助，共同自由生活；计划，就是时间预算，学生应明确该做的事情，并在规定时间里，自己做出计划。根据这三条原则，美国的道尔顿学校，一是废除课堂教学，学生可以根据自己的兴趣与能力自主选择科目学习；二是废除课程表，学生可根据自己所选的课程确定学习时间的长短；三是废除年级制。

真正的美国"道尔顿制"和中国化的"道尔顿制"并不完全相同，但精神基本上是一致的。中国化的"道尔顿制"立足于自由、合作、计划三项原则，改变当时课堂教授时偏重讲演，不能发展学生自主能力的弊端，由"注入式"向"启发式"变革，发展学生的个性，增加学习的兴趣和效力，让道尔顿制的精神和原则成为解决当时教学问题的金钥匙。

中国学者和留学归来的有志之士对国外的教学法进行改革并在中国学校试行，收获了丰硕的果实。其中影响最大的有舒新城和廖世承的道尔顿实验、俞子夷和沈百英的设计教学法实验等。这些实验的实施不仅可以使教育界的学者深化对近现代教育实验的认识，同时也为外国教学法中国化提供了依据。由于诸多因素的影响，这些实验虽然在与班级授课制的对抗中消亡了，但是教育界学者这种敢于探索的精神，在理论意义与现实意义上仍发挥着巨大的作用，洋溢着无穷的魅力。

2. 国外教学法本土化过程中有影响的教育思想和方法

民国时期是中国特色教学法的首创时期，产生了像"廉方教学法""教学做合一""活教育教学法"等具有中国特色的教学法。

"廉方教学法"是我国近现代著名教育家李廉方先生在开封教育实验区进行实验时创立的一种小学教学法。李廉方先生注意到国外教学法在我国试用的弊端，认为各国的教育设施与教育家的理念，实际与本国的生产力水平相当。如果不加选择一味仿袭，是舍本逐末。这也是道尔顿制和设计教学法在我国试行失败的原因。他认为教学法过于注重分科教学，让学生学习的知识支离破碎。因此强调应看到各科之间的联系，在一个整体中进行教学。他希望通过打破科目、打破年级、适应生活、训教合一的方式，消除当时教学中的弊端。

"廉方教学法"的一个重要的教学特点是"合科"，一个重要的教学组织形式就是"卡片教学法"。"廉方教学法"主要运用在生字教学上，教学阶段主要分为对示、查眉标、发字片等七个阶段，把枯燥的生字学习变得形象化。"廉方教学法"的主要关键词是：高效（用两年半的时间修完小学的所有课程）、实用（强调教学的实用性，教学与儿童的实际生活相关联）、兴趣（强调学生的学习体验，让学生感到愉快）、自主（主要让学生通过自己的学习获得知识）。

陶行知先生是我国近代著名的教育家、思想家。杜威先生是影响陶行知先生一生的导师，也是其教育理论产生的源泉。陶行知先生在"五四"时期就认为中国的教育要走自己的道路，倘若忽而学日本，忽而学德国，忽而学法国，忽而学美国，那终究是无所适从。他将西方的教育理论与中国现实结合起来，提出了"生活即教育""社会即学校""教学做合一"三大主张。

"教学做合一"理论发端于 1919 年 2 月 14 日发表于《时报·教育周刊·世界教育新思潮》第 1 号上的《教学合一》一文，"教学做合一"是在"教学合一"基础上发展而来的。陶行知先生认为在当时的教学中，先生只负责教，学生只是被动地受教。他还进行了很形象的比喻：学生像个书架子、字纸篓，先生好像是书架子、字纸篓制造家，学校好像是书架子、字纸篓制造厂。针对这种呆板的枯燥的毫无创新的教学通病，他认为解决的办法就是要"教学做合一"。理论核心是：先生的责任在教学生学；先生教的法子必须根据学的法子，事情怎样做就怎样学，怎样学就怎样教，学得慢教得慢，学得少教得少；先生须一面教一面学。陶行知先生还强调："教学做是一件事，不是三件事。我们要在做上教，在做上学。……从先生对学生的关系说：做便是教；从学生对先生的关系说：做便是学。先生拿做来教乃是真教；学生拿做来学，方是实学。不在'做'上下功夫，教固不成为教，学也不成为学。"[①] "教学做合一"教学法是陶行知先生生活教育理论中的一个重要的方法论，强调学生的动手能力，强调在动手的基础上进行学习。这实际就是"以儿童为中心"的教学理论本土化的运用。

陈鹤琴是我国著名的儿童教育家，1914 年到 1919 年在美国留学，深受杜威的实用主义理论的影响。陈鹤琴先生在回国期间积极宣扬杜威的教育思想，但主张中国儿童的发展要适应中国的国情，不可完全抄袭外国，要符合儿童身心发展规律。1946 年提出独具特色的"活教育"理

---

① 张圣华：《陶行知名篇精选》，北京，教育科学出版社，2006。

论。陈鹤琴先生批判传统教学，认为儿童"机械地、被动地被灌输以有限的所谓知识食量，而实际上他们却难以消化。不管他们认为多枯燥乏味，除了埋头读书外，别无他法，在教室四壁的梦坑、囚笼里，没有机会去接触大自然。只要他们读和写，而从不要求他们自己去想去做"①。"活教育"教学法正是要改变这种弊端，强调学生主动学习、发现学习。其基本原则就是"做中学，做中教，做中求进步"。"做"是学习的基础，是教学法的基本准则。凡是儿童可以动手做的，都要要求他们自己做。教师在学习过程中只是一个指导者和促进者，激发学生的学习兴趣，启发、引导学生自主学习。因此，更加强调以儿童为中心，推崇师生平等、共同进步的师生关系。这种理论与现代新课程改革的理念十分接近。

民国时期教学理论的提出是课程实施研究的先驱，其轨迹主要是系统引进国外著名的教学法，在中国进行一定的试行，在前人教育理论基础上总结出适合中国国情的教学法。这个过程中充满了挑战，但是中国教育界学者克服困难，创造出的与其他历史时期不同的课程实施，对中国课程实施的发展有着深远的影响。

(二)中华人民共和国成立到改革开放前夕：突出实践与自主

中华人民共和国成立后，伴随着我国政治、经济、社会的巨大发展，我国的教育事业也取得了巨大的成就，课程计划屡次更新。在历次课程改革之间，存在着一个基本的历史联系和因果联系。中华人民共和国成立到改革开放前夕，课程教学的主要特点是教学形式比较单一，忽视对学生的兴趣和需要，忽视对学习主动性的调动。不过在"文化大革命"期间，也出现了给予学校、教师一定自主空间的情况，这在一定程度上打破了大一统的局面，为改革开放奠定了一定的基础。

中华人民共和国成立初期，教育部颁发了《中学教学计划（草案）》，这是新中国第一份教学计划。其中设置了门类齐全的学科课程。"这一时期，过于强调学科本位和社会本位，忽视了学生的兴趣与需要，课程结构单一，不利于普通高中的教育质量的提高。另外，课程设置过分强调'借鉴苏联经验'，没有建立在对中国国情系统调查的基础上，导致某些课程在一定程度上脱离了中国实际。仍不利于学生生动、活泼、主动

---

① 陈鹤琴：《陈鹤琴全集》，南京，江苏教育出版社，1991。

地发展。”①

1953—1957 年，社会主义改造时期，国家共颁布了五个教学计划，其中，大幅削减了教学时数。在课程实施当中，强调学生实地参观，每学年一周，注意教育与生产劳动相结合，强调学生减负，减少课程门类及学时。

1958—1965 年，全面建设社会主义阶段，出现了“左倾”思想，“大跃进”引发了“教育大革命”，大量缩短学制，随意对原有课程进行删减和合并，随便停课搞运动。学生参加政治运动与生产劳动，冲击了正常的教学秩序，造成了教育质量下降。不过出现了高中文理分科的初步试验。

1966—1976 年，“文化大革命”时期，整个教育领域受到重大影响，中小学教师队伍被冲散，教学计划被打乱、学校的正常教学秩序被破坏，教学思想被搞乱，教育事业遭受了严重的破坏。但这时期的课程却不乏创新之处。对文化课实行“走出去，请进来”的政策，使学生将理论知识与实践密切结合起来，走出校门了解社会等都是我们当代教育改革努力探索的方向。此外，“文化大革命”中地方、学校、师生自行设计课程，自选教学内容，自编教材的做法也有一定的积极意义。它打破了新中国成立以来大一统的课程编订局面，给地方、学校一定的自主权，也给了教育的真正参与者“师生”真正参与课程制定的机会。

（三）改革开放至 20 世纪 90 年代末：倡导素质教育

20 世纪上半叶的课程文献中很少有关于“课程实施”的专门研究。随着课程理论研究的深入，课程实施作为整个课程编制过程中的一个基本阶段的重要性，越来越为课程理论工作者所认识，对课程实施的研究逐渐深入，课程实施的质量逐渐得到了提升。

1. 20 世纪 70 年代到 80 年代初的教学改革

20 世纪 70 年代到 80 年代初，我国正处于历史的转折点，社会主义建设急需新型人才，发展智力成为社会现实的必然要求。1977 年我国恢复了高考制度之后，学校教学主要是“记忆教学”，片面追求升学率而偏重知识的传授，忽视智力的发展。1978 年改革开放之后，

---

① 陈业：《建国以来我国普通高中课程设置历史、现状与发展路向研究》，硕士学位论文，广州大学，2011。

教育理论界展开了关于传授知识与发展智力关系的大讨论，这次争鸣达成共识，实现了课堂教学实践中心的转移，将"加强基础、发展智力、培养能力"作为教学改革的目标，而课程实施则围绕这一目标进行了改进。

(1)传授知识与发展智力并重

教学不再限于"传道、授业、解惑"等传授知识的功能定位，还要发展智力。知识的掌握和智力发展是辩证统一的关系，二者之间既有区别，也有联系。知识和智力在本质上是两个不同的概念，各自的发展规律不同，而且影响各自的因素也不同。但是对于传授知识和发展智力孰主孰次，认识却不尽相同。有三种观点比较有代表性：一是知识是构成才能的主要因素，学校教育应该以传授知识为主；二是课堂教学应该以发展学生的智力为主，智力的发展是掌握基础知识和基本技能的前提，课堂教学的首要任务就是发展学生的智力；三是传授知识和发展智力是辩证统一的，二者应得到同等的重视，知识是发展智力的基础，智力的发展是掌握知识的助力，掌握知识和发展智力应是教学中的重要任务。

(2)改变学生的被动接受地位

对教学过程进行改进，把教学过程看作解决矛盾的过程，教学由矛盾始，到矛盾终，不断循环往复螺旋式向前发展，从而提高认识，开发智力。基于此，基本知识的讲授不再是生硬的灌输，而是从不同角度进行反复的讲解、练习，直至熟练运用；知识的传授不再是片面的、单一的，而是多方位的，丰富的，以便学生形成广阔的思路；重视学生的参与，让学生不再是被动的接受者，而是知识获得的"参与者"和"发现者"。

单科教学改革实验的开展也取得了一定的成果，形成了一些影响范围广、操作环节鲜明、教学效果明显的教学模式。例如，"课堂教学六步教学模式"：定向—自学—讨论—答疑—自测—小结；再如，"六课型单元教学模式"：自学—启发—复习—作业—改错—小结；又如，"数学自学辅导教学模式"：启—读—练—知—小结；这些教学模式强调教学过程的每一个关键环节，促进了学生自学能力的提升。

(3)引进西方先进的教学方法

教师成为教学方式的改革者、实验者和推动者，一些五六十年代已经开始而因"文化大革命"被迫中断的教学改革实验，又得以继续，如北京景山学校的学制、课程、教材、教法改革实验，卢仲衡主持的中学数学自学辅导实验。这些改革以教法改革为主。[①]

教育界引进了西方先进的教学方法，如发现学习法、范例教学法、暗示教学法、程序教学法、掌握学习法、纲要信号法、问题讨论法、单元教学法等。教师逐渐突破了"教学方式只是阐释教学内容的方式"这样的认识局限，探索在教师主导下让学生积极获取知识、培养能力的途径。

教师在教学方式的选择上尽量符合学生的心理发展特点。改进满堂灌、满天灌、注入式的教学方式，适当采用电化教学、直观教学的手段，积极采用引导发现式、启发式教学方式。所谓引导发现式，是以问题为中心，学生在教师指导下发现问题，解决问题，从而掌握知识，提升能力。所谓启发式教学，是教师通过讲解，引导学生进行思考，学生通过自己的思考而真正理解所讲的内容。

2. 20 世纪 80 年代中期到 90 年代末的教学改革

传授知识与发展智力关系的探讨逐渐深入，人们开始关注教学过程中的兴趣、情感、意志等非智力因素，如何实现从苦学、会学到乐学的转变成为教育者重点研究的问题。20 世纪 80 年代中期到 90 年代末期，随着素质教育理念的提出，课程实施开始了一系列新的改革。

（1）提出"素质教育"的新理念

1985 年，国家出台了《中共中央关于教育体制改革的决定》，勾画了从体制入手全面进行教育改革的蓝图。1992 年，出台了"新课程方案"，并在较大范围施行，基础教育的改革与发展有了更具体的整体规划。1993 年，国务院颁布了《中国教育改革和发展纲要》，明确提出"素质教育"的教育改革理念，强调全面发展，变苦学为乐学，倡导主体性。

（2）倡导教学过程的整体优化

反对单科、单项的教学改革实验，因为这样的实验虽然促进学生在某一方面、某一学科或某一领域取得较为显著的成效，却忽略了学生的全面发展，忽略了学校整体的课程实施，不利于整体优化。倡导把整体教学过程和学生的全面发展结合起来，实现知识、能力、情感、意志协调发展，强调遵循一定的教学原则来实现教学过程整体优化问题。例

---

① 李金云：《课堂教学改革研究 30 年：回顾与反思》，载《当代教育与文化》，2009(4)。

如，积累巩固是教学过程的基础，教学过程需要重视时机、秩序、信息反馈这些关键因素。一些学校进行了整体性的教改实验，例如，大连市实验中学，在教学过程中改革以认知为主的传统教学，实行认知过程与情意过程的统一，改革以讲授为主的传统教学方法，实行立体结构和多样化。再如，杭州实行"整体、合作、优化"教学改革实验，立足个性，尽量多方面地发展学生个性。

（3）重视减负，实现"苦学"到"乐学"

学习动力来自两个方面，一是转化认识，学习是学生应该做的事情，再苦再累也得坚持；二是爱好，喜欢学，以学习为乐趣。前者属于意志，后者属于感情。两者在教学上都有必要，随着学生年龄的不同而增减其比重，但意志终究归属到感情，是一种持久的兴趣。因此，在教学中培养学生的兴趣是第一位的，教师在教学中，注重乐学教学策略的研究，灵活运用寓教于乐等各种教学方式，达到"减负"的目的，实现"苦学"到"乐学"的转化。所采用的教学方式主要是情境教学、合作教学等，从精、深、新三个维度进行教学内容的筛选，设置与学生生活贴近的情境，引导学生交往、娱乐、探索等，营造教与学的和谐氛围，让学生在轻松愉快的情境中既获取知识，又陶冶情感。

（四）21世纪初至今：彰显以人为本

经过这么多年的改革，课程实施质量已经有了很大的提升，但是21世纪社会对人才培养提出了更高的要求，新一轮课程改革势在必行。21世纪伊始，我国启动了基础教育新课程改革，提倡以人为本。2000年义务教育课程改革拉开序幕。2003年，教育部公布了《普通高中课程方案（实验）》，作为全国各省市区高中新课程实验的指导性文件，其强调"满足不同学生的发展需要，在保证每个学生达到共同基础的前提下，各学科分类别、分层次设计多样的、可供不同发展潜能学生选择的课程内容，以满足不同学生对课程的不同需求"。课程实施更关注如何促进学生的自主发展，课堂教学更注重把学生当成一个个鲜活的生命个体，如何使课堂焕发出应有的生命活力成为课堂教学改革研究的主题。

1. 强调"以人为本"的实施理念

教育界对教学的认识已经从"认知领域"扩展到"生活和生命全域"，认为传统知识课堂具有"重教轻学、重知轻能、重智力因素轻非智力因素"等主要缺陷，"把丰富复杂、变动不居的课堂教学过程，简约化为特殊的认识活动,把它从整体的生命活动中抽象隔离出来,是传统课堂教学观的根本缺陷"①。提出"以人为本"教育教学理念,认为教学是"生命运动",教学应该回归人的需要,观照人的差异,促进人的发展,以学生为本位,以学生的发展为本位,把学生看作生命体,关注学生的生命体验与生命成长过程,关注学生在课程实施中的生存状态,关注学生生活意义和生命价值在教学中的实现,"以一种更加全面的视角来关注和促进个体生命的多方面的成长和发展,注重学生完满的精神世界的建构"②。提出"让课堂焕发出生命活力""教学意味着生活"等命题。

2. 重视"多向互动、动态生成"

传统教学过程尽管历经多次改革,但依然唯教材,唯教参,唯教案,教学行为静态化、模式化,是"知识课堂"中的一种"操作性教学"。新课程改革反对"教"与"学"两方面机械叠加,忽视师生交往和互动的过程,强调课堂是一个生态系统,由教师、学生、教学事件和环境等组成,课堂生态主体与主体之间发生着各种各样的联系,在这种联系中得到共生。因此要关注这个动态发展的教学过程。

这种"教"与"学"的过程是以"对话"为基础的,教师价值引导和学生自主建构辩证统一。教学过程不是单方的给予,而是平等、民主、自由、公正、宽容、鼓励、帮助的交往过程,其内在展开的逻辑是"多向互动、动态生成"。③

教学过程的自组织性、复杂性和生成性决定了教学设计由静态设计转向动态设计。教师需要进行弹性的教学设计,从学生真实的问题和经验出发,引导学生参与到教学设计当中,自觉"预设"各种可能的教学"生成",并且为真正的教学实践留足空间。

3. 倡导"自主、合作、探究"的学习方式

新一轮基础教育课程改革期望改变以前学生"死记硬背""题海战术"式的机械学习,代之以"自主、合作、探究"的学习方式。自主学习,与之相对的是被动学习、机械学习和他主性学习。其内涵是学习者需要在学习过程中进行自我判断、自定目标、自我调节,利用合适的学习策略

---

① 叶澜:《让课堂焕发出生命活力——论中小学教学改革的深化》,载《教育研究》,1997(9)。
② 王攀峰:《论走向生活世界的教学目的观》,载《教育研究》,2007(1)。
③ 张天宝、王攀峰:《试论新型教与学关系的建构》,载《教育研究》,2001(10)。

来完成学习任务。自主学习不是封闭式的学习，需要学习者主动与外界交流，进行合作或寻求答案。自主学习的特点是自主性、独立性（有独立学习能力）、自觉性。[①]

探究学习，相对于接受性学习而言，是一种形似"研究"，而实质上仍是"学习"的综合性的学习活动，需要学习者对所学的知识和积累的经验进行选择、判断、解释、运用，从而有所发现，有所创造，是通过应用知识，去解决实际问题的一种学习方式。探究性学习有四个特点：重过程、重运用、重体验、重全员参与。

合作学习，相对于"个体学习"而言，是指学生在小组或团队中为了完成共同的任务，有明确的责任分工的互动、互助性学习。合作学习呈现出如下特点：师生与生生之间的多边互动，认知、情感、技能等多极目标，竞争、个体、合作等多种情境。

新课程倡导教师为主导、学生为主体的"教"与"学"的新型关系，学生的"学"是教学的立足点，整个教学过程是一个从教到学的转化过程。在这个过程中，教师的作用是不断转化学生的学习能力，采用多种教学方式，引导学生进行"自主、探究、合作"学习，如"问题驱动"教学方式、以探究为主的课题教学方式、导学式教学方式、互动式教学方式、先学后教的尝试教学方式等。这些教学方式均以引导学生"自主、合作、探究"学习为特点，又各有侧重，旨在激发学生的主体意识，调动学生的个体经验，让学生在自主探究、合作学习中掌握知识，培养创新精神和实践能力。

我国高中课程实施历史发展给我们的启示有：

首先，课程实施的改革是一个动态发展的过程，是一个持续改进的过程，是一个从"教"到"学"的视角转换的过程。民国时期，教育家、学者通过学习西方的理论，认识到"以儿童为中心"的重要性，并致力于凸显儿童主体地位的实践和理论的研究，取得了一定的成果。新中国成立以来，特别是改革开放以来，这一认识更加明确，先后提出素质教育、以人为本的理念，课程实施的改革重点在于，如何通过教学方式、模式的转变，让学习者真正成为学习的主人。

其次，从课程理念到教学行为的落实需要教育者不断地实验、探

[①] 范佳：《高一信息技术课堂教学方式改革研究——建构自主学习教学指导模式》，硕士学位论文，苏州大学，2013。

索、发现，从而找到更有力于学生学习的最佳教学方式。认识是不断提升的，提升需要尝试，需要探索，无论在哪个领域，创新都是如此。很多教育家、学者在课程改革的路上兢兢业业，不断探索，提出了影响深远的理论，如陶行知的"教学做合一"主张、陈鹤琴的"活教育"理论、叶澜的"生命活力"等。还有坚守在一线的教师，为了提高教学质量，他们不断地进行理论的更新和实践的探索。

最后，我们现在正处于新课程改革的深化阶段，尽管课程改革过程中会出现一些不尽如人意的地方，但是总体趋势是越来越人性化，越来越接近教育教学的真谛。事物的发展总是螺旋式上升的，在改革过程中，难免会有青黄不接或者矫枉过正的情况，在改革实践的过程中，可能会因为操作不当，而造成一些失误。比如，在课程实施过程中，过于强调绽放课堂生命活力而忽略了对学生思维上的引导，过于强调学生的自主而忽略了教师的必要讲解，过分强调创新而忽略了对文本正确的理解等。但是，金子终究是金子，在改革的历程中，不合理的会慢慢地被淘汰掉，而科学的会被保留下来，这就是对教育教学规律的重视，对人的重视。

三、国外高中课程实施发展趋势与借鉴

国外课程实施主要着眼于学生的"学"。帮助学生学会学习，掌握行之有效的获取知识的方法，并将掌握的知识创造性地运用到现实生活中，已成为国外教学改革的一大趋势。

(一)注重为学生的"学"创设情境

为学生的"学"创设情境，最出名的是邓恩夫妇的"学习中心"。1984年邓恩夫妇在教室里设计了一些学习中心，让学生在不同的学习中心学习，后来这种方法广泛地运用到自然科学、体育、外语、社会科学的学科教学中。学习中心实际上就相当于一定的学习情境，如实习场的创设，让学生在模拟情境中进行学习。较为成熟的主要情境教学模式有抛锚式教学模式、认知学徒模式(初期阶段)、基于问题的教学模式、随机访取教学模式、基于虚拟情境的各种教学模式等。抛锚式教学模式与认知学徒模式是当代西方基于情境认知与学习的教学模式中最为成熟，而且被普遍接受的典范。①

我们通常所说的"做中学"，与情境模式十分接近。俄国"侧重专业式教学"，也采用了情境模式的教学方式，为学生设置了一定的专业场景，引导学生进行专业技能的学习。美国中学校长联合会所制定的模范学校规划中允许学生在家庭、社区和学校三种环境下学习。这样让学生能够在更加真实的情境下学习，让学生的体验更加丰富，更加深入。

(二)倡导以学生为主体的学习

由于着眼于学生的"学"，所以在课程实施过程中倡导以学生为主体的学习方式。其中，对我国课程实施影响比较大的有以下几种：自主学习方式、探究式学习方式、合作学习方式。

1. 自主学习方式

国外自主学习的蓬勃发展始于 20 世纪 60 年代心理学的介入，包括维果茨基的言语自我指导理论、认知心理学、人本主义心理学等。这些理论扶正了学生在教学中的主体地位。国外的学者根据一定的教学理论和教学实验设计出自主学习模型。其中比较有代表性的是齐莫曼的自主学习模型、麦考姆斯的自主学习模型。

(1)齐莫曼的自主学习模型

齐莫曼是自主学习社会认知学派的代表人物。他认为，与一般性的学习一样，自主学习也要涉及自我、行为、环境三者之间的相互作用。自主学习者不仅要对自己的学习过程做出主动监控和调节，而且要基于外部反馈，对学习的外在表现和学习环境做出主动监控和调节。在自主学习的过程中，个体要不断地监控和调整自己的认知和情感状态，观察和运用各种策略，调整自己的学习行为，营造和利用学习环境中的物质和社会资源。齐莫曼的自主学习模型包括相互联系的四个过程：自我评价与监控、目标设置与策略计划、策略执行与监控、策略结果的监控。整个过程可分为三个阶段：计划阶段、行为或意志控制阶段和自我反思阶段。每个阶段又包含若干过程或成分。整个过程构成一个自主学习的循环过程，既能够促进学生的学习，又能够增强他们的自我效能感以及对学习过程的控制感。

---

① 王文静：《基于情境认知与学习的教学模式研究》，博士学位论文，华东师范大学，2002。

（2）麦考姆斯的自主学习模型

麦考姆斯是自主学习现象学派的代表人物之一。麦考姆斯认为，自主学习能力是自我系统发展的结果，因此，自主学习可分为两个相对独立的认知过程：第一，对信息进行加工、编码、提取的一般认知过程；第二，对认知进行计划、监控和评价的元认知过程。自主学习大致包含三个阶段：目标设置（亦即个体基于对学习任务的分析、对自身能力的判断、对学习结果的预期，确定自己的学习目标）；计划和策略选择（亦即根据既定的学习目标，制订学习计划，选择能够完成学习目标的相应学习策略）；行为执行和评价阶段（在这一阶段个体需要指引自己的注意力，监控学习的进展，控制自己的情绪，调节行为与目标之间的偏差，最终还要对学习结果做出评价）。①

2. 探究式学习方式

探究式学习方式（Inquiry Learning）也被译为研究性学习，开始于20世纪50年代末60年代初。由于受苏联发射卫星的震动，以美国为首的西方国家重新意识到科技与教育的重大意义，并开始了大规模的理科教学改革。在这样的背景下，1959年9月，著名教育心理学家布鲁纳在美国全国科学院召开的中小学理科教育改革研究的大会上做了题为《教育过程》的著名报告，提出了教育改革的设想，并率先倡导应用"发现法"，引导儿童自己发现问题，自己寻找答案。与此同时，美国芝加哥大学施瓦布教授在1961年做了题为《作为探究的科学教育》的报告，提出了与"发现法"相似，但更具有操作性的教学方法——"探究式学习"（也有人译成"研究性学习"）。后来，美国著名心理学家加涅对探究式学习从理论上进行了论证，从此，探究性学习的概念开始被人们接受，并受到了普遍重视。②

在美国，探究式学习主要有两种模式：以项目为中心的学习（Project-Based Learning）和以问题为中心的学习（Problem-Based Learning）。以项目为中心的学习是一种跨学科的学习，以问题为中心的学习是围绕

---

① 范佳：《高一信息技术课堂教学方式改革研究——建构自主学习教学指导模式》，硕士学位论文，苏州大学，2013。

② 周晓琴：《大班形式下大学物理探究性学习教学方式的研究》，硕士学位论文，东南大学，2006。

现实中的一些问题开展的。① 英国中小学理科教育的探究式学习把实验与探究作为对学生进行科学教育的一种重要手段与途径。在教学上，采用调查研究、分组讨论、戏剧活动等多种生动活泼的实施方式，使学生尽可能多地参与，而不是简单地读和听。② 法国的探究式学习首先开始于"有指导的学生个人实践"课程，其程序是提出与指导教师所属学科相关的课题—学生选题，组成课题组—在教师的带领下进行课题研究。③ 德国的探究式学习的主要形式是卡片学习，将学生要完成的任务做成"学习卡片"和"作业卡片"，学生依据课程计划的要求选择喜欢的学习活动，根究题目进行探究，完成一定的"学习卡片"和作业卡片。④ 日本的"综合学习时间"课程实施方式就是探究式学习。学生通过自我发现问题、探究问题，在纷繁复杂的各种信息的清理筛选中培养分析综合的能力。⑤

国外开展探究式学习教学方式的时间较早，所以在教学过程所展开的研究也较为丰富、全面、深入。基本概括了实施过程中的方方面面，也对如何有效控制过程实施提出了很多有针对性的意见，对我国开展探究式学习的教学方式有很好的借鉴作用。

3. 合作学习方式

合作学习是一种创意和实效兼有的课堂教学管理策略，这种教学方式存在 20 世纪 70 年代初兴起于美国，并在 70 年代中期至 80 年代中期取得实质性进展，引起了世界各国的关注。对于合作学习的内涵，美国不同的学者有不同的看法。代表观点有两种。一是合作学习就是小组教学，在教学上通过小组组合，让学生共同活动，从而最大限度地促进他们自己以及他人的学习。二是合作学习是使学生在小组中从事学习活动，并依据他们整个小组的成绩获取奖励或认可的课堂教学技术。不论学者怎样界定合作学习，作为一种新型的模式，合作学习强调同学之间

---

① 张人红：《"研究性学习"在美国》，载《教育发展研究》，2001(8)。

② 田华：《英国中学"课程作业"及其对我国研究性学习的启示》，载《教育探索》，2005(9)。

③ 霍益萍：《国外研究性学习——法国的实施方案》，载《教育发展研究》，2001(11)。

④ 吴卫东：《德国的自由学习面面观》，载《课程·教材·教法》，2001(5)。

⑤ 周国韬：《论综合学习课程的设置——日本中小学课程改革的新发展》，载《外国教育研究》，2002(1)。

的共同学习，在教学实践中有效改善了课堂原有的教师—言堂的氛围，提高了学生的学习成绩，有利于形成学生良好的认知品质，培养学生的合作意识和创新意识，被人们誉为"近十几年来最重要和最成功的教学改革"。①

(三)从学生的"学"创新教学模式

在以往的课堂中，虽然在教学方式上有所转变，如重视对学生积极性主动性的调动，重视对学生思维的引导，重视对学生学习过程的落实，但是从教学模式上，基本没有什么变化。比如，依照课前预习—课上学习—课后复习、测试的模式进行，课堂教学是教师引导学生学习的最重要的阶段，但是主要以学习基础知识和培养基本能力为重点。再如，入学时按照公平公正的原则，每个班的生源构成都基本一致。授课都是按照入学时的班级进行，不分学科，不分学生的层次等。

随着对"多元智能"理论的接受，对"以学生为主体"的认识的加强，对学生学习过程和学习效果的关注，我们发现，对于一些学生而言，基本知识的学习和基本能力的培养，实际上可以自主进行，在课堂上进行这样较为基础的学习，而在理解、运用等知识内化、融会贯通的这个层面上，课堂的时间显然不够，不利于学生整体素质的提升。随着网络的发达，资源的丰富，学生获取知识的途径越来越多元，这样的教学越来越不能引起学生的兴趣，而对学生素质的培养又明显乏力，因此，"翻转课堂"的模式就应运而生了。而不同层次的学生在接受同一层次的教学时，会出现"吃不饱"和"吃不了"的情况，这就需要班级重新编排，这时分层走班教学便显得非常必要了。

目前国外出现了多种新的教学模式，本章重点介绍"翻转课堂"和"分层教学"两种模式。

1. 翻转课堂教学模式

顾名思义，翻转课堂就是将原本以"教师讲课"为主的课上教学活动和以"学生作业"为主的课下学习活动进行互换。② 翻转课堂教学模式主

---

① 李晓明：《自主合作探究式课堂教学问题研究》，硕士学位论文，聊城大学，2013。

② 秦炜炜：《翻转学习：课堂教学改革的新范式》，载《电化教育研究》，2013 (8)。

要流行于美国，起源于 20 世纪 90 年代初美国高校的"同伴教学法"，创立者是哈佛大学物理学教授埃里克·马祖尔。他认为，传统讲授式教学注重信息的传递，而对知识的理解并没有太大的效果，于是要求学生课下自学课程内容，课上则以"提问—思考—回答—讨论"等互动活动为主，从而解决知识的传递与知识的吸收内化问题。如果学生在回答的环节答对的比例低于 70％，则进行同伴讨论，以加深学生对知识的理解，最后教师重申要点和难点。同时，计算机技术（如课堂应答系统）是马祖尔及其教学团队开展同伴教学的必备条件，其作用是能够更好地指导学生，消除学生的模糊概念。不过，当时并没有提出翻转课堂的概念。

1996 年秋，在迈阿密大学商学院执教的莫里·拉吉和格兰·波兰特首次提出了"翻转课堂"的设想，并将其用于面向大二学生开设的"微观经济学原理"课程。其教学程序是：根据教材形成若干专题—要求学生在课下阅读与专题相关的章节，观看相应的教学录像和课件—上课讨论课下学习中遇到的问题和困惑—教师根据学生的疑问提供个性化的指导和针对性讲解—学生在教师的指导下运用所学知识进行相应专题的实验—回顾重点、难点。为了更方便翻转课堂的教学，拉吉和波兰特设计了一个专题学习网站，上传了课程的电子课件、作业和过往试卷等学习资源。

翻转课堂在中学的实践始于 2007 年美国科罗拉多州的伍德兰德中学的教改实验。该校许多学生由于距离学校太远，经常耽误课程学习。为了解决这一问题，乔纳森·伯格曼和亚伦·萨姆斯两位化学教师决定使用教学录制软件对他们的课堂进行录像，并上传到互联网上。这样，学生即使不在学校也可以进行课堂学习。随着改革的深入，教学视频成了全体学生课下自主学习的重要资源，课上时间则是答疑、完成作业，开展小组学习和个性化学习的时间。两位教师的教学改革实验很快在美国许多中小学流行起来，许多中小学教师开始将翻转课堂模式应用于科学、数学、技术、社会和西班牙语等课程中。

翻转学习之所以风行美国教育界，是因为其使师生角色发生了实质性变化，并在真实课堂中切实保证了师生之间的深度互动，激发了学生对学习的自觉性和责任感。翻转课堂也为中国的教育带来了一种新的教学模式，颠覆了我们的传统课堂。翻转课堂借助信息技术的发展，将知识的吸收放在课前，将知识的巩固放在课堂上，学生在课堂上有更多的时间进行自主、合作与探究学习，这就很好地体现了新课程改革以学生为主体，使学生得到全面发展的理念。

2. 分层教学模式

分层教学的基本主旨就是让每个学生有课堂，承认并重视学生的个体差异，根据学生的学习特点因材施教。在国外分层教学中，对学生的学习特点进行了分类，并且根据不同的学习风格进行了相应的教学设计。此外，还对学生的学习水平进行了明确规定，从而将一定水平之上的学生集中起来进行更高层次的教学。

（1）强调个体差异

国外的教学十分重视学生的个体差异，如有的学校在课程实施中把学生的学习特点分为掌握型、理解型、人际型、自我表达型等多种学习风格，教师则针对学生的不同学习风格，采取不同的教学方式，如席尔瓦整合学习方式与多元智能的教学设计（表5-1）。

表 5-1　有关"希腊神话"的教学设计①

学习风格	学习目标	教学活动
掌握型	学生能够识别神话的构成要素	发表演讲，解释神话的构成要素，并介绍希腊文化。为了加深学生的记忆，教师为学生提供一个直观的图标
理解型	学生能够解释神话与文化之间的关系	教师向学生提供一些希腊文化和希腊神话之间关系的陈述，要求学生从课文中寻找证据支持或反对这些陈述。教师还要求学生自选两个希腊神话，准备一份简短的评论文件，以说明这些神话与文化之间的关系
人际型	学生能够了解神话的跨文化性，以及这些神话主题与生活的关系	召开苏格拉底式研讨会，讨论为什么神话可以跨越文化的界限。在此基础上，学生自选两个神话主题，写一篇心得体会，说明这些主题与其生活的联系
自我表达型	学生能够创造神话，了解和欣赏希腊神话的艺术性	为了从美学层面研究希腊神话，教师把学生分成几个小组，通过小组讨论找出神话艺术要素，并解释这些要素是如何影响阅读的。接下来，学生自己创造神话，从当前时事中选一焦点人物，以神话的方式讲述其人其事

---

① ［美］哈维·席尔瓦等：《多元智能与学习风格》，张玲译，57～58页，北京，教育科学出版社，2003。

（2）明确分层标准

分层教学的产生并不是教育上的偶然现象，也非某一教育家的突发奇想，而是为了克服整齐划一的班级授课制教学的不足之处，提高教学质量，适应人才多样化和个性化的必然要求。国外分层教学的雏形是"活动分团制"，又称"弹性进度制"，是 1868 年由美国教育家哈利斯在圣路易州创立的。其形式是教师通过测试把学生分成甲乙丙三等，在同一班级之内针对不同层级的学生进行教学。这是一种能力分层的教学形式。

19 世纪末至 20 世纪 20 年代，美国和德国开始普遍采用能力分班分层的教学形式，并且涌现出诸多类似加速升级为原则的能力分班分层教学形式，如美国芝加哥市的"永久分组制"、洛杉矶市的"机会班"，德国普遍设立的"促进班"（相当于补差班）、"速进班"等。这个时期的分班分层，有同一班级上的不同轨道的教学，也有不同班级的分层教学。另外，出现了一种新的能力分班（层）的教学形式，虽强调个别差异，但不用速度来划分，而是用不同课程标准进行划分，如美国旧金山的"圣巴巴拉制"。

1920 年左右，随着进步主义教育运动的兴起，个别化分层教学形式得以产生并在各国传播，完全打破了班级授课制教学形式的限制，倡导个别化教学，主张以学生自主学习为主，学生可按照自己的能力、速度有梯度地完成一个又一个学习任务。较有影响的有美国于 1919 年由卡尔顿·华虚朋提出并在芝加哥市试行的文纳特卡制和 1920 年由柏克赫斯特在马萨诸塞州试行的道尔顿制。这两种教学形式曾经流传很广（1922 年传入中国），但实验寿命都不长，到 20 世纪 20 年代中后期几乎销声匿迹。[1]

20 世纪三四十年代，世界性的经济危机和第二次世界大战的爆发，使走向初步繁荣的分层教学热潮陷入低谷。第二次世界大战后，世界各国尤其美国倡导"优质教育"，恢复了对分层教学的重视。这一时期出现了现今世界各国仍在普遍采用的分层教学形式——学科分层。学科分层首先出现于美国，之后在英、法、德、日、韩、澳等国得以迅速传播。这种分层教学形式照顾了学生的多元智能发展，承认学生在不同学科上

---

[1] 赵慈爱：《国外分层教学对我国外语教学的启示》，载《教育与职业》，2009（20）。

能力和发展水平不同，同一年级的学生进行某一学科的分层教学，分层的依据是他们在该学科的能力和发展水平，并对层级标准进行了明确，如德国的"FEGA 分层模式"，澳大利亚中学八年级后的学科分层教学等。

纵观国外分层教学的历史，我们发现，分层教学的总体趋势是人性化、个性化、全面化、科学化，不再对学生进行一刀切，对学生的不同学习领域的智力差异表现出认可和尊重，并且对层级的设定有了明确的标准，不再仅仅凭借成绩进行大致的区分。

每一次课程实施上的变革都是教育教学理论引领之下的变革。比如，邓恩夫妇的"学习中心"理论，为学生创造学习情境提供了理论基础。再如，齐莫曼的自主学习社会认知理论，引领了自主学习的教学改革。先有了"发现"理论，才有了探究式学习的改革实践，因为有了多元智能理论，分层分类教学实践才更加的科学等。因此，教育教学理论的探索尤为重要。

教育教学理论的转变体现了从关注有机体的全域学习到关注个体的学习，从关注个体的学习到关注课堂教学中的个体学习方式，从关注学习的外部刺激到关注学习者的内部心理结构，从关注内部心理结构到关注教学情境和学习者的人格、情感和态度等。正是因为有了这样的转变，才让课程实施中教师的关注点越来越集中到个人，把学生看作一个有个性特点的生命体。而学习绝不是依靠灌输的手段就可以解决的，需要为学生创设贴近真实的情境，需要让学生真切地感受，需要调动学生的思维，让他们在体验、思考中得到真正的成长。

所倡导的教学方式由机械的传授记忆、简单的示范模仿逐渐发展趋向于自主学习、探究学习、合作学习以及体验学习等，教学模式转变的主要趋势是翻转课堂和分层分类走班教学。这是从具体的教学行为而言的，这些转变是在一定课程教学理论的引领下进行的。逐渐接受我国教育界这些教学方式和教学模式，并根据我国的国情进行创造性的实践探索。

四、高中学校课程实施自主及创新实践

在高中学校课程实施的改革过程中，最初的改革重点在于课堂教学方式的变革，强调学生的主体性，强调对学习过程的关注。如重视"教学设计"的规范性，重视教学策略的科学性，采用学案对学习过程进行把握，强调"自主学习""探究学习""合作学习"。随着改革力度的加大，逐渐打破常规教学模式，进行"翻转课堂""虚拟课堂""分层分类走班教学模式"等的尝试，在课堂上，也更加强调绽放课堂"生命活力"。

(一)课程实施自主的理论基础

关于课程实施自主设计的理论比较多，主要就是致力于发展人的自由个性，强调学生的"全面发展""自由发展"和"个性发展"，强调学生内在知识体系的建构，强调学生在原有知识的基础上进行发展，强调教师为其发展提供一定的支撑，也强调学生之间的差异。在课程实施改革过程中，我国高中学校主要引进了以下几种教育教学理论。

1. 建构主义理论

美国杰里夫·舒尔曼是建构主义理论的主要倡导者。建构主义理论的主要观点认为世界是客观存在的，但是如何去理解和看待这个世界则具有主观性，是由每个个体决定的。所以，如何以原有的经验、心理结构和信念来建构知识是建构主义者关注的关键问题。

在学习方面，建构主义者认为，知识不是通过教师传授得到的，而是学生自己建构的过程，是学习者在一定的情境或社会文化背景下，在一定的条件下，如他人的帮助，一定的学习资料等，通过新旧知识经验之间的、反复的、双向的相互作用来形成的自己的经验结构。因此，学习依靠主动性、社会性和情景性。但是教师的作用不容忽视，应该有自上而下的教学设计及知识结构的网络化，设置贴近学生生活实际的情境教学。

2. 最近发展区理论

"最近发展区"又译为"潜在发展区"，是儿童在"有指导的情况下借助成人的帮助所达到的解决问题的水平与独立活动中所达到的解决问题的水平之间的差异"①。"最近发展区"反映了教学与发展的内部联系。

"最近发展区"理论指出学生有两种发展水平：一是"现有水平"，即

①　陈建平：《面向全体学生的一条有效途径——"分层教学分类指导"课堂教学模式》，载《河北教育》，1996(6)。

已经完成的发展周期的结果和由它而形成的心理机能的发展水平；二是"潜在水平"，即正在形成、正在成熟和正在发展的过程，需要教师的帮助才能完成事情的水平。这两种水平之间的差距就是最近发展区，最近发展区是一个处于形成状态的、正在成熟的认知结构。学生之间的差异，既包括现有水平的差异，也包括潜在水平的差异。教学只有从这两种水平的个体差异出发，把"最近发展区"转化为"现有水平"，并不断地形成更高水平的最近发展区，才能促进学生的发展。

教学应走在发展的前面，而不应当停留在学生发展的昨天。教育的本质不在于"训练""强化"业已形成的内部心理机能，而在于激发目前还不存在的心理机能，以学生发展的明天为方向。

3. 多元智能理论

多元智能理论强调学生与学生之间的智能差异，每个学生智能优势不同，智能发展的快慢顺序不同。多元智能理论表明，人类的智能是多元的，每种智能不是均衡发展的，智能的不同组合表现出个体间的智能差异。各种智能的发展能彼此引发，相互影响，共同作用。每个人或多或少拥有不同的八种智能，这八种智能代表了每个人不同的潜能。在某种智能上是否有优势会影响一个人的学习方式。[①]

4. 支架理论

支架，本指建筑行业中为建材提供暂时性支撑的柱子，也叫"脚手架"。支架理论认为，在教学中，学生的学习需要教师提供恰当的学习帮助，为学生的知识、意义建构提供必要的概念框架，当学生的能力增长到能独自解决问题时再撤去帮助。支架分为教学支架和学习支架两种，前者指有利于教师在教学时顺利实施教学过程的支架，后者指学习者在学习的过程中建构自我知识意义的支架。支架是静态的，但支架的使用是动态的。

5. 发现学习

美国心理学家布鲁纳认为："我们教一门科目，并不希望学生成为该科目的一个小型图书馆，而是要他们参与获得知识的过程。学习是一种过程，而不是结果。"在布鲁纳看来，"学会如何学习"比"学会什么"更重要。"学会如何学习"就是学会运用学习方法获得知识，整个学习的过

---

① 吴永军：《再论影响学习方式的主要因素》，载《当代教育科学》，2004(20)。

程就是一个探索知识、发现知识奥妙的过程，也就是"发现学习"，即用自己的头脑获得知识的过程。教师进行发现学习的教学，就是在学校条件下，引导学生从现象出发，去探索具有规律性的潜在结构。促进发现学习的方法主要是鼓励学生思考、激发学生学习的内在动机、引导学生关联新旧知识。

(二)课程实施自主的主要取向

美国学者辛德、波琳和朱沃特（Snyder，Bolin，Zumwalt）等人认为，可以从三种不同的角度去分析课堂的实施，即忠实取向、相互调适取向和课程缔造取向。

1. 忠实取向

忠实取向，最大限度地依据课程计划的原本意图去实施课程。然而，事实上，并没有哪一种课程实施能够完全忠实地按照专家设计的意图运行，因为教师总会有意或无意地在教学中对课程做出增删和调试。

2. 调试取向

允许教师根据具体教育情境对原有课程计划进行适当的调试，凸显课程的个性化实施，有利于发挥教师的积极作用，创造性地实施课程计划。

3. 缔造取向

课程不是既定的方案或产品，而是教师和学生经验的综合。官方的课程纲要、标准、教材等文件不是需要教师忠实推行的学习材料，而是协助教师和学生创生课程的素材。在这种价值取向下，课程实施与教学已经有机地融合在一起，课程实施的过程就是师生教与学的过程，是课程缔造的过程。

课程相互调试取向和课程缔造取向，符合新课程所倡导的理念，强调自主性。在我国高中课程实施过程中，教师主要采取的是"相互调适取向"和"课程缔造取向"的课程实施观。

(三)课程实施自主的主要原则

在我国高中课程实施的自主过程中，很多学校都自觉不自觉地遵循以下原则：以学生学习为中心，注意教学方式的多样性和适宜性，注意课程实施中资源与条件的保障，凸显信息技术的支撑作用。

1. 突出以学生的学习为中心

学生是学习的主体，因此，在课程实施中，一定"以学生为中心"，要"一切为了学生，为了一切学生，为了学生的一切"。"一切为了学生"，学校需要以学生的成长和发展为导向，努力创造一种和谐的环境和氛围，提供合适的平台，让每一个学生能够自主地学习和发展。"为了一切学生"，就是要让每一个学生都能够健康地成长，客观对待学生之间不同的智能优势，满足学生的多元需求。"为了学生的一切"，需要我们全面关注学生的综合素养，如理想、心理、学业、升学、就业、生活、行为等，不仅关注学生的当下，还要为学生的可持续发展、终身发展奠定基础，让学生能够自主地、健康地发展。

2. 突出方式的多样性与适宜性

2003年，教育部公布《普通高中课程方案（实验）》，作为全国各省市区高中新课程实验的指导性文件，其强调"满足不同学生的发展需要，在保证每个学生达到共同基础的前提下，各学科分类别、分层次设计多样的、可供不同发展潜能学生选择的课程内容，以满足不同学生对课程的不同需求"。每个学生都有自己的优势智力领域、发展方向。因此，对于培养学生的主要活动——学校教育来说，应该正视每个学生的先天智力基础与特长，采用适合不同个性特长、智力潜能的学生发展的教育模式、教学方式、方法，从而为不同类型人才的培养创设良好的情境。

3. 突出以资源与条件作为基本保障

这里的课程资源与条件指的是所有实施课程中所必要的直接条件，它是课程实施中所涉及的一切人力、物力及自然资源的总和。既包括教材这一人们熟悉的课程资源，又包括大量的非教材类却是课程有机组成要素和实施条件的软硬件资源，如促进学生自主发展的学案和读本、专业教室、发展性实验室、实践基地、学生自主发展平台等，还包括学校、家庭和社区中所有利于实现课程目标，促进教师专业成长和学生全面而有个性发展的各种资源。任何一个学校都积累了大量的课程资源，如校本教材、学生活动资料、习作等。但随着课程改革的深入，学习方式的变革，学生个性化的成长，原有的课程资源已不足以满足学生多元发展。需要对课程资源与条件进行梳理、整合，并且调动学校、教师、家长甚至学生的积极性，进行课程创生的资源开发。

4. 突出信息技术的重要支撑作用

在信息量和传递速度迅猛发展的信息时代，学习的目标不再只是简单地掌握知识和技能，而是掌握学习方法，掌握思维方法；社会分工的日益细化，要求学习者不仅要掌握知识和能力，还要学会与人合作、组织协调。传统的学习方式显然不能满足信息时代学习的需求，因此，必须突出信息技术对课程实施的直接支撑作用。信息技术对课程实施的主要作用体现在两个方面：一是信息技术，特别是计算机网络技术，为学习者提供了"无限"的学习资源；二是计算机和网络技术的交互性支持了学习者"沟通"的需求。学习是一种沟通，人在沟通中生存，学习是人的交往过程。网络使得人们的交流变得更加容易，使得人们能够生活在网络的交往之中。

(四)课程实施自主的影响因素

课程实施自主是一个系统工程，其影响因素既包括教师层面和学生层面，也包括课程层面和资源条件，还包括对实施效果的反馈等。

1. 不同学生的学习特点与风格

早在春秋战国时期，孔子就提出"因材施教"的教育观点。苏霍姆林斯基也提出，"没有也不可能有抽象的学生"。每一个学生都是独立的个体，在学习过程中受人格特质、学习兴趣、生物节律等自身因素以及家庭背景、伙伴类型等环境因素的影响，逐渐形成了具有学习者个性特征的学习方式和风格。因此，不同学生的学习特点与风格，在进行课程实施自主的设计时，需要进行考虑。

学生性格方面有外向、内向、独立、顺从的差异。性格外向者对学习难度较大的教材感兴趣，课堂积极发言，但课后不爱认真复习，写作业时较马虎；性格内向者反之。性格独立者爱参与竞争性学习；性格顺从者常等待教师布置，依赖同学的帮助。性格也作为动力因素而影响学习的速度和质量。良好的态度、情绪、意志和理性水平等性格特征有助于增强学生的学习信心，学业易成功，反之易失败。

学生认知风格有场依存型、冲动型、发散型思维。在课程实施中，对于场依存型的学生，应多给他们创造安宁的学习环境并多给予他们关注；对于冲动型的学生，要指导他们收集自己做过的错题，从基础方面做努力；对于发散型思维的学生，教师要多给予鼓励，激励他们大胆想象和求证，以发展他们的求异思维。

2. 不同课程内容的属性与特点

不同的课程内容有不同的特点。有的课程属于学科类课程，不同学科有不同的特点，有的属于语言文学范畴，有的属于社会哲学范畴，有的属于科学技术范畴，有的属于数理逻辑范畴，有的属于综合类课程，有的对自然现象或问题进行研究，有的对文化传统、风土人情进行考察与探讨，有的进行社会实践学习。总之，综合类课程具有综合性、研究性、生活性和实践性等基本特征，强调课程与社会生活的联系。不同的课程内容在课程实施当中应该有不同的方式。

3. 教师的专业水平及综合素质

教师是课程改革的主力和关键，是课程实施的行为主体。教师是学校内涵发展之根本，教师教育教学质量是决定学生自主发展以及学校文化品质的关键因素。教师的专业水平，对课程内容的把握、课程实施方式的选择，对课程资源的挖掘与运用，直接影响课程实施的过程和结果。打造具有专业化水平的教师队伍不仅是教师个人发展的需要，也是学校发展的需要。如何提升教师专业化水平，优化课堂教学，提高教学质量，造就一支师德高尚、素质优良、配置均衡的实力雄厚的教师队伍，是课程实施自主的一项重要工作。

4. 资源与条件的制约

课程实施自主需要有支持课程实施的各种资源和条件。比如，分层走班教学，高层教师相对紧缺，也没有足够的实验室满足同时教学的需求。再如，翻转课堂教学，需要开发大量的短课视频，以帮助学生自学。由于资源和条件的制约，有些学校有的教学模式只限于某些学科，其他学科还没有开展；有些学校有些教学模式只处于实验阶段，尚未进入常态化。因此，在课程实施自主的工作中，必须想办法突破资源与条件的制约，否则在开展过程中会影响成效，甚至起到阻碍作用。

5. 实施效果的反馈

课程实施效果的反馈就是课程实施者在课程实施之后，得到的有关课程实施效果的反应。实施效果反馈的重要实践意义，就在于通过反馈的调节作用，能确保课程正常有效地开展并取得应有的成效，并对之后的课程实施发生影响，起到控制作用，从而不断改进课程实施效果。因此，课程实施效果的反馈从一定程度而言决定了课程实施行为，为课程实施的改进提供了行为依据。

但是并不是所有的反馈都能够对课程实施起到促进作用，有的课程会对课程实施者以及实施对象产生误导作用，有的甚至影响到双方的积极性。只有有效的反馈信息才能够对课程实施起到促进作用。什么样的反馈信息才是有效的信息？有效的反馈信息需要具备以下特点：准确性、针对性、激励性、适时性、多样性和交互性。

如何获得这样的反馈信息，则需要认真设计调查表，调查问题的设置要清楚具体。比如，能够针对课程实施的某一具体环节设问，并要求回答者陈述得具体明确。对于反馈信息，要做激励性的引导。获得反馈信息这一工作不能滞后，要采用多种路径，而且一定要有彼此沟通的交互性，要进行双向交流。另外，还应注意过程性与终结性的结合。

(五)课程实施自主的创新实践

随着新课程的深入推进，自主课程实验校结合各自的特色进行了深入探索，在课程实施中围绕满足学生的多样化需求、个性化学习和充满活力的课堂进行课程实施自主设计，开展了富有成效的创新实践。

1. 满足学生个性化学习需求

高中生学习的自主性和个性化日益明显，课程实施自主的根本目的是满足学生个性化学习需求。自主课程实验中的分层教学模式打破了以往的行政班教学，针对某一学科学生的学习能力、需求、兴趣等差异，对整个年级的学生进行适宜性设计，体现了学校课程实施的自主性。分层教学使以往教学中难以做到的因材施教的原则得到充分实施。首先，分层走班教学更好地契合了学生现有的知识水平、能力大小以及兴趣。这充分调动了学生学习的主动性，使其从自己的兴趣和实际能力出发，确定适合自己未来的发展方向。其次，使学习基础和接受能力等状况基本相当的学生"走"到一起，便于任课教师确定教学起点、重点、训练计划和培养目标，组织学生开展研讨、交流等活动。再次，扩大了学生的交往范围，加大了学生间的互相影响，有利于增强同一层次学生之间的竞争意识和合作意识。最后，学生按自己的水平选班，能增强自信心和成就感，尝试到成功的快乐，减轻思想压力，始终保持乐观情绪和平衡心态，体会到"适合自己的才是最好的"。实验学校分层走班教学的探索集中在以下几个方面。

（1）对学生进行分层志愿调查和分层能力测试

进行分层教学改革，主要的理论依据是学生的多元智能理论和最近发展区理论。分层走班教学以学生的个性发展为本，科学的分层一定是满足学生的个性需求，并且符合国家人才培养目标的分层。因此，在分层时，不能只是简单地分出快、慢两个层级，而是需要根据国家人才培养目标、课程目标的规定，依据学生现有的知识能力基础以及学生对各科的学习发展趋势、兴趣进行分层。因此，分层前的调查、研讨必不可少。

清华附中对学生能力、需求、兴趣进行调查、研究之后，发现学生的志趣与能力存在明显的差异，传统的行政班教学模式制约了学生的差异化发展，不利于教育教学活动的深入开展。因此，为了使学生个性特长得到充分发挥，从2012年开始，在高一年级两个班试行分层走班教学模式，试行科目包括数学、物理两个科目，分为数学A1、A2和物理A1、A2。教师对所教学科层次的教学目标、教学方法、作业及考试的难度做了精细化的设计，以求更加切合该层次学生的实际。试行"走班"教学之后，高一两个班学生在数学、物理两个科目中流动上课，每一学年结束时，学校给学生一次调整层次的机会。

（2）对学科课程内容进行分层设计

根据学生学习基础、学习能力以及发展水平，对涉及的学科课程内容进行教学知识体系的重组和分级，特别是从学习水平与发展方向、内容深度与广度、学科知识之间的衔接与联系、课程内容各层次之间的科学性等角度入手。

北京师范大学附属实验中学也进行了"数理化"三科的分层教学实验，把"数理化"三科分成"PARB"四层（即 Professional、Advanced、Regular、Basic 四个首字母合体，P 是专业级，A 是高级，R 是标准级，B 是基础级）。标准级 R 的教学标准和评价标准是课程标准和高考考试标准，以 R 级为基准，分别向上、向下延伸出 B 级，教学和评价的标准是课程标准和会考标准，A 级指向大学先修课程，P 级指向高校相关的专业课程，为相关专业深造奠定基础（表5-2、表5-3）。

表 5-2　北京师范大学附属实验中学数、理、化学科分层设计

时间	课程科目	课程层级	适用学生
高一第一学期第二学段开始	数学、物理、化学	P级专业	为今后进一步在名校理工科专业进行深造奠定基础；达到本学科高中学习的拔尖水平；在国家课程和高考范围之外，大幅拓展自主招生、竞赛及大学先修等内容
		A级高级	为今后在理工科或其他领域学习奠定基础；达到本学科高中学习的优异水平；在国家课程和高考范围之外，适度拓展自主招生、竞赛及大学先修等内容
		R级标准	为今后在高校各个专业进一步学习做好本学科的知识和能力储备；达到本学科高中学习的优秀水平；课程内容以国家必修课程和选修课程、学业水平考试和高考考查为范围
		B级基础	为今后在高校进一步学习奠定必备的学科基础；达到本学科高中学习的基本要求；课程内容以国家必修课程和选修课程、学业水平考试和高考考查为范围

表 5-3　北京师范大学附属实验中学分层走班组班方式

组团	数学层级	班额	物理层级	班额	化学层级	班额
第一组团 1～3班	数A	1	物A	1	化A	1
	数R	3	物R	3	化R	3
第二组团 4～6班	数A	1	物A	1	化A	1
	数R	3	物R	2	化R	2
第三组团 7～10班	数P	1	物B	1	化B	1
	数A	2	物A	1	化A	1
	数R	2	物R	3	化R	3
第四组团 11～13班	数A	1	物A	1	化A	1
	数R	2	物R	2	化R	2

（3）对教学的各个环节进行分层定位

分层教学设计者要考虑到各个层级的教学目标、教学安排、教学方式、教学评价、资源建设等各个环节。因此，分层教学设计者要对分层

教学方案做清晰明确的呈现，北京师范大学附属实验中学用了"分层教学课程纲要"的方式进行呈现，如高中物理分层教学课程纲要。

案例　北京师范大学附属实验中学高中物理分层教学课程纲要①

（一）指导思想

在物理学科开展分层教学是基于因材施教的原则，在教学中针对不同知识、能力水平和潜力倾向的学生，确立不同的教学目标，为学生提供多元化的、有差异性的物理课程，并引导学生根据自己的能力和兴趣做出选择的一项教学安排。

在物理学科实施分层教学的目的在于为不同的学生提供个性化的物理教育，摆脱传统的基于单一目标的局限，分层次提出教学目标，进行不同层次的教学，分层次提供教学辅导资料，组织不同层次的检测，以达到充分调动学生的主动性，使各类学生在各自的"最近发展区"内得到充分发展，充分发掘各类学生的潜能的目的。

（二）分层课程描述

分层课程情况如表 5-4 所示。

表 5-4　分层课程

	专业物理（P）	高级物理（A）	标准物理（R）	基础物理（B）	人文物理
年级	高一、高二	高一、高二	高一、高二	高一、高二	高二
培养目标	完成本课程的学生应达到中学物理学习的顶尖水平，为今后进一步在名校理工科专业进行深造奠定基础，在物理竞赛及自主招生和高考中取得优异成绩	完成本课程学习的学生应该达到中学物理学习的较高水平，为今后在理工科或其他领域学习奠定基础，在高考和自主招生考试中取得好成绩	完成本课程学习的学生应该达到中学物理学习的中等水平，为今后在高校各个专业进一步学习物理方面的知识和能力做好准备，在高考中取得较好成绩	完成本课程学习的学生应该达到中学物理学习的基本要求，为今后在高校进一步学习奠定必备的物理基础，在高考中取得较好成绩	完成本课程学习的学生应当具备基本的物理素养，为今后从事人文、社会等相关专业学习提供科学方法和意识的基础性训练

① 由北京师范大学附属实验中学物理教研组李宇炜老师提供。

续表

	专业物理（P）	高级物理（A）	标准物理（R）	基础物理（B）	人文物理
教学内容	以高中物理新课程标准和全国中学生物理竞赛大纲为依据开展教学，学习内容包括高考要求的全部物理内容及大学普通物理的基础性内容	以高中物理新课程标准和各高校自主招生要求为依据开展教学，学习内容包括现行高考要求的全部内容，并在难度和广度上进行适当的拓展	以高中物理新课程标准为依据开展教学，覆盖现行高考的全部知识与能力要求	以高中物理新课程标准为依据开展教学，覆盖现行高考的全部知识与能力要求	以高中物理新课程标准及北京市高中物理会考大纲为依据开展教学
适用学生	物理学习兴趣浓厚，数学和物理基础扎实，竞争意识突出，具有较强的逻辑思维能力和良好的自主学习习惯，立志于在物理竞赛中取得成绩的学生	具有较好的理科学习基础和自主学习能力，对自身要求严格，能够接受较高学习要求的学生	具有一定的物理基础和学习主动性，能够认真完成教师安排的各项学习任务的学生	具有一定的物理基础，期望在物理学习上取得不断进步的学生	今后将从事人文、社会等学科的学习，以物理作为自己的科学素养组成部分的学生

（三）教学班级安排

全年级共分为 4 个组团。

第一组（1～3 班）：分为 4 个教学班，重新按层次分班，其中 3 个班开设标准物理课程（R），1 个班视学生情况开设高级物理课程（A）或基础物理课程（B）。

第二组（4～6 班）：分为 4 个教学班，重新按层次分班，其中 3 个班开设标准物理课程（R），1 个班视学生情况开设高级物理课程（A）或基础物理课程（B）。

第三组（7～10 班）：分为 5 个教学班，重新按层次分班，其中 1 个班开设专业物理课程（P），3 个班开设高级物理课程（A），1 个班开设标准物理课程（R）。

第四组(11～13班)：分为3个教学班，保持原有班级建制不变，其中11班开设高级物理课程(A)，12班和13班开设标准物理课程(R)。

总计：(3R＋1A 或 1B)＋(3R＋1A 或 1B)＋(1P＋3A＋1R)＋(1A＋2R)，共16个教学班。

(四)分层依据

结合学生志愿、教师分析判断和期中考试成绩进行双向选择。

(五)教学进度安排

1. 专业物理层次

专业物理层次如表5-5所示。

表5-5　专业物理层次

序号	时间	教学内容	目标
1	高一学年	力学	高一力学竞赛
2	高一暑假	电磁学	高三全国竞赛(尝试)
3	高二第一学期、高二寒假	光学、热学、近代物理学、第一轮复习(分章节强化训练)	学完全部理论知识
4	高二第二学期	第一轮复习(分章节强化训练)、同步进行实验训练	参加全国应用物理知识竞赛
5	高二暑假	第二轮复习(分块强化训练)	
6	高三开学至预赛前	综合模拟训练(预赛难度)	全国物理竞赛预赛
7	预赛后至复赛前	综合模拟训练(复赛难度)	全国物理竞赛复赛
8	复赛后至决赛前	综合模拟训练(决赛难度)	全国物理竞赛决赛

2. 高级物理及标准物理层次

高级物理及标准物理层次如表5-6所示。

表5-6　高级物理及标准物理层次

序号	时间	教学内容	备注
1	高一学年	物理必修1、必修2及选修3-5动量部分	
2	高二第一学期	侧理：选修3-1及选修3-2部分内容 侧文：选修1-1	高二第一学期寒假参加本校自主命题物理会考
3	高二第二学期	理科：选修3-2至选修3-5	
4	高三学年	对高考说明覆盖内容进行复习强化	

（六）评价

1.学生评价

基本原则——分层命题。既有共同考查试题，也有各自层次特色试题，以体现出不同学习层次的差异性。强调过程性和发展性评价，关注学生的成长变化。A、R、B三个层次试卷由模块测试和质量检测两部分组成。模块测试部分各层次相同；质量检测部分，根据各层次不同教学要求区别命题。P层次单独命题。

2.教师评价

关注教师教学的实施过程，结合所教班级成绩变化情况及学生评教反馈情况对教师进行评价。

（七）教学资源建设

第一，按不同层次编写读本、学案、练习资料。

第二，增加物理实验室数量及实验设备，满足四个班同时上课的要求。

第三，增加现有教室内的课桌椅，满足不同人数上课的需要。

（4）进行分层教学要注意行政班与教学班的衔接

进行分层教学改革，可能会涉及走班，目前大部分学校的分层走班基本上是行政班和教学班相结合的模式。这也许是一个过渡时期的模式，随着分层范围的扩大，分层力度的强化，可能会出现全部科目"走起来"的形式，如北京十一学校的探索，不设班主任，全部实行走班制。

教学班和行政班结合的模式带来了一些问题，如班主任的工作会因为"走班"而变得困难。如何更好地进行"走班制"下的教育教学管理，各所学校也进行了积极的探索。北京师范大学附属第二中学的解决方式是设立"大班主任"，对几个教学班的学生进行统一管理，但是"大班主任"的任务繁重，他们很难顾及全面。北京师范大学附属实验中学将不同行政班级的学生组成教学班，至少设一名助教，以协助任课教师，负责本教学班的事务管理，如考勤、不同行政班课代表之间的沟通等；设课代表若干名，课代表人数由学生来源决定，如数学A3班，学生分别来自7、8、9、10班，则设4个课代表，分别负责这4个班的作业管理。课代表不仅对教学班的任课教师负责，还对原班主任负责。这种方式形成树状管理结构，比较容易把控。

行政班和教学班之间需要对接，应该建立联系网络，让管理无断层，在学生不断强化自我管理的同时，能够形成教师—班长—课代表—

组长—组员这样一个管理体系，便于行政班的班主任、教学班任课教师及时掌握班级情况，联系畅通，并且利于学生间的互相督促。目前，实验中学设立多个教学助理的这个方式比较科学，更多的管理方式尚需各实验校进行个性化探索。

(5)进行分层教学要注意提升学生的团队意识

无论是行政班，还是教学班，都需要情感上的沟通，才能营造和谐的、温馨的师生关系和生生关系。如何让"走班"中的学生觉得找教师辅导并不是很困难的事，到哪个教学班学习都有一种"生至如归"的亲切感、归宿感，还需要进一步研究。技能的提升需要在"做"中学，情感的沟通也离不开活动的开展。行政班有行政班的班团活动，教学班的活动，可以根据教学任务设置一定的活动平台，便于学生交流、合作、共同探讨。比如，做科学实验，进行科技拓展，开展辩论赛，开展演讲比赛，组织戏剧表演等。

2. 在课堂教学中注意焕发学生的生命活力

课堂是课程实施的主渠道。课堂的质量决定了课程实施的质量，课堂质量是课程是否成功实施最核心的指标，而充满生命活力的课堂是自主课程实验中课程实施的追求，新课程实施中学校对生命活力课堂的研究也日益深入。

(1)强调激发学生生命活力的课堂教学

新课程改革以来，北京师范大学附属实验中学一直进行与课程建设相匹配的课堂教学理论、课堂教学生态、课堂教学模式的理论研究和实践探索。其课堂教学研究，经历了主题词为"有效课堂""高效课堂""活力课堂"的三个阶段。与"有效课堂""高效课堂"主要着眼于"教师如何教才有效、高效"不同，"活力课堂"把"学生当作生命体"进行教学研究。主要方式是各个学科各个年龄段的教师做"活力课堂"研究课，针对教师如何"教"、学生如何"学"、活力课堂的要素结构以及主要表征，备课组、教研组乃至全校的教师进行研讨，并且绘制活力课堂逻辑结构图(图5-1)[1]。在学校活力课堂主要元素阐释的逻辑结构图的基础上，各个学科绘制了本学科的结构图(图5-2)[2]。

---

[1] 摘自北京师范大学附属实验中学2013—2014年度课程实施总结报告。

[2] 摘自北京师范大学附属实验中学生物组组长曹仁明老师"生物活力课堂教学研究"总结报告。

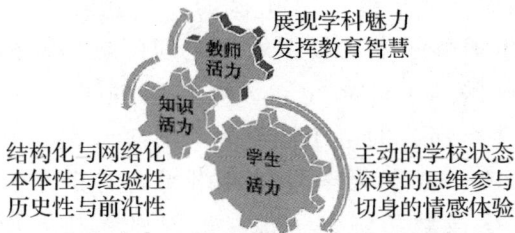

图 5-1 北京师范大学附属实验中学活力课堂逻辑结构图

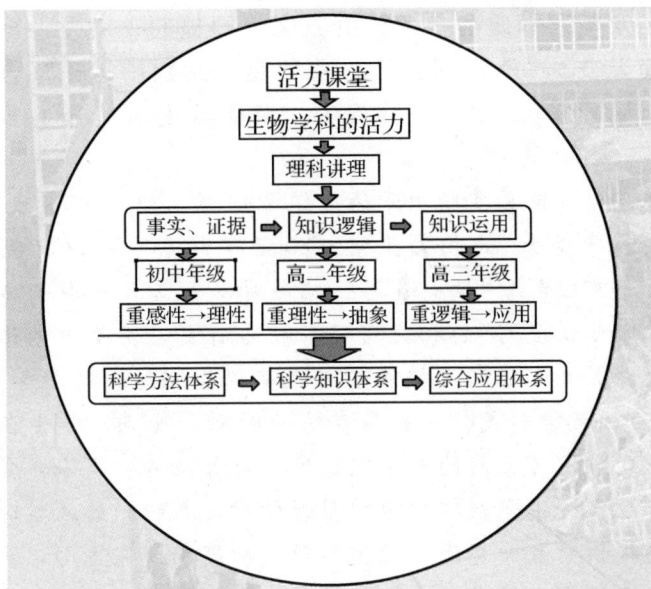

图 5-2 北京师范大学附属实验中学生物学科课程结构图

活力课堂的教学研究让教师"走出学科，走进学生"，让教师们从不同角度进行教学设计，有些是基于教师的，有些是基于知识的，有些是基于学生的。这是一个革命性的变化，在研究课堂教学的时候，能够找准切入点，让课堂教学更加贴近学生生活，激发学生的活力。比如，进行情境教学、活动教学，让学生做中学等。毋庸置疑，这种持之以恒、持续改进的教学研究对教学质量的提升有很大的帮助。

（2）强调师生互动、生生互动的虚拟课堂教学

多媒体的广泛运用为教学提供了一定的便利，如何让多媒体最大限度地发挥效用，为教育教学服务，现实课堂即传统课堂，在教室中进行的课堂教学。虚拟课堂，是通过构建的网络平台进行课堂教学。北师大二附中率先将数字化手段运用于课堂教学中，并不断加强数字

化素材积累。例如，数学组利用 iPad 的终端在立体几何方面的优势，构建了 11 个学生理解起来比较困难的空间问题的动画；英语组将 11 个 TED 演讲资源搬到了 iPad 上，语文组整理了《庖丁解牛》《苏武牧羊》和高二古文选修部分的电子版课本，让学生随时随地学习。让学生从实施效果来看，数字化学习的网络平台有助于教师了解学生特点，运用数字化手段教学延伸了课堂教学的范围，便于学生查阅信息，有利于师生之间、生生之间高效互动。在这些课堂上，学生问题解决的路径发生了本质的变化。由原来教师提问、启发，组织学生讨论得出答案，变为"产生问题—查找信息—甄别筛选—整合分析—得出答案—交流分享"。在这一过程中，潜移默化地提升了学生的信息化素养。

北京师范大学附属实验中学语文组 2005 年以来，一直致力于"信息技术与语文教学整合"的相关探索；2007 年北京市新课标教材启用以来，又致力于京版教材"核心资源、拓展资源和工具资源一体化背景下如何有效落实多读多写"的相关研究。最终研发了实验中学语文虚拟课堂信息平台，并且形成了虚拟课堂与现实课堂相结合的教学模式。"虚拟课堂"有两种教学形式。一种是在统一时间和地点，学生在任课教师的带领下，到学校可上网的电子阅览室、计算机教室上课，学生每人一台电脑，登录实验中学数字校园学科教学网，在统一的教学时间里，依据教师预先提供的教学资源、设定的讨论问题和研究方向，独立上网查找资料、自主探究、思考，以类似于"BBS"聊天的方式，发帖研讨，并最终达成共识。教师可以在此期间，即时点拨、启发，并且了解学生对所探究的内容了解情况，思考深度以及存在的问题等。

另一种是时间段固定，地点并不固定，学生可以在学校、家庭上网，完成某一教学任务。比如，上传作文，浏览其他同学的作业，进行发帖评论，就某一话题展开讨论等。在语文学科教学中，"虚拟课堂"作为"现实课堂"的先导、前奏，或者是后继、拓展，为教师实施现实课堂的教学做有效的铺垫，或帮助学生有效巩固现实课堂中的知识和能力，促进现实课堂教学效率的提升。语文教学的核心是"让学生有效地多读多写"，现实课堂由于时间、空间的局限，不能让学生阅读大量的素材，并展开充分的讨论。"虚拟课堂"的最大优势在于生生互动、师生互动，在于生生之间自主探究与自主合作，能够同时在线，进行交互，因而提高了效率，节约了课时。最关键的是，平等的参与权与发言权极大地释放和激发了学生的热情，从而保证了学生学习的主体地位。设定的任务与清晰的方向则最大限度地避免了出现学生放任自流的问题。北京师范大学附属实验中学汪文龙老师在《"虚拟课堂"与"现实课堂"相结合的实验报告》中提到，将虚拟课堂与现实课堂结合起来，形成了以下三种教学模式。

第一种，"主题阅读写作"模式。主题阅读写作，是使学生养成良好读写习惯的一种网络与现实结合的教学模式。其特点是把话题(即某个主题)作为进行具有一定深度与广度的阅读的抓手，使各类学生从不同层次、不同角度对话题加以解读，从而进行写作。这样的写作，是与阅读紧密联系的。

第二种，"泛读整合精读"模式。泛读整合精读，是立足于充分发挥学生的主动性，把一定量的泛读和精读作品有效整合起来的一种网络与现实结合的教学模式。其特点是围绕某篇精读作品，配套若干泛读材料，在精心的教学安排下，使精读材料与泛读材料形成互为补充的有效教学链条，引导学生泛读，为精读做铺垫，再由精读顺畅地走向泛读，以期对精读作品解读的"螺旋式上升"的过程。

第三种，"多样生活写作"模式。多样生活写作，是充分发挥网络平台的交互与信息记录的优势实现写作的多样化、生活化、经常化、个性化的教学模式。其特点是依托"虚拟教室"，做好写作栏目的设置，实现对学生写作的规划与引领，给学生提供多样化的写作选择。这样的写作，是与学生的生活实际紧密联系的。

(3)强调培养探究能力的教学活动

实验学校注重以核心概念和任务驱动为依托，在相关学科开展自主研修实验。如北京师范大学附属第二中学以文科课内核心概念为切入点深入拓展，以文献法为教与学的主要方法，以独立、自主的研修为主，教师指导为辅，形成有一定学术性的研究成果并引发学生持续关注，使学生变兴趣为专长。该课程的重点是训练在系统环境中提出、分析、解决问题的思想方法；提升质疑探究、整合资源、提炼并形成独到观点的能力；提高规范、严谨、准确、简明的语言表达和写作能力；培养自主安排、迎接挑战的习惯和品质，提升内驱力。

根据北师大二附中《2013—2014学年年度新课程改革实验研究报告》，2013—2014学年度以高二年级研学时间为主，假期为辅；以文科教研组教师为主(跨年级)，专家、家长为辅；以导师个性指导为主，集中授课为辅，开展的这项尝试取得了超出预期的成效，学生形成研究成果 120 多万字。在未来高考自主招生不断扩大的大背景下，文科学生应该通过这类学习形成较高质量的成果，并通过不同渠道正式发表或出版。2013—2014 学年度文科实验班出版文集 4 本，发表各类文章近百篇。与此同时，理科实验班也逐步推进生物"自主研修"课程，试图以多样化的学习方式，培养学生学习兴趣，提高学生发现问题、分析问题和解决问题的能力。

北京八十中是可持续发展教育国家实验学校，学校本着"主体探究、综合渗透、合作活动、知行并进"的 EPD—ESD 教育的教学实验原则，深入探讨 ESD 思想在课堂教学当中的渗透和整合（图 5-3）。北京八十中《2013—2014 学年度新课程改革实验研究报告》显示，北京八十中探索和总结出了技能训练课、实验探究课、科学方法课、调查研究汇报课、网络环境下研究课等几种基本的 ESD 教育课堂教学模式，每种模式都充分体现了培养学生可持续学习能力的 ESD 精神。同时，通过国外课程的引进与海外教育实践基地的教师培训、外国老师带教，让教师亲身感受西方教师的教育理念与实践，实现了教师教学理念的全方位更新。学校通过开展对综合实践活动课程的深入推进和促进学生学习的课堂评价研究，倡导教师关注学生可持续学习能力的培养。学习能力包括基础学习能力和可持续学习能力。可持续学习能力，也就是学生后续学习和终身发展所需要的学习能力。具体包括主动收集信息、加工信息的能力，独立思考与分析问题的能力，与他人合作探究与解决问题能力，主动关注可持续发展实际问题并提出创新性解决方案的能力。

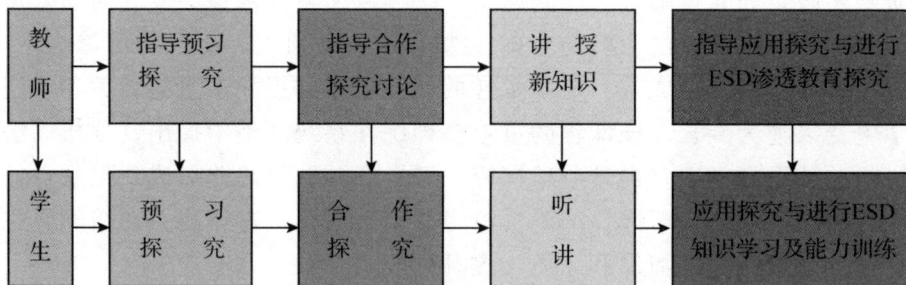

图 5-3　北京八十中 ESD 思想课堂教学渗透图示

五、高中学校课程实施创新的思考

从新课程改革实验校的课程实施自主设计的实践探索中，我们看到课程实施改革过程中取得的喜人成绩。比如，"以人为本"的教学理念基本渗透到教师日常的教育教学行为中，教师在教学中能够灵活运用多种教学法，以提升教学质量，课堂教学的活力日益凸显，学生自主学习的能力、探究能力、创新能力都得到了相应的提升。但是没有反思就没有进步，我们需要对这些年来改革之中产生的问题进行反思，也需要对今后课程改革的态势以及课程实施所面临的挑战进行前瞻性的判断，从而促进课程实施自主创新工作科学顺利地发展。

（一）当前课程实施自主中存在的主要问题

在当前课程实施自主中，部分教师对一些理论的理解有偏差，在课程实施、教学实践过程中需注意以下几个方面。

1."以学代教"

教学其实包括"教""学"两个层面，需要教师的"教"和学生的"学"两方面共同作为。但是，有些教师过于强调学生的"学"，依赖学生的自主性，而在引导方面工作做得不够，导致自主性不够的学生手忙脚乱，压力增大，或者对某一学科的学习失去信心。只有发现问题，探索改革的路径，才能推动新课程改革持续深入的进行。如何在课程实施中更上一层楼，我们认为还是要从教师的教学行为入手。

2. 课程实施与学生自学

课程实施是把课程设计落到实处的环节，虽然属于实践范畴，但是也离不开实施者的理念、策略。课堂教学是课程实施的主渠道。这里的课堂是包括社会、学校、家庭在内的大课堂概念。教学，离不开"教"和"学"两个因素。否则不能构成"教学"，也谈不上"课程实施"。在"教师"和"学生"这两个角色中，教师的教学行为是课程实施的关键，教师是课程实施的主导者，学生的"学"一定是在教师指导之下的学习。学生的完全自学属于学生个人行为，已经不属于学校课程实施的范畴了。

3. 教师专业水平

教师的教学行为是教师综合素质的表现，决定了教学的效率和质量。良好的教学能够有效促进学生学习知识、提高能力和全面发展个性。教师的个性特征、教学观念、教学效能感等都会对教师的课堂教学行为产生影响。那么，影响教师的深层因素究竟是什么？我们认为，理念、素养，这两个因素外化为教师的教学行为，包括教学设计、教学实践。所以，一所学校要想提升课程实施质量，必须从"理念、素养"这两个因素对教师进行培训，毕竟，教师的整体实力决定了学校课程实施的效能。

(二)课程改革深化对课程实施自主的挑战

未来的课程改革更加强调人的综合素质的培养，强调人的实践能力、创新精神以及文化积淀。[①] 这对课程实施自主提出挑战。

1. 课程实施要更凸显综合化

从最初的分科课程，到综合实践活动的开展，已经呈现出综合化倾向。不仅如此，目前，有些学校已经将美术、音乐等必修科目以综合实践类课程呈现出来，分科的特点被弱化，综合性增强。综合性课程涉及学科之间的内在逻辑关系与课程整合方式的选择，涉及教育各学段之间知识与技能目标的衔接，同时也涉及教师本身知识结构等方面的问题。综合性课程的开发和实施固然有很多制约因素，但是随着教育改革的深入，课程综合化终将会成为我国课程发展的趋势。如何进行综合性的课程实施，将是我们进行课程实施研究的重要课题，例如，戏剧课程的开发与实施，需要教师懂得舞台设计、音乐、灯光、剧本改编、表演等方面，或需要由不同学科的教师组成项目组，进行联合授课，但是必须处理好彼此的衔接问题。

2. 课程实施要更加重视研究性

新课程改革强调以学生德育为核心，以创新精神和实践能力培养为重点的素质教育概念，研究性学习受到越来越多的教育研究者的关注，不仅以独立的课程形式出现，还渗透在学科的学习中。有的学校，如北京师范大学附属实验中学开展了小学期课程，进行科学研究课的实践探索，为学生在研究中学习提供更加宽广的平台。研究性已经成为培养学生创新精神和实践能力的课程的必要特点，并且在将来会更加凸显。而研究性学习已经不再限于一门课程，而是成为任何学科课程在教学实施中必须具备的一个特点。那么如何保证研究性学习的开展？这就涉及学

---

① 吕春枝：《世界各国课程发展的总体趋势》，载《雁北师范学院学报》，2004(6)。

生有没有合适的研究场所，上课所需要的研究设备是否充足，教学资源是否足够支撑研究，有没有专业的教师给予指导等。即便条件都具备了，如何有效地组织实施也是各所学校今后必须面临的问题。

3. 课程实施要更加侧重人文性

社会主义核心价值观的提出，为"人文素养"增加了更加丰富的内涵。将来的课程改革趋势更加强调学生的人文精神的培养，因此，学校必须对满足学生成长需求的人文课程加大开发力度，对如何更好地实施人文类课程进行研究。比如，进行社会考察，进行人文社科专业教室的设计，进行人文类课堂教学研究等。这样可为保证学生的全面发展创设良好的条件。

(三)课程实施自主的思考

学校课程实施自主关键的问题是加强教师培训，进一步提升教师的专业素养，让教师适应越来越个性化的教学需求。关于如何进行教师培训的问题，我们认为要对症下药，针对教师理念的更新、教师教学行为的改进、教师教学方式的转变进行探索。教师理念的更新、专业化成长必须通过主题鲜明、实效显著的培训活动加以促进。

1. 教师教学行为的改进

教学行为是一个复杂多变的行为系统，课堂教学行为是课程实施的具体表现，包括教师的教和学生的学两个方面。教师加强对教学行为的关注和改进，探索教学行为发生、发展的规律，自觉提升教学行为的效能，会有效提升教学质量。教师的"教"是教学行为的关键因素，那么教师的"教"以学生的"学"为落足点，学生的"学"是教师的"教"的效果呈现。

根据教学行为的存在方式可以将教学行为分为显性教学行为和隐性教学行为。显性教学行为指的是教师、学生说的或做的可视行为，隐性教学行为指的是教师或学生的种种显性教学行为之下头脑中原本具备的思想和观念。隐性教学行为影响显性教学行为，二者之间有一定的因果关系。教师的显性教学行为可以根据教学情境中的行为方式及其发挥的功能来划分，分为主要教学行为、辅助教学行为和课堂管理行为。后者可以划分为外显教学行为和内隐教学行为。

教师的主要教学行为是教师在课堂中发生的主要行为，以教师具备扎实的专业知识与技能为基本条件，在具体教学情境中表现为讲解、启发、提问、对答、指令和指导等。辅助教学行为是辅助主要教学行为，使之产生更好的教学效果而在课堂中发生的教师行为，如学生学习动机的培养与激发、有效的课堂交流、课堂强化技术和积极的教师期望等。课堂管理行为是为教学顺利进行创造条件，是教师实现教学不可缺少的一种行为，它主要涉及课堂行为问题的管理与时间的分配。在显性的教学行为中，这三种教学行为是相互联系，密不可分的。教师扎实的专业知识与技能是教师进行有效教学的前提，良好的课堂气氛是实现有效教学的必要条件，关注学生的发展，实现师生充分互动是有效教学的关键。那么这三种教学行为共同构成了影响教师教学质量的关键因素。那么教师如何改进自己的教学行为？

（1）明确教学行为的影响因素

教师的知识结构、能力、人格特征对教学行为有很大的影响。在这些要素中，教师的知识结构、能力是教师专业素养的体现。教师的知识结构是过时的还是前沿的，是丰富的还是单一的，教师的教学能力是高是低，都会对教学行为产生直接影响。这二者是可发展变化的，是教师通过各种学习、各种培训能够改变的因素。教师需要不断优化自己的知识结构，不断提升自己的教学能力。教师的学习是一个终身过程，不能有一劳永逸的思想，与时俱进的积极的学习状态应该是一种常态。

教师的知识结构主要包括什么？一方面是自己的学科知识，教师需要通过学习，保证自己的学科专业知识是贴近学术前沿的；一方面是关于教育学、心理学方面的知识；还有一方面是课程设计方面的知识。教师应该主动阅读一些教育学著作和课程设计著作，将其作为自己隐性教学行为的核心要素，从而使自己的显性教学行为科学高效。显性教学行为只是冰山一角，隐性教学行为，即教师的专业素养、先进的教育教学理念和课程设计理念，则是让自己的教学行为更为成功运行的关键因素。

教师的教学能力主要包括什么？教师要有良好的教学思维能力、严密的逻辑推理能力、简洁的语言表达能力、运用各种教学媒体的能力以及过硬的教学组织能力和教学管理能力。这里，教学思维能力在教学设计和教学实施中均起到非常重要的作用。所谓教学思维能力，指的是教师对学生的认知与判断，包括对学生的学习基础、学生的兴趣意愿、学生的思维特点等的认识以及对学生在教学过程中所反馈的各种信息的理解、加工与反应。教师在教学过程中会遇到各种纷繁复杂的信息，有些教师会忽略这种信息，有的教师则会有效地加工这些信息，将其转换成促进教学实施的正能量，并有助于自己下一步教学的设计，从而不断改进自己的教学。当然，我们提倡第二种情况，这也是以学生为本的一个重要体现。

教师的人格特征似乎是一个相对稳定的因素，一个教师是外向的还是内向的，是幽默的还是严肃的，基本上已经形成风格，不易改变。学生对教师的不同风格会有不同的反应，喜欢、不适应或者反应平平等。总之，教师的人格特点会影响到教学行为的效果。教师在这方面是无能为力的吗？也不是。教师要有一个认识，无论什么样的人格特征都不是积极或消极因素本身，最关键的，是一个教师的道德修为。教师需要不断地加强自己的人格修养，让自己笃实、宽容、友善，这样才会具有亲和力，具有人格魅力，让学生拥戴，从而让教学行为良性发展。

（2）对自己的教学进行反思

教师要有灵敏的教学效能感。所谓教学效能感是指教师在教学过程中，对其能否有效地完成教学任务，实现教学目标的知觉和信念，包括一般教学效能感和个人效能感两种。一般教学效能感是指教师对教与学的关系，对教育教学在学生发展中的作用等问题的一般看法与判断；个人教学效能感指教师对自己教学效果的认识与评价。教学效能感也是影响教师教学行为的一种重要因素，会影响教师的课堂教学态度和信念、教学策略的应用、课堂教学行为的努力程度和坚持性等。优秀的教师在课堂教学过程中表现出积极的教学态度，能够运用灵活多样的教学方法和教学策略，有较强的课堂管理和组织能力，课堂气氛一般比较轻松、活跃，能够调动学生的积极性和主动性，激发学生的学习动机，进而影响学生的学业成绩。[1]

教学反思在教学实践中的惯常行为。每一个教师或多或少都会对自己的教学活动过程进行思考，审视和分析整个教学行为、自己的决策以及学生的反映等。教学反思是一种通过提高参与者的自我觉察水平来促进能力发展的途径，教师自我反思是否深入，能否有力地促进自己以后的教学行为，取决于教师的教学效能感。因此教师要有意识地提升自己的教学效能感。

教师如何提升自己的教学效能感呢？第一，教师需要有持续改进教学行为的意识。发现问题是改进教学行为的前提，教师要关注教学行为中的问题，并且坦然面对这些问题，少一些自我责备，多一些正面分析

---

① 蔡宝来、车伟艳：《国外教师课堂教学行为研究：热点问题及未来趋向》，载《课程·教材·教法》，2008(12)。

和积极改善的态度。第二，教师需要有教学过程意识。教师要重视教学过程，对自己如何教和学生如何学多加留意。应该说，教学行为就是教学过程中教与学的种种表现。教师有了持续改进教学行为的内在需求，便会自然而然地强化自己对教学过程的记忆，从而掌握更多的教学信息。第三，教师要多听课，多与同行进行交流，对彼此的教学行为进行探讨。在听课的时候，要关注他人教学行为的各个细节，从教师、学生两个角度感受教学行为的效能。在与同行教师进行交流的时候，要接受不同的信息，提升自己对教学行为效能的认知和理解。

2. 教师教学方式的转变

在我国，尽管之前尝试过启发式等多种教学方式，但总体而言，教学方式以被动接受式为主要特征。具体表现在：教学以教师讲授为主，很少让学生通过自己的活动与实践来获得知识，得到发展，以学生自主探究、查找文献、集体讨论为主的教学活动较少，教师经常布置书面作业或阅读作业，很少布置观察、制作、实验、调查等实践性的作业，学生的创新精神和实践能力的培养比较缺乏。因此，新课程改革之下，教学方式必须转变。无论是基础教育课程改革的目标，还是教学内容的性质，以及学生自主学习能力、创新能力培养的需求，以人为本的社会思潮，都在要求教学方式做出相应转变。那么教学方式怎么转变，换句话说，学校的教学方式转变的原则、选择的依据是什么，向什么方向进行转变？

（1）教学方式转变的原则

我们根据教学方式构成的实体要素对教学方式进行一级分类，可将其分为教师"教"的方式，简称"教授方式"，学生"学"的方式，简称学习方式，以及使用媒体的方式三大类。[①] 以往的教学方式过分强调教师的教授，而忽视了学生的学习。在新课程改革中，我们强调学生的"学"，如自主学习、探究学习、合作学习，却又容易忽略教师的教。因此，教学方式转变的原则是兼顾"教"与"学"，绝对不能让学生的"学"代替教师的"教"。

无论是哪种课堂教学方式都要发挥教师的主导作用和学生的主体作用。教师的主导作用表现在：确定合理的教学目标，制订切实可行的教学计划，在教学过程中调动学生的主动性和参与性，激发学生的课堂学习动机，创设问题情境，使学生在轻松、愉快的课堂氛围中体验学习的

---

① 张铁牛、田水泉、夏志清：《教学方式研究的理论探讨》，载《许昌学院学报》，2004
(6)。

乐趣。学生的主体作用表现在：学生以积极的情感和态度主动参与课堂教学，对所学知识具有强烈的求知欲和兴趣，严格要求自己，树立明确的教学目标，并能高效率地达到预定的学习目标。

在教师的"教"和学生的"学"中，教师的主导作用是前提，是保障；学生的主体作用是关键，是核心。教师只有把教学设计好了，才能够保证学生的学习有序进行。教学是一项有组织、有计划的活动，而不是随意的、放任自流的行为。因此，在课程实施自主中不能为打破以往教学中存在的以教师讲授为主、置学生于被动地位的传统，而进行所谓的"以学定教""以学案代教案"等把教学直接转化为学习的改革。不能因教学的目的与结果都指向学生，而否定教师的"教授"。"教学"和"学习"毕竟是两个概念，不能混淆。

(2)教学方式选择的依据

教学方式依据什么进行选择？主要依据教学目标和教学内容。判断什么样的教学目标和教学内容适合什么样的教学方式，最终要看教学效果。教学效果好，说明这样的教学方式就是恰当的教学方式。

教学目标一般有三个维度：知识与能力、过程与方法、情感态度与价值观。这三个维度的教学目标的实现路径即教学方式。例如，知识与能力，知识可以通过讲授的方式让学生获得，也可以通过学生课下查找资料，课上汇报、总结的方式让学生知晓。讲授式的优点是节省时间、比较全面；缺点是学生印象不深。学生自主查找的优点是印象深刻，自主建构，但缺点是费时费力，相对片面。相对知识而言，知识的运用更为重要，如果时间比较紧张，知识可以用讲授式教学，知识的运用可以用探究式教学。能力、过程、方法、情感则需要学生去实践，去体会，可以用探究式、情境式等实践类教学方式。总之，教学方式的选择要充分考虑到适切性。

另外，学习方式＝学习动机＋学习策略。就学生的学习特点而言，主要分为表层学习和深层学习两种。表层学习者对学习没有太大的兴趣，学习观比较被动，学习的功利性比较强，只是为了应付家长、老师、考试而学。深层学习者则具有内在动机或好奇心，为满足兴趣、探究意义而自发、主动地学习，能够持之以恒地进行广泛的学习。深层学习者学习的效果较好，而且能够主动地认识、监控、管理自己的学习。

对学生而言，学习效果的优劣主要取决于表层学习和深层学习这两种学习特点。深层学习者对于教师所采用的合适的教学方式，基本能够积极响应、配合。因此，教师在设计教学时需要注重对表层学习的学生进行深层式学习的引导和鼓励，尽可能设计让学生觉得有意义的具有良好结构性的教学任务，激发学生的内在动机，鼓励学生沿着任务目标，积极、建构性地探求教学任务本身所蕴含的知识、能力，从而提升学生的素质，培养学生的创新意识和实践能力。

（3）教学方式转变的方向

一是综合性。多元的教学内容、教学目标决定了教学方式的多元性和综合性，学生个性素质的全面发展同样需要教师通过正确运用各种教学方式来实现。教师需根据本学科的特点、教学任务的具体要求和学生的实际需要而积极采用各种恰当的教学方式进行教学，并将它们巧妙地结合起来，融会贯通。任何僵化、单一的教学方式都不能够适应新形势的需求。

二是互动性。教学过程中师生多元、多向、多层、多种方式的互动贯穿并组成全程，它是推进教学行程的动力。[①] 教学不再是单向的一对多、师对生，而是平等的、立体的、网状的交互行为。教师需要注意的是在这种交互行为中产生的多种信息。如果教师没有足够的敏感度，那么这些信息就不会发挥应有的作用，互动的教学方式就会徒有形式。因此，教师需利用足够的敏感度进行互动信息的捕捉和反馈，如补充、修正、完善、拓展、升华等，从而促进学生的深层学习，促进师生共同的精神成长。

三是信息化。传统的教学要素构成主要是黑板、粉笔。随着信息技术的发展，教师运用信息技术进行教学已经越来越普遍。信息技术虽然只是一种教学手段，但是对教学的实施起到了一定的推动作用，教学信息化的趋势日益凸显。信息技术的运用是时代的进步，但是如果运用不当，往往会适得其反。据调查统计，当前多媒体课堂中所应用的课件存在界面设计不合理，通用性差，使用时机不恰当等诸多问题。[②] 另外，有的教师为了制作精美的课件而投入大量的时间和精力，导致没有时间思考教学本身等问题，从而影响了教学质量。因此，在教学方式日趋信息化的今天，教师应有意识地提高自身的信息技术水平。在设计教学时，教师应以提高教学质量为目的，对多媒体教学手段和传统教学手段进行合理选择、整合优化。

---

① 叶澜：《课堂教学过程再认识：功夫重在论外》，载《课程·教材·教法》，2013(5)。

② 杨新宇：《多媒体课件在课堂教学应用中的有效性研究》，硕士学位论文，沈阳师范大学，2014。

第六章

课程选择自主：
实现学生的主动发展

我国正处于社会转型期。这个时期呈现出社会复杂性特质，人们的行为方式、生活方式、价值体系更加多元，个体发展的诉求日益彰显。但是长期以来，我国"统一性"的高中课程体系使得学校无特色，学生无个性。同一化的课程结构与社会发展的多元化以及个体自身发展的多样化是相背离的，加强课程的选择性成为我国高中课程改革的必然走向，这也是我国新一轮基础教育课程改革的基本思路。任何一场变革都不是突如其来的，它需要在历史发展的纵轴与横轴中寻找到变革的切入点和撬动点。研究我国高中课程结构发展，梳理其中的合理内核，可以窥见选择性虽然缘起于西方，但是我国高中的选课探索也是曲径通幽，自有特点。纵览东西方典型国家的高中课程改革，分析其得与失，概括出适应我国高中课程自主选择的主要原则，为新一轮高中课程改革提供可以借鉴的经验与启示，是变革之必需，也是实践之应然。

一、课程选择与课程选择自主的内涵

"课程"一词最早出现在英国作家斯宾塞的《什么知识最有价值》一文中，它是从拉丁语"Currere"一词延伸出来的，它的名词形式为"跑道"，由此，课程就是为不同学生设计的不同跑道，而它的动词形式则是指"奔跑"，这样一来，课程的着眼点就会放在个体认识的独特性和经验的自我建构上。课程的独特价值是尊重某一个特定孩子的需求和不一样的成长方式。如果我们的课程能够在可能的情况下更多地开辟一些每一位孩子"奔跑"的道路，那么就能够帮助每一位学生找到自我了。

（一）课程选择的内涵

"课程选择"（curriculum selection）是课程内容选择的简称，是根据特定的教育价值观及相应的课程目标，从学科知识、当代社会生活经验或学习者的经验中选择课程要素的过程。这些课程要素包括概念、原理、技能、方法、价值观等。课程选择是课程开发的基本环节之一。

1859年，英国哲学家、社会学家、教育学家斯宾塞提出"什么知识最有价值"的著名命题。可以说，斯宾塞在课程论发展史上第一次明确提出了课程选择的问题。1949年，泰勒在《课程与教学的基本原理》中提出了"怎样选择有助于达到教育目标的学习经验"的问题，"选择学习经验"成为"泰勒原理"的基本构成。自此以后，课程选择问题成为课程论的基本问题之一。

增强课程的选择性是世界高中课程的基本趋势和特征，也是我们高中课程改革深入的着力点和努力方向。一般来说，课程越是"个人选择"的，越显现出"个性"，学生个人的潜质越能释放出来。让所有学生的智慧充分涌动的课程才是好的课程。在这个意义上，选择什么样的课程，就选择了什么样的生活和未来，有什么样的课程，就有什么样的学生。课程选择的核心是学生实现个性化学习的基本保障，课程选择的关键是学生的课程选择权及其实现。

以满足每一位学生的需求为主旨，设计符合本校学生、本地区学生需求的分层分类综合特需的课程体系，给学生提供一个庞大的课程超市，让学生在自主选择的基础上形成专属于自己的课程图谱，实现学生自身需求与发展的联系。通过选择和尝试，帮助学生"奔跑"在属于自己的"跑道"上，从而让每一位学生都实现自己的教育价值追求。

(二)课程选择自主的内涵

课程选择自主是对课程内容及实施方式的自主选择，回归人的需要，观照人的差异，促进人的发展是课程内容及教学实施具有选择性的价值起点。因此，课程自主选择的主要内涵应该突出顶层设计课程内容的丰富性和可选择性，激发学生课程选择的兴趣，注意引导方法的适切性，帮助引导学生精准地构建自己的学习系统，增强学生课程选择机制的有效保障性。

二、我国高中课程选择发展概述与启示

我国近代学校课程首先是受日本的影响，以后又借鉴德国和美国，新中国成立以后，又基本上照搬苏联，因此，我国普通高中的课程设置的变化很大，而且出现过多次反复。

(一)我国高中课程选择发展概述

选课制是起源于欧洲高校的一种教学管理制度，随着推广和探索，选课制在中等教育和高等教育中都有广泛的实践，至今已有约200年历史。

1. 新中国成立前的高中选课制

选课制于20世纪初进入中国教育界，但选课制在中国的实践却没有一个连续的过程。中间的停顿主要是因为新中国的教育全盘学习苏联模式，中断的时间跨度为1949—1976年。1978年中国恢复高考制度，高等教育逐步走入正轨。随着改革开放的深入，教育部大力推进学分制和选课制，首先在部分重点大学试点，并逐步推广到中等教育。

(1)选科制初露端倪

1921年春，由廖世承主持的东大附中开风气之先，实行选科制，深受广大学生的欢迎。随后，中国公学中学部也根据学校自身的条件开设了文、理、工商、师范等科，规定从第四学年起由学生自己选习分科课程。选科的方向，可以综合考虑学生家庭的希望、学生本身的志愿以及学生的个性特点等。至此，全国各地教学改革竞相迸发。至1921年年底，北京南师附中、南开学校中学部、江苏省立一中等校，相继开始推行学制改革，其目标不约而同地集中于选科制。由此，廖世承在东大附中实行的选科制，带动了中国中学课程改革的先潮。

（2）分科选课制兴而复衰

1921年，全国教育联合会在决定对《学校系统草案》征求意见的同时，决定组织人员拟定各级课程标准草案。在第八届年会上，一些省份向全国教育联合会提出了改革中小学课程的提案，如山东的《新学制小学课程草案》、广东的《新学制小学拟订标准案》、浙江的《小学和初级中学课程草案》、安徽的《应即议定新学制课程标准案》等，并成立了"新学制课程标准起草委员会"，由委员会编订各学科课程要旨，分请专家草拟各科目课程纲要，且在北京召开了第一次会议，对中小学课程拟订了一个横向标准和纵向限度。同年12月，在南京召开的第2次会议上通过了中小学毕业标准。次年4月，在上海召开的会议上制定了小学及初级中学课程纲要；6月，制定了高中课程总纲。新课程纲要规定，中等教育实行学分制。其中初级中学亦采用学分制。初级中学毕业须修满180学分，其中必修课164学分，选修课16学分，高级中学分设普通科与职业科。

普通科的目的主要在于升学，分为第一组和第二组。第一组注重文学和社会科学，第二组注重数学和自然科学。职业科主要以就业为目的，视地方情况可分设农、工、商、师范、家事等科。如表6-1所示。

表 6-1　新学制下的高级中学分科体制架构

高级中学							
普通科		职业科					
第一组	第二组	1	2	3	4	5	6
注重文学和社会科学	注重数学和自然科学	师范科	商业科	工业科	农业科	军事科	其他

普通科课程分为三部分，即公共必修、分科专修和纯粹选修。分科专修又分必修和选修两种。职业科的公共必修与普通科相同，职业科的分科专修以及普通科和职业科的纯粹选修由各校按照实际情形酌定。普通科课程结构比例如表 6-2、表 6-3 所示。

表 6-2　高级中学普通科第一组课程结构

公共必修科目	分科专修科目		纯粹选修科目
	必修	选修	
至少 43%	至少 16%	21% 或更多	20% 或更少
	20% 或更少		
必修至少 50%		选修 41% 左右	

表 6-3　高级中学普通科第二组课程结构

公共必修科目	分科专修科目		纯粹选修科目
	必修	选修	
至少 43%	22%	15% 或更多	20%
	37% 或更少		
必修至少 65%		选修 35% 左右	

《新学制课程标准纲要》明确了中学选修的学分和范围。学分的计量方法为每学期（半学年）每周上课 1 学时为 1 学分，不需要课外预习准备的课则为 0.5 学分。高级中学的学生必须修满 150 学分才能毕业。其中有关高中普通科的规定如表 6-4 所示。

从总体上看，与新学制配套的课程标准反映了新文化运动以来课程改革的一些成果，尤其在高级中学的课程管理上，进行了革新，采用了"选科制、学科制和学分制"。采用"选科制、学科制和学分制"，以及高级中学普通科实行文理分科，有利于当时因材施教，尊重学生的个性特长，符合学生的不同学习进度。但是这段时期的学分制实施主要是受到实用主义教育学说的影响，因此，新学制下实行的高中课程基本借鉴了美国部分州的综合高中制度，即分科选课制，当时课程改革使得高中成为兼设职业课的综合高中。考虑当时中国的社会与教育条件，兼设职业科的综合制中学，一方面，影响了中等职业学校的设立和发展；另一方面，由于自身条件设备的限制和生源的困难，职业教育课的质量也难以保证。并且，过多过细地设科分类、分组，是很难按标准加以贯彻的，这造成了难开、难教、难管理的局面。所以，各地在实施过程中，只能将其作为参照。到1948年中学课程标准颁布前，选课制经历了一个由盛而衰的过程，随着选修课的一再缩编，文理科取消，学分制也名存实亡，直至消失。此后，尽管近年有部分学校对学分制做了有益的尝试，但从国家普通高中课程计划来说，一直实行学年学时制。

表6-4 高中普通科各科目学分表

公共必修 (42.7%)		分科专修(37.3%)				分科选修		纯粹选修 (20%)	
		分科必修							
		第一组（文）		第二组（理）					
科目	学分	科目	学分	科目	学分				
国语	16	特设国文	8	三角	3	第一组32或更多	第二组23或更多	第三组30或更多	第四组30或更多
外国语	16	心理学初步	3	高中几何	6				
人生哲学	4	伦理学初步	3	高中代数	6				
社会问题	6	社会学之一种	4（至少）	解析几何大意	3				
文化史	（文）9 （理）6	自然科学或数学之一种	6（至少）	实用器画					
科学概论	6	物理、化学、生物任选两种	12（至少）						
体育	10								
毕业学分	150								

2. 新中国成立后的选课制度

(1)新中国成立至改革开放之前：选课制废止

新中国成立后，中国教育全盘学习苏联教学模式，废止选课制。以苏联模式为蓝本的高等教育制度在1958年"教育大革命"中所受到的批判和冲击，主要集中在教学制度上，即停止执行统一的教学计划和教学大纲……在1961年之后的调整、整顿过程中，"教育大革命"前的教学制度又在一定程度上得到恢复。由此，我们可以得出这样的结论，虽然"教育大革命"在摆脱苏联模式方面做了一些探索和尝试，但是直到1966年"文化大革命"开始之前，我国高等教育制度中的"苏联色彩"始终是相当的浓厚的，这种"苏联色彩"至今依然可见。[①] 由此可见，1949—1976年，选课制在中国已经销声匿迹。

（2）改革开放至20世纪末：选课制初步恢复

1978年全国恢复高考，中国的高等教育逐步走入正轨，在教育部倡导学分制和选课制的东风下，学分制和选课制再次在中国高校盛行。1978年6月，教育部在武汉召开全国高校文科教学会议，会议明确指出："在有条件的学校试行学分制。"1986年7月，国家教委有关司局在哈尔滨召开部分高等学校试行学分制工作座谈会，会后印发《部分高等学校试行学分制工作座谈会纪要》，明确指出："自1978年少数高等学校试行学分制以来，到1986年，全国院校约有1/3已不同程度地在试行这种制度……进一步健全和完善选课制，提高组织教学艺，为学生选课创造条件。"目前，中国高校较多实行选课制。

20世纪80年代以来，普通高中课程改革从单科教学内容的改革，逐步发展到整体课程的改革。1981年4月，《全日制六年制重点中学教学计划试行草案》规定："为了适应学生的爱好和需要，发展他们的特长，更好地打好基础，高中二、三年级设选修课。"

这个教学计划由于没有编写与分科选修教学计划相配套的有关学科的教学大纲和教材，再加上高校招生分科考试的影响，在执行教学计划过程中缺乏督导检查，管理不够严格，从而导致文理科知识硬性割裂，使学生知识结构不完整，不利于全面提高学生的素质。

20世纪90年代初，为了解决当时普通高中存在的文理偏科，学生知识结构不合理，学生作业负担过重等问题，国家教委出台了《现行普通高中教学计划的调整意见》，调整后的普通高中学科课程在以必修课为主的原则下，适当增加选修课。高中教学计划调整之后，选修课比例有所提高，但这一阶段的选修课程基本是为高中文理分科服务的。

（3）21世纪以来：选课制持续发展

1996年3月，国家教委制定了《全日制普通高级中学课程计划（试

---

① 潘懋元、邬大光、张亚群：《中国高等教育百年》，79页，广州，广东高等教育出版社，2005。

验)》。这个课程计划于 1997 年秋季已开始在天津、江西、山西进行试验，为期三年。2000 年 1 月颁布的《全日制普通高级中学课程计划(实验修订稿)》规定，选修课是在必修课基础上，为拓宽和增强学生有关学科领域的知识和能力开设的。除按照国家规定开设选修课外，地方和学校为满足学生多样发展的需要也应创造条件，开设灵活多样的选修课，学生可以根据个人志向、兴趣和需要自主选择学习。[1]

2001 年 6 月教育部印发的《基础教育课程改革纲要(试行)》规定："高中以分科课程为主。在开设必修课的同时，设置丰富多样的选修课程，开设技术类课程。积极试行学分制管理。""普通高中课程标准应在坚持使学生普遍达到基本要求的前提下，有一定的层次性和选择性，并开设选修课程，以利于学生获得更多的选择和发展的机会。"该纲要强调选修课要有一定的层次性、多样性和选择性。

2003 年 3 月，教育部印发了《普通高中课程方案(实验)》。新课程方案要求高中新课程由必修课和选修课组成，必修旨在保证所有高中生都达到共同基本要求；选修 I 旨在在达到共同要求的基础上，使学生在不同学习领域、不同科目学习中有所拓展；选修 II 是学校根据当地社会、经济、文化以及自身条件开设的校本课程，它是由学校自主开发与设计的，是学校特色的展示窗口。为了保证学生的均衡发展，通常情况下，学生三年内应获得 116 个必修学分(包括研究性学习活动 15 学分，社区服务 2 学分，社会实践 6 学分)，28 个选修学分(必须至少包括 6 个选修课程 II 的学分)，总学分达 114，这样才能毕业。这意味着选修课程与必修课程同等重要。随着新课程改革的进程，选修课得到"飞跃式"发展，而选修课的开设、实施、评价需要制度的保障，需要选课制度质的突破，其主要目的在于实现课程结构的优化，调动教与学的自主性与能动性以及促进教育领域的活力与创造性。

(二)我国高中课程选择发展的启示

从我国普通高中课程选择发展和变化中可以看到，要想满足个性化的选择需求，就必须注意以下三个问题。

1. 选课制要有效促进"学"与"教"

选课制作为一种教学管理制度，是学分制的核心和基础，是指允许

---

① 联合国教科文组织国际教育发展委员会：《学会生存——教育世界的今天和明天》，23 页，北京，教育科学出版社，1996。

学生在一定范围内自主选择专业、课程、教师、授课时间、修读方式以及自主安排学习进程的一种教学制度。综合国内一些学者的观点，我国现行选课制有三个突出特点。一是能够充分尊重学生志趣、性格、能力等方面的个性差异，在学生进行自主选择、自我设计的基础上，激发学生的学习兴趣，使其爱好和特长得到更好发挥；二是可以促使学生提高自我管理能力和独立思考与判断的能力，合理分配时间，安排进程，进行有效的学习；三是有利于实现教学过程中教学资源的优化配置，充分调动"教"与"学"的积极性。

2. 要加强配套的选课体系改革

选课制在美国经过一百多年的发展而不断完善，有一个曲折的发展过程。我国实行选课制，也同样面临这样那样的问题，必须加强配套的选课体系改革。

首先，改革相应的高考制度。高考制度是选课制实施的最大制约因素。在高考的大环境下，高中选课制难以孤军突破。面对高考的压力和指挥棒的鞭策，学生迫不得已选择有利于高考、有利于提高高考成绩的科目。一切"唯高考是瞻"，很容易使学生产生急功近利的倾向。并且，高校仍然依据高考分数招生，只有少数学校参考学生的部分选修科目获得的奖励学分。社会仍以升学率来代替对学校教育教学质量的全面客观的评价。在学分制试行的实践中，高一、高二搞学分，高三阶段拼考分的现象时有发生。

其次，加强选课指导。学校要配备选课指导的机构和指导教师，讲解选课方法步骤和制度，引导学生形成个性化的修习计划，要保证学生的自主选择，全面发展，就要提供可供学生选择的内容，新生入学时要详细说明哪些是必修课，哪些是选修课，按计划发给他们活动课的课程，这样学生对所要学的内容才会有一个完整清晰的了解，并制订长远的学习发展计划。例如，指导教师要了解学生的情况条件、学习成绩、兴趣爱好和特长，帮助学生明确自己的优势、兴趣所在，并与家长联系，共同帮助学生选择适合自己、自己喜欢的课程，形成个性化的课程修习计划。学校应该有选课指导的资料，内容包括选课制度和各门选修课的简介，以供教师、学生和家长了解情况，作为选修课的依据。

再次，优化教师队伍和提高教学质量。建立一支选修课的教师队伍是确保选修课正常运行的必要条件，是提高选修课教学质量的重要保证。选修课的实施主体是广大在职教师，他们教学经验丰富，有一定的课程理论基础，责任心强，经过适当的培训，大多能较快地适应选修课的实施与教学。可聘请本地大、中专院校的教师或有一技之长的专家能手、技术人员担任选修课，组成兼职教师队伍。教育行政部门、教研室还应发挥组织、协调、引导作用，对本地区的教师资源进行调查，适当规划，充分利用本地教师资源，集中力量，组成特别选修课"教师小队"，巡回上课，互通有无，相互支持，实现资源共享。另外，加强培训，提高选修课教师的素质。对于师资队伍，学校要求每位教师不断地提高自身的业务能力，高质量地承担一门基础型课、一门拓展型课，并指导以自己所教学科为主的相关领域的研究课题，承担班主任工作，逐渐建设、完善、形成富有个性特色的课程"套餐"。

最后，完善选课制的管理。选课制度应当突出其长期性的特点，常抓不懈。一次选课指导结束，学生可能会做出选择，但是，随着学生年龄的增长和对人生规划理解的加深，可能会对选课有新的要求，这就要求选课再次或多次进行，并且有必要把它定为一种制度化的形式。

3. 选课制要稳步推进

我国普通高中选课制的设置是教育改革的重要组成部分，其目的是改善我国的整个教育状况，真正实现教育促进人的全面发展的非工具主义的功能。同时选课制也符合课程改革的目标要求，遵循了选择性的原则，适应了多样化、有层次性的课程结构，促进了学生的自主选择能力和主动学习精神。我们要深刻认识到，任何一种新制度的实施都不可能一帆风顺，但选课制在我国普通高中的实施已是大势所趋。在实施选课制的过程中要考虑到不同地区的不同发展水平和不同文化特征，要因地制宜，因校制宜，不可采用大一统的方式强行同时、同样、同步执行；要考虑到学校的适应性和实际条件，有计划、有步骤、循序渐进地展开。

三、国外高中课程选择发展概述与借鉴

构建可供学生多样化选择的课程体系，促进学校内部课程创设与教学创造，提高课程的选择性，满足学生多元学习需求是普通高中多样化发展的一条重要路径。世界许多国家都通过选课制度的改善，鼓励学生根据自己的兴趣爱好和未来发展规划修习不同的课程。这正是教育以学生为本，彰显人性化设计的具体表现，这样的举措既符合个体发展的特点，也符合社会进步的潮流。我们通过分析典型国家高中课程改革的，可以管窥其高中选课制度的主要特点及给我们的借鉴启示。

（一）部分国家高中选课制度的发展

1. 美国高中的选课制

与中国相比，美国高中教育制度的优势是学分制与选课制，这充分体现了美国以学生为中心的办学模式。一些美国私立高中学校只规定最低毕业学分，对高中课程种类、难度，没有统一要求。因此，学生不必按照某一固定的模式塑造自己，这样美国高中学生在学业上享有了最大的自主权、主动权，可以充分发挥自己的潜力与特长，各个层次的学生都可以按照自身条件，各取所需，各得其所。美国高中选课制度有以下两个特点。

（1）弹性选课制满足不同学生的发展需求

美国高中，即中学的 9～12 年级，为 15～18 岁的学生提供普通中等教育。高中的课程设置注重使学生接受特定的教育，为他们升入大学或参加工作做准备。其课程制度以典型的学分制和选修制为基础，鼓励冒尖，同时满足不同层次学生的需求。学生在选修课与必修课的学习中被赋予一定的选择权，我们将之称为弹性选课制。尊重差异，注重发展，重视效率，表达了当代美国中学课程制度的理想与追求，并在高中灵活多样的弹性选课制中得到了很好的运用。强调教学质量，要求学生掌握广泛的知识是大多数高中的普遍追求。核心课程学习与兴趣爱好发展的巧妙结合，精英教育与大众教育的协调同步等，都是弹性选课制的突出特点。

（2）弹性选课制与等级毕业要求匹配

尊重差异是弹性选课制的灵魂，它能有效引导所有学生的发展。"美国中学课程设置的宗旨是使学生全面发展，知识面宽，结构合理，充分发挥学生的潜力，调动学习的积极性、主动性，促进学生培养特长，鼓励个性发展。"①弹性选课制从两方面规定着高中教育的发展。从尊重差异的原则出发，美国高中的毕业要求因人而异，几乎所有的高中都提出了有等级的毕业要求。例如，有的学校设有"优秀毕业证书"。获此证书的学生，不仅要求平时学习成绩优异，还要求积极参加各种社会活动。"优秀毕业证书"也成为优秀学生进入名牌大学的有力凭证。还有的学区推出了"杰出毕业计划""推荐毕业计划"和"合格毕业计划"三种等级的毕业要求。② 三种计划对一些课程学习的要求既有相同点，也有不同处。比如，英语和数学都要求修满四个学年，但外语课程的设置与学分要求却有很大区别。外语课程对"合格毕业计划"等级的学生不做要求，而对"推荐毕业计划"等级的学生则要求修满两年，对"杰出毕业计划"等级的学生要求至少修满三年。选择"合格毕业计划"等级的学生文化课普遍较差，毕业后以就业为主要目的，学校只要求他们完成规定的学分，一般也会提供额外几个学分的选修课，以满足他们多方面的爱好与需求。选择"推荐毕业计划"等级的学生也可以选修一些有难度的必修课程和自己喜欢的选修课程。而选择"杰出毕业计划"等级的学生，除了完成规定的学分外，在课程难度上也有很高的标准，即达到大学低年级水平。对这些学生的考核不限于普通的校内考试或州立统考，而是必须通过多门 AP 课程考试。高中四年对他们是极具挑战性的。他们一般都要尽可能多地选修 AP 课程。课堂上，除了大量采用讨论、学生自发自导性学习方式外，还有分专题的强化训练和研究。四年下来，学生提高的不仅是文化课学习能力，更多的是对知识的探索、比较、归纳和演绎的能力，这些也成为进入美国名牌大学的重要条件。

与我国不同的是，在美国高中，"学什么，考什么。课程在先，考试在后。教学是主动的，学生也是主动的；教学引领着考试，考试是被动的，考试自始至终为教学服务"③。美国的高考由多项指标构成，各项指标在录取时发挥各自独特的作用。其中唯一的标准考试是"学术能

---

① 中华人民共和国教育部国际合作与交流司：《国外基础教育调研报告》，191页，北京，首都师范大学出版社，2001。

② 王文：《零距离美国课堂》，44页，北京，中国轻工业出版社，2010。

③ 黄全愈：《"高考"在美国：旅美教育学专家眼里的中美"高考"》，28页，北京，北京大学出版社，桂林，广西师范大学出版社，2003。

力测试"（SAT）和"美国学院测试"（ACT），但它们只是美国高考的一个组成部分，并不能左右学生在学校的课程学习。

2. 日本高中的选课制

日本高中结构复杂，类型多样，如有普通高中、专门高中、综合高中、学分制高中等多种类型。其中设置普通教育学科、实施普通教育的高中称为普通科高中，即普通高中。普通高中在日本的众多高中类型中居于主流地位。20世纪80年代以来，日本尤其注重高中教育改革，致力于特色高中和特色学科的建设，以满足学生的不同需求，普通高中的多样化发展也收到显著的成效。

（1）普通高中的课程设置多样化

普通高中的课程设置多样化。以1999年3月文部省颁布新修订的《高中学习指导要领》（以下简称《要领》）为标志，主张在以往改革的基础上继续实行"课程编制多样化"。根据《要领》的规定，普通高中的课程设置包括学科课程、特别活动和综合学习时间三部分，学科课程又包括普通课程和专门教育课程。此外，普通高中还可以设置"学校设定科目"和"学校设定学科"。其中，①实行普通教育的学科课程主要包括国语科、地理历史科、公民科、数学科、理科、保健体育科、外语科、家政科、信息科这9个学科，且每个学科都有多个科目，如家政科有家政基础、家政综合、生活技术等3个科目供学生自主选择。②实行专门教育的学科课程主要包括农业科、工业科、商业科、水产科、家政科、护理科、信息科、福利科、数理科、体育科、音乐科、美术科、英语科这13个学科，每个学科同样也有多个科目供学生选择。同时，各学校在编制课程时，可"在考虑地区和学校的实际情况以及学生的特性、出路等的基础上"选择学生所应修习的学科和科目。③特别活动是日本高中课程体系中的一个重要组成部分，包括课外学习室活动、学生会活动和学校例行活动三个方面，是学生在教师的指导下进行的自主性、实践性活动。④综合学习时间是第7次课程改革中新设置的一种课程，它以培养学生的自学能力和独立思考能力为目标，注重横向性、综合性的学习。例如，让学生考查自己的生存方式、生活方式和出路的学习活动等。⑤"学校设定科目"和"学校设定学科"是指各学校根据所在地区、学校和学生的实际情况，设置《要领》规定的学科或科目以外的其他学科或科目，且两者的具体名称可由各学校自主决定。由此可以看出，在日本普通高中的课程设置方面，普通课程与专门课程融合，国家课程与校本课程并存，更有自主选择的各种实践性学习作为补充，在很大程度上满足了学生的多样性发展需求。

除此之外，日本政府和各级教育行政管理部门还颁布了多项相关的法律法规，并采取了一系列其他措施来保障普通高中教育的多样化发展。20世纪90年代以来，日本普通高中教育的个性化和多样化特征更加鲜明。具体表现如：促进高中学习年限的弹性化，促进教育内容的多样化和弹性化，采取多样化的高中招生办法和录取标准，促进普通高中各学校之间的联合，促进普通高中和大学之间的联合，以及加强学校与家庭和社区之间的联系，创办"开放的学校"等。而在此基础上特色高中和新型高中也得到了更加深入的发展。

（2）学校在课程设置上具有自主权

日本高中课程设置采用的是学科和科目相结合的设置方法，其中科目又包括必修课、选择必修课和任意必修课。在日本高中阶段设置八个教学科目，每个学科又设有许多科目。日本高中生在第一学年上必修课，从高二开始，便可以根据自身兴趣选择上选修课。此外，日本高中课程设置采取的是学分制，在日本文部省统一给出的标准学分的基础上，各个学校根据自己的实际情况确定某个科目的具体学分。日本高中生根据自己的需求和兴趣选择相关课程进行学习，并使最终学分总额达到毕业条件即可。可见，日本在高中课程设置上有很大自主权，不但学校在课程设置上有一定的参与权，可以设置与教学内容相关的有地方办学特色的科目，而且学生也可以自主选择其要选修的部分课程，以实现教育课程的灵活性与弹性，扩大个人的选择幅度，使得日本高中生可以根据自身的需求发展除知识学习外的其他素质，使其综合素质得到提升。

日本高中课程设置，体现了课程设置的多样性，采用选修课、学分制等，使课程灵活多样，并为日本高中生提供了多样化的选择。日本高中生所选课程只有达到要求的学分数才能毕业。这就使得日本高中生对自己的发展方向和专业素质的培养有很大的选择空间。

3. 芬兰高中的无年级授课制

芬兰在基础教育方面所取得的骄人成绩受到世界各国的关注，特别是芬兰高中教育改革形成独特的教学模式——"无年级授课"备受关注。

芬兰作为后起之秀的西方国家，经济和科技的迅速发展受到世界的关注，经济和科技的发展离不开教育的投入和支持，芬兰在20世纪80年代对基础教育进行了改革，尤其是对普通高中进行了改革，形成了独具特色的"芬兰模式"。

无年级授课制开启了芬兰的课程改革历程。1987年，芬兰在全国多所高中进行了无年级授课制的教学试验。1994年，芬兰全国教育事务委员会颁布了《普通高中课程大纲》（以下简称《大纲》），《大纲》对试行多年的无年级授课制给予了充分的肯定并决定在全国推广。为了让学生更自由地发展个性，《大纲》还对高中的课程设置和教学模式进行了一次比较彻底的改革。1992年颁布的《普通高中学校教育法》规定，高中教育的目的是促进学生的发展，使之成为平衡的、健康的、独立的、负责任的、有创造性的和热爱和平的个人和社会成员。在21世纪终身教育思潮的影响下，新的《普通高中学校法》提出了终身学习的教育理念——高中教育要为学生提供继续学习、工作、生活、个人兴趣及多方面的个性发展所需的知识和技能，促进学生的终身学习和自我发展能力的培养。

为了积极应对21世纪对人才培养所提出的挑战，2001年，芬兰全国教育事务委员会再次对高中课程进行修订，开启了新一轮的课程改革。2002年，芬兰政府颁布了《普通高中教育国家总体目标和课程学时分配法令》，在此基础上又重新修订发布了新版《普通高中国家核心课程》，并于2005年8月在全国所有普通高中实施。2004年，芬兰全国教育委员会强化了自然科学与技术在高中课程中的比重，编制了新的《普通高中课程大纲》。与之前的课程改革相比，新课程改革的总方向没有太大变化，其主要差别体现在课时的分配上。课时分配表中除了国家制定的必修和选修课程之外，还有由地方政府和学校提供的选修和应用课程。普通高中课程改革的基本特征[①]有以下四个。

（1）全面发展和终身学习的课程目标

1992年的《普通高中学校教育法》和1998年的《普通高中学校法》对高中教育目的做出了明确规定，课程目标作为教育目的的下位概念，充

---

①　任锐：《芬兰普通高中课程改革的发展历程与启示》，载《吉林省教育学院学报（下旬）》，2015(5)。

分体现了学生全面发展和终身学习能力培养的教育目的。要求每一个学生通过高中课程的学习，在知识、技能以及价值观等方面得到充分的发展和提高，进而成为良好的、平衡发展的和文明的社会成员。不仅如此，课程还应该向学生提供高中毕业之后继续学习、工作等多方面个性发展所需的知识及技能，培养终身学习的意识和能力，使学生更好地应对现代社会和未来发展所面临的各种挑战。

(2)层次性和多样性的课程设置

为了保证教师和学生能更好地理解和运用课程，芬兰普通高中在课程结构上做了明确的层次划分。高中课程分为学习领域、学科和学程三个层次。学习领域构建起了高中课程内容的整体框架，体现了学生全面发展的教育目的。学科是学习领域框架内具体课程内容的表现形式，在学校课程中起到承上启下的组织作用。学程是学科的细化，一门学科按内容和难度的不同分为数量不等的若干个学程。这里的学程与我国高中课程结构中的模块相类似，模块之间既相互独立，又相互联系，体现了学科内容的逻辑联系。

根据芬兰国家教育事务委员会的规定，高中阶段应采用多样化的课程设置模式，包括必修课程、专业课程和应用课程三种形式。必修课程是在全国范围内实施的、面向所有高中学生开设的基础性核心课程，目的在于保证学生能够达到国家规定的基本要求。专业课程是对必修课程的拓展和延伸，是由中央、地方和学校共同设置的。应用课程体现了理论联系实际的原则，它为学生提供了专门的实践性知识，包括方法论、职业技能、学科交叉、学科整合这样的综合课程。应用课程由各个学校负责开发和实施，国家和政府不做具体要求，课程设置具有很大的灵活性，也最能体现出学校的特色。

(3)短期的分学段制和课程组织

1994年颁布的《普通高中课程大纲》对传统的一学年只分两个学期的制度进行了改革，即将每学年划分为5～6个学段，每个学段包括6～7个星期，各学段的最后一周为考试周。芬兰普通高中课程组织是以学程为单位的，一门科目按内容的数量和难易程度不同分为若干学程。短期的分学段制与以学程为单位的课程组织形式相结合在很大程度上提高了学生的学习效率，促进了学生的个性发展。

短期的分学段制较好地解决了过去双学期制的不足。因为一学年只分为两个学期，每学期持续的时间较长，使得一门学科的学习时间拉得太长，每门学科的周课时数太少，这样既造成一门学科的学习周期过长而容易遗忘，又使得一个学期并行开设的学科门类太多。实行短期的分学段制和学程组织教学能够避免出现由于学习时间间隔过长而容易遗忘所学知识的现象，学生可以在相对较短的时间里将某几门学科学得比较透彻，从而提高学习效率。

（4）注重学生发展的课程评价

根据《普通高中课程大纲》中有关课程评价的详细规定，芬兰高中的课程评价主要是对学生学习或者是学生学业水平的评价。评价的目的在于引导、鼓励和促进学生学习，发展学生的终身学习能力。高中日常的课程组织是按具体的学程进行的，学生围绕学程进行每天的课程学习，因此，课程评价也是以学程为单位进行的，注重学生在学习过程中的表现。

芬兰高中的各门课程按内容和难度分为数量不等的若干学程，学程学习结束后，学生要参加阶段性的考试，合格者进入学科的下一阶段学程进行学习；如果某一学程考试没有通过，学生还拥有重新学习的机会。学程评分的依据主要是学生的书面考试、教师对学生日常学习的观察、学生的作业表现以及学生的自我评价。芬兰高中教师特别重视和鼓励学生进行积极的自我评价，并将其作为最终评价的重要参考依据。

（5）无年级授课制的课程管理模式

芬兰普通高中课程改革特别强调关注学生的个性化发展，在课程学习上给学生更多的自主选择权。为此，芬兰打破了长期以来使用的分设年级、固定班级、固定教师授课的课程管理模式，在所有高中大胆地采用无年级授课制，这无疑成了课程改革中最大的特色。无年级授课制是指学校不为学生划分班级和固定教室，学生也没有年级限制，可以根据自身的情况及兴趣爱好制订学习计划，选择不同的课程和教师，从而使学习成为一种自觉、主动的行为。在无年级授课制的课程管理模式中，学校按照学生的才能、学习进度、学习方式和理解水平，为其制定适宜的学习内容和学习程序。新学年伊始，学校会给每个学生发放一本课程设置手册，其中包含了课程的总体介绍、课程设置、各科详情和授课教师等信息。无年级授课制最大限度地尊重了学生的兴趣和意愿，在很大程度上体现了因材施教的个别化教学原则。

(二)国外高中选课制度发展的借鉴

美国、日本、芬兰等国家的高中选课制度，从学生的个体差异出发，通过个性化选择，使每个学生都得到较好的发展。一方面，能够增强学生自我约束和自我设计的能力，有助于学生独立意识与责任感的培养；另一方面，根据学生的兴趣和发展趋势进行分类培养，打破了单一的人才培养模式，兼顾了学术型、应用型以及复合型等多样化的人才需求。这种因材施教的做法赋予学生一定的发展空间，学生可以根据自己的能力提前或推迟毕业，也可以根据自己的兴趣与特长选择课程、制订学习计划，从社会发展的角度而言，它是对人才培养的初次分流。

1. 丰富课程内容的多样性

国外部分国家高中课程内容特别强调学生基本知识和基本能力的掌握，为每一位学生的终身发展奠定基础。例如，国家核心课程中的母语、外语、数学等学科的设立。地方和学校拥有部分课程的管理和设计的权力，因地制宜地开设地方性课程和校本课程，丰富了学校课程的内容，留给学生大量的课程选择空间。我国教育部在2005年发布了《普通高中课程改革方案(实验)》，强调普通高中课程内容的选择应该遵循时代性、基础性及选择性。我国课程内容的选择取向和芬兰具有很大的相似性，都注重课程内容的基础性和选择性。

我国现行的高中课程共分为八大学习领域，包含12～13门科目，每一科目又分为若干个学习模块，同时还有地方和学校自行设计的大量选修课程，课程种类可谓丰富多彩。但课程的多样性并不是以学校开设课程的数量为唯一指标的，多样性的课程除了要保证学生多方面才能的发展以外，还应该尊重不同学生的发展水平。不同学生有着不同的学习基础、能力水平和发展需要，课程不仅是面向尖子生开设的，帮助那些成绩差的学生获得自身成长，也是课程开设的重要意义。因此，丰富课程内容的多样性，关注课程对学生的适切性，使课程面向全体学生并适应不同学生发展的不同需要，是我国高中课程改革的必然追求。

2. 给学生更多的自主选择空间

我国普通高中课程改革已经关注到了自主选择对学生学习和成长的

重要性。新的课程改革方案要求高中课程结构包括学习领域、科目和模块。模块化的课程内容有利于学校灵活地安排课程，自主选择并及时调整课程，形成有个性的课程修习计划。课程设置由必修和选修两部分构成，在全面学习必修课程的基础上，学生可以根据自己的兴趣爱好和学习时间自主地选择一些选修课程。但是，在实际的学校课程实施过程中却不尽如人意，学生课程由教师包办，选修课程和综合实践活动课程被强行占用，课内外活动由教育部门和学校统一安排等不良现象层出不穷。

国外部分国家高中实行的无年级授课制、学程式课程组织、短学期制等都突出强调了学生学习主动性和积极性的重要性，并且在实际学校生活中，学生的自主性和选择性也真正落实到位，因此，成了世界高中特色教育的典范。真正领会课程改革的理念，多给学生较大的独立选择空间和学习空间，切实调动学生的学习主动性和积极性，使改革方案落到实处，仍然需要我国广大课程研究者和实践者付出更大的努力。

3. 注重学习过程的评价

国外部分国家普通高中依据学生的实际需求安排课程内容、学习方式和评价标准，学生可以根据自己的兴趣爱好、个性特长、能力倾向以及发展需求选择学习内容。对学生学习的评价以学程为单位进行，评价标准体现出动态性和发展性，不仅以卷面成绩来评定学生的学业成绩，还从考试成绩、教师对学生的日常观察、学生作业表现和学生自我评价等多角度加以评价，注重学生在学习过程中的表现。

然而，选课制在实践过程中也暴露出不少问题。一是课程计划的自主性强，学生在课程内容与类别的选择上容易受到各种因素的影响。例如，跟风热门专业造成基础学科和理论性学科受到冷落。这一问题一直延续至大学，成为多年来学科发展不平衡问题难以解决的原因之一。二是无固定班级的教学形式，学生流动性强，学习组织松弛，集体荣誉感弱，学生间的交流与互助也相对不足，自觉性较差的学生容易放任自流。总之，美国、日本、芬兰等高中的选课制还有待继续研究与完善。尽管如此，我们还是看到了他们的高中教育对学生个体差异的尊重，对学生发展的有效引导，看到了质量与效率协调发展的另一种范式，对我国当前正在进行的基础教育课程改革具有重要的借鉴意义。

我国正在进行的高中课程改革倡导教育要面向每个学生，为了一切学生的发展，发展学生的一切。因此，对学生的评价不应将考试成绩作为唯一指标，评价的目的不是为了揭示学生在群体中的位置，而是让学生展示个性，追求卓越，全面发展。课程评价除了要关注学生的考试成绩之外，还应该强调学生在学习成长过程中多方面的表现，建立反映学生状况的过程性评价体系至关重要。我国《普通高中课程改革方案（实验）》已经明确提出，学校要采取学生学业成绩与成长记录相结合的综合评价方式。但是，落实到实践层面，很多学校的成长记录却徒有形式，失去了其本身的意义。因此，建立严格的管理制度，加强教育质量监测力度，保证学生成长记录的真实性和可信度，使课程评价真正关注到学生的学习过程，仍需要我们不断地探索和实践。

四、高中学校课程选择自主及创新实践

"创设条件开设丰富多彩的选修课，为学生提供更多选择，促进学生全面而有个性的发展"，不仅是《国家中长期教育改革和发展规划纲要（2010—2020 年）》的要求，也是普通高中课程改革的一个重要体现。《普通高中课程方案》明确提出："为适应社会对多样化人才的需求，满足不同学生的发展需要，在保证每个学生达到共同基础的前提下，各学科分类别、分层次设计多样的、可供不同发展潜能学生选择的课程内容，以满足学生对课程的不同需求。"因此，对课程的选择就成为课程编制与实施的基本方向。2004 年以来，随着我国普通高中课程改革的逐步推进，课程的选择性在实践中是如何理解的以及实施的情况如何，逐渐成为人们关注的话题。我们以高中课程的选择性为切入点展开实践反思，将有助于课程实施者充分理解高中课程对于不同学生健康成长的教育意义，有助于高中课程育人为本的价值追求。[①] 北京作为首善之区，进行了完全自主安排课程的实验。在两轮的实验过程中，实验校严格按市教委要求，大胆尝试，开拓创新，在课程构建、教学实施、综合评价等方面取得了良好的实验效果和社会效益，积累了较为丰富的实践经验

---

① 王海燕：《普通高中课程选择性的实践省思》，载《基础教育参考》，2012(2)。

和课程资源，学校课程建设正在发生深刻变革。

（一）突出课程的丰富性和可选择性

1. 分层与分类、专项与综合相结合的课程设置

观察我们周围的学生，不难发现，与欧美等西方国家的学生最不一样的是我们的学生像没有动力的机器。虽然我们总是告诉学生，学习是你自己的事情，但是这个看似最私人化、最牵着自己未来的事情，学生却觉得跟自己关系不大。他们所有的动力几乎都来自外力，来自教师、家长和考试的助推。这个原因进一步推导下去，有两个问题逐渐浮出水面：其一是课程不适合自己，缺乏选择性，学生对学习不感兴趣；其二，没有未来方向的引领，在没有规划的道路上乱摸乱撞，缺乏前进的动力。

2003 年教育部颁布了《普通高中课程方案（实验）》，随后我国正式启动高中课程改革。从课程规划方面设计了较好的统一性与选择性相结合的课程体系。按照学习领域—科目—模块三个层次的结构来设置。选修模块的设置就是希望为学生提供可选择的空间。从已公布的高中新课程方案来看，在规定的必修课程和选修课程Ⅰ的 7 个领域 15 个科目中，共安排了 31 个必修模块和 115 个选修模块，选修模块分专业方向性选修Ⅰ和地方、学校开设的选修Ⅱ两类，高中学生毕业时最低应该获得 6 个选修Ⅱ的学分。如此以期通过走班制解决国家统一课程与学生的差异需求之间的矛盾。

案例一　北京十一学校分层、分类、综合、特需课程体系

北京十一学校的课程改革经历了过去的国家课程到国家必修课程＋校本选修课程，再到现在的国家课程校本化的过程。现在形成的分层、分类、综合、特需课程体系（表 6-5），是为满足学生的个性与未来发展的需要，通过对国家课程和学校课程的统整，开发出选择性的课程，减少必修课程，增加选修课程，提供自助餐供学生选择。学生只要明确自己的发展方向和需求，就可以选择适合自己的课程。

表 6-5　北京十一学校分层、分类、综合、特需课程体系

课程类型	科目
分层课程	数学、物理、化学、生物
分类课程	语文、英语、历史、地理、政治、体育、技术

续表

课程类型	科目
综合课程	艺术、高端科学实验、综合实践、游学课程
特需课程	书院课程、援助课程、特种体育

（1）数学和科学领域的分层次设计

学生在数学和科学领域的学习存在着显著的个体差异，这是毋庸置疑的，也是教育者必须直面的教育现实差异。一方面体现了学生在这一领域接受能力的不同，另一方面也表达了他们独特的发展需求和方向。用发展方向引领学生当前的发展，不仅启动了学生发展的内动力，还有助于唤醒学生的潜能。基于学生的学习基础、学习能力、学习方式、发展方向和课程难度等的不同，我们对数学和科学领域课程进行了分层设计（表6-6）。

表6-6　数学和科学领域课程设置

学科	课程	适用学生	课程类型
数学	数学Ⅰ	人文与社会方向的学生；达到文科高考的难度；注重基础落实	分层必选
	数学Ⅱ	三年制高中工程与经济学方向、有一定学习能力的学生；达到理科高考难度	
	数学Ⅲ	四年制高中工程与经济学方向、有一定自主学习能力的学生；在国家课程标准的基础上进行适度拓展	
	数学Ⅳ	三年制高中数理方向、具有自主学习习惯和能力较强的学生；对国家课程标准进行较大幅度的内容提升	
	数学Ⅴ	四年制高中数理方向、酷爱数学、具备了较好的数学思维的学生；对初中、高中和大学的内容进行统整	
	高中数学	出国留学方向的学生	必选
	AP微积分		自选
	微积分	工程与数理方向以及其他对数学感兴趣的学生	自选
	线性代数		自选

续表

学科	课程	适用学生	课程类型
物理	物理Ⅰ	人文与社会方向的学生；达到高中毕业要求	分层必选
	物理Ⅱ	三年制高中工程与经济学方向、有一定学习能力的学生；达到理科高考难度	
	物理Ⅲ	四年制高中工程与经济学方向、有一定自主学习能力的学生；在国家课程标准的基础上进行适度拓展	
	物理Ⅳ	三年制高中数理方向、具有自主学习习惯和能力较强的学生；对国家课程标准进行较大幅度的内容提升	
	物理Ⅴ	四年制高中数理方向、酷爱物理、具备了较好的物理思维的学生；对初中、高中和大学的内容进行统整	
	普通物理学	工程与数理方向的学生	自选
	物理原理与问题	出国留学方向的学生	必选
	AP物理		必选
化学	化学Ⅰ	选择人文与社会方向的学生；达到高中毕业要求	分层必选
	化学Ⅱ	三年制高中选择工程与经济学方向、有一定学习能力的学生；达到理科高考难度	
	化学Ⅲ	四年制高中工程与经济学方向、有一定自主学习能力的学生；在国家课程标准的基础上进行适度拓展	
	化学Ⅳ	三年制高中数理方向、具有自主学习习惯和能力较强的学生；对国家课程标准进行较大幅度的内容提升	
	化学Ⅴ	四年制高中数理方向、酷爱化学、具备了较好的化学思维的学生；对初中、高中和大学的内容进行统整	
	普通化学	工程与数理方向的学生	自选
	化学概念与应用	出国留学方向的学生	必选
	AP化学		自选

续表

学科	课程	适用学生	课程类型
生物	生物Ⅰ	人文与社会方向的学生；达到高中毕业要求	分层必选
	生物Ⅱ	三年制高中选择工程与经济学方向、具有一定学习能力的学生；达到理科高考难度	
	生物Ⅲ	四年制高中工程与经济学方向、有一定自主学习能力的学生；在国家课程标准的基础上进行适度拓展	
	生物Ⅳ	三年制高中数理方向、具有自主学习习惯和能力较强的学生；对国家课程标准进行较大幅度的内容提升	
	生物Ⅴ	四年制高中数理方向、酷爱生物、具备了较好的生物思维的学生；对初中、高中和大学的内容进行统整	
	生命的动力	出国留学方向的学生	必选
	AP生物		自选
高端科学实验室	电子通信工程	对科学感兴趣的学生	自选
	粒子物理		
	纳米材料		
	分析化学		
	分子生物学		
	组织培养		

数学和科学领域的物理、化学、生物学科，也就是我们通常所说的理科，其自身有着严密的逻辑体系和学科思想，在基础教育的不同阶段，按照难度螺旋上升。这样的学科特点决定了学生在这些学科上的学习差异常常表现为难易程度的不同，因此，按照难度对学科体系进行分层设计，符合这些学科的规律。

另一方面，可以从学生未来的发展方向和学习基础、自主学习能力的差异来分析。目前高中学生有四种不同的发展方向：人文与社会科学方向、工程与经济学方向、数理方向和出国留学方向，不同的发展方向对这些课程难度的要求也不相同。学生在学习基础、自主学习的意识、习惯和能力方面也存在着比较明显的不同。另外，十一学校目前高中存在三年制和四年制两种学制，由于学习时长不同，课程内容拓展的宽度、难度和学生学习进度也有所区别。综合以上几种情况，数学、物理、化学、生物，按照"发展方向＋学制＋课程难度＋学习方式"的原则，目前分五个层次设计。同时，针对出国留学方向学生的学习需求，学校专门设置了高中数学、物理原理与问题、化学概念与应用、生命的动力以及相应的 AP 课程；为满足学有余力、提前进入大学相关领域的学生的学习需求，学校还开设了微积分、线性代数、普通物理学、普通化学等大学先修课程。

除了学习这些课程外，还有一部分学生对科学领域特别感兴趣，考虑到为他们将来的大学专业学习提供准备和衔接，我们充分利用学校教师队伍中博士较多、专业方向齐备和实验室资源丰富的优势，开设了电子通信工程、粒子物理、纳米材料、分析化学、分子生物学、组织培养等高端科学实验室课程，这些课程以研究项目为单位，让学生组成研究小组，在教师的带领下，通过一些感兴趣的研究课题或参与大学研究院所的研究课题，提前感受科学研究的真实过程，掌握一定的研究方法，为将来的深入学习搭建更高的平台和起点。

（2）语言与文学领域的分类设计

语言与文学类课程包括语文和外语。学生在这两门语言类学科的学习中同样存在着差异现象，但差异的表现与理科领域的课程有很大不同。如表 6-7 所示。

表 6-7　语文与文学领域课程设置

	课程	适用学生	课程类型
语文	高中语文	全体学生	自选
	高中现代文阅读	在现代文阅读方面需要加强的学生	
	高中文言文基础阅读	在文言文阅读方面需要加强的学生	
	高中记叙文写作	在记叙文写作方面需要加强的学生	
	高中议论文写作	在议论文写作方面需要加强的学生	

续表

	课程	适用学生	课程类型
语文	中外名篇欣赏	对高中语文学习特别感兴趣并希望进一步提升的学生	自选
	先秦散文欣赏		
	鲁迅专题研究		
	时事深度评论		
	高中基础语文	出国留学方向的学生	必选
	中国传统文化		必选
少数民族语言	维吾尔语	全校学生	自选
	藏语		
英语	高中英语	全体学生	必选
	科技英语	科学实验班学生	必选
	高中英语基础听力	英语听力需要加强的学生	自选
	高中英语基础阅读	英语阅读需要加强的学生	
	高中英语基础写作	英语写作需要加强的学生	
	高中英语原版书阅读	对英语学习感兴趣并希望进一步提升的学生	自选
	高中英语提高写作		
	翻译	对翻译和英文写作感兴趣的学生	自选
	大学英语写作		
第二外语	法语	全校学生	自选
	德语		
	日语		
	俄语		
	西班牙语		
	阿拉伯语		

　　基于交流工具和思想表达方式的定位，这些学科主要由"听""说""读""写"等不同的技能模块构成，而每一个模块可以形成独立的体系，模块之间没有严密的逻辑关系。学生在这些学科中的学习差异常常表现

为对某一个具体模块的需求，如文言文阅读、记叙文写作、英语口语、英语阅读等，而每一个模块内又都存在着补弱或提升两种水平。基础教育阶段对学生语言类课程有一个基本的统一要求，为此，我们的语文和外语学科按照"基础必修课程＋补弱类自选课程＋提升类自选课程"设置。基础必修课程是面向全体高中学生的必选课程，执行普通高中语文或英语课程标准，每周3课时。高中三年连续学习。补弱类和提升类的自选课程分模块设置，每个模块每周2课时，开设一个学期，在高中各学期重复设置。每学期每位学生可以根据自己的学习情况，从自选模块中自主选择，也可以不选。

此外，为满足学生学习第二外语的需要，学校还开设了法语、德语、日语、西班牙语、俄语、阿拉伯语等小语种课程。其中，法语、德语、日语和西班牙语分两级开设。这些课程每周2课时，每学期重复开设。

（3）人文与社会领域的分类设计

人文与社会领域包括高中思想政治、历史和地理，这三门课程分两类设计（表6-8）。

表6-8　人文与社会领域课程设置

学科	课程	适用学生	课程类型
思想政治	思想政治Ⅰ	工程、经济学与数理方向的学生，出国留学方向的学生	分类必选
	思想政治Ⅱ	人文与社会方向的学生	
历史	历史Ⅰ	工程、经济学与数理方向的学生，出国留学方向的学生	分类必选
	历史Ⅱ	人文与社会方向的学生	
	世界历史	出国留学方向的学生	自选
地理	地理Ⅰ	工程、经济学与数理方向的学生，出国留学方向的学生	分类必选
	地理Ⅱ	人文与社会方向的学生	
	世界地理	出国留学方向的学生	自选

Ⅰ类课程不受高考的约束，以开放式资源为平台，以"话题"或专题式的资料查阅、整理、讨论、辩论等为主要实施方式，注重对学生思维

方法的培养，让学生学会提取关键信息，形成观点，寻找观点与论据之间的严谨关系，学会历史性地分析问题，从多角度看问题等。Ⅰ类课程的适用对象主要是工程与经济学方向、数理方向和出国留学方向的学生。开设方式由每个学期的大学段集中学习加小学段研究报告组成。大学段的学习是集中授课，每周 4 课时，每学期重复开设，学生在三年内可以任意选择学习时段。还有一些内容适合做综合性的研究专题，由学生组成研究小组，在每个学期的小学段内进行，最后形成研究报告。

思想政治学科担负着学生人生观、世界观和价值观的养成任务，需要较长时间的熏陶和影响。为提高教育实效，除需要在教学组织形式和教学方式上不断创新外，还需要结合职业考察、名家讲坛等课程，适当延长学习时段，丰富学习内容，学习时间跨度为 1～2 年。

Ⅱ类课程主要满足人文与社会方向学生的高考学习要求，需要连续学习三年。

此外，学校还开设世界历史和世界地理，以满足出国留学方向的学生在留学国家人文地理和民族文化等方面的学习需求。

技术领域在很好地融合国家信息技术和通用技术必修要素的基础上，根据行业门类，设置了专项的分类技术课程。这些课程，有的侧重于信息技术，有的侧重于通用技术，有的则是信息技术和通用技术的综合体现。体育课程按照运动项目进行了分类设置，但由于学生学习的起点、基础和水平不尽相同，所以，即便同一个课程，在学习方式和指导方法上也有所区别。综合艺术增设了综合类的戏剧课程，将单一的艺术专业技能技巧的训练扩大为个体的技能学习和团队合作、交往、妥协品质的培养。对于有些需要通过体验才能获得的知识，我们整合了政治、历史、地理和生物中相关的课程内容，设计综合主题，开设游学课程，走出学校，到社会和大自然的实践基地中。还有一些需要动手实验的课程内容，则设计一些综合专题，以项目研究的方式，形成高端科学课程。对于极个别有特殊需求的学生，我们还设置了特需类的书院课程，通过自主研修、师徒结对和小组研讨的方式，实行一生一案式的课程。

2. 立足校本的适宜性设置课程

课程建设必须以满足学生需要为出发点，以促进学生全面、和谐、可持续发展为目标，结合学校、教师和学生实际，从时代性、基础性、选择性出发，力求形成完整的校本课程体系。自主课程实验学校提出设置三种不同类型和功能的课程体系。第一类为国家必修和选修课程，面向全体学生，开足开齐国家课程中的必修课和必选课程，以保障学生的全面发展和基本素质的达标要求。第二类为校本必修课程，根据学校实际情况，面向全体学生，开发校本必修课程。第三类为校本选修课程，由学生自主选择学习，主要为学生的个性发展打好基础。在课程设计内容上，首先，各个实验校在对国家课程进行整合，很好地完成国家课程必修要素的基础上，其课程体系围绕本学校育人目标，与学校的教育价值观保持高度的一致，形成统一的顶层设计系统。其次，学校课程体系的研发与实施都是基于学校的基础、办学水平和师资条件而进行的。最后，课程体系是立足于学科特点，尊重学生的认知规律，以学生的发展需求为出发点而设计的。第四，课程体系是在学校实际的教育教学过程中，经过实施而不断丰富完善，逐步构建完成的。

案例二　清华大学附属中学课程体系及课程设置框架

清华附中课程体系构建的突出特色是把"关注学生的发展"作为构建课程体系的核心和支撑。关注学生的个性发展，整合国家课程和校本课程，学科课程和德育课程，针对不同性格禀赋、不同兴趣爱好的学生设置课程，在国家八大基础学习领域之上，增设实践与领导力领域、学生自主与创新领域，共组成十大学习领域。

关注学生的能力发展，在课程框架中针对每一板块的课程内容，将课程按功能分为基础类课程、拓展类课程、研究类课程。基础类课程，面对全体学生；拓展类课程，面对课程的个性需求；研究类课程，面对由学生自主组成的任务型项目团队和专家指导下的科学探究活动。

关注学生的大综合观下的通识培养，针对高二年级不做完全的文理分科，除了语文、数学、英语学科外，全年开设国家课程中物理、化学学科的选修内容，在此基础上在校本课程中提供有利于综合素质提升的跨学科综合课程。在全面发展基础上，培养文理兼通的通识人才。

关注学生的发展方向和认知水准，把国家课程中同一学科的模块内容按学生发展方向进行重组，把同一模块内容根据学生的认知水准，分层设计。例如，同一模块内容分为A、B、C三个层次，满足不同发展方向及不同类型学生的需求，真正实现国家课程校本化，高标准落实国家课程。

关注学生的实践活动和动手操作能力，通过与清华大学实验室的对接项目研究，使学生真正走进大学科研实验室，动手实践操作，感受项目研究的过程，为学生走向科研、走向社会奠定基础。

清华附中课程体系及课程设置框架如图 6-1 所示。

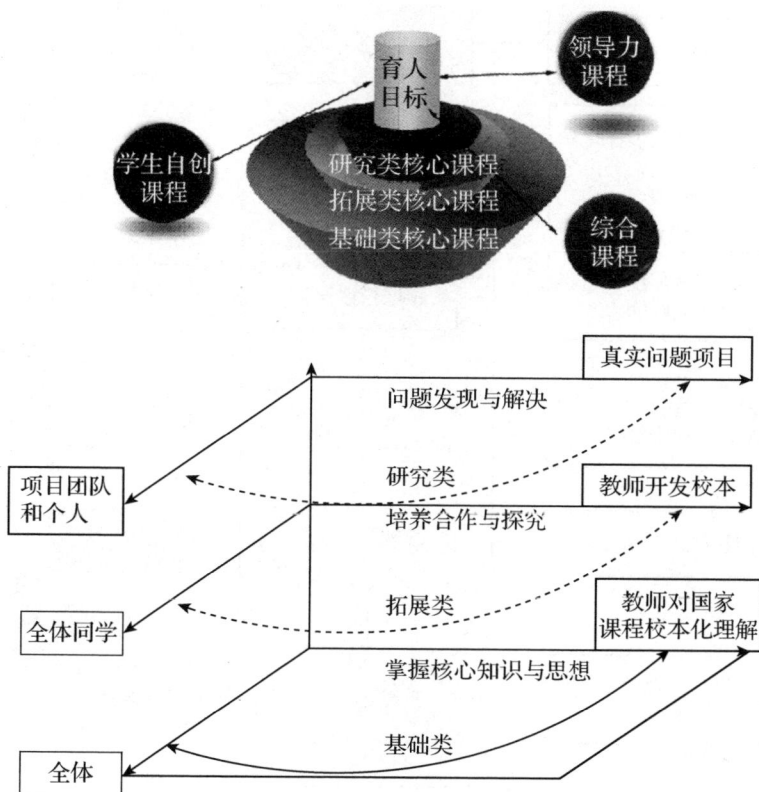

图 6-1 清华附中课程体系及课程设置框架

案例三 北京市第八中学"一主两辅四阶梯"教学课程体系

北京八中承继其创新探究的优良传统，扎根八中近百年历史中形成的求真致美基因，形成富有特色的课程体系（图 6-2）。北京八中课程特色主要体现在以尊重学生学习方式的独特性和个性化为目标，实现国家课程的"校本化"。基于国家课程和中学生的实际情况，整合课程内容，优化教学过程，努力实现将知识视为"确定的、独立于认知者的一个目标"的认识向"知识是一种探索的行动或创造的过程"观念的转变，以国家课程的"校本化"为突破口，实现尊重学生学习方式的独特性和个性化的目标。

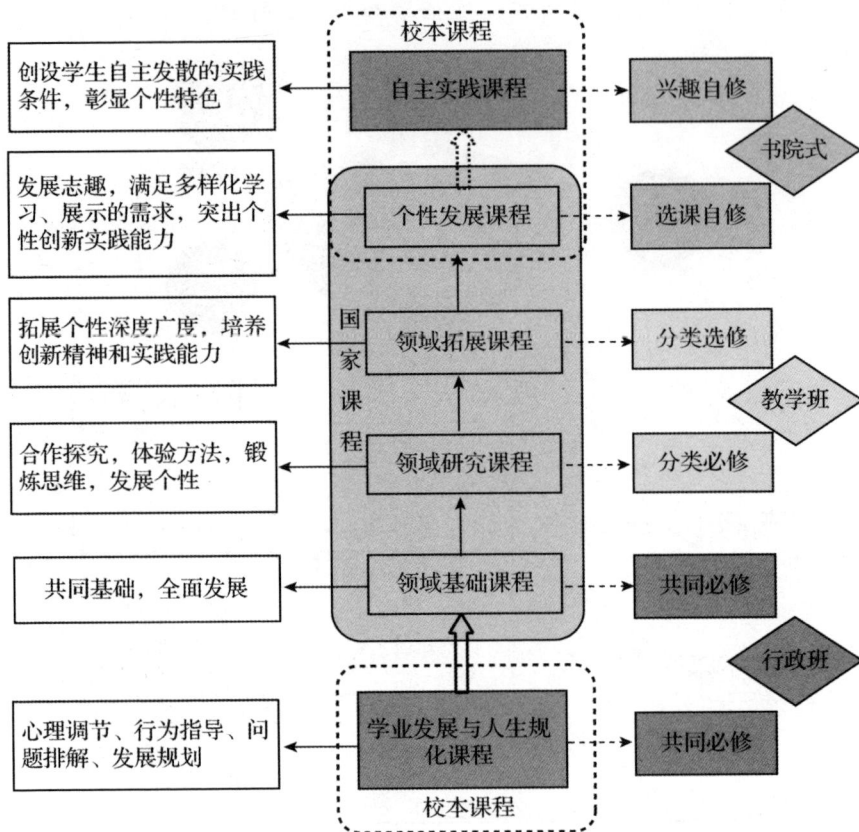

图 6-2　北京市第八中学"一主两辅四阶梯"教学课程体系图

　　首先，经纬相辅的网状课程提升了学生生存能力和生活品位。北京市第八中学首先将以提升学生生存能力为目标的教学课程设为"经"线，统筹研究和安排中学阶段课程设置，通过三年（四年）系统的学习与训练，使学生的身体与智能得到充分的发展；同时，学校将以提升人的生活品位为目标的德育课程作为"纬"线，依照"学生为主体，活动为载体，主题为单元"的原则，融合班会、校本选修、社团活动、社会实践等内容，设计系统化的序列德育课程，从而构建起经纬相辅的网状课程结构（图 6-3），保证学生个性全面健康发展。

　　其次，分层分类的梯级课程按类满足了学生的个性需要。八中为实现国家课程的"校本化"，结合学校学生、教师和传统实际，设置了"校本课程—国家课程—校本课程""一主两翼"的课程框架，将自主实验的重点放在学校核心课程体系设置上。其中"国家课程"分为"领域基础课程→领域研究课程→领域拓展课程→个性发展课程"四个台阶（表6-9），形成具有北京八中特色的课程实施主线。课程的分层满足了全体学生的共同基础与个性需求，其创新点是保证"基础扎实、素质全面"育人目标的同时，将"志向高远，特长明显"落到实处。

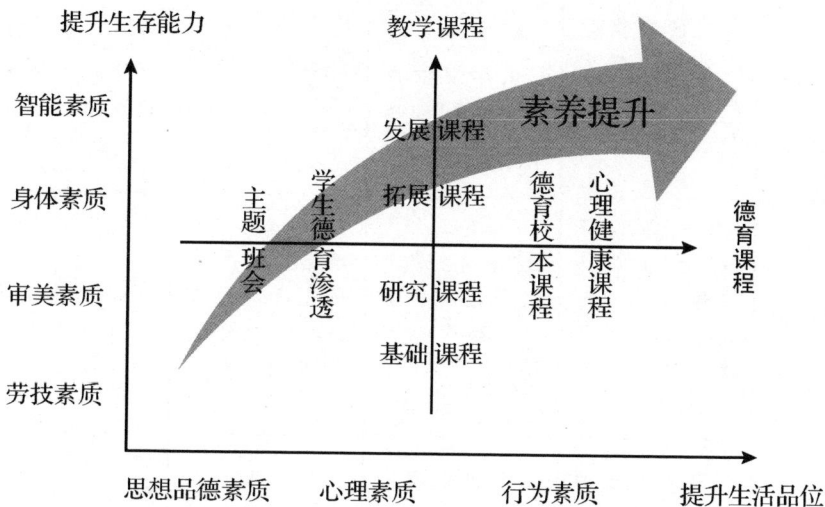

图6-3 北京市第八中学经纬相辅的网状课程结构图

表6-9 北京市第八中学分层分类的梯级课程表

项目 \ 课类	领域基础课程	领域研究课程	领域拓展课程	个性发展课程
课时安排	每节课40分	每节课40/80分	每节课40/80分	每节课40/80分
课程目标	为学习的全面发展打好知识与技能基础，实现"基础扎实"的育人目标	使学生在探索的行动或创造的过程中生成知识，探索方法，提高能力	促进学生领域内个性化的某些方面向"特长"发展，实现"特长明显"的育人目标	以国家课程为依托，为学生发展自己的"特长"或发现适合自己研究的领域创造条件

项目　　　　课类	领域基础课程	领域研究课程	领域拓展课程	个性发展课程
课程内容	学科必修模块和必选模块中适合师生互动式学习的内容	依托各学科内容，将适于体验式学习的内容设置成"领域研究课程"	来自于生活情景中的个案研究，学科选修课程中适于进行系列研究的内容	学校、学生自主开发的专题选修课程
实施途径	"领域基础课程"为"共同必修课"，以"行政班"形式通过课堂教学形式开课	以"教学班"形式开展，学生以多种学习方式完成学习	学生每学期最多选修两门课程，以"教学班"形式开展	"个性发展课程"为"任意选修课"
课程评价	以模块考试的形式考查学业水平，并进行学分认定	促进学生领域内个性化的某些方面向"特长"发展	促进学生领域内个性化的某些方面向"特长"发展	促进学生领域外个性化的某些方面向"特长"发展

　　根据北京市第八中学的课程分类及学生的发展方向（表6-10）可知，在高中统招新生入学以后，学生可以根据个人兴趣、爱好和特长，初步选择方向1、方向2、方向3（科技综合素质班）等几大类课程；在高一年级结束时，学生还可根据个人发展情况按前三类课程再次选择。这样的选择性，有利于落实学科课程的差别化排课和教学，实现学生对学科内容的选择，同时学校也可赢得开设更多校本课程的机会和条件，从而给学生的兴趣、爱好、特长深层次的发展提供时间和空间保障，在学校教育的有限时空内为学生发展提供更多的个性化成长平台。

　　学校创办的超常儿童教育实验班需要在四年或五年时间内完成六年中学课程，必须采取课程整合的策略进行国家课程的校本化改造；素质班是从八中初中部直升到高中部的班级，在课程上也要进行特写的设置，这样才能适合学生的需要。

表 6-10　北京市第八中学课程分类及学生的发展方向

分类		学生的发展方向
统招生	方向 1（文科倾向班）	面向人文、经济、社会等
	方向 2（理科倾向班）	面向数学、科学等
	方向 3（科技综合素质班）	面向科学、技术等
	方向 4（出国班）	出国接受高等教育
特招生	国际合作班	出国接受高等教育
	资优儿童实验班（少儿班）	四年五年完成六年中学课程
	素质开发实验班	五年完成六年中学课程

中美课程合作班和统招生出国班的学生与普通统招生的课程又有所不同，除学习国内课程，达到中国普通高中毕业生的要求外，还要设置特定的课程，以满足进入国外大学的要求。北京市第八中学的七种类别的课程与学科的分层设置，既满足了集约化教育节约教育资源、提高教育效益的条件，也符合对当今社会提供有限个别化教育的诉求。因此，北京市第八中学自主课程实验的重点，将放置在国家课程的层级化落实与课程类别的优化提效上。国家课程的层级校本化落实将是启动学校课程实验有效能力释放的关键。

3. 满足学生多样化需求的个性化选择

综观世界各国的高中课程，教育对学生主体性和差异性的尊重是通过选择性来实现的，只有将课程的选择权落实在每一位学生身上，他的个性需求才能得到满足，他的自我发展的内动力才能真正调动起来。

北京十一学校课程体系的设计与"每一位学生"的需求和选择直接对接。第一，增加课程的多样性，增设商学和经济学领域，减少必修课程，压缩必修课程的课时，扩大选修课程，学校目前开设的近 300 门课程，除了少数是必修课程外，其他大部分都是选修课程。所有的课程排入每周 35 课时的正式课表。最大限度地满足每一位学生的需求，有的课程，比如特种体育课程，针对学生的身体情况，开设适合的康复训练课程，即使有一个人学习也要开设，形成一位学生一个课程。第二，扩大选择的空间，不仅课程可以选择，学习的时段也可以选择，有的课程以一个学期为单位，每学期重复开设；自习课的地点也可以根据自己的需要选择。第三，加强数字技术平台的支持，建立网上选课和排课系

统，确保最大限度地满足每一位学生的选择需求，并最终形成学生的个
性化课程表。

其他实验校也提供给学生最大的选择权利，实验学校突出基础性、
发展性和适宜性，加大选择、重组、优化力度，尽可能为学生提供多样
化、有层次、综合性的选修Ⅰ课程，以在学生共同基础上突出知识的广
度、深度以及多方面能力的提升和迁移（表6-11）。

表 6-11 自主课程实验校选修Ⅰ课程开课情况

学校	选修Ⅰ课程
二中	按照各学科课程标准要求，分类别、分层次开设若干选修模块供学生选择（高一以必修和选修Ⅱ为主，高二加大选修Ⅰ比例，高三以选修Ⅰ和复习为主）。学校开齐所有选修Ⅰ模块，鼓励部分学生获得28学分
四中	"人文基础，科技特色"课程体系中"人文"与"科技"的部分内容
实验中学	"必修＋专修＋选修＋综合实践活动"课程体系中专修课程体现选修Ⅰ的内容，强调学生某些特长在专深方向上的培养
二附中	开发了以必修课和必选课程为基础的学科拓展类校本课程，与学生发展志向相一致，学生每天必选一种
师大附中	选择国家课程中的选修模块作为校本必选课程，侧文必选《科学》，侧理必选《社会》，促进侧文、侧理学生均衡发展
人大附中	依据实事求是、量力而行的原则，尽可能多地开设选修Ⅰ任选课程。高一年级开设的选修Ⅰ课程不少于20门，高二年级加大选修Ⅰ课程的比例，以最大限度地满足学生的选择为原则
一零一中学	为学生提供的分层次、有选择的"营养餐"差异主要在选修Ⅰ课程上
潞河中学	100％开齐选修Ⅰ中的所有模块，且重要的选修模块多次在不同学段重复开设；每周除各学科专用的选修课时外，还至少安排2课时用于学生从各学科选修Ⅰ的各个模块中选择

各个实验校的选修Ⅱ课程尽可能满足学生多样化需求并逐渐体现学
校特色。实验校在选修Ⅱ课程开发上有其明确的指导思想和丰富的内容
结构：有的学校有必选和任选；在课程安排上比较灵活，都是从高一开
始与必修课并行，有的延续到高三；都有课程菜单让学生自选，以让学
生形成个性化的课程表，并采用走班方式实施；建立相关的保障制度，
如选课平台、学分认定和管理制度等。各校选修Ⅱ课程特别是校本课程
建设异彩纷呈并各有特点（表6-12）。

表 6-12　自主课程实验校选修 Ⅱ 课程开发情况

学校	核心理念	课程领域	具体安排
二中	按学生基础和课程难度"阶梯式"设置	"文学与艺术""科学与创新""技术与生活""人文与社会""体育与健康"五大类	170 余门，高一年级不少于 20 门。学生 3 年中选择学习，至少获得 6 学分，鼓励部分学生获得 8 学分
四中	科技与人文并举	"学科发展类""科学技术类""人文艺术类""外国语言与文化类"等几大门类	安排在高一、高二年级，所有领域都开设
实验中学	专修＋选修，突出专深方向，满足学生多样化需求	专修中有体育专修、艺术专修、棋牌类、科技类、竞赛类、经济类等，选修部分有学科发展类、科学技术类、人文艺术类、外国语言与文学类、综合类等	高一开设选修课程及部分专修课程，高二增加供学生自主选择的部分专修课程
二附中	满足学生需求，培养兴趣，发展个性，使学生学有所长	学科拓展类校本选修和综合活动类校本选修，后者包括社团类、课题研究类、科技类、学科类、体育和艺术类等	通过"＋1＋1"方式（第一个"＋1"是指学科拓展类校本选修课程，安排在每天的第 7 节课，所有学生每天必须从开设的该类课程中自主选修一种；第二个"＋1"是指课外综合实践活动，学生可依据兴趣、爱好充分自主选择）安排两类选修课程，学生每天都有可选择学习的课程
师大附中	必选＋选修，全面、均衡发展＋发展特色	必选为校本德、智、体类课程，选修有德育类、健身类、文学艺术鉴赏类、学科特长类、学科专项技能类、博知类、实践模拟类	在高一、高二两个年级重复开设，每周两个单元，每个单元学时为 70 分钟
人大附中	体现自主性、关联性、时代性和多元性	数学与自然科学、语言文学与社会科学、综合实践活动、体育与艺术四大类	外语类安排在每周 40 课时之内，其余安排在自由选修时段，供学生自由选修。选修Ⅰ、选修Ⅱ课程尝试在实验校内部跨校选修

续表

学校	核心理念	课程领域	具体安排
一零一中学	选修课程模块化、社团活动目标化、德育活动系列化	"大文化选修课""STS系列选修课"和"荣誉课程"三大类	贯穿高中全学程，形成选修课程平台，学生根据兴趣、爱好自主"点菜"，实行"菜单式"的个别化课程管理，实行全年级或跨年级的走班
潞河中学	体现学科特点、潞河内涵、运河文化、学生兴趣	学生成长指导类、语言与文学知识拓展类、人文与社会知识拓展类、科学领域知识拓展类、技术领域实践操作类、艺术领域活动类、体育与健康活动类、学术社团活动类、民族课程、涉外课程共十类	高一到高三，每周至少2课时，学生成长指导类课程三年安排不同模块，每个学生每学期必修
中加学校	选修Ⅰ＋选修Ⅱ，体现中外合作办学特点	选修Ⅰ有语言类、学科、竞赛辅导类、艺术与体育类、实践活动类、计算机应用类、戏剧、音乐欣赏类；选修Ⅱ有中华传统文化类、西方文化简介类、基础强化类、法制教育类、心理健康类、研究性学习	每周三半天的时间集中安排选修课、社会实践活动、社区服务等课程，突破传统的课程结构
盲校	考虑学生的特殊性，以人为本	心理适应及行为礼仪规范等	高一到高三分别安排，学生根据自己的兴趣选修

4. 重视课程链条上各个环节的设计

科学的课程体系是一条各个环节环环相扣的链条，既有每个课程的价值定位和包含目标追求在内的顶层设计，也有课程实施的途径、方式方法和策略的设计。课程的实施只有确立明确的教学目标，选择适切的教与学方式，组织丰富多样的学习资源并实现学科教室资源标准化，落实过程评价和终结性诊断，才能提高课程效益。分层、分类、综合、特需课程体系包含的不仅是丰富多样的课程，还通过选课，让这些课程与每一位学生联系起来；通过走班上课教学组织形式，让这些课程落实在每一间教室、每一节课堂里。针对服务课程的学习，必须开发与之配套的资源系统。为确保课程在各个环节的落实不偏离课程设计的理念与方向，进一步激发学生的内动力，并确保教育教学质量，评价与诊断系统一定必不可少。在进一步的实施过程中，随着班主任和行政班消失，学校的各项管理制度必须重建……只有在这种系统的课程观下，学校课程才能够形成相互支撑的有机系统。

（二）激发学生自主选择课程的意愿

自主选择课程的重要前提是尊重学生的兴趣爱好，发挥学生的个性特长。通过学生自主选择，让课程落地，连接每一位学生的需求和发展，让每一位学生成为他自己。自主课程实验学校的探索集中在以下三个方面。

首先，用未来的方向引导学生，启动学生发展的内动力。普通高中兼顾生涯发展的需要，美国生涯指导专家、生涯发展理论的先驱金斯伯格（Eli Ginzberg）认为，高中阶段是生涯发展尝试与价值形成时期，在这一阶段，个体开始认识到职业的社会价值，并试图将兴趣与能力统一到价值体系之中，因此高中阶段是生涯发展的最重要的阶段。[1] 在生涯教育的视野中构建高中课程，帮助学生找到自己未来的发展方向，用未来引领当下的发展，是启动学生自主发展内动力的重要手段和途径。例如，北京市十一学校分类技术课程的定位立足于唤醒学生的潜能，引领未来专业方向，促进有关职业的思考。学校综合实践中设置名家大师讲座、名师讲堂、职业考察等课程，意在通过各种力量，启发、引导学生对自己的未来进行思考，学会规划生涯。另外，学校按照一定的办学理念，设计出一套课程，是课程改革的起点；通过学生的选择，让这套课程体系与每一位学生发生关系，转化为每一位学生学的课程，是改革的落脚点。学生每个学期选一次课，选择本身就是一种动力，它促使学生对自己的未来做出思考和规划。还有，对于每一位学生来说，选择既是一种实践行为，也是多次探索的过程，很多学生在选择中，逐渐找到了自己稳定的兴趣爱好，把自己隐藏的潜能发掘了出来；也有的学生在选择中发现原本以为自己会喜欢的行业，并不是自己的真爱。多样化的课程，增加了选择的机会，让学生有可能通过多次的选择、尝试，明晰自

---

[1] 申仁洪：《高中新课程的生涯发展特性》，载《课程·教材·教法》，2007(6)。

己的发展方向。

其次，引导学生学会自我规划、自我选择与自我负责。有了全新的课程体系，学生被赋予了选择课程模块和学习时段的自由，同时也意味着要承担起责任，这对于学生来说是一个巨大的挑战。学生在分层选课中选择不同层次的课程去学习，他的选择行为与相应的课程难度对应，必须非常谨慎负责。分类课程为学生提供了不同类别的课程模块，每一门课程不仅承载一定的课程内容，还包括学习的时长、评价的要求等。每一次选择都不是随意的，学生要考虑清楚自己的需求，才能做决定。我们相信每一个有着自由心智的孩子，在教师的引导下，都可以做出合乎自己需求的选择。①

最后，教给学生课程选择的基本方法。选课包括两层含义：选择适合自己的课程模块，选择适合自己的学习时段。多样化的课程使学生能够按照自己的个性发展需求选课，而学生的不同需求主要源于未来的发展方向和职业目标，因此，每一位学生只有首先明确今后的大学专业倾向和职业目标，才能理性地选出适合自己的课程。如果暂时不能确定职业方向，在课程选择时要留有余地。例如，在第一学期可不选择技术、艺术、生物课程，其他课程则均按高考课程来选择，待方向明确后再作调整。十一学校的做法是学校每个学期选一次课。每次选课，都促使学生不得不对自己的未来发展进行思考。

有的课程在高中三年连续开设，有的课程只学习一个学期，每个学期重复开设。某门课程放在哪个学期学习比较合适，也需要考虑和选择。这促使学生要在系统规划高中三年的学习后再考虑一个学段的选课，避免出现不同学段选课过多或过少等不均衡的情况。学校建设了网络选课平台，学生在网上完成选课。选课之后发现不合适，可以改选，改选课程在每个大学段结束前进行。为帮助解决学生因改选课程而造成的课程衔接问题，学校在两个大学段之间的小学段开设了一些辅导性的课程。

为帮助学生选课，学校编写了《课程手册》，人手一册，在新学年选课前发到学生手中。手册包含了学校高中三年提供的全部课程、在校生活学习的各种规范和指南以及不同方向学生的选课示例等，旨在为学生

---

① 李希贵等：《学校转型：北京十一学校创新育人模式的探索》，6页，北京，教育科学出版社，2014。

规划充实而有意义的高中学习生活提供帮助。为给每位学生的选课提供有针对性的帮助和指导，学校实施导师和咨询师制，导师、其他任课教师和家长共同帮助学生完成选课。为帮助学生选课，学校还开展了各种方式的选课辅导活动，以便让每一位学生制订适合自己的课程修习计划。[①]

(三)引导学生构建自己的学习系统

实施大小学校课程的价值最终是要落实到每一位学生身上，同一科目的课程有不同的层次和类别，在不同的时段重复开设，学生通过选择适合自己的课程模块，选择适合的学习时段，形成自己每个学期的课程组合。通过对高中三年的整体规划，形成每个学期的侧重点。由此，构成每位学生高中三年的课程学习系统。

1. 采用大小学段，强化课程的选择性

采用大小学段的做法来源于芬兰。芬兰自 1982 年开始按"学程" (course)组织教学。一门科目(subject)按内容的数量和难度可分为数量不同的若干学程。这样一来，十几、二十几门科目就可以衍生出几十甚至上百个学程。一个学程平均为 38 节课，每节课 45 分钟。每一学年不再分为固定的两个学期(term)，而是分为 5～6 个学段(period)。每个学段一般持续 6～7 周，各学段最后一周为考试，考完试后该科目的学习就必须中止。一门科目的学习被中止以后，并不影响其他科目的学习。也就是说，不分年级，高中不存在以往的"留级"现象。学段制较好地解决了过去存在的问题：因为一学年只分两个学期，每学期持续的时间比较长(95 天)，因而一门课拉得时间太长，每门课的周课时又太少(一门科目平均每周 2 节左右，有的科目每周只有 1 节)，这样既使得一门科目因学习周期过长而容易被遗忘，又使得一个学期并行开设的课程门类太多(可多达 10 门)。按学段和学程组织教学，避免了因学习时间间隔过长而容易遗忘所学知识的现象，学生可以在相对较短的时间里将某几门课程学得比较透彻，减少了每一学段并行开设的课程门类。这是一种课程强化教育的改革。

很多实验校在进行自主课程设计的同时，也制定了"大小学段制"。

---

① 李希贵等：《学校转型：北京十一学校创新育人模式的探索》，64～65 页，北京，教育科学出版社，2014。

还是以十一学校为例，将每学期 20 周划分为三个学段，两个大学段和一个小学段，每一个大学段为 9 周（阿拉伯数字表示），小学段为 2 周（大写英文字母表示），学期结构为大学段/小学段/大学段。高中三年共设 12 个大学段，6 个小学段。进入高三复习阶段后，每位学生自主安排和复习的需求更多，小学段安排更加多样和灵活。

大学段主要进行统一课程的集中学习，而小学段与传统育人模式的安排有很大不同。小学段期间，学生仍然到校学习，但学校不安排统一的学习内容，每位学生根据自己的学习需求，或补弱，或提升，或拓展，或完成研究性学习，或进行高端实验室项目研究等。这样的安排可以为学生的生涯规划奠基。

每个学期的小学段规划都提前 2 个月开始，学生为这个小学段的学习规划做好充分的准备，从通过分析各学科的学习现状制定目标，到学习资源的准备，到学习效果的自查和反思，学生要为小学段的每一天做好各个方面的安排和准备。这样的体验和平台，为学生的生涯规划奠定了良好的基础。以高一某位学生的小学段规划表为例，他在两周的小学段里，对每一天、每一个时间段都进行了详细的学习内容和相关学习资料的规划，安排得非常翔实、紧凑。针对自己各个学科的学习情况，既有读书、练习，也有社团、健身；既有复习巩固，也有拓展阅读。每个规划表中，还有对自我的提醒和总结。为了使规划安排切实可行，符合自己的情况，有的学生在制作规划表时还会与导师或家长商量，征求他们的意见。

2. 增加体验的时间

学生平时的学习主要局限在学校、课堂里，有些需要体验的课程内容很难得到实现。利用小学段的集中时间，可以走出学校，到社会和实验基地进行实地体验学习。例如，每个学期的游学课程就放在小学段的第一周。游学课程整合政治、历史、地理和生物学科中需要体验才能完成的内容，结合北京内外的实践基地，设置不同的课程路线。另外进入实验室，通过课题的实验研究进行的高端科学课程也可以在小学段完成。

3. 提供集中自主学习的机会

连续两周的小学段为每位学生提供了一个可以集中自主支配的时间和空间。减少统一课程学习的时间，满足了学生个性化的学习需求。每位学生利用这个机会，制订两周的学习和生活计划，自我监督，自主管理，最后进行自我反思。这样提高了学生的自主规划和管理能力。对于每位学生来说，小学段的价值还在于：经过一个大学段的学习，每位学生在这段时间，可以停一停，稍作调整，根据自己上一段时间各学科的学习情况，制订自己的小学段学习计划，每位学生按照自己的计划，自主安排。学习比较满意的，可以进行超前学习和拓展；存在问题和困难的，在教师的帮助下，制订查漏补缺的计划，请教师辅导，为下一个阶段的学习扫清障碍。学生对小学段的设置非常满意，调查表明，超过80％的学生认为小学段的设置让自己在自主学习方面有所收获（表 6-13）。

表 6-13　学生对小学段收获的调查

	选项	人数	百分比
我在小学段学习方面的最大收获是	A. 会制订计划	82	45％
	B. 会自学(理解、提炼、整理、提问等)	148	81％
	C. 会反思	70	38％
	D. 会落实和检测自己的学习效果	45	25％

4. 带动课堂变革，提高学习效率

要在每个学期 20 周的固定时间内挤出 2 周的小学段，不能安排统一的课程，那么，大学段的集中授课时间必然缩短，在较短的时间内完成跟原来一样多的学习内容，而要求还不能降低，这势必"逼迫"各学科教师重新审视和反思自己的教学，向每节课堂要效率，必然在课堂教与学的方式上进行探索。而那种通过增加课时、拼时间，加重学生负担的通常做法，自然也就没有了生存的空间。

(四)增强学生课程选择的机制保障

怎样通过分层分类自主选择的丰富的课程体系，实现课程选择的最终目标——让每一位学生都有自己的跑道？要想让为每一位学生顺利选择课程，就必须有一个完整的课程链条。这个链条不仅要有丰富的课程，还要有配套的管理制度、评价体系，这样才能保证课程实施的质量与科学评估课程实施的效果，保证课程的落地，支撑学校的育人目标。

1. 重建管理制度，为学生课程选择权的实现提供自主的空间

学生通过课程的选择而迸发出的个性自由的张力，需要在一个宽松的管理空间里得到释放，而原来的学校管理制度"将杜绝'错误'作为学校管理的出发点，以致采取各种严厉的惩戒手段或军事化的刚性管理，试图使每个孩子成为守规矩的乖孩子，这种超越现实和成长规律的举措，必然导致制度设置的错误，而错误的制度混淆了关于过错、无过错、正确等判定，孩子的正常行动常常被贴上'错误'的标签"①。这种管理制度显然无法与我们当前的课程理念相对接。而且在走班选课的形式下，伴随着行政班的消失，课程的多样化、选择性和学生的个性化、动态性，也使原来的管理力量和管理方式无法实施。

2. 年级实施"分布式领导"

过去，年级层面的管理主要依赖两条腿：班主任负责学生管理，教研组长负责教学管理。随着选课走班的推进，班主任的管理方式被完全打破，必须寻求新的管理模式。另外，处于流动和自主选择中的学生，管理的工作量也陡然上升，仅仅靠年级主任一个人的力量无法做到位，需要分担管理的职责。管理大师明茨伯格（Henry Mintzberg）提出了"分布式领导"的概念："所谓分布式领导是指组织的不同成员根据自己的能力和环境条件的变化动态地分享领导角色。"②年级实施了"分布式领导"的管理模式，其主要特征表现为：第一，领导角色由多个组织成员共同承担。学部的管理事务不再由学部主任一个人负责，而是根据工作岗位分成若干个项目组，每一个项目组都由学部的任课教师承担。大家都是领导者，而不是管理者。第二，项目领导角色确定的依据是，任务特点和成员能力的匹配程度，就是谁能干这件事就让谁领导。第三，领导角色是动态更替的。分布式领导的岗位都是根据需要灵活设立的，动态变化的。例如，在高一上学期，学生的自主规划和学习能力还处在形成过程中，需要设立"小学段管理项目组"，专门负责学生在小学段内的自主规划和管理，到高二，学生会自我规划了，这个项目组随之消失。目前高中学部设置的分布式领导岗位主要包括：咨询师、学科教研组长、小学段与研究性学习主管、过程性评价主管、终结评价与诊断主管、选课与排课主管、教育顾问（特殊行为问题）、自主研修主管、考勤主管、学习环境管理主管、大型活动主管等。例如，十一学校高中学部设置的分布式领导岗位（图6-4）。

---

① 林卫民：《"错误"的教育味道》，载《中国教育报》，2013-04-12。

② 张晓峰：《分布式领导：缘起、概念与实施》，载《比较教育研究》，2011(9)。

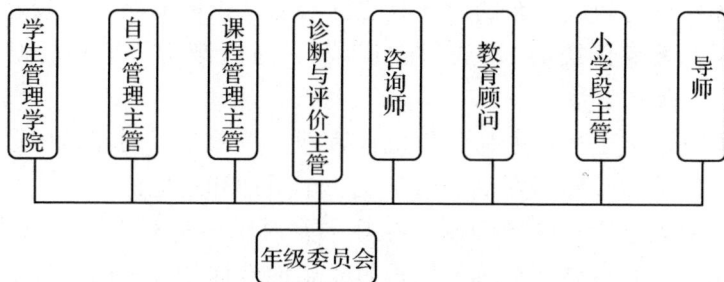

图6-4 北京十一学校高中学部分布式领导岗位设置

从图6-4中可以看出，第一，每一个岗位主管都是领导，都主要负责一项事情。为了使这项工作顺利展开，各个岗位采取项目组负责的方式，由主管领衔组建一个项目组，项目组的成员由本年级的任课教师组成。第二，分担了年级主任的工作负担。过去年级主任长期做不到位的事情，现在分成若干个岗位，让这方面有管理特长的教师专心做一件事情，不仅事事有人做，而且还能够提高工作的效率。第三，使班主任"消失"后的学部管理有了一个很好的对接。过去压在班主任身上的一些琐碎的事务性的工作，分解到各个项目组，由专人负责。第四，改变了管理过度、教育不足的问题。现在，让教师从"警察"队伍中退出来，当学生的问题不再与班级业绩挂钩时，教育就变得纯粹了，学生更容易接受教师的教育，因为他知道，老师这样做不是为了班级，不是为了业绩，而是为了他自己的成长和进步。第五，年级委员会支持各分布式领导项目组的工作，发挥服务、沟通、协调的作用，而不再像过去似的占据领导地位。[①]

3. 实施导师制和咨询师制

人生是一枚硬币，正面是选择，背面就是责任，课程的选择性可以帮助学生建立起自我负责的意识，但仅仅靠这个是不够的，因为学生是未成年人，他们的成长还需要教育力量的引导、帮助，而这种教育不是行政管理压制、管束掩盖下的"假象"，而是去除行政管理力量后的"真教育"。为此，学校建立了导师和咨询师制，从学业指导、心理疏导和人生与职业规划引导的角度，为学生提供各种帮助、服务、咨询。面对

---

① 李希贵等：《学校转型：北京十一学校创新育人模式的探索》，178页，北京，教育科学出版社，2014。

学生的各种行为问题，有的时候是更深层次认识的问题，学校建立了教育顾问制，丢弃传统的"权威"性"说服"，通过倾听、平等的对话和沟通，心平气和地解决。

为了防止学生从过去那种班主任管理、被动学习的习惯中进入选课走班时的忙乱和心理不安定，给学生一个缓冲和适应的过程，学校在高一的第一个大学段实施导师制。导师主要对学生进行人生与职业引导、心理疏导和学业指导，平时更侧重对学生的选课指导和陌生环境的心理适应指导，搭建伙伴交往的平台，让学生尽快找到志同道合的伙伴，但并不负责学生日常事务的管理。学生自主选择导师，组成一个亲密的团队，导师定期组织所带团队的学生进行一些集体活动，或座谈解惑，或分享经验，或外出实践等，增加团队成员的接触和交往机会。除此之外，还建立了一对一的关注机制，了解每一位学生的情况，与每一位学生谈话，当学生还不熟悉导师和同学，主动性还不够时，导师更多采用主动的方式，走近团队的每一位学生。

导师制把教师从原来班主任琐碎的工作事务中解放出来，让他们能够有精力和时间进行更多一对一的工作。当学生相互熟悉，适应了高中环境之后，就有了一定的自主管理和调控能力，自主的要求会更高，对学业规划、生涯方向的考虑也会更多，更需要一对一的咨询和指导，这时，需要将导师过渡到咨询师。咨询师由年级聘任，学生根据自己的需求选择。咨询师需要做好各方面的储备，随时对学生的需求做出回应，从升学志愿到就业方向，从国内大学专业设置情况到国外大学的基本情况，要为学生的学业规划和生涯方向提供有针对性的咨询和指导，有时候需要了解学科研究的最新进展和最前沿的职业发展动态，这样才能解决学生各方面的咨询问题。咨询师制的主动权完全在学生，咨询师通过一对一的咨询和服务，解决一个个具体的需求和困惑。[①]

4. 全员育人

没有了行政班和班主任，很多教育责任都没有办法"推卸"，每位任课教师的教育和管理的责任大大增加，每一位教师都走到了教育的前台。他们不仅要负责自己学科的教学和学生的学习，还要关注学生的心理、情绪和人际交往；不仅要教会学生，更要教学生会学，要管理和领

---

① 李希贵等：《学校转型：北京十一学校创新育人模式的探索》，153～155 页，北京，教育科学出版社，2014。

导学生的学习，帮着学生制订计划，通过检测诊断，寻找问题，指导方法，通过描绘愿景，确定目标，激发学生的内动力等。经过实践探索，学校逐步形成了全员育人的教育网络。

5. 实施综合素质评价报告单制度

为启动学生自主发展的动力，学校还构建了评价与诊断系统，实施学生综合素质评价报告单制度。学校通过个性化的学业诊断与分析平台，让每一位学生随时看到自己的学习表现情况。既可以看到自己每一门课程的学习过程，也可以看到各门课程的综合表现情况，通过不同学科的对比，看到自己的学科优势和短板；既可以看到各学科的学业课程，也可以看到综合实践等各方面的表现情况；既可以看到自己的表现，也可以看到自己在全体同伴中的位置情况；既可以看到一个学段的表现情况，也可以看到纵向上的发展变化趋势。让每一位学生在与自我的对比中，在自己原有的水平上得到发展，获得不断进步的信心。每个学期结束前，综合素质评价平台会对每一位学生本学期各个方面的表现情况，自动生成一个"综合素质评价报告单"，通过网络反馈给每一位学生和家长，为学生的自我反思和制订计划提供帮助。学分制只是规定了一个毕业生的最低学分要求，对于绝大多数学生，这个标准太低了，没有激励作用。为激励学生为获得更高的学业成绩而努力，学校实施了"总学分平均绩点"制度，在达到最低毕业标准的基础上，学业成绩越高，平均学分绩点就会越高，学分绩点与学生的评优体系挂钩，并纳入每一位学生的评价体系之中。

6. 改变评价体系，建立适合本校课程的网络平台

评价的目的是引导学生进步，让学生认清努力方向，明确前进的目标，落实学习任务，养成反思的习惯等。评价应该是多元的，既有学习内容的评价，也有学习态度、学习习惯的评价；既有过程性评价，也有终结性评价。评价也要有针对性。哈佛大学有个经典的评价方法，每位学生在课堂结束时要回答两个问题：在今天的课堂上你学到的重点是什么？今天下课时你还有什么重要的未解决的问题？真正好的评价一定是有针对性的，是针对具体问题而进行的。比如，十一学校建立了过程性评价与终结性评价相结合的评价工具。每个学科都有自己独立的过程性评价指标体系，这些指标突出体现学科体色，指向每个学科学习的核心要素。就像历史Ⅰ类课程重点关注学生在课堂上思考问题和参与讨论的态度及表现，评价指标设定为学习中注重出勤、学习用品准备、课堂学习态度、回答和提出问题、合作学习等。这些指标赋分的权重代表着需要学生关注的程度，而"回答问题"和"提出问题"是最需要学生重视的，也是分值最大的。

如果过程性评价与每一门课程、每一堂课、每一位学生联系起来，那么这将是一个巨大的数据库，一定需要技术的支撑，否则无法真正实现过程评价的实施。与校外专业公司合作，开发学校选课排课平台，势在必行。依托网络平台，及时记录，及时反馈，有针对性地帮助学生调整自己的学习行为和学习状态，成为学生学习的助力器。同时，过程性评价平台具有记录保存和多维度呈现的功能，方便教师和学生分析、比较，也便于成绩管理程序化和制度化。

7. 考教分离，研发适合自己学校课程体系的诊断工具

无论多么完美的课程设计，缺少诊断的环节都不能够让人信服。崔允漷教授认为，基于标准的学生学业评价模式要"以促进学生的学习为中心，强调逆向设计和事先的规划（意思是评价的设计先于教学实施）以及评价与教学的融合"。与过去不同的是，自主课程的设计让我们必须改变对终结性评价的定位，从过去以分数高低论英雄转化为强化考试的诊断功能，通过对学生个体的诊断分析，查找问题，改进教与学。

以十一学校为例，建立自己专属的学业质量诊断体系。高考科目、部分会考科目的学段质量检测实行专家命题制。学段质量检测的试题由评价专家项目组负责命制。目前，学校每个学段考试的各种课程试卷已经达到150套，随着课程改革的深入，这个数字还会增加。除此之外，学校形成了一整套的学业质量诊断的标准化工作流程。制订命题计划、研制命题蓝图、命制试卷、考务管理、考试结果的诊断分析，每一个环节都有专人负责，在操作细节上都努力做到标准化。当评价、诊断与每一门课程、每一位学生挂钩时，就会形成一个庞大的数据库，就需要一个数字化的平台，所以，学校建立了学生学业成绩管理系统。这个系统包括学生学业成绩的构成、会考机制、补考办法、课程重修办法，还有每一位学生每个学期的学习情况报告单，包括学生在校的选课和修课情况、学习过程中的表现、学业成绩、学分以及其他表现情况，通过网络反馈给学生及家长。

五、高中学校课程选择创新的思考

五年的高中学校课程选择自主实践给实验学校搭建了一个创新的平台，很多学校基于校本实际展开了卓有成效的探索，在学生、教师、学校教育教学管理等方面发生了巨大的变化。在研究状态下工作，在工作状态下研究成为很多学校的价值追求。但是，在实践过程中也存在很多问题，从理念到现实的路径不十分清晰，未来新高考的高选择性更会给一线教师和学校带来意想不到的挑战，未雨绸缪，是当前的不二选择。

（一）当前课程选择自主中存在的主要问题

1. 新旧理念并存，各种矛盾凸显

新课程理念的核心追求是培养创新能力，发展学生个性，其实现途径是提供尽可能多的选择机会，让学生学会选择，在选择中取其所需，从而达到个性全面健康发展。然而在实际工作中，急功近利、短期效益，教师中心、教材中心、成绩中心的现象仍然较普遍，学生中心、活动中心、能力中心的意识尚未真正到位。面对高考的压力、家长的不理解，各种矛盾层出，而如何解决这些矛盾改革时没有提供可操作性的解决方案，因此遇到问题和困难的时候，有些教师会回到过去的轨道，用过去的经验解决改革过程中遇到的难题，对新理念产生些许动摇，结果影响了改革进程的推进。

2. 师资不足，教师课程开发能力亟待提高

马克思认为："思想本身根本不能实现什么东西。思想要得到实现，就要有使用实践力量的人。"[①]自主课程实验的推行，离不开教师的参与。

在自主课程实验中，面对着不同学科之间的，以及同一学科之中来自不同教师、不同教学理念及设计思路的实践，往往很难简单地去界定什么是正确的，什么是错误的。学校所面对的挑战，实际上是如何于多元化的、各有依据的尝试中实现统筹协调，找到趋于教学理想的最佳路

---

① 《马克思恩格斯文集》第 1 卷，320 页，北京，人民出版社，2009。

径，获得自主课程改革的有效性。然而现实是教师自身的学习经历、社会阅历、成长路径，使得教师在课程研发时具有很多专业性缺失，导致课程的丰富性、可选择性程度降低，很难做到满足每一位学生成长的需求，课程研发因校、因师进入瓶颈，跨校联合教学受到各种行政限制，难以短期内实现。

没有任何一种课程体系的开发是完美无缺的，但是学校应该也能够做到在立足实际、继承传统的基础上，准确把握教育教学的契机，不断探索利于本校学情、适应时势的自主课程建设。

3. 管与放相矛盾，影响学校改革的信心

选课走班呈现给学生一片"释放"的天空：课程开放了，学生可以按照自己的需要选择；管理开放了，每一位学生自主管理，自我负责；学习资源开放了，真正进入每一位学生的学习过程之中。放眼望去，学生在充满"自由"的校园里快乐成长。但是，也出现另一种现象，失去"管"的学生，缺乏自我规划意识与能力，学业进步受阻；过度的自由使部分学生不理解规则与自由的关系，一味地要自由，忽视对规则的遵守，影响了整个学校的良好学风、校风。美国总统小布什曾经说过这样一段话："人类千万年的历史，最为珍贵的不是令人炫目的科技，不是浩瀚的大师们的经典著作，而是实现了对统治者的驯服，实现了把他们关在笼子里的梦想。我现在就是站在笼子里向你们讲话。"在学校转型的变革中，要防止"自主"权力膨胀和肆虐，避免出现一管就死，一放就乱的局面，就必须找到装权力的"笼子"，让管与放成为一对辩证矛盾，而不是逻辑上的矛盾。

（二）课程改革深化对课程选择自主的挑战

应该说，五年来各个实验学校的改革实践走出了适合本校实际的一条课程选择自主的新路子，变革过程中即使遇到这样和那样的问题，也都是前进路上的问题，是需要在前进的路上不断解决的。2017年新高考方案的出台说明这场变革的实质是综合改革，涉及考试、招生、管理等方面的协同推进，是在学校教育教学管理的深处动刀子，是挑战领导和教师的核心能力。以往所有做过的探索虽然可以借鉴，但是未来的挑战依然巨大。

第一，在新"3＋3""6选3"的考试模式下，高中学校需要为学生提供适合学生个性化发展的多样化课程体系，这势必会打破现有的课程安排，需构建多样化、适合每一位学生的课程体系。学生自主选课走班之后，就必然要求学校由过去以"单班班主任管理"为主的管理模式，向"单元组合、教师全面育人"转变，学校的师资配置、课程组织与学校管理均面临不同程度的挑战。

第二，走班选课打破了传统的班级管理模式，取消行政班、班主任，挑战的不仅是教师的权威，还有心底里那份师道尊严的"神圣感"，当学生变得真实，师生以"人"的身份变得平等，真实的教育发生时，教师内心的挣扎和纠结也可想而知。以学生为本的新高考方案，为学生、高校提供了更多选择的机会，考试的导向、公平性更明显。但与此同时，考试内容更注重考察与生活相结合的实践能力，以考试逼迫课堂教学变革的态势已经形成，高中教学势必发生重大变革。

第三，选课以后，高中学生人手一张课表，彻底打破了原来一个行政班级一张课表的格局。当学生内在的需求被充分挖掘出来之后，教师的专业属性也凸显出来，学生已经在课前完成了自主学习，教师在课堂上该怎么教？怎样进行基于自主学习的教学？如何让学习在课堂真实地发生？如何实现为每一位学生的学习而设计？如何满足学生千差万别的需求？怎么帮助学生学会选择，对自己负责？这一系列的问题摆在教师面前，不是一年、一个月、一周，而是每一天、每一分钟、每一秒钟。面对这样的困惑，没有可以借鉴的经验，没有现成的做法可以效仿，对教师业绩的评价必然发生改变，对如何合理精准地评价教师对学校的管理也提出挑战。

第四，"综合素质测评"将由雷同到个性，从面向全体走向惠及全体。面向全体的方式是单向的，即学校开设的全部课程都是面向学生的，都是为学生好的，都是学生应该需要的，因此没有学好是这些生源太差了，学习这些课程太费劲；而惠及全体的方式是双向的，必须有"反馈—回应—改进"机制。基于了解而进行顶层设计的课程一旦应用到实际，就要不断去收集"用户反馈"，也只有这样才能知道这样的课程是否适合学生，如果完全不适合就要去寻找根本的原因，如果是部分不适合就要考虑如何通过分层分类分区寻找更好的方式。这些将带来学校评价方式的根本性转变，适切于每一位学生的诊断评价成为改革探索的必然课题。

第五，学校管理将面临转型。现行多数学校实行的是科层制的组织管理模式，这种模式有很大的优势，分工合作，各安其所，共同完成学校的育人任务。但是也有很多弊端，最突出的是学校政府化、组织官僚化、管理经验化。层级式的管理使教师和学生失去了话语权，积极性、创造性得不到尊重，民主得不到有效的保障。特别是在超大规模的高中，由于机构和人数增加，这一行政化模式越发严重，成为走班选课的最大制约。变革"金字塔式"的结构为"扁平化"的结构，让领导与成员建立联系，注重个体关怀，使组织成员拥有满足感、幸福感，产生学校组织变革的动力，都将考验每一所学校领导和教师的智慧与行动。

(三)高中学校课程选择自主的思考

选课走班带来的新的育人模式的运行，带动了学校的转型，使学校呈现出一些现代型学校的形态，但学校的转型是一个深刻、持续、整体的渐进过程，实现转型这样一个深刻的变化，需要经历一个较长的时段。学生的发展本来就是一项"百年树人"的基业，教育的成败不是短暂的六年中学时段可以证明的，而是需要放在学生的一生甚至是几代人的发展中去判断。[①] 因此，在探索现代普通高中转型的实践中，还有许多问题需要深入思考。

1. 适应教师角色的转变，寻找适切的教师培训方式成为当务之急

以前教师在学校只是单纯的班主任和任课教师两个角色，现在要承担科任教师、导师、咨询师等多种角色，每种角色都需要一定的素养作支撑，多重角色下教师的素质模型对教师素养提出了更高的要求。要真正实现学科教学与学科教育的融合，每位教师教育和管理的责任就要大大增强。以前，教给学生就行了，而现在要管理和领导学生学习，帮助学生做计划、检测，还要帮助学生描绘愿景，确定目标。这些工作的内容、职责和要求，都是对教师很大的考验和挑战。

学习整体转型性变革，从课程的顶层设计到系列学习学习资源的编写、使用，从学科教室到教学班的建设再到小班教学的策略，从导师到咨询师和教育顾问，从学科教学到学科教育，从评价观的确立到过程性评价与诊断系统的建立，从学习读本到课程标准细目的编写，从课堂在线到网络课程，从课堂内的逻辑训练到体验类的课程，从分段设计到衔接贯通……每往前走一步，都有很多全新的工作摆在学校面前，无法回

---

① 李希贵等：《学校转型：北京十一学校创新育人模式的探索》，263 页，北京，教育科学出版社，2014。

避。而这些国内又缺少可供参考的事例，国外经验也无法照搬照抄。很多时候，只能摸着石头过河，边研究边实践，边实践边分享、梳理、总结。面对这些问题，没有可以借鉴的经验，没有现成的培训内容，灌输式的培训、专家讲座式的培训、为培训而培训的培训都显得苍白无力，变革是必需的，是不可回避的。

2. 从理念到行动的路径转换需要一个艰苦而曲折的过程

在课程自主选择的变革中，学生获得最大的解放并且最先适应这样的"自由"，学生被激发了，师生平等了，学生与教师平起平坐了。真实的学生和学生真实的问题对教师遵循很多年的传统的教育方式、思维模式和心理惯性带来了前所未有的挑战。虽然，教师在理念上认同变革的必要性与可行性，但在面对一个个鲜活的学生个体时，尤其是一时看不到教育的效果时，挑战的已经不再是教育的技巧方法，而是每一位教师的心理和思维习惯，甚至是教师对职业的坚守。当传统的权威被打破之后，寻找并体验到新的职业尊严和职业生存方式，在学校转型过程中，实现每一位教育者自身的发展，将成为每一位教师不断面临的最真实的挑战。在这个过程中，用过去的经验解决变革中的问题，穿新鞋走老路的办法可以解救一时的危机，但解决不了根本问题。寻找新的路径、工具、方法，创新教育方式，充分发挥每一位教师的价值，把每一位教师都看作成一座蕴含和浓缩了无限潜力和价值的富矿，在学校深层次的体制机制上寻找突破口，是任何一所实验学校不可避免要跨越的"卡斯丁大峡谷"。

3. 重建学校各种制度是变革之必然要求

走班选课从改变课程做起，但当我们做起来之后才发现，这项事业远远超出我们所理解的那个狭义的课程，这是学校整体生态的重新建构，尤其是学校的各项制度面临着重建。也许在过去十几年、几十年的摸索中积累的一些学校教育教学管理方面的丰富经验，在深化改革的进程中都将面临重组、重构、重建，这种建设会打破以往的思维定式，只有转换全新的视角，始终站在学生为本的高度，才能对学校的各项制度进行科学、合理的顶层设计。总之，学校各项制度重建的浩繁工作量将成为学校整体转型面临的巨大挑战。

4. 深化课程改革需要全社会成员共同参与，转型后的学校高效对接整个教育生态和社会生态，考验着学校管理者的智慧

在当前社会现实中，学校的课程改革与学校的转型不可能脱离现行的教育体制另搞一套。在我国现行的体制下，新的育人模式的运行需要考虑与国家课程方案和上级教育主管部门的对接，学校生态需要与整个教育生态和社会大的生态环境相融合。在寻求满足学生个性化成长、创新人才培养机制方面，《国家中长期教育改革和发展规划纲要（2010—2020年）》提出了一些思路，但在整个教育生态还没有改变的情况下，一所学校变革的辐射和影响力量常常遭遇外部生态环境的消解。此外，家长的理解、支持是学校课程改革不可忽视的因素，甚至关乎课程改革的成败。选课走班对于家长来说是全新的教育理念和教学组织形式，要想取得家长的理解和支持，首先要让他们明白学校在干什么。因此，我们还承担着对家长进行培训和辅导的任务，如何获得家长持久的信任和支持是我们面临的又一项挑战。

第七章

课程评价自主：
发展导向的评价创新

国家课程、地方课程和校本课程三级课程管理体制的建立，不但赋予学校更多的课程开发、实施权，同时也将部分课程评价权下放到学校，使学校在课程建设、课程评价方面有了更多的自主空间。北京市自主课程实验使学校、教师和学生在课程开发与实施过程中既是参与者、执行者，也是评价者。通过学校整体建设和基于促进发展的评价，学校对国家课程的理解、转化与创新能力显著增强，教师的专业素养与专业发展显著提升，为学生个性健康与全面成长奠定了基础。

一、课程评价及课程评价自主的内涵

(一)课程评价的内涵

评价活动是人类一种特殊的认识活动，对客观事物的评价是人们对事物及其意义的观念性把握，课程评价的本质是人对课程的价值判断。课程被视为教育理论界含义最难明确的术语之一，评价也是争议较多的概念，对课程评价的理解可谓复杂。在众多对评价的解释中，李雁冰的观点——"课程评价是将课程开发、实施与效果作为评价对象，以一定的方法、途径对课程计划、活动及结果等内容的价值或特点作出判断的实践活动"[1]较易被接受。课程评价包含了对课程本身、课程实施过程及课程效果的评价，其内容涉及课程方案、教材教法、教师教学、学生学习及学生的学业成绩等方面。我国课程评价研究起步晚，国际上的课程评价研究大致上经历了测验期、描述期、判断期和意义建构期四个发展阶段，前两个时期是量化课程评价占主导地位，后两个时期质性课程评价开始居主导地位。课程评价的基本价值取向渐渐从量化的目标取向转变到质性的过程取向和主体取向。

(二)课程评价自主的内涵

自主，本意指自己做主，不受他人支配。课程评价自主是指课程的实施主体，即学校，获得对课程开发、实施及评价等多个要素进行评价的权力。课程评价自主的范围可包括课程方案、课程内容、课程实施和效果评估。高中阶段的课程实施主体主要指各高中学校，课程评价自主实施的前提是学校办学自主权的全部或部分获得，牵涉到课程管理的理念、权利、实践与制度的创新与建设。学校课程评价自主能够强化课程实施的主体意识，引领对课程实施过程的关注，及时实现对课程实施过程的反馈与调整，激发学校的办学活力，促进学校个性发展。

北京市普通高中自主课程创新实验里的课程评价，以课程开发、实施与效果为评价对象。改变了当前高中学校教育评价过于重结果、重成绩、重量化的做法，除了关注传统"教学评价"所重视的教师的"教"的方

---

① 李雁冰：《课程评价论》，2页，上海，上海教育出版社，2002。

面和学生的"学"的方面的评价外，增加了对课程建设本身的评价，引领学校层面国家课程的校本化实施，发展学校个性特色课程，鼓励高中学校开展校本课程体系的建设，以丰富学校的课程内涵，为学生全面健康成长提供富有学校特色的全营养餐系。

参与自主课程实验的学校，从学校课程方案编制实施到教育效果的评价，都立足本校特色，充分或努力体现学校传统特色与目标追求，特别是学校自主会考权的获得，力图让学校在课程建设中有一定的话语权与实施弹性。这是突破也是回归，弥补了长期以来高中学校课程评价的效果评价这项核心权力缺失的不足。对于课程建设来说，评价权是各项权力中最核心、最关键的一项，在全国参与新课程实验的省市中，唯有北京市将课程实验推进到如此深度。北京市普通高中自主课程创新实验改变了传统课程建设与评价主要由国家或省级行政业务部门主导，地方、学校在课程设置、开发与评价方面参与度少，造成的课程自主意识缺失与课程自主评价能力阙如的局面，使普通高中学校课程系统体系意识渐渐成形，课程评价观照的视野逐渐由教学评价扩展到课程评价。

二、我国高中课程评价发展概述与启示

我国的教育评价历史悠久，但课程评价研究起步较晚，始于 20 世纪 80 年代的现代课程评价研究对我国教育发展起到了积极的作用，特别是进入 21 世纪后，新中国成立后第八次教育改革积极与世界接轨，高中教育评价进入了快速发展时期。具体来说，我国课程评价的发展经历了以下的发展阶段。

(一)新中国成立前我国教育评价的发展

1. 清朝末期的教育评价

清末洋务运动兴起，兴办新式学校成为重要内容。洋务运动为新式教育注入了大量西方科技与文化内容，新式教学与传统教学有很大区别。例如，同文馆外语学校自创办以来陆续开设英文馆、俄文馆、法文馆、德文馆和天文算学馆等，有两种教学计划：一是先学习外文再学习其他实用科学的"八年课程表"；二是不学外文只靠译文学习实用科学的"五年课程表"。八年课程表所列内容大体分三类：一是外语；二是数学、物理、化学、天文测算等自然科学；三是各国历史、万国公法、富国策、地理金石等人文科学。五年课程表只包括后两类课程。培养轮船制造和驾驶人才的福州船政学堂以学习轮船（军舰）制造、驾驶理论和技术为主，兼习外文。培养军事类人才的天津水师学堂以学习军舰驾驶、海战指挥理论及战略战术为主，兼习外文，培养海军指挥人才。此阶段教育引入西方先进课程内容及评价，特别是自然科学和外语等课程的内容及评价，更新了中国人的教育观念，充实了中国教育的内容，丰富了评价的形式，是中国教育科学化现代化的开端。

2. 民国时期的教育评价

民国初期的学制改革和课程标准的研制和印发，使普通学校的教育教学工作有了统一的标准，为学校教育教学工作的正常开展创造了条件。1922 年民国政府公布了《学校系统改革草案》，称为"新学制"，又称"壬戌学制"。新学制规定，初级中学施行普通教育，高级中学分为农、工、商、师范、家事等科，但得酌量地方情形，单设一科或兼设数科，中等教育用选科制。1923 年 5 月《新报学制课程标准纲要》正式印行，其中高级中学依学制改革分为普通、农、工、商、师范、家事等科。1932 年，教育部颁布正式课程标准，高中教学科目及教学时数，课程标准有两个表格，第一表格规定为公民（12）（三学年总时数，以下同）、体育（12）、卫生（2）、军训（12）、国文（30）、英语（30）、算学（20）、生物学（10）、化学（10）、物理（12）、本国史（8）、外国史（6），每周共教学 31 至 34 小时。1932 年 5 月，教育部颁布《中小学学生毕业会考暂行规定》："各省县市教育行政机关为整齐小学、初级中学、高级中学普通科学生毕业程度及增进教学效率起见，对于所属各中小学应届毕业，经原校考查及格之学生举行会考。"1933 年 12 月，废除小学毕业会考，并公布《中学学生毕业会考规程》，对毕业会考作了具体的规定。高级中学毕业会考科目为国文、外国语、数学、理化（物理、化学）、史地（历史、地理）5 科。"《暂行规程》规定各省、（直辖市）、县、区（特别行政区）所辖中小学的毕业会考，分别由各省、市、县、区教育行政机关自行组织会考委员会办理。委员长由各级教育行政长官兼任。一省通常分若干考区，委派一名主试委员负责，省教育厅派遣。委员分命题委员和监试委员两种，一般由教育厅行政官员兼任，考毕撤销。"①

对于民国时期中学会考制度，因决策者缺乏必要的民意基础和科学论证，过分强调设计模式的区分与甄别作用，混淆了常模参照考试和标准参照考试的区别，"合格"标准界定僵化，造成不及格者过多，学生压力过大。当局虽有意建立起借鉴西方先进国家实行的中学资格证书制度，但赋予"资格"的效用有限，会考证书对升大学考试毫无作用，对参加就业也没有帮助，仅对上级部门评价学校有帮助，造成学习者、施教者（教师）以及家庭的辛苦付出难以得到回报。会考作为标准考试，口试、实践能力测验被忽视，过分重视知识检测，没有关注到地区间、校际和学生间的差异，对所有学校及学生用一把尺子评价。民国会考因其耗多利少，总体上不成功。就课程评价而言，主要借鉴西方发达国家课程设置和评价的先进做法，特别是借鉴日本、德国等国家的课程设置与评价理念，使中国教育初具现代教育雏形，同时适当保留了传统教育的部分内容及做法，如"修身""家政"等课程。但因为国力衰弱，管理松弛，虽然设计不乏亮点，但实施很难到位。

抗日战争时期，国民政府为了加强中等学校学生的思想教育和品德教育，把学生的思想和道德行为纳入了规范的范围。1939年，通过了以升学准备为目的的六年一贯制中学。六年一贯制中学课程标准各科平均发展，不分组，为高等教育打好基础，提高对国文、算学和外国语等基本学科重视程度。高级中学分甲乙两组，甲组侧重理科，乙组侧重文科。1940年，教育部重新修订1936年公布的《修订中学课程标准》，减少教学时数，每周授课时数为31学时，合并教学科目，将动物与植物合并为博物，将生理、卫生合并为生理卫生一科，加强本国史地教学，特别重视中华民族的融合与历代疆土的拓展，以培养学生复兴民族、爱护国土的观念。该阶段为了适应抗战需要，强化了思想品德教育内容，重视民族融合与疆土拓展教育，在中学设置导师制是其突出亮点。整合课程也使课程设置化繁就简，体现了中华民族救亡图存阶段仍然高度重视教育改革的大国气度。

革命战争年代中国共产党领导下的红色区域因当时中国普通群众的受教育实际，以成人教育、干部教育为重点，以红军学校、夜校等形式为主进行扫盲与初等水平教育，随着红色区域的扩大，教育逐渐

---

① 谈儒强：《物议四起的民国时期中学会考》，载《安徽史学》，2010(3)。

走向正规，中等教育也越来规范，但仍然突出符合实际需要的特点。1944 年 5 月刊载的《中共中央西北局宣传部、陕甘宁边区政府教育厅拟定中等学校新报课程》一文，规定了各中学、师范（三年六学期）的教学科目及各科主要内容。基本教学科目为：边区建设、政治常识、国文、数学、史地、自然、生产知识、医药知识等。这些课程设置突出实际运用能力培养的课程，采取灵活多样的学习方式，简洁、实用、指向性强。

（二）新中国成立后至今的课程评价

从新中国成立至今，我国开展了八九次基础教育课程改革，涉及课程目标、课程标准、课程内容、课程实施、课程评价等诸多方面，其中课程评价的发展与课程改革分不开（表 7-1）。

表 7-1 新中国成立后基础教育课程改革的发展

改革时间	具体要求
第一次 （1949—1952）	1950 年教育部颁发了新中国第一份教学计划《中学暂行教学计划（草案）》，其中设置了齐全的学科课程。之后又颁布了第一份五年制的《小学教学计划》，没有明显的课程评价要求，以检测、考核为主要评价手段，形成"大一统"的课程模式
第二次 （1953—1957）	四年中共颁布了五个教学计划，首次设置了劳动技术课，注重动手能力的培养，并初步形成了比较全面的中小学课程体系，模仿苏联教育痕迹严重，在评价方面，以系统知识灌输检测为核心
第三次 （1958—1965）	中学课程加强知识教学与劳动教学相结合，缩短学制，精简课程，强调教育与生产劳动相结合。"大跃进"引发了思想教育的浪潮，重视学科与育人的作用，首次提出设置选修课，实行了编、审相结合的教科书制度，重视地方教材、乡土教材的编写，确定了以"双基（基础知识和基本技能）"为重点的课程模式
第四次 （1966—1976）	"文化大革命"十年，之前的教育革新、课程改革受到重创，教学活动受到严重影响，有些停止上课参加劳动，全国没有了统一的教育方针、教学计划、教学大纲及教材。各地多自编生活式教材，重视政治思想成为评价的主要标准和手段

续表

改革时间	具体要求
第五次 （1977—1985）	教育部颁布《全日制十年制中小学教学计划试行草案》，开始形成高中文、理分科的办学模式，举办重点中学，注重德、智、体、美、劳全面发展，各个科目的课时相对协调，恢复了正常的教学秩序，提高了教育教学质量。评价方式检测评估结合
第六次 （1986—1991）	制定了《义务教育法》，重新制定了中小学教学大纲，制定了教材编写、实验、送审的必要制度，正式确定了"一纲多本"的教材改革方向，教材使用和教学要求上均照顾了地方差异。开始对教师开展评价，将地方文化纳入教材，评价方式由单一的数据分析走向多元的综合分析
第七次 （1992—2000）	1992年，"教学计划"正式改为"课程计划"，将活动与学科并列为两类课程，并将课程划分为国家课程、地方课程、校本课程三类。同时研究性活动进入教学过程，知识本位强，强调学业成绩和甄别选拔功能
第八次 （2001—2011）	要求建立促进学生全面发展的评价体系，建立促进教师不断提高的评价体系，建立促进课程不断发展的评价体系，周期性地对学校课程执行情况、课程实施中的问题进行分析评估，调整课程内容，改进教学管理，形成课程不断革新的机制，并且继续改革和完善考试制度，鼓励各地中小学自行组织考试，减轻负担

1. 新中国成立初期到"文化大革命"的课程评价

1951年3月，教育部召开第一次全国中等教育会议，规定普通中学的宗旨和培养目标是使年青一代在智育、德育、体育和美育各方面获得全面发展。1952年3月，颁发《中学暂行规程（草案）》，有计划、有步骤和谨慎地进行课程、教材、教学方法改革，建立了新的教育教学制度。1957年，毛泽东同志正式提出了社会主义的教育方针："我们的教育方针，应该使受教育者在德育、智育、体育几个方面都得到发展，成为有社会主义觉悟的有文化的劳动者。"1963年试行《全日制中学暂行工作条例（草案）》，中小学教材由国家统一供应，由人民教育出版社承担编辑出版任务。1966年5月至1976年10月，我国经历了"文化大革命"运动，教育领域是重灾区。

2. 改革开放后的课程评价

1976年"文化大革命"结束，国家将教育同农业、科技共同作为重点发展战略。1977年恢复了中高考。1978年4月全国教育工作会议召开，邓小平在这次会上讲到培养人才的质量标准就是"应该使受教育者在德育、智育、体育几方面都得到发展，成为有社会主义觉悟的有文化的劳动者"。1978年，教育部颁发了《全日制十年制中小学教学计划（试行草案）》《全日制中、小学暂行工作条例（试行草案）》和中小学各科教学大纲的试行草案，教材重视对基础知识的学习、基本技能的训练和学生能力的培养。1981年4月，教育部颁发了《全日制六年制重点中学教学计划（试行草案）》，规定中学设政治、语文、数学、物理、化学、历史、地理、生物、卫生（初中）、体育、音乐（初中）、美术（初中）、劳动技术等课程，高中开设选修课。此阶段我国中等教育取得了重大进展：改革了课程结构，建立了必修和选修相结合的课程结构；变单一的课堂教学为课内课外结合的教学形式；变注入式为启发式教学方法；改革了考试制度，高中实行会考制度，会考成绩作为高考成绩的参考。

随着改革开放的全面展开，1986年4月《义务教育法》颁布，标志着我国普及义务教育制度的确立，基础教育进入法治阶段。1990年3月，国家教委印发了《现行普通高中教学计划的调整意见》，对当时高中教学计划进行了调整，调整后的课程结构由学科课程和活动两部分组成，学科课程采取必修课和选修课两种形式，选修课分单课性选修和分科性选修两类，加大了选修课的课时比重。1996年，国家教委颁布了同义务教育课程计划相衔接的《全日制普通高级中学课程计划（试验）》，提出了以学科类课程为主、活动类课程为辅的课程结构。明确提出了普通高中课程由中央、地方、学校三级管理。1999年1月，国务院批准了教育部《面向21世纪教育振兴行动计划》，颁布《关于深化教育改革全面推进素质教育的决定》，明确基础教育课程改革发展的方向。2000年1月，教育部颁发了《全日制普通高级中学课程计划（试验修订稿）》，在1996年课程计划的基础上强化了课程结构的多样性，形成了国家学科课程、综合实践活动、地方和学校选修课相结合的课程结构。其中课程评价部分规定："考试是课程评价的重要方式之一，考试应依据教学大纲规定的目标和标准确定考试方式和组织命题，侧重考查学生对知识的综合理解，运用所学知识综合解决问题的能力。""普通高中毕业会考或其他形式的毕业考试都要坚持毕业水平考试的性质，要依照学科教学大纲规定的教学目标或标准，全面考核学生的学习水平，学科会考应在学科必修内容的教学活动全部结束后进行。""要利用学分制管理综合实践活动，各地要指导学校制订相应的学分制实施办法，学生必须按照规定取得相应学分后方可毕业。"

2003年3月，教育部颁布《普通高中课程方案（实验）》和语文等十五个学科课程标准（实验），山东、广东、海南和宁夏作为首批实验省份进入实验。至2010年，全国所有省市进入实验；至2013年，所有参与实验的学生都完成了学业。本方案将领域、科目和模块的概念引入课程建设，课程实施与评价合并表述，明确提出"建立发展性评价制度"，对学生学习情况采取学业成绩与成长记录相结合的综合评价方式，学校应根据目标多元、方式多样、注重过程的评价原则，综合运用观察、交流、测验、实际操作、作品展示、自评与互评等多种方式，为学生建立综合、动态的成长记录手册，全面反映学生的成长历程。《普通高中课程方案》及十五门课程标准的颁布标志着我国高中教育真正意义上踏上了教育现代化之路。三级课程管理模式的真正实施，课程方案中领域、科目、模块的设立为学生多样选择修习方案、个性成长提供了物质条件，会考制、学分制、综合评价、成绩记录袋等评价创新，激活了新时期的高中教育。

三、国外高中课程评价发展概述与借鉴

（一）国外课程评价的发展阶段

1. 测验和测量时期

课程评价是20世纪才出现的教育概念，在此之前对教育质量的评价主要限定在对学生学习状况和学习效果的评定上，难于做到对课程进行多角度全方位的评价。西方古代教育多以口头提问和实际操作来评定学生学业，考查学生能力偏重于口头提问和背诵。一直到19世纪，学校评价基本上以口试作为考查学生成绩的方法。进入资本主义发展时期，社会需要大量掌握读、写、算能力的人才，学校和学生激增，笔试取代了口试。

20世纪初，美国出现了"教育测量"研究，渐渐取代了传统的考试。20世纪20年代末30年代初，美国爆发了空前的经济危机，许多青年为了提升就业竞争力，重新进入中学学习，但当时中学课程主要为学生升大学服务，使学生与学校课程之间产生了尖锐的矛盾。于是，美国一些受杜威教育思想影响的教育家，组织了进步主义教育联盟(PEA)。他们提出，教育的目的在于生活，在于儿童，反对旧的传统的死记硬背的考试测验。他们以新教育理论为依据，以全面发展人的才能为主要目标，设计了一套新的课程，并进行了教育实验。以泰勒教授为首的评价委员会从1933年到1940年进行了为期八年的课程设置和成绩测试的改革实验，史称"八年研究"。1940年由泰勒教授提出了第一个报告，这个报告被后人称为"划时代的教育评价宣言"。在这个报告里，泰勒第一次提出了"教育评价"这个概念，从此现代教育评价成为教育研究的重要内容。现代教育评价认为，评价在本质上是以测验或测量的方式，测定学生对知识的记忆状况或某项特质的。学校被视为工厂，学生被视为原料和产品，教师成为加工者，学生产品是否符合需要，教师教学有何成效，学校教育是否成功，似乎都可以通过"测量"来检验。因此，这个时期也被称为"测验"和"测量"时期。

2. 结果描述时期

现代教育评价理论认为，评价在本质上是"描述(description)"——描述教育结果与教育目标相一致的程度。其随"八年研究"兴起，一直持续到20世纪50年代。20世纪30年代，美国完成初等教育的人数激增，但经济萧条又让大批青年因找不到工作而无处可去，只好到中学继续学习，原有的中等教育目标、课程、评价标准受到挑战，出现了一系列问题，如中学除了学术性课程应不应该增加其他课程，增加了其他课程后教育质量是否会降低等。经过研究，仅靠测验与测量无法全面综合地评价学生的学习效果和程度，教师在一项课程实施中要寻求几项教育目标，除了精确的测验与测量以外，使用问卷、观察产品样本和测验，都可以评估学生在每个主要目标上的进展情况。作为"八年研究"的评价组主任，泰勒认为，评价应该是一个过程，而不仅仅是一两个测验，评价过程中不仅要报告学生的成绩，更要描述教育结果与教育目标的一致程度，从而发现问题，改进课程和教育教学方法。评价过程是将教育结果与预定教育目标相对照的过程，是根据预定教育目标对教育结果进行客观描述的过程。评价的关键是确定清晰的、可操作的行为目标。评价不等于“考试”和“测验”，尽管“考试”和“测验”可以成为评价的一部分，第二代评价使评价走上了科学化的道路。

3. 价值判断时期

判断时期属于第三代评价，20 世纪 50 年代苏联的人造卫星先于美国上了天，这沉重地打击了美国人的优越感并开始引起他们的反省。经过一番争论，美国的政府和公众都把科技落后的原因归咎于教育的落后。为了改变这种状况，1958 年，美国联邦议会通过了《国防教育法》，提出了新的课程研制计划，要求政府拨巨款投资于教育。在投入大量经费发展教育的同时，政府和公众要求对教育工作实行科学的评价。于是，教育评价很快就从过去仅是学术机构和民间的研究转而被纳入各级政府和各地方教育当局的议事日程。1963 年，美国政府正式提出要对教育的效能和质量进行评价，并拨出大量专款，将其用于教育评价理论、技术与方法的研究和专门的教育评价工作人员的培养。在这种情况下，教育评价理论、技术和方法得到了大发展，代表人物和著作有克龙巴赫的《通过评价改革课程》、斯克里芬在评价史上具有深远影响的《评价方法论》等。这代评价认为评价在本质上是“判断”（judgement）的过程，评价不只是根据预定目标对结果的描述，预定目标本身也需要进行价值判断；既然目标并非评价的固定不变的标准，那么评价就应当走出预定目标的限制，过程本身的价值也应当是评价的有机构成。走出了第二代评价“价值中立性”的误区，确认了价值判断是评价的本质，确认了评价的过程性。许多新的评价理念，如“形成性评价”“目标游离评价”“内在评价”等，在此阶段产生。

4. 建构时期

随着世界经济的发展，公民权利运动开始高涨，人们认识到传统的评价方法受“实验”或“心理测量”传统的深刻影响，仅仅适用具体的能够具体实证化的内容与范围，不能解决评价中所遇到的复杂问题。传统评价过分重视“管理者”的诉求与权利，管理者处在评价范围之外，管理者、评价者和被评价者的关系有失公平，管理者对评价具有决策权；忽视“价值的多元性”，“客观的”评价结果难以被具有不同文化背景和其他价值观念的人所接受；过分依赖科学范式，寻求评价的客观性、中立性，使评价重量轻质，忽视了“科学方法”“实证技术”之外的评价方法。于是，新的教育评价理念和模式出现了，并在方法论上逐渐向人文主义哲学靠拢。打破了以往评价中“管理主义的倾向”，把评价所涉及的方方面面的各种要求，作为评价的出发点，以"协商"的方式形成共同的心理建构，在评价中不只是单纯从评价者的需要出发，而是考虑到所有参与人的需要，强调个体的经验、活动和主观认识的作用，不过分追求客观性，并试图摒弃数量特征，从人的角度出发，重视人文社会科学方法在评价中的运用。例如，应答评价模式中的应答，就是让评价对象和其他与评价有关的人员提出他们关心的问题，并表达他们各自的意见。在评价过程中，评价者的职责就是把收集到的这些资料与众人讨论，并以磋商的形式逐渐消除分歧，最后达成共同的、公认的、统一的观点。这种评价把评价视为评价者和被评价者"协商"进行的共同心理建构过程，评价是受"多元主义"价值观支配的，评价是一种民主、协商、主体参与的过程，而非评价者对被评价者的控制过程，被评价者也是评价的参与者、评价的主体，评价的基本方法是质性研究方法。

(二)国外高中课程评价的典型做法

1. 美国高中课程评价

整体上看，美国课程评价越来越强调从不同角度阐释评价现象，强调价值多元或价值差异，强调学生个别化和适应性，注重课程评价者之间、评价者与评价对象之间的互动和共同建构，注重"多元伙伴参与"以及评价对象的体验和经历，体现人性化和质性化特点。很显然，这些观点更靠近"人的教育"的本性，更能够体现课程评价的"人文精神"和"生成性"。美国高中对考试的要求远高于初中和小学，特别是临近毕业阶段，毕业时，有升学要求的学生需参加 ACT(大学入学考试)。近几年地方政府对通过考试检查学生的学习情况的做法越来越重视。1996—1997 年，美国有 18 个州要求高中毕业生参加州组织的考试，以取得毕业资格。2008 年，推广到 28 个州，另有 9 个州或让学生选择州考试还是学区测试，将成绩记录在成绩册或毕业文凭中。其主要特点是追求量性与质性、过程与终结、个别与统一评价的结合，为需求多元和充分成长提供评价保障。

2. 英国高中课程评价

英国现行的课程评价方式比较多元，主要有三个评价体系：学生自我评价、教师实施的评价和国家考试评价。学生自我评价是学生通过自我的反思，以了解自我所学知识和技能，促进他们能更好地了解自我。教师实施的评价则注重每一个学习阶段中学生完成学习计划的情况，关注学生在具体教育情景中的表现，这种评价用以弥补学生自我评价和国家考试评价的不足，通常的表现形式为成绩记录。国家考试评价则是一种基于课程的测验，仅仅是关注于学科知识，对学生所学知识的检测。英国课程的评价标准就是指各个学科的达成目标(attainment targets)和学习计划(program of study)的要求和内容。"成绩目标是指在每一关键阶段结束时不同能力水平和成熟水平的学生所应具备的知识、技能和理解力。学习计划指为达到某学科所规定的成绩目标而应教授给学生的全部内容、知识、技能和过程。"①现行的英国课程评价标准明确了学校课程的价值与目的，关注学生精神、道德、社会、文化和身心的协调发展。课程将知识、技能和理解力有机地结合在一起，评价时也是从这三个维度评定学生的提升。近年来课程评价管理不断进行调整，《国家课程2000》中"强调学校课程与国家课程的整合"。英国高中课程评价重视评价主体多维，课程内容由国家与地方分级管理，渐次收紧课程管理权限。

3. 日本高中课程评价

过去，日本高中课程评价中"相对评价"占主导地位，但在实践中出现了很多问题，如学生学习无效，教师评价无奈，出现不良竞争等。20世纪90年代实施的"宽松教育"更是引发了教育荒废。进入21世纪后，日本倾向于基于标准的绝对评价。2005年的《创造新时代的义务教育》指出："为了掌握学生的学习能力和理解能力，要在全国范围内实施学力调查。"②日本开始在全国举行学力测试，学力测试分为学识和学习状况两个部分，既考查学生对基础知识的掌握，同时又检测学生对知识的灵活应用能力，"运用终结性评价、形成性评价、行为目标评价等新评价方法来改革教学，实现目标、教学、评价的一体化，保证基础学力的形成"③。日本课程评价注重对学生"质性"方面的评价。2001年12月日本颁布的《教育课程审议会答申》强调："为改变以往过度重视考试竞争，仅凭'量'判断学生学力水平的倾向，今后课程改革必须围绕学生的'生存能力'这一培养目标来进行。"这一文件就如何客观地评价学生构建出

---

① 瞿葆奎：《教育学文集·英国教育改革》，663～664页，北京，人民教育出版社，1993。

② ［日］加藤幸次：《绝对评价：学校、教育变革的方向》，57页，镰仓，镰仓图书文化，2002。

③ 汪霞：《国外中小学课程演进》，775页，济南，山东教育出版社，2001。

了积极的标准，主要体现在四个方面：关心、意欲和态度，知识，技能和表现，思考力和判断力。这四个维度围绕"生存能力"对学生知识和技能的达成度做出评价，同时考查学生的兴趣、情感、态度等方面的发展，还对学生的思考力、判断力和表现力等能力方面做出评价。日本借鉴和学习西方课程评价的成功做法，进行有限度地逐渐开放，实行国家管理与地方管理相结合，统一的学力测验中包含多个方向的评价，追求统一下的多元，量性评价与质性评价的结合。

四、高中学校课程评价自主及创新实践

（一）促进学生全面而有个性成长的学生评价

高中自主课程实验中的学生评价，主要指对学生的学习状况和水平进行的评价，重点在评估学生的发展水平和通过评价查找影响学生进一步发展的问题与因素，并通过评价过程本身对学生的发展产生影响。

1. 评价的基本取向

以人为本，围绕学生的品德、健康、思维、审美等方面内容，建立促进学生不断发展的评价体系。

第一，促进学生自主特色发展。关注学生内在的发展需要，充分发挥教育、评价激励和促进发展的功能，培养学生持续发展的能力。

第二，关注各项素质全面发展。在关注每个学生必备素养和品质的基础上，关注学生各项素养的均衡全面发展，改变将知识作为评价唯一内容的状况，重视学生主体性的发挥，促进学生潜能及个性养成。

第三，创新和改进多种评价方式。在重视测验和考试等量化评价的基础上，积极利用包括行为观察、访谈、形成性评价和成长记录袋等内容的质性评价方式，将质性评价与量化评价有机结合起来。

第四，探索评价主体多元机制。与评价方式的创新相适应，让学生、教师、家长、管理者、社区和专家等共同参与，使其作为评价主体，从多个方向，采取自评、他评、互评等方式，促进被评价者均衡、客观地发展。

第五，既重视结果也重视过程。整体观照学生培育工作，系统设计评价流程，将形成性评价与终结性评价结合起来，使学生成长发展的过程成为评价的重要组成部分，更加强调发展的动态性。

2. 评价的基本原则

评价原则是评价过程中应遵循的基本要求，在发展性评价的过程中所遵循的原则主要有以下五个。

第一，发展性原则。在学生的学业评价过程中，一切以促进学生在原有基础上的发展提高为目的，因此要综合考虑学生的主动发展、全体发展、全面发展，让不同基础的学生都能得到最大的发展，取得最大的成功。

第二，全面性原则。发展性评价注重学生的全面和谐可持续发展。在评价过程中，其评价内容要涵盖知识、技能、过程、方法以及情感态度价值观等各方面，根据不同的内容开发创设多种适切的手段和方法，促进学生综合素质的全面提高。

第三，差异性原则。学生的禀赋、基础和追求不同，所以对学生要采取差异化的评价，在评价过程中根据学生基础、思维、身体和心理特点，根据不同的评价内容建立相对多样的评价标准，因人施评。

第四，反馈性原则。发展性评价要求在评价过程中及时准确地向学生提供反馈信息，以供学生及时参考。通过反馈，学生了解到自身的优点和不足，从而及时明确自己学习发展的状况，采取对应策略进行改进。

第五，激励性原则。发展性评价须始终坚持激励性原则，多进行正面鼓励，用学生的优点增强其克服困难的信心；对学生的缺点和不足既要客观指出，又要注意策略，多采取激励性的话语进行评价，激发和保持学生的学习兴趣，使学生不断改正缺点，取得进步。

3. 评价内容和方式

建立促进学生全面发展的评价体系是本次课程改革学生评价工作的基础，也是北京市自主课程实验的研究重点与难度，按照要求进行总体设计，从评价职责、评价内容、评价标准和评价方式等方面进行改进。

(1)明确评价内容

新评价关注学生的全面发展，既关注学生的知识和技能的获得情况，也关注学生在学习过程、方法、情感态度和价值观等方面的发展。

具体来说，主要包括以下方面：

德行：理念情操、道德品质、法律意识、社会责任；

责任：社会参与、责任担当、合作沟通、尊重理解；

学识：人文底蕴、科学精神、批判质疑、实践创新；

生活：健康文明、坚韧乐观、自我管理、劳动意识；

技术：信息素养、实践技能、问题解决、技术应用。

（2）新评价工具与方式

评价内容与重点的变化，要求设计和开发相应的工具与方法。多元开放的内容需要多元的综合的标准与测量工具，如行为观察、情景测验、学习日记、成长记录和标志性成果等质性的评价方法，与测验考试等量化的评价方法相结合，这样才能有效地描述学生全面发展的状况。例如，在全国某些省市或地区使用的成长记录袋评价和表现性评价，就能较好地记录学生的成长过程，达到较好的评价目的。

成长记录袋评价也叫档案袋评价，主要是收集、记录学生自己、同伴、教师或其他能够有资格或权力对学生的行为思想技艺才能做出评价的有关材料，还包括学生各类的作品、反思，以及其他相关的证据与材料等，如作品、记录、作业、试卷、成绩单、评语以及实物等，以作为学生学习和进步的评价。进入档案记录袋的材料是根据上级要求、学校特色和学生发展情况需要等方面确定的，不是简单地把各种材料都放在一起。记录袋是评价学生学习态度、进步过程、努力程度、总结调整能力及最后达到的最终发展水平的理想方式。例如，教师引导学生自己在成长记录袋中收录反映学习进步的重要资料，包括自己特有的最满意的作业、书法作品、口语录音、照片视频等，学习体验，反思总结。通过阅读、观察这些内容对学生的学习情况进行分类与评定等级。

表现性评价是世界教育界研究探索的新的学生评价方式，是通过学生自己给出的问题答案和展示的作品来判断学生所获得的知识和技能的评价方式。这种评价能将评价和发展紧密地结合起来，结果与过程紧密地结合起来，学习知识与解决问题紧密联系起来。比如，首先，学生自己必须创造出问题解决方法（即答案），并用自己的学习实践表现证明自己的学习过程和结果；其次，评价者需要观察学生的实际操作或记录学业成果，在学生的学习过程中对学生的学习情况进行评价；最后，评价的过程中也能单项或综合性地培养学生掌握知识和发展能力。

表现性评价标准需要根据学生的实际活动进行针对性研究和设定。首先，根据评价的任务，确定水平层次，这需要综合考虑任务所含知识技能，培养学生哪方面的能力和水平。一般来说，3～5个水平层次的划分比较易于操作。其次，应用准确的语言对等级水平进行描述，确定等级，构成评分标准。最后，根据不同学科的特点将一般性的评分标准具体化为各学科评分规则。

表现性评价是一种过程性评价，需要在评价活动开始前就设计好评价方案，并按照方案要求细致搜集、整理、记录、保存过程性材料和结果。这些资料通常包括学生的自我评价、教师和同伴的观察与评价、来自家长的信息、考试和检验的信息、成绩与作品集、其他有关或说明学生进步的证据等，既可采用量化评价也可采用质性评价，并定时研究学生的表现性评价材料，对学生发展的成就、潜能和不足进行客观描述，做出分析、说明和建议，形成针对每一个学生的具体的分析报告。同时，要确定改进要点并制订改进计划。这种评价不以甄别和选拔作为唯一目的，更加注重其教育和发展的功能，将评价的着眼点放在学生的未来发展上，通过了解学生的现有状态，提出具体明确的改进建议，更好地服务于学生发展。要想创建促进学生全面发展的评价体系，教师还应努力探索新的发展性过程评价方法。

4. 实验学校的做法

(1)中国人民大学附属中学

中国人民大学附属中学是首批课程自主实验学校，学校改革传统考试模式，以多元化、发展性评价，促进学生学习能力的提升和情感态度、价值观的转变。强调发展性评价观的落实，鼓励各学科在评价中探索多元性、互动性、激励性、诊断性，体现具有学科特色的过程性评价。通过"人大附中教育教学管理系统"规范各学科模块的过程性评价评分标准，以过程性评价督促和规范学生的学习过程，记录学生的平时成绩、作业情况、自主学习情况。各学科过程性评价一般占模块成绩的40％～50％，学生和家长可以通过网络平台了解成绩，达到促进学生自我管理和发展的作用。

人大附中英语学科发展性成绩评价体系

人大附中英语学科进入新课程改革以来，充分考虑了新的评价方法需要与新课程要求的配套，在英语课堂教学中采用了发展性评价的方法。在英语教学中，对学生的英语学习过程进行持续的评价：既评价学生对英语知识的掌握情况，也评价学生日常学习过程中的表现，所取得的成绩，以及所反映出来的情感、态度、学习策略等方面的情况。发展性评价的终极目的不是检测学生学习了多少知识，而是帮助学生增强自信，获得成就感，使他们能够有效地调控自己的学习过程，培养合作精神。

在实施发展性评价的过程中，以学生自评为主，小组、老师和家长共同参与评价。在评价方式上，采取了建立成长记录袋、访谈、课堂学习活动评价、自我评价等方式，如高中英语课堂小组活动评价表（表7-2）。评价内容包括学生的学习行为、作业情况、英语课外活动表现情况、学生作品以及课外阅读情况等，如高中英语学习态度和习惯评价表（表7-3）。评价方法也采用了多元化的方式，要求老师做到口头评价与书面评价相结合，即时评价与日常评价、阶段评价和期末评价相结合，成长记录袋评价与激励式评价相对结合，以激励式评价为主。

表 7-2 高中英语课堂小组活动评价表

评价标准 评价项目	Excellent 优秀	Good 良好	Medium 中等	Try 还需努力
1. 研究和收集信息	收集大量信息，所有信息都跟主题相关	收集一些基本的信息，大部分和主题相关	收集少量信息，和主题部分相关	不收集和该主题相关的任何信息
2. 完成小组角色任务	完成所有分配的任务	几乎完成所有任务	完成少量任务	不做任何工作
3. 任务分组情况	不需要提醒就能完成	经常主动做自己的任务，偶尔需要其他组员的监督和提醒	几乎不能独立完成，经常需要监督和提醒	依赖性强，从不主动完成所分配的任务
4. 小组合作情况	经常与组员商量，有不同意见能与组员协商	大多能与组员合作，有时固执己见	很少合作	固执己见，不与组员交流，从不合作
5. 学习态度	上课专心听讲，积极回答老师提出的问题，不懂就问	上课有时开小差，大部分时间能专心听讲，有时主动回答问题	上课时常开小差，注意力不集中，很少主动回答问题	

表 7-3　高中英语学习态度和习惯评价表

评价项目 \ 评价标准	Excellent 优秀	Good 良好	Try 还需努力
学习习惯	上课认真做笔记，课后认真整理笔记	上课有时做笔记，但课后不能及时整理笔记	上课不做任何笔记
	经常主动提出问题，不懂就问	有时提出问题，有时明知不懂也不问	被动接受，从不提出问题

强化过程性评价的英语课堂及时评价、纠正学生的学习态度，增强了学生的学习信心，较好地促进了学生良好学习习惯的养成，学生的学习兴趣和学习积极性有较大幅度提升。在每学期两次的学习调查问卷以及学生的自我评价统计结果分析中，"英语很有趣，我希望每天都有英语课"一项从 61.35％上升到 81.6％，"我喜欢英语老师"一项从 68.6％上升到 90.6％。通过小组合作、相互启发，不同层次的学生的学习主动性和自我纠正能力都大大提升，真正让学生通过参与对自己发展的评价看到自己发展的轨迹。

（2）北京师范大学附属中学

北京师范大学附属中学的课程评价体系不仅关注学生的学业成绩，还注重发现和发展学生多方面的潜能，了解学生发展中的需求，帮助学生认识自我，建立自信。特别注重学生在原有水平上的发展，建立了模块考核及学分认定评价、综合素质评价等多元评价体系。

其一，模块考核及学分认定评价。

模块考试主要从考勤和模块总成绩两方面进行，根据学习的内容和要求设定为 A＋、A、B、C、D 五个等级，获得 C 级以上等级者为合格，可以认定相应的学分。模块考核标准如表 7-4 所示。

表 7-4　模块考核标准

标准	A＋	A	B	C	D
学时	2/3 及以上学时				2/3 以下学时
模块总成绩	95 分以上	85～94	70～84	60～69	60 分以下

考勤由任课教师随常记录，在模块的修习时间达到 2/3 及以上学时、学习过程中表现良好和模块考核合格的条件下才能进行模块学分

认定。

模块总成绩主要由过程性评价、终结性评价和奖励三部分组成。模块总成绩实行百分制，其中过程性评价的成绩所占比重不高于40%，终结性评价的成绩所占比重不低于60%。在此基础上，各科目可根据自身科目的特点确定具体的比例。除此之外，还有部分奖励，不实行百分制的，最高成绩不高于10分。

过程性评价由教师根据学生在学习过程中的学习状态和完成的相应学习任务数量和质量进行评价。评价项目主要包括：听讲、讨论、交流、探究、实践活动、笔记、作业、实验操作、小论文、调查报告、活动报告或总结、随堂测验、阶段性测验等。各科目可根据本科目的特点确定评价项目(三至五项)，相应的评价方式(观察、调查、笔试、口试等)，标准，以及各项目的权重，并在纲要中予以明确，于模块教学实施前告知学生。

终结性评价主要是对学生在模块学习方面总体水平的评价。语文、数学、英语、物理、化学、生物、历史、地理、政治九个科目采取书面闭卷的方式，学校自主命题，满分为100分；艺术(音乐、美术)和技术类(信息技术、通用技术)课程的学业水平评价采取学期考查的方式。考查科目采取过程性评价与终结性评价相结合的方式。过程性评价的要求为课堂完成的作品在学期初写入课程纲要，纳入课堂教学计划，课堂完成，课后不得布置作业。终结性评价的要求为期末采取作品展示等随堂考查方式，不得以闭卷考试方式考查单纯的知识。

奖励主要是指对在模块学习过程中有突出表现的学生进行奖励。学生在模块学习过程中的突出表现主要指学习态度、方法、习惯方面有突出的表现或有突出的学习成果。例如，竞赛成绩突出，论文、报告水平高。各科目根据自身特点确定具体奖励办法，在纲要中予以明确，并于模块教学实施前告知学生。

其二，学业水平考核方案。

北京师范大学附属中学是北京市自主课程实验学校，有自主命制学业水平试题及组织考试的权力，因此获得了较大的课程管理自主权，在考试安排、试题命制、阅卷登分等方面，在严格按照《北京市普通高中会考考试说明》有关要求的前提下，充分发挥好对课程的评价和管理权。北京师范大学附属中学学业水平考核安排表如表7-5所示。

表 7-5　北京师范大学附属中学学业水平考核安排表

科目	时间	考试方式
历史	第一学年结束	必修模块全部修习完成时集中进行会考考试，为闭卷笔试
语文	高二下学期开学前	
数学	第二学年结束时	
英语		
物理		
化学		
地理		
政治		
生物		
体育	高三下学期	集中考试
实验	第二学年结束时	考查，以作品形式，不得组织闭卷考试
音乐	第二学年结束时	
美术	第二学年结束时	
信息技术	第一学年结束时	
通用技术	第二学年结束时	

　　学业水平考核试题由学校遵照北京市《考试说明》要求，提交命题蓝图，经市专家组审核后学校组成命题组进行命制，严格按照北京市关于试题命制、印刷、保密等要求进行。阅卷参照高考要求，各学科原始成绩采用百分制，学生成绩经换算后以等级制公布。学业成绩记入高中学生综合素质评价手册，在校学生当次考试不合格者，可以重复参加同一科目的考试，参加所有科目会考且成绩达到合格者，颁发《北京市普通高中会考合格证》，会考后封存至学生毕业。

　　其三，综合实践活动学分认定评价。

　　综合实践活动包括国家规定必修的研究性学习、社区服务和社会实践以及学校自主组织的其他综合实践活动，如社团、俱乐部以及学校组织的主题教育活动等。综合实践活动是国家规定的必修课程。

　　学校研究性学习课程安排采用集中与分散相结合的原则，高中三年完成全部内容。每位学生接受 1 课时研究性学习方法的辅导，并至少完成 3 个研究课题(或 2 个研究性课题＋1 个项目)，共 15 学分。社区服务也是学生高中阶段必须完成的学习任务，三年内参加社区服务的时间不少于10天，且活动有设计、记录、评价以及相关单位提供的证明材料，学校特别重视与学生参与服务的社区沟通，以保证实践的完整性、真实性与规范性。社会实践和综合实践活动的时间分别是一周或18学时，学生自行组织实施，向学校提交活动计划、记录、评价及相应证明材料，学校予以学分认定。

其四，学生综合素质评价。

北京师范大学附属中学高中毕业生综合素质评价结果以评价报告单的形式呈现，由六个部分组成：个性发展自我评价和特长成果、高中学生评语表、研究性学习、国家学生体质健康标准登记卡、北京市中学生健康体检表和北京市高中学生课业考试（考查）成绩学分登记表。每部分都要进行过程性记录，毕业时按实际获得的成绩进行核实，达到要求者可申领高中毕业证。

（3）北京中加学校

北京市中加学校改变传统评价过于重视终结性评价、考试评价的做法，尝试和探索构建包括诊断性评价、形成性评价和总结性评价相结合的发展性学业评价系统以及涵盖学业成绩和成长记录的综合性评价体系。

其一，围绕课程实施过程尝试进行全时段评价。

传统评价重视考试与结果，重视外部与客观，对学生的学习状况往往注重静态的断层式扫描式评价，其作用有利于管理者了解情况，很难及时对学生学习状态加以了解并进行相应调整。

中加学校根据本校学生基础差异大的实际，每类课程开设前进行诊断性评价，参考诊断的结果进行针对性教学和分层编班，语文开设"实践活动课程"、政史地联合开设"综合文科课程"、英语开设"考试类课程"，提高了教学的针对性和教育的目的性；在教学过程中，为及时反馈学生的学习情况进行相应的校正调整，学校重视过程性评价，建立课堂学习情况记录表和课堂巡视制度，从教师的授课情景、课堂氛围以及学生课堂参与等方面记录学生学习状态，推动了课程建设的进程；除了阶段考、期中考和期末考等传统意义上的测试外，学校定期进行总结性评价，利用定性式评价与定量评价进行配合，评估学生的学习结果。

其二，立足学生全面成长创研综合评价体系。

学校综合运用观察、交流、测验、实际操作、作品展示、自评与互评等多种方式，建立综合、动态的成长记录手册，全面反映学生的成长历程。

例如，语文学科模块成绩评定（表 7-6），注重平时成绩考查，平时成绩占 50%，模块卷面成绩占 40%，还有 10% 的出勤及课堂表现，对学生的评价更全面，更注重过程，体现了发展性评价的价值。

表 7-6　北京中加学校语文学科模块成绩评定表

成绩 分类		项目	比例	内容
2学分	总分一百分	模块测试 40%	基础知识 30%	基本知识点
			阅读 30%	课内、课外各一篇
			作文 40%	卷面材料作文
		平时成绩 50%	阅读 10%	阅读成绩（共 5 次折合计算）10 分
			作文 10%	作文成绩（共 3 次折合计算）10 分
			课文背诵 10%	默写与背诵（共 5 次折合计算）10 分
			社会实践 10%	社会实践活动（胡同文化考察）10 分
			学习态度 10%	笔记、学习态度（共 3 次折合计算）10 分
		考勤 10%	0、6、10 10%	依据学校制定的原则

再如，学校专项设立"长城枫叶奖"，重点鼓励和表彰学生在综合实践、合作学习等方面的进步，记录他们成长的足迹，发现学生的个性特长，为学生的成长提供更多的平台和通道，教育学生不能将目光只盯在分数上，不能只关心最后的结果。

(二)以课程为核心促进专业发展的教师评价

教育教学理念的落实依靠课程，长期以来，学校不参与课程建设，教师仅负责课程的实施与执行，因而难以对课程进行深层次研究，教师的专业提升仅限于如何解读、如何呈现、如何引导学生接受，最高明的教师也只能做到对课程进行有限的补充、扩展，教师的专业理性局限在知其然而不知其所以然的阶段。北京市高中自主课程实验的"六位一体"课程创新，使学校和教师深度介入课程建设过程，对教师的素养品质提出了更高的要求，同时也极大地促进了教师的专业发展。

1. 评价的基本取向

新课程实验中，国家、地方和校本三级课程的划分，既保证了中学教育内容的规定性和规范性，也给予了学校、教师充分的创造发挥余地。教师对课程的理解把握水平反映了教师的专业素养，教师开发和实施课程体现了教师的专业能力。建立以课程为核心的促进教师专业发展的评价体系，通过教师自主评价、领导评价、教师同伴评价、学生评价和家长评价等多种角度，使用问卷、访谈、测试等多种形式，判断课程在学生成长发育过程中的教育价值，彰显教师在课程推进过程中的作用，有利于教师的专业发展，有利于新课程的顺利推进。

2. 评价的基本原则

教师是新课程推进与实施的关键因素，教师本身又是课程的重要因素，课程评价应体现对教师发展的促进功能。以课程为核心的促进教师专业发展的评价应遵循以下几个原则。

第一，发展性原则。新课程实验对教师来说是崭新的领域，教师面临的是前所未有的内容与挑战。此阶段的课程评价应立足于激励教师和研制者积极参与和完成对课程体系的理解、规划、整合、实施，提高教师对新课程理念的认同度，使教师积极主动地投入课程建设与实施实践。评价过程更重过程重提升，评价结果不作为高利害相关依据。

第二，主体性原则。教师积极主动参与，才能保证课程实验顺利进行。课程评价要充分考虑教师的成长需求，吸纳教师的参与，注重激发与调动教师的积极性，发挥教师在课程开发、实施与评价中的主体性作用，使评价成为被评价者和评价者共同奋斗的愿景，实现课程建设与教师成长的评价初衷。

第三，多元性原则。树立内容多元、主体多元和评价方式多元的评价意识，建立包含课程建设的全方位、全过程和多元素评价体系。如评价主体可包括教师、学生、家长、上级等，评价内容可包括成绩、风格、亲和度等，促进课程建设健康均衡发展。

第四，适宜性原则。促进学校、教师全面而有特色的发展，是新课程实验的重要理念，学校和教师的传统、基础和条件决定了课程实验要立足学校实际，着眼于本校发展进行课程的建设与评价，以提高工作的针对性从而提升工作的效率。

3. 评价内容和方式

发展性课程评价，立足于课程的目标、内容、结构和实施策略的改进，评价重点由重外部评价变为内外部结合，激发教师主动改进的积极性和动力；评价时段由定时静态扫描评价变为动态比较评价，倡导以积极性因素克服消极性因素；评价主体吸纳被评价者、受教育者及利益相关者，体现评价的民主性；评价内容从课程内容扩展到课程实施过程，也对课程评价本身的合理性、规范性、有效性进行评价。

（1）以课程为核心的教师评价的主要内容

课程是学校完成教育教学的途径，教师利用课程完成教育教学任务，在新课程实验中，对教师的评价包括"国家课程的改造与整合""校本课程的开发与实施""课堂教学的实施""课程实施效果的评价"等方面，课程实施与评价是教师专业发展的核心能力，反映教师的价值。与传统教学评价相比，新课程背景下的课程设置与校本课程开发更突出学生的主体地位，教师在课程建设与实施过程中，遵循"以人为本""以生为本""终身发展""全面育人"的教育理念，利用心理学、教育学、社会学知识，开展立足课堂，着眼于效率提升的科研创新，围绕学生发展进行国家课程校本化改造，校本课程的开发与实施。

（2）以课程为核心的教师评价的主要方式

自主课程实验中，教师参与课程设置与开发和承担课程的实施与落实，对教师的评价也相应地包括"课程建设"与"课程实施"两方面。

一方面，课程建设能力评价。国家课程承载着国家教育意志的落实，适应于全国所有高中学校的教育教学。具体的高中学校需要对课程进行校本化落实，特别是北京市进入自主课程实验的学校，它们肩负着探索国家课程校本化改造与实施的探路任务，需要根据学校实际，对课程进行整合、重组等加工。对于学校来说，课程建设能力包括两个方面：一是国家课程的校本化改造；二是校本课程的开发与实施。国家课程的校本化改造包括必修课时的调整、必修选修课模块教学顺序调整、教学模块内容的整合等；校本课程的开发与实施包括研究类课程的开发、拓展类课程的开发、个性发展类课程的开发等。

另一方面，课程实施能力评价。教师是课程实施的主体，课堂教学是课程实施的主要途径。根据新课程要求，开展主体多元、内容多样、形式多种的教师评价，有利于激发教师参与课程建设、课程实施的内在动力，促进教师发挥在课程实施中的主动性和创造性。具体方式有以下几种。

一是教师自评。自评是激发教师内在动机，促进教师自我教育的过程。通过自我评价，教师自觉自愿地反省教育教学行为中的不足与缺陷，从而提高能力，促进专业化水平提升。自评的常见方式包括"教学日记（教学反思）"（表 7-7）"自查量表""周期性的工作总结与反思""调查问卷"等。

表 7-7 课堂教学自省表

类目＼项目	项目	优势	改进	备注
教学方面	教学目标			
	教学方案			
	学习环境			
	教学实施			
	管理评价			
素质方面	理念信念			
	学科知识			
	教学能力			
	文化素养			
	合作共事			
	计划落实			
	反省总结			

二是教师互评。同行同事的评价最贴近教师的实际，也最有针对性。教研组内相互评价可侧重业务、合作评价，全体任课教师之间评价可侧重协同、配合等综合评价，从不同视角观察，增加客观性。常用方式包括"教师问卷""互评量表"（表 7-8）"听课评课"等，最常用的是互相"听课评课"。

表 7-8 课堂教学互评量表

教师姓名		学科		时间		
课题			班级		生数	
评价项目	评价内容					评语
学生学习（4分）	学习准备工作做得好，课前预习和准备到位					
	主动参与学习过程，注意与他人合作，敢于质疑，勤于思考					
	课堂能专注于学习，使用自己习惯用的方法做好笔记					
	注意总结和反思，认真练习、巩固					

续表

教师姓名		学科		时间		
课题			班级		生数	
评价项目	评价内容					评语
教师教学（4分）	目标适当明确，内容合理适量，教学环节完整，课堂节奏好					
	突出学生主体地位，教学活动围绕学生的学习设计与展开					
	善于捕捉课堂亮点与难点，采取合理的教学策略推进教学					
	讲练结合，形式多样，学生自主学习，练习时间充足					
	注意引导和培养学生的良好学习习惯，提升学生的学习能力					
	作业分类、分层、适量，鼓励实践					
	课堂气氛和谐融洽，师生对话通畅					
	教学辅助设备手段使用合理得当					
教学效果（2分）	教学目标达成度高，不同层次学生均有收获、有发展					
总分					评价人	

互评量表将学生课堂表现和教师教学赋予相同的比重，突出新课程对课堂教学中教学相长的要求。学生的学习侧重主动性、学习习惯养成、总结反思和练习巩固，是从学生角度观察教师对学生的素养培养。教师的教学有教学基本功的常规要求，更多地则体现了"以学生为主"的教育理念。讲练结合，作业分类分层，师生通畅对话等都体现了新课程与传统课堂要求的不同。评价内容的设定既体现新的课堂教学观，也能引领教师在教育教学实践中真正做到"以学生为主"，而不是以"知识"为主，重视课堂教学过程中生成和体验，而不仅仅是向学生灌输和传授。

三是上级评价。上级评价包括业务领导部门、学校领导及研究部门等进行的课堂评价，具有一定的督促、引导作用，是落实新课程要求的必要措施，具有一定的规定性或强制性，保证课程实验顺利进行。但新课程实验中的上级评价，与传统的通过课堂教学评价有很大不同，可进行综合性评价，也可进行专项性评价，突出教师素质与素养的评价，采用课堂观察、座谈沟通和查验教师课堂使用材料等方式，结合教师的课堂表现、反思总结等材料进行教师发展现状、提升潜力和发展预期的诊断与评估，对教师发展提出有针对性的改进建议。

四是学生及家长的评价。学生及家长的评价（表 7-9）是教师评价的重要内容，可采用学生访谈、家长座谈、家长信箱、定期家长开放日、网上调查等方式。其中网络调查效率较高，效果较好，可对教师教育教学的多个方面进行综合、全面评价，也可根据需要进行专项评价，可定期进行也可随机进行。

表 7-9　学生及家长评价表

评价点	评价内容	评价等级
育人	老师关心我，教我做人做事	☆☆☆☆☆
	老师知道我的优缺点，并帮助我改正缺点	☆☆☆☆☆
	老师注意培养我的自主学习能力	☆☆☆☆☆
	……	……
课堂	老师的教学内容具体，目标明确	☆☆☆☆☆
	老师的课堂气氛活跃	☆☆☆☆☆
	老师在课上讲的内容适合我	☆☆☆☆☆
	老师的课堂教学思路清晰，推进有序	☆☆☆☆☆
	老师在课上总是想办法让我们进行思考、探究	☆☆☆☆☆
	老师的教学进度和难度适当	☆☆☆☆☆
	老师的课堂教学效率高	☆☆☆☆☆
	老师常常指导我们学习方法	☆☆☆☆☆
	……	……
作业	老师布置的作业量合适	☆☆☆☆☆
	老师批改作业认真、及时	☆☆☆☆☆
	……	……
素养	老师的素养（教学水平）高	☆☆☆☆☆

进行学生及家长评价时要注意以下几点：一是具有明确的导向性和目的性，便于与学生、家长沟通；二是一次评价内容不宜过多过杂，避免过多占用学生时间；三是评价要突出新课程的核心内容，体现评价的正面引导与激励功能；四是评价时采用星级评价而非分数评价，明确评价结果是用于诊断问题。

4. 实验学校的案例

（1）北京一零一中学

北京一零一中学在自主课程实验过程中，采取"多元评价实现动态多维评价"，注重实验过程性实证资料的使用，创新教学评价，提升课堂质量，坚持定性评价与定量评价相结合，注重静态评价与动态评价相结合，关注课程实施的全方位、全过程，更重视学生的学习兴趣与教学过程参与。北京一零一中学自主课程实验课堂教学评价表如表7-10所示。

表7-10　北京一零一中学自主课程实验课堂教学评价表

指标	评价标准及其得分			
	4分	3分	2分	1分
教学态度	有很强的责任心，精心组织教学，能根据课堂情境和学生反映而不断改进教学计划	有较强的责任心，能够认真组织教学，注意听取学生的意见，完成计划的教学内容	责任心一般，基本能够认真组织教学，基本能够完成教学任务	缺乏充分的课前准备，教学失误较多，无法保证计划全面执行
教学方法	娴熟运用各种教学技巧，能借助各种教学手段提高教学效果，能充分调动学生	教学技巧运用不够娴熟，但能有意识运用多种教学手段，学生有一定程度的参与	较少运用教学技巧，教学手段单一，学生较少参与，兴致不高	教学手段单一，学生没有参与，学生明显不满
教学观察	课堂气氛活跃，师生互动积极，学生有学习兴趣，参与度高	课堂气氛比较活跃，师生有一定互动，基本没有学生做其他无关事情	课堂教学气氛有些沉闷，师生互动少，部分学生做其他无关事情	课堂沉闷、没有师生互动、半数以上学生不能集中精力于教学中
学生评价	学生评价很高	学生评价较高	学生评价较低	学生评价很差

（2）北京师范大学附属实验中学

学校高中选修课主要在高一年级开设，承担选修课的教师以本校为主，每学年会专门针对选修课的开设情况进行调查，通过问题了解教师课堂教学情况。从而评价课程的开发与实施情况，受学生欢迎的课程得以保留。每位教师都能或依托本学科或根据其爱好、擅长的内容研制校本选修课程，使自己的专业获得发展。北京师范大学附属实验中学选修课课堂情况问卷如表 7-11 所示。

表 7-11　北京师范大学附属实验中学选修课课堂情况问卷

内容＼等级	A. 很符合	B. 比较符合	C. 不符合
教师表现　认真负责			
教师表现　内容难度适中			
教师表现　教学能够引起兴趣			
教师表现　课堂纪律很好			
教师表现　上课没有迟到			
学生态度　上课积极，认真			
学生态度　认为课堂很重要			
学生态度　通过学习收获很大			

此表主要是针对校本选修课的教师制作的课堂教学评价表，没有使用分数，重视态度和兴趣等质性评价指标。通过教师表现、学生态度的调查，鼓励教师提高课堂效率，从而促进教师专业发展。

(三)促进体系完善和特色彰显的课程自身评价

1. 评价的基本取向

新课程实验中，通过建立与课程开发、实施相统一的具有学校特色的课程评价体系，促使实验学校的课程结构更加合理，课程门类更加丰富，课程体系更加完善，课程特色更加鲜明。国家课程的整合、特色课程的设置等，使学校的课程体系更加完善，课程特色更加彰显，从而引领学校在课程实施过程中正确地处理国家课程、地方课程和校本课程三级课程的关系，使其各自发挥应有的作用，这是自主课程实验课程评价的基本取向。

2. 评价的基本原则

(1)系统性原则

自主课程实验中的课程评价应充分发挥其诊断、导向和激励的功能，在国家课程培养目标的总方向之下，统筹考虑各类课程的内容、功能和作用，立足于充分发挥各自应有的作用。正确定位国家课程校本化与校本课程的关系，明确先与后、主与次、重与轻、规定性与开放性等关系，使学校课程体系既能切实落实国家教育方针要求，又能发挥地方课程与校本课程的作用。

（2）统一性原则

无论是国家课程校本化式的评价还是校本课程的个性化评价，在课程评价内容、主体、方式、技术、角度和功能上，都采用相同或相近的标准，以保证评价的统一性，便于操作和协调，便于信息和数据互通与比较。

（3）适切性原则

学校不同，课程不同，在评价指标设计和使用上，就要进行相应的创新，以保证在基本方向的基础上更好地落实评价，开发与设计同一体系特色“尺子”而不是唯一的“尺子”，根据评价对象进行适当创新也是自主课程实验激活学校活力，彰显学校特色，培育个性课程，培养创造型人才的出发点与必由路径。

（4）过程性原则

课程是学生获得提升的路径，是一个动态的过程，对课程价值的判断过程也应该体现突出动态的特点，是动态的而非静态的，是过程性的而非终结性的，通过对过程性材料的控制与监测，判定其价值和调控其实施。

3. 评价内容和方式

（1）评价的主要内容

学校的课程体系是否完善，主要评价对象是课程的开发与实施价值以及课程之间关系的判断，具体表现为以下三个方面：一是内容是否能够符合国家教育方针对学生全面发展培养目标的要求，包括课程门类是否齐全，课程内容是否合理；二是课程之间逻辑性是否严密，内容、形式是否具有各自独立性又互相照应互补；三是课程是否既符合国家课程改革理念，又立足学校实际，突出学校课程特色。

（2）评价的主要方式

本次课程改革给实验学校较为充分的课程开发自主权，各自主实验学校除了对国家必修课程必选内容（选修）进行了微调改良，对校本课程的开发与建设着力较多，通过学校层面对课程价值的判断、甄别和衡量，实现课程体系现实意义上的校本化架构，其评价方式多采取鉴定式、选择式、问卷式等。由于对课程价值判断及课程之间体系合理性判断的研究受国家政治、经济及政策影响较多，课程的价值作用与国家教育政策关系较为密切，且因教育效果和作用隐性和滞后，对课程很难在课程开发与实施的初期就实行评价，因此对本身的评价往往重视和研究不够。

4. 实验学校的案例

（1）北京一零一中学

课程立项评价：此项评价主要用于课程的立项，只有通过该项评价的课程才能获得正式的立项，并列入校本课程计划。

北京一零一中学课程开发立项评价表如表 7-12 所示。

表 7-12 北京一零一中学课程开发立项评价表

指标		评价标准及其得分			
		4 分	3 分	2 分	1 分
1	课程设计的先进性，开设本课程的意义	课程目标明晰，对学生综合素质提高具有显著作用	课程目标清晰，对学生某方面素质提高具有促进作用	课程目标基本清晰，对学生发展能有一定促进	课程目标不明确，或看不出对学生发展的意义
2	课程的拓展性，课程目标与学校培养目标的一致性	拓展深化国家和地方课程，体现了学校的培养目标	对国家和地方课程有一定拓展，基本体现了学校培养目标	某些方面体现了学校培养目标	不能体现学校培养目标
3	课程设计与课程改革要求的相容性	完全符合学校整体课程计划的要求	与学校整体课程计划基本符合，但还存在些微偏差	与学校课程总体安排有些冲突	与学校整体课程计划相矛盾
4	课程设计的完整性	有独立的知识体系和培养目标	知识体系的建构上还有所欠缺，或者有与其他课程协调的问题	内容结构不完整，与其他学校课程有明显交叉或冲突	可能会对其他学校课程目标的达成有负面影响

指标		评价标准及其得分			
		4分	3分	2分	1分
5	课程计划的科学性、适用性	课程内容选择科学合理、结构清晰，呈现形式与学生发展水平相适应	课程内容选择基本科学合理、结构清晰，课程呈现性基本与学生发展水平和特点相适应	课程内容结构不尽合理，课程内容的呈现性不太适合学生的发展水平与特点	课程内容结构缺乏逻辑性或完整性，与学生现阶段发展水平脱节
6	是否具有开设课程的条件和基础	教师的知识基础、学生知识准备、学校现有的条件均完全支持课程的开设	教师的知识基础、学生知识准备、学校现有的条件中尚有部分欠缺，但有可行的解决方案	课程开设基础与条件中有目前难以解决的问题，但可以预期经过努力能够解决	课程设计中存在近期无法克服的困难或无法解决的问题

评分注释：得分超过18分的通过立项（含18分）；得分高于15分、低于18分（含15分、不含18分）的可以继续修改；不够15分的直接否决。

课程实施价值评价：只有经过该项评价达到开课标准的课程才能被正式排入学生选课表中供学生选择学习。

北京一零一中学课程实施可行性评价表如表7-13所示。

表7-13 北京一零一中学课程实施可行性评价表

指标		评价标准及其得分			
		4分	3分	2分	1分
1	教师的知识基础与师资准备情况	教师能胜任本课程的教学，有开设本课程的经验；借助校外的专家已经落实，合作教师已有充分的知识准备	本校教师的知识基础基本可以胜任，但没有该课程的授课经验；主要依靠校外专家的课程专家基本落实，本校合作教师有了初步的准备	本校教师目前无法胜任该课程的教学，主要依靠校外专家的尚未落实，本校合作教师准备不充分	本校无法找到合适的教师担任该课程的教学，校外相应的专家也比较困难

续表

	指标	评价标准及其得分			
		4 分	3 分	2 分	1 分
2	教学材料准备的情况	教师系统全面掌握了本领域的知识，课程计划完整、成熟，教材或讲义已经可以使用	教师全面掌握了本领域的知识，课程计划基本完整成熟，教材或讲义等教学材料基本准备完毕	教师基本掌握了本领域知识，课程计划还在修改，教材或讲义尚处于选编中	教师部分掌握本领域的知识，没有完整的课程计划，没有相应的教材或讲义
3	教学设计与教学组织准备情况	有完整的教学设计与教学安排，有成熟的学生学业成绩评价方案	教学计划与教学组织安排已经确定，尚需要继续完善，有学生评价办法	教学计划与教学组织只有初步考虑，学生学业成绩评价正在酝酿	没有明确的教学计划与教学组织安排，没有学生评价办法
4	教育教学设施的准备情况	教育教学设施使用已经落实（有参观要求的已经落实接待单位）	教育教学设施的使用基本落实（有参观的也基本落实），但需要进一步明确	教育教学设施有初步打算（参观的已经有意向），但没有具体落实	教育教学设施还没有安排（参观或社会实践正在选择中）

评分注释：得分达到 14 分（含 14 分）以上的可以列入学校目录；得分 10～13 分的经过修改可以申请重新评价；得分少于 10 分的原则上不能列入当年的校本课程开课目录。

课程实施过程评价：课程实施过程评价主要是对教学的评价，评价包括教师的"教"和学生的"学"两个方面。评价结果用于对教师校本课程教学工作的考核。

北京一零一中学课程实施过程评价表如表 7-14 所示。

表7-14　北京一零一中学课程实施过程评价表

指标		评价标准及其得分			
		4分	3分	2分	1分
1	教师的教学态度	有很强的责任心，精心组织教学，能根据课堂情境和学生反映而不断改进教学计划	有较强的责任心，能够认真组织教学，注意听取学生意见，完成计划的教学内容	责任心一般，基本能够认真组织教学，基本能够完成教学任务	缺乏充分的课前准备，教学失误较多，无法保证计划得到全面执行
2	教师的教学方法	教师娴熟运用各种教学技巧，能借助各种教学手段提高教学效果，能充分调动学生	教学技巧运用不够娴熟，能有意识运用多种教学手段，学生有一定程度的参与	较少运用教学技巧，教学手段单一，学生较少参与、兴趣不高	教学手段单一，学生没有参与，学生明显不满
3	课堂教学状况观察	课堂气氛活跃、师生互动积极、学生有很高的学习兴趣，参与度高	课堂气氛比较活跃，师生有一定互动，基本没有学生做其他无关事情	课堂教学气氛有些沉闷，师生互动少，部分学生做其他无关事情	课堂沉闷、没有师生互动、半数以上学生不能集中精力于教学中
4	学生对课程实施的评价	学生对课程评价很高，多数学生愿意向其他同学推荐该课程	学生对课程评价较高，部分学生愿意向同学推荐该课程	学生对该课程评价较低，极少有学生愿意推荐该课程	学生评价很差，没有学生愿意推荐该课程

评分注释：建议采用听课(教务部门、学科组)和学生问卷调查对课程实施进行评价，课程实施过程评价可以与课程实施效果结合在一起进行评价。

课程实施效果评价：主要评价本门课程的目标达成度、学生的发展情况、学生的满意度、其他方面对课程实施效果的评价等。

北京一零一中学课程实施效果评价表如表7-15所示。

表 7-15 北京一零一中学课程实施效果评价表

指标		评价标准及其得分			
		4 分	3 分	2 分	1 分
1	本门课程目标的实现程度	完全达到了课程计划所设定的教学目标，部分方面甚至超过了预设目标	基本达到了课程设计的目标，部分目标根据实际有所调整	多数课程目标已经实现，部分目标未能达到，或者教学目标达成的质量不高	勉强完成计划的教学任务，实施效果与计划目标差异较大
2	后续探究性问题的形成与发展	大多数学生提出了探究性的问题、完成了探究性作业，一定数量的课题进入后续研究性学习	较多的学生提出了探究性问题、完成了探究性作业，但只有很少形成后续研究性学习的课题	部分学生提出探究性问题、完成了探究性作业，基本没有形成后续的研究性课题	个别学生提出了探究性问题、完成了探究性作业，没有形成后续的研究性学习课题
3	学生的满意度	学生调查表明，85% 以上的学生对本课程非常满意和比较满意	学生调查表明，70% 以上的学生对本课程非常满意和比较满意，非常不满意的比例不高于 5%	学生调查表明，50% 以上学生对本课程非常满意和比较满意，非常不满意的比例不超过 10%	学生调查表明，学生对本课程非常满意和比较满意的比例低于 50%，非常不满意的高于 10%
4	教务部门评价	对该课程的总体评价很高	对该课程的总体评价较好	对该课程的总体评价一般	对该课程的总体评价较差
5	同行看法	对该课程的总体评价很高	对该课程的总体评价较好	对该课程的总体评价一般	对该课程的总体评价较差

评分注释：得分达到 18 分及以上的为优秀(含 18 分)；得分高于 14 分、低于 18 分(不含 14 分、18 分)为良好；得分低于 14 分(含 14 分)高于 9 分(不含 9 分)的为合格；得分低于 9 分(含 9 分)的为不合格。

(2)北京四中

学校课程自身的评价体现在多个方面。

设置"三课一体"的特色体育课程。北京四中一周安排五节体育课，严格执行教育部颁发的"保证学生每天在校锻炼一小时"的规定。这五节体育课安排实行"三课（教学课、选修课、活动课）一体"，各年级实施一节教学小课、三节选修课、一节活动课的教学模式。小课落实教学大纲规定的内容；选修课在全面锻炼身体的基础上，培养学生的专项爱好，发展学生的个性特长，让学生养成坚持锻炼的习惯；活动课采取锻炼小组形式，培养学生做课堂的主人。学生按小组上课，轮流做组长，在课堂上逐步让学生学会自己设计、自己组织、自己评价，培养学生们的组织能力和科学设计锻炼内容的能力。

体现新课程理念的理、化、生实验会考制度。全市统一会考难度较低，只有通过和不通过两档评分，而北京四中的学生将来更多地从事高端的科学研究，实验能力对他们来讲非常重要，四中加大了实验考核，特别是实验设计考核的比重（占 50%），实验能力考试和知识能力笔试各占 50%。

改革高二年级语文的专题选修课。在高二年级在选修模块教学中继续改进了学生的"选"的方式，使"选"更趋于合理，从选修模块（4 册教科书）中选择五个专题（报告文学选读、毛泽东诗文、文学与乡土、西方现代小说、京味小说），由学生从中任选三个专题学习。在满足学生个人志愿的前提下，将全年级学生按照志愿重新组合成选修班上课，每位教师分别承担三个专题的教学任务。教师采用精讲精读、组织学生研究性学习小组讨论研读、网络完成作业等教学形式，每个组合班级在六周内完成了各自三个专题的学习任务。选修课检测形式则是在期中考试中增加了选修内容，仍然由学生从五个专题的试题中任选三个作答。选修课形式实现了"学生有选择地学习"，促进了"学生有个性地发展"；重组班级，也使学生具有了相互学习促进的机会；"易生而教"的过程同时锻炼了教师，促进教师取长补短，不断改进各自的教学。

设立项目制管理的研究性学习课程。在四中的课程安排中每周没有固定的研究性学习课时，加强了对研究性学习的指导和管理。在研究性课题的管理上我们采取了项目制的管理方法。学生的所有研究过程记录在北京四中研究性学习手册上，学校设有学生研究性学习评价小组，小组成员评议所有研究项目的开题报告，对部分项目进行中期检查，评议所有项目的研究成果。选择优秀的开题报告和成果在全年级范围进行交流。每年四中还设立有"创新奖"的评比，优秀的研究成果将获得奖励，还定期出版《北京四中学生研究性学习成果汇编》。新课程设立研究性学习的目的就在于让学生体验科学研究的基本过程，而项目制管理正是目前科研管理的基本形式，也就是说学生不但体会了研究的过程，也体会了管理的过程。

结合教学实际进行国家课程的校本化调整。虽然四中拥有自主会考权，但对必修和必选模块教学安排没有进行大幅度的调整。到目前为止，模块层面的调整有：将地理、历史的会考时间由高二的第二学段末调整到了高一第四学段末，相应地增加了每周的课时量。这一安排主要是考虑到了校内师资的配备状况，有利于学生的全面发展。学科内部教学内容的调整比较多，例如，物理学科在第四学段末增加了选修3～4中有关动量的知识，在第五学段初增加了有关机械波的知识；化学学科调整了必修模块《化学反应基本原理》和《生活中的化学》的教学顺序等等，这些都是根据学科教学规律和四中学生特点，在与市区教研部门进行充分沟通后实施的。老师们初次接触新课程体系，对本学科的新课程体系还没有形成整体概念，在没有完成一个轮次教学内容的情况下，谈不到自主调整的问题。同时北京市的新课程高考方案还没有公布，大幅度的调整对学生也不够负责。

（四）以课程为核心促进学校特色发展的学校评价

课程是学校的生命，课程决定学校形态，课程的数量与质量反映现代学校的价值与水平，学校课程体系的构建与完善，是学校顺应时代要求、追求特色个性发展的重要标志。

1. 评价的基本取向

学校的价值是通过课程及课程实施完成对受教育对象的教育过程体现的，因此课程是学校价值体现的最根本途径，通过对学校课程设置及根据教育和社会发展开发与实施课程的评价，判定学校办学活力，评估发展潜力，从而引导学校挖掘教育潜力，适应形势发展，促进学校个性特色优质发展。

2. 评价的基本原则

（1）适度性原则

学校开发的课程并非越多越好，而要适合学校的基础、传统、发展规模等，能够较好地处理国家课程、地方课程和学校课程的关系，满足学生的学习需要。

（2）层次性原则

学校所设置的课程并非在一个层面上，对于学生各种素养的培养具有不同的价值意义和侧重，应按基础性、拓展性、研究性和满足个性发展的顺序合理设置，符合教育规律和学生身心发展规律，以取得好的教育效果。

（3）均衡性原则

普通高中是基础教育的高级阶段，是非专业性、职业性学校，教育的目的首先是为学生的终身发展打好基础，开发的课程须保证学生学科素养的全面性基础性，所以各学科须保持相对均衡，德、智、体、美、劳全面发展，在打好基础的前提下发挥个性和特长。

3. 评价内容和方式

（1）评价的主要内容

通过对课程设置与开发实施的评价，判断学校教育功能的品质、水平，从而引导学校反思学校课程的数量与质量，调整课程的目标与内容，改进课程的开发与实施，调整课程的评价评估，为现代学校更好地发挥教育功能，实现特色发展。学校课程开发与开设的数量反映学校课程开发能力，开设的质量反映学校的实施潜力；课程与教育教学目标的关系反映学校教育内容与教育目标契合度；课程的开发与实施反映学校课程开发与实施者的水平与能力；课程价值判断与落实质量评估表现学校对课程教育功能的理解程度与结果控制。

（2）评价的主要方式

根据不同的标准，课程评价有多种不同的分类方法，根据作用分为形成性评价与总结性评价，根据评价者身份分为内部人员评价与外部人员评价，根据评价方法分为量化评价与质性评价等。

形成性评价：在课程开发与实施初始阶段进行的，用于搜集课程开发与实施过程中局部优缺点信息，以便进一步修订完善。

总结性评价：在课程开发或实施完成之后施行的，用于搜集资料，对课程计划的成效做出整体的判断，用来推广采用课程计划或不同课程计划之间比较。

内部评价：是指评价由课程设计者或使用者自己实施的评价，本形式有利于更好地评价课程设计方案的内在精神和技术处理技巧，进一步利用评价对课程进行修订和完善，往往主观色彩较浓。

外部评价：是指由课程设计者或使用者以外的其他人实施的评价，有利于客观地评价课程设计的各方面内容，取得较为客观和有说服力的结论。

4. 实验学校的案例

（1）人大附中课程评价的探索

构建学业评价体系。建立人大附中教育实验体学分认定的方案和实施办法；建立人大附中教育实验体学生综合素质评价方案及实施办法；建立研究性学习、社区服务和社会实践活动的实施意见；加强德育处对年级组、年级组对班主任、班主任对学生在德育、综合社会实践、研究性学习等方面的三级管理。对学生的管理方面，也加强了量化管理，学分认定时，过程性评价占了很大的比例，过程性评价包括学生的出勤情况、完成作业情况、课堂参与情况、纪律情况等，每天任课教师都要根据实际情况进行记录，最后体现在量化打分上。量化管理可以让学校的管理更加科学，促进学生的成长。

健全会考管理体制。依据北京市高中自主排课实验性实施自主会考的管理办法，结合学校自主排课的教学情况和学生的学习情况，在会考方案的设计、命题的组织与设计、会考时间的安排、会考考试的实施等方面制定了比较完善的制度和实施细则。确保自主高中毕业会考的科学化与规范化。

（2）潞河中学完善课程建设评价机制

建立健全相应的评价、奖励、流动机制。不断完善课程的质量考评方法，其一，针对学生的多元组成和对外开放办学，不断改进和完善包括期中、期末教学质量检测的课程评价方法，同时，研究建立多元评价的手段和方式，能够比较科学地评价教师的授课质量和学生的学习质量，不断完善课程的质量考评方法。其二，建立教师评价机制，除承担国家课程外，把能够独立承担一门校本课程，作为对潞河教师任职的一项基本要求，建立教师的师德档案和业务档案，完善由学生评教、教师个人自评、教师互评、处室考评的教师评价制度。其三，建立对优秀教师评选、优先学习、培训、带薪创作和晋级的奖励机制。学校在评选优秀教师、市区骨干教师、教研室主任选聘和教师晋级等一系列问题上，有关教师在课程建设方面的投入、能力、水平和业绩作为重要的必需的条件。其四，为提高课程建设质量，建立教师工作问题告诫制度和教师流动机制。

对课程的评价采取多元评价方式。由学生评价、家长评价、教师自我评价和学校评价四部分组成课程的评价，其一，学生评价采用抽样问卷、座谈的方式，由教学处负责，时间安排在每学期期中考试左右，向学生发放期中课程评价调查问卷，征求学生对选择的课程的感受和建议，并同时将结果反馈给教师。其二，家长评价采用问卷调查、家长座谈会等方式，了解家长对课程的了解情况、对学生课程学习状态和学习效果的了解情况，以及家长对教师教学和学校课程资源的反馈等。其三，教师自我评价采取总结方式，由任课教师自己对课程开设情况做评价，包括课程目标实现情况、学生对课程内容、教学方式反映情况、取得的课程成果、存在的问题、今后改进的方向和设想等。其四，学校评价则由教学处负责，组织教研室主任、资深教师，从课程内容、教学过程、学习效果三个方面进行评价。

加强课程建设的过程评价。每周建立教学日志，由学生记录课程授课的时间、地点、内容、参加人数和对课程的评价和建议，教学处做好教学日志的汇总和反馈工作。教研室主任每学期至少要听每位任课教师1～2节课，课程领导小组成员要经常进课堂听课，及时了解课程开设情况，提出改进措施。学校不定期地适时举行各类课程的公开观摩和研讨活动。对已经成熟的校本课程，学校出资整理出版有关优秀校本课程成果。教学处组则建立学校课程档案，包括课题方案（申请表）、调查问卷、座谈会记录等。

做好学生成绩评定工作。其中，校本课程学生的考核除可以采取闭卷考试、开卷考试方式外，鼓励教师采取学习心得、研究报告、实际操作、成果作品等多种形式进行。学期结束，教师要根据课程本身特点，结合学生上课出勤率、课业完成情况和课程结业成绩终结评定，给予学生校本课程成绩。同时任课教师登录新课程成绩系统，给选课的学生相应的学分。

（3）北京四中自主课程的长期探索

北京四中已有近二十年的自主排课、自主会考的历史，可以说这样的一个政策是北京四中特色发展的一个保障。新课程实施以来，北京四中教师更加感觉到这一政策对于学校发展的重要性，它使北京四中教师的试验想法有了实施的空间和余地，并使试验能切实深入学科具体实施中。我们根据实际情况不断探索调整原有方案，使自主排课、自主会考成为深入推进学校新课程的制度基础。

课程内容调整。进入自主课程实验后，四中在启动于20世纪90年代的体育课程"人人参加课间操、人人体育争优、人人学会游泳、人人选择1～2项体育项目学习"从而达到"具有良好的体质、体能、卫生锻炼习惯、持久力、耐受力和坚毅品质团队精神"基础上，真正实现了每天一节体育课，完善了"一节教学小谈、三节选修课、一节活动课"的"三课一体"教学模式，使学生全面、主动、和谐地发展。语文学科整合选修内容，从各册选修模块中选择"报告文学选课""毛泽东诗文""文学与乡土""西方现代小说""京味小说"这五个专题，再让学生从中任选三个专题学习，满足学生个人志愿，全年级重新组合成选修教学班走班上课，每位教师分别承担三个专题的教学任务，用精讲精读、组织学生研究性学习小组讨论研读、网络完成作业等教学形式，每个组合班级在六周内完成了各自三个专题的学习任务，实现了"学生有选择地学习"，促进了"学生有个性地发展"。

完善课程实施。目前全市统一的地理、历史会考安排在高二第一学期期末，也就是学生要学习三个学期的地理、历史课程，但在实际安排中会出现课时不满，人员富余的问题；高二完成文理分班后，理科班的历史、地理教学对教师难度较大。为了解决以上问题，北京四中教师将地理、历史会考安排在了高一第二学期期末，在不减少总课时的情况下（高一历史、地理各安排一周3课时），解决了人员和上课难度的问题。

调整评价制度。根据北京四中学生特点和未来发展的需要，学校调整了物理、化学、生物会考方案，提高了难度，新物理、化学、生物会考实验能力考试和知识能力笔试各占50％。一方面学生更加重视自己试验设计能力的提高，另一方面也解决了会考与模块考试和期末考试冲突的问题。自主课程实验使学校主动的特色发展成为可能。

五、高中学校课程评价创新的思考

（一）自主课程评价中存在的主要问题

1. 观念的缺位

课程评价观的确立与认同，决定课程评价发展的方向，影响了自主实验课程评价发展的深度与高度。课程评价不只是一个对课程进行价值判断的技术程序，它在本质上是一个哲学问题，课程价值判断的根本问题是：通过课程培养什么样的人？对这个问题的回答受"技术""实践""解放"三种理性的支配。受"技术理性"支配的课程评价把环境和人视为客体，目的是对环境和人进行有效控制；受"实践理性"支配的课程评价把世界视为主体，强调对意义的"一致性解释"和理解，强调人与世界的相互作用，重视集体审议和公开辩论，强调对过程的关注；基于"解放理性"的课程是人类指向"解放"和"权力赋予"的评价，"解放"意味着"从外在于个体的存在中获得独立"，是一种自主状态而不是放任的状态，整合了自主和责任，通过自我反思的行为达成"解放"，指向"主体"的诞生。

高中作为一个人成长过程中最重要的阶段，作为基础教育的高级阶段，在高等教育已经走入大众化和普及化的今天，以学业考试成绩和升学成绩作为评价课程质量的做法已经远远落后于时代要求和教育本身发展需要，与之相适应的通过课程改革使高中教育成为真正满足学生个性成长、学校特色发展已经成为中国教育发展到本阶段的必然和必需，但现实情况却是有相当数量的教育管理者、教师、家长，对评价的认识仍然停留在"考试"甚至高考科目的"考试"成绩，其理念仍然停留在"技术"层面，以学生的考试成绩代替对课程质量的评估；多数实验学校在部分课程评价中有选择地接受了"过程性评价"形式，采用记录学生学习状态和保存标志性成果的方式为学生建立成长记录，如人大附中、十一学校、北大附中、潞河中学等。但即使在实验学校中，将过程性评价与终结性评价结合使用的情况也不容乐观，流于形式的现象比较普遍。其主要原因是当前高校招生制度改革推进缓慢，高考招生形式的单一造成高中学校仍然青睐分数。

2. 研究的缺失

课程评价的内容与形式的研究与开发，限制着课程评价真正作为课程引领与规范作用的发挥。北京市的自主课程实验"课程目标自主、课程排课自主、课程内容自主、课程实施自主、课程评价自主、课程主体自主"的"六位自主"以及"三级课程整体建设为核心"的整体性（一体化）创新，为普通高中创造性的落实新课程理念提供了制度和理论条件。相对于"六位自主"中的其他五项自主，"评价自主"中的自主会考权下放到学校，其意义和价值巨大，学校在会考组织、试题命制、成绩管理等方面获得了实质意义上的自主，使学校在课程结构重构和体系创新方面取得了许多成果。受高考改革推进的影响，会考权的下放对学校课程改革的影响是有限的，高考科目的教育教学在实施与评价方面变化不多不大。即使像北京十一学校、北京大学附中、三十五中这些进行较为彻底走班制改革的学校，其课程评价的主要内容仍然是考核与考试，过程性评价的一般形式也多是单项性测试或称阶段考试，其属性没有超出量性评价。对课程本身价值的判断、对课程内容的确定、课程实施过程的合理与规范性、课程实施质量的判定与界定等方面作为学校层面的力量投放较少，从而导致课程评价研究进展不大成果较少。课程评价作为对课程开发设置实施与质量控制的最关键内容，其引领作用没有充分发挥。

3. 工具的缺少

评价开展需要系统的课程评价理论建设，也需要开发简捷高效实用的评价工具配合课程的建设与实施。课程评价作为一种价值判断，离不开科学规范合理的评价工具支撑，但因为长期以来教育管理部门、学校层面的教育管理者、实施者主要依靠各类测验、考试代替课程评价，从而导致课程评价意识的淡薄和评价工具开发研究不足，在自主课程实验实施过程中，虽然各实验学校努力实践和探索，但实验在原有招生制度影响及课程建设巨大压力下，很难再有精力和能力开展课程评价工具的研究，无论是标准化的还是非标准化的测量工具的开发研究多处于随机随意随性状态，使课程评价呈现出有课程少评价，有评价少系统，有系统少体系现象。

课程评价工具缺少，原因之一是国家层面的研究起步晚成果少，学校研究更是摸着石头过河；原因之二是不少人对课程评价的理解仍然是"评价即考试"，评价的范围仅限于学生学业成绩，没有将课程计划、目标、内容、实施等多个课程评价要素纳入研究范围；原因之三是进入自主课程实验的学校虽然是北京市普通高中中最有实力的名牌学校，但课程体系搭建完善的压力使实验者精力不够，无暇研究开发与课程改革配套的评价工具。

（二）未来课程发展对课程评价的挑战

1. 课程评价调整与创新结合，完善体系化建构

未来课程改革将继续完善必修选修结合的课程体系搭建，减少必修增加选修内容，围绕培养中学生核心素养和学科素养，致力于课程系统化整体化建构，课程评价也将适应这新课程的发展趋势，在课程评价的目标与方向、内容与形式、策略与方法等方面进行创新和实践，以适应新的课程改革要求，发挥评价的导向、引领、反馈与校正功能。

2. 课程评价理论与实践相结合，形成新的评价观

新一轮课程改革，减必增选，突出培养学生核心素养，新招生制度

改革，将学业综合素质和会考纳入招生参考范围，为新课程评价的理论建设和实践探索提供了非常好的机遇，也提出了巨大的挑战，过程性评价、质性评价将成为评价的常态和常用方式，评价由侧重甄别转向侧重发展，既重视学生的个性反应与重视学生的合作，重视真实性与情境体验，重视解决问题的结论更重视解决问题的过程，与传统重视测验的课程评价迥然相异的表现评定将得到更大的认可与使用。

3. 课程评价内容与形式并重，追求规范与灵活

新一轮课程改革在进一步明确共同修习内容的基础上增加选择性、鼓励个性化的追求，将深刻影响普通高中的教育生态，学科选修课程的模块的增加和内容选择空间的扩大，对课程评价的灵活、人性、规范提出更高要求。标准化评价与非标准化评价相互配合，评价者与被评价者，定期评价与非定期评价，内部评价与外部评价，专项评价与综合评价等都需要进行创新型设计，追求内容规范科学，使用主动灵活。

(三)课程评价创新的相关建议

1. 系统化设计才能充分发挥学校课程评价的作用

自主课程实验学校获得"六位一体"的课程建设权力后，最先切入的是国家、地方和学校三级课程的梳理，对于国家课程的校本化、地方课程和学校课程的差异化等方面进行了积极的探索，取得了较好的成效，但限于条件，对课程改革中最核心、最重要的学校课程评价却着力不多，面对学生巨大的课程需求深感吃力，开课门数成为最基本的课程评价要素，课程开得该不该、好不好、值不值、长不长等价值、成本、效益等要素的研究不得不被放在了较为次要的位置。尽管各学校课程实验中都有课程评价板块和内容，但多为零散的而不是完整的，随机的而不是规划的，浅层的而非逻辑的，这种状况有深刻的历史原因，也有客观的现实限制，限制了课程改革的健康顺利进行。

新的课程改革借鉴了已有的改革经验，顺应当前国内外课程发展形势要求，其目的是更充分更高效地满足学生全面而个性地成长。学校作为课程的供给方，改变"评价"即"考试"和"评价对象"只有学生的局限，积极创新，主动作为，配合国家课程改革的深入推进，建立包括课程、教师、学生、评价等多元评价对象，包含诊断性、形成性、终结性等贯穿全程的，标准化和非标准化多样态的，量性和质性多特点的系统整体评价体系。

2. 信息化支撑才能实现学校课程评价的各项功能

相对于传统课程评价，新课程改革中的评价从内容、形式、目的、对象、频率、结果表述等多个方面提出了新的要求，其数据的采集、整理、分析、研究到形成评价结果，工作量和复杂程度呈几何级增长，靠传统管理无法完成；相对于传统课程实施，新课程要求全员育人、全程育人、全面育人，教师、管理者、服务者、学习者在新的课程体系中将角色重叠身兼多职，每个人既是学习者又是知识经验的分享者，产生的数据非传统管理系统所能应对；新的课程评价要求真实记录学习过程，记录本身已经成为课程评价的内容，这些记录的数据通过大数据技术、云计算技术进行即时高效的分析，展示学习过程，同时也进行调整优化；互联网＋、现代信息已经如此深刻地影响着社会生活的各个方面，教育如何更好地适应时代发展，如何承担起教育信息化、智能化，增加智慧教育的比例，也是课程评价本身进步的标志。

新的课程改革实验中，立足学校实际，主动积极地将信息技术发展成果与课程评价创新实施结合，利用现代信息技术信息采集便捷、分析迅速、反馈及时的特点，根据国家课程改革的总要求和学校发展的总规划，用改结合，承创并举，开发适应新课程改革适合学校课程体系及师生特点的个性化评价工具，是新一轮课程评价建设中的重要内容。

3. 个性化特色使学校课程评价能够更好地引领规范

各学校的课程评价因其开发实施的不同，也应该有相应的特色，北京的自主课程实验将课程评价自主权交给了学校，但因为高校招生制度改革的相对滞后，作为高校生源的提供者，学校的课程评价权是有限的，尽管如此，北京市普通高中在自主会考、国家课程校本化和学校校本课程的课程评价中进行了有益的探索和尝试。人大附中的课程评价从体系入手，积极进行评价方式改革，注重过程性评价，评价主体多元化，评价方式互动化，评价内容多样化，以发展性评价促进学生全面而有个性地发展，建立了学生成长记录机制，包括学生模块成绩、研究性学习成果和社区服务、社会实践活动评价以及教师、学生、家长多主体评价的多元、发展性评价体系，发挥了评价在促进学生个性与特长发展方面的作用，特别是在高中综合素质评价的实施方面建立起了科学、合理、规范及操作性强的机制。

培养基础扎实又各具专长的人才，离不开兼具共性和个性培养功能的课程，而课程的开发实施需要配套相应的课程评价体系，以规范、引领、评价课程改革的效果。课程体系的高度开放性对学校的全面而个性化实施提出了很高的要求，内容和形式更加灵活开放的新的招生制度的推行，需要学校创造性地实现国家课程校本化，课程评价也需要遵照国家课程改革要求，进行校本化创新和重建，以适应和彰显学校特色，个性化的课程评价方案将是每个学校实施新课程方案的重要内容和关键工作，需要下大气力进行探索与研究。

第八章

课程自主创新发展：
世界趋势与未来展望

当今世界处于全球化时代， 各国之间的交流、 合作与竞争越来越频繁和深入。 经济全球化带动了资源、 技术的全球化流动， 并进一步引发人才的全球化流动、 合作与竞争。 世界各国和地区大力建设知识型社会、 推进科技创新发展。 经济、 社会发展对人才提出了新的要求， 进而对教育的变革也提出了迫切需求。 就高中课程而言， 结合其在课程目标、 课程结构、 课程内容、 课程管理以及课程评价等方面的世界趋势， 在分析我国高中课程改革面临的挑战和问题的基础上， 将课程自主创新纳入更大的时空背景中， 将对其持续发展提供更多的参照。

一、普通高中课程发展的世界趋势

时代的发展呼唤教育的变革，世界各国都在持续进行教育改革。普通高中教育作为基础教育的有机组成部分，对学生适应社会生活、未来职业发展或进一步接受高等教育都有重要意义。世界各国都十分重视高中课程的发展、调整和改革。在世界范围的高中课程发展和变革中，虽然各国的国情不同、文化差异较大、教育体制和发展有不同的历史和路径，但分析各国在课程的一些主要方面的改革思路和方向，仍然可以发现一些共同的趋势。

（一）关注学生的可持续发展并聚焦核心素养

1. 关注学生的可持续发展

世界各国的高中课程改革均把育人作为教育的出发点，关注学生的未来发展，以培养全面而有个性的人作为改革追求的目标。设计课程目标努力整合高中课程在"育人、升学和就业"三方面的价值，既要为学生成为人格健全的人做准备，也要为学生进一步接受高等教育、学生未来的就业和生活准备。各国的课程目标均超越了知识，强调基础知识、基本能力和态度同样重要，它们为高中生的未来学习和发展奠定基础。

2002 年修订的芬兰《普通高中课程大纲》中提出目标"培养综合素质高、个性健康全面发展、有创造力和合作精神、能够独立探求知识、热爱和平的社会成员"；2005 年印度颁布的《国家课程框架》提出"转变学生学习方式，培养学生独立的思考能力、灵活适应新环境并能用创新的方式解决问题的能力以及应对经济、社会变革的能力"；2009 年法国公布了"面向 2010 年的新高中"改革方案，目的是为了实现"让每个学生都获得成功的高中"；韩国第七次课程改革的目标是"培养富有健全人性和创造性的人"；日本面向 21 世纪教育改革的基本目标是"让学生掌握超越时代的不变的价值观，使之具有丰富的人性、充满生机的健康体魄，具有自己发现问题、自己学习、独立思考、自主判断与行动、妥善处理问题、克己自律、善于与他人沟通以及迅速地适应社会变化并准确做出应对的能力"。

2. 聚焦核心素养

随着时代发展，21 世纪逐渐步入信息化社会，经济全球化、科技日新月异，对未来人才的学习能力和创新能力提出要求，学生需要具有面向未来的生活与工作的素养。素养是人通过学习而发展的知识、能力、态度的综合体。在新一轮的课程改革浪潮中，世界上各国际组织及国家（地区）纷纷组织教育学、心理学、社会学等领域的专家，研制学生核心素养模型，希望通过发展核心素养培养学生在未来社会的生存能力和竞争力。其中影响较大的有：以成功生活为取向的 OECD 核心素养模型、日本的 21 世纪型能力模型，以终身学习为取向的联合国教科文组织提出的七大学习领域、欧盟提出的八大关键素养，以个人发展为取向的新加坡 21 世纪素养模型，综合性取向的美国 21 世纪学习体系。黄四林等人分析比较了 13 个国际组织、国家或地区的核心素养模型，具有很高的参考价值，他们的比较结果如表 8-1 所示。

表 8-1　国际组织、主要国家及地区的核心素养指标比较[①]

指标	表述字段	经济合作与发展组织	欧盟	联合国教科文组织	日本	新加坡	美国	芬兰	英国	加拿大	法国	澳大利亚	新西兰	中国台湾地区
沟通与交流能力	与他人建立良好的关系，以书面或口语的形式交流，学会共处，交流能力，交流沟通，交际能力，交流表达，沟通能力，社会交往能力，交流信息，沟通表达，交流者等	√	√	√	√	√	√	√	√	√	√	√	√	√
团队合作	团队合作，在团队中与人合作，合作能力，合作，与他人合作，在团队合作与工作的能力，和谐等	√	√	√	√	√	√	√	√	√		√		√

---

　　① 黄四林、左璜、莫雷等：《学生发展核心素养研究的国际分析》，载《中国教育学刊》，2016(6)。

续表

指标	表述字段	经济合作与发展组织	欧盟	联合国教科文组织	日本	新加坡	美国	芬兰	英国	加拿大	法国	澳大利亚	新西兰	中国台湾地区
信息技术素养	互动地使用信息、技术，数字化素养，收集和使用信息，信息素养，信息与技术，使用技术的基本知识和能力，掌握咨询与通信的常规技术，培养创造科技的能力，尤其是信息和通信的技术，运用符号的能力，使用科技信息等	√	√		√	√	√		√		√	√	√	√
母语能力	有效运用口语和书面语言，母语交流，阅读和写作能力，口语表达、书面表达，陈述解释的能力，掌握母语，运用语言、文字符号的能力，阅读理解等	√	√		√	√	√		√	√	√		√	√
学会学习	学会学习，学会求知，学习能力，学习技能，个人学习能力，独立进行学习的能力，学习如何学习，求知等		√	√			√	√	√	√				√
独立自主	自主行动，独立，自我导向，独立的公民，独立的调查者，独立自主，自主，自立等	√	√		√		√	√	√			√		√

续表

指标	表述字段	经济合作与发展组织	欧盟	联合国教科文组织	日本	新加坡	美国	芬兰	英国	加拿大	法国	澳大利亚	新西兰	中国台湾地区
数学素养	数学能力，数学素养，掌握各科（包括数学）知识内容，使用数学，掌握数学基本知识，通过数字表达和理解知识信息，数的概念和应用等	√	√		√	√			√	√	√		√	√
外语能力	有效运用语言，外语交流，使用外语，世界语言，运用一门外语，外语能力，使用语言（包括外语）等	√	√			√	√				√			√
计划、组织与实施	在复杂的大环境中行动，形成并执行个人计划，基于目标的计划与管理能力，执行任务的能力，计划与组织，组织、计划活动，制订个人计划并严格执行，规划、组织与执行，组织与规划能力等	√	√			√			√			√	√	√
自我管理	认识自己的能力，促进自我精神，自我管理，对自我能力的元认知评价，管理自我，了解自我，为自己发声等			√	√	√	√		√				√	√
创新与创造力	创新意识，创新进取，创造力与创新技能，创造性的思考者，创造力与批判性精神，创造能力，创新思考，敢于冒险等		√	√	√		√		√				√	√

续表

指标	表述字段	经济合作与发展组织	欧盟	联合国教科文组织	日本	新加坡	美国	芬兰	英国	加拿大	法国	澳大利亚	新西兰	中国台湾地区
问题解决能力	问题解决能力，问题解决技能，问题解决，思考者(解决复杂问题)等				√	√	√		√	√		√		√
主动探究	主动意识，主动性，进取心，主动进取的精神，主动参与的积极性，主动探索与研究，探究者等		√				√		√		√		√	√
社会参与和贡献	富有责任心，铭记社会的总体利益，积极参与的公民，社区参与，理解欣赏本国（地区）政治体制及市政，参与和贡献，社会参与和责任等				√		√	√	√			√	√	√
公民意识	公民素养，生产力和社会义务，行使公民权利的能力，公民意识，道德判断和社会正义伦理的观念，保护、维护权利和利益，展现人类的整体价值并构建文明的能力等	√					√	√			√	√		√
尊重与包容	尊重，重视多样性和尊重他人，尊重他人，尊重自己和他人，尊重与关怀，富有同情心的人，包容等	√	√	√								√		√

指标	表述字段	经济合作与发展组织	欧盟	联合国教科文组织	日本	新加坡	美国	芬兰	英国	加拿大	法国	澳大利亚	新西兰	中国台湾地区
可持续发展意识	可持续发展的责任，可持续发展观，节约精神等				✓			✓	✓					
反思能力	反思性，回顾与评价，反省能力，反思者等				✓				✓	✓				✓
适应能力	适应改变，适应性与灵活性等			✓			✓							
情绪管理能力	情绪智力，情感能力等	✓					✓							
环境意识	环境意识，理解并关心自然环境的管理，生态维持与发展等								✓			✓		
审美能力	欣赏与表达，审美能力（欣赏、美感、表达）等		✓											✓
法律与规则意识	保护及维护权利，利益，限制与需求，有原则的人等	✓			✓									
安全意识与行为	安全与交通等								✓					

（二）重视共同基础上的多样选择

各国高中课程改革均在课程结构及其具体设置上有相应调整，课程结构的调整反映了课程理念的变化。虽然不同国家的课程结构有各自的特点，但基本理念都是类似的：重视共同基础，设置丰富多样的选修课程。既保证学生通过高中教育达到基本要求，又让学生能够根据个人需求进行选择，实现全面而有个性的发展。世界上各国家的课程结构的基本都是"必修＋选修"的模式，通过必修课程保证共同基础，提供丰富多样的选修课程。在此基础上，又有各自的特色。美国是"必修＋选修＋计划"，其中计划指的是"独立的研究计划"，它的主要目的是培养学生的研究能力；法国是"共同必修＋模块必修＋选修（组合选修和任意选修）"；芬兰是"必修＋专业选修＋应用选修"，其中专业选修是对必修课程的拓展延伸，应用选修是为学生提供专门的实践性知识的综合课程（包括方法论、职业技能、学科交叉、学科整合等）。

1. 通过必修课程保证共同基础

美国保证语言、数学、科学、社会、体育、艺术等基础性课程在高中课程中的地位，要求学生必修且保证充足的课时。具体通过学分管理来保证共同基础的落实，高中生毕业必须在必修课程中达到规定的学分，从而保证高中毕业生的基本知识结构，避免学生用易学的选修课程来代替基本的核心课程的现象。同时，精选对学生终身有益的课程内容，保留或增加基础知识，体现学科的逻辑结构和学生的心理特征；芬兰规定，高中生至少需要完成 75 个学程（模块）的学习，其中包括 45～49 个必修课程和至少 10 个专业课程、30 个选修课程；德国尤其强调德育、外语和数学三门学科的基础知识、基本技能的传授；法国一贯重视必修课程的基础功能，其必修比例达到 80％以上。国际上多数国家的共同必修课程在整个高中课程体系中占的比例在 60％左右。[①]

2. 设置丰富多样的选修课程

开设丰富多样的选修课程，有利于学生根据自身的特点、需求获得个性发展，保证学生的选择权。提高高中课程多样性和选择性的基本做法是合理调整必修和选修课程的比例，拓展学生选修课程的空间。各国高中选修课程的设置各有特点，大概可总结出两种模式：一种是分专业取向的选修。一般在高一阶段主要设置共同必修课程，在高二、高三增加选修课时，高中选修课程采取这种模式的国家有法国、德国、日本等。法国高中的课程表是按照阶段和专业来呈现的，其中高一年级使用共同的课程表，在高二、高三阶段分为文学专业、社会和经济专业、理科专业，为不同专业的学生提供不同的选修课程，实现专业定向；另一种是综合性选修。在高中阶段不实行专业定向，选修课程面向所有学

---

① 张俊列：《各国普通高中课程改革方案的分析报告》，载《教育科学研究》，2014(1)。

生。通过规定选修的学分，让学生在多样的课程中做出选择。芬兰规定了"最低专业选修学程数"，只要有 10 名学生选修，学校就将开设相应的选修课，若选修一门课的学生超过 30 人，就考虑分班。

为给学术方面优秀的学生提供深入学习的空间，一些国家在高中开设了大学先修课程。例如，美国的 AP（the Advanced Placement Course）课程是为高中阶段高年级学生提供的，旨在向学有余力的学生提供大学初级水平的课程。高中各学科 AP 课程的编制均由 6～8 名美国著名大学教授或经验丰富的高中教师组成的课程编制委员会负责，至 2006 年开设的 AP 课程涉及 22 个领域共计 37 门课程。学生参加 AP 课程学习后，需要进行考试，考试为 5 分制，学生获得 3 分或以上，在报考大学时将更容易被所申请的大学接收，同时也更有可能获得美国一些大学的学分认定和奖学金。当然，美国并不要求所有高中都开设 AP 课程，各高中可以量力而行。

3. 重视实践和研究活动

各国高中课程均重视学生的综合实践活动和研究活动，培养学生的综合素质、实践能力、创新能力、解决问题的能力，从而培养具有国际竞争力的人才。美国的"独立研究计划"、英国的"综合学习"、法国的"框架下个人研究"、韩国的"特别活动"、日本的"综合学习时间"等，均是培养学生综合实践能力、研究能力的课程。

以日本的"综合学习时间"为例，2008 年日本文部省为综合学习时间专门制定了课程标准，其目标为"培养学生自主发现问题、自主学习、自主思考、自主判断、解决问题的能力，掌握问题的思考方法和学习方法，在解决问题和探索问题时，培养学生的主动性、创造性、合作性的态度，以及能够思考自身生存方法的能力"[①]；在内容上"主要以学生的日常生活和身边社会的事例为内容，可以是自然体验、义务劳动，也可以是手工制作、生产活动、观察试验、参观、调查等体验活动"；学习开展的形式有"个人学习、小组学习、同年级学习、不同年龄的集团学习"。日本文部省重视综合学习时间作为课程的教学质量，要求学校做好指导计划，提高教师的指导能力。学校和教师需要做出的指导计划包括整体计划、年间指导计划、单元指导计划。

---

① 滕雪丽、殷世东：《日本中小学综合学习时间改革的动向与启示》，载《外国中小学教育》，2010（10）。

美国的"独立研究计划"，目的是培养学生的研究能力。"独立研究计划"研究的课题由学生自主决定，学生可以找指导教师讨论，研究内容一般贴近学生生活、实践性强，跨学科的综合问题较多，学生开展研究的兴趣浓厚。同时，学生完成研究项目的质量也作为未来大学录取时参考的依据，从而促使学生重视研究活动。

（三）学分制和选课走班广泛实施

1. 采用学分制增强课程实施的灵活性

在各国普通高中课程改革中，学分制得到了普遍采用。学分制既规定了修业年限，又规定了修习学分的数量，是一种以学分为单位来计算学生学习情况的制度，通过给予学生学分来记录学生在相应课程领域的学习情况。[①] 学分制是伴随着选课制而来的，它有利于弹性化课程的实施和管理，有利于学生根据自己的需求选修课程，体现了"让课程适应学生，而不是让学生适应课程"的思想。美国普通高中实施学分制，毕业要求作为最低基准线，对学分总数要求较低。希望继续接受高等教育的学生可在毕业要求的基础上选修更多的学术类课程获得学分；希望毕业后就业的学生则需要选修更多的职业技术类课程获得学分。因此，通过学分制，实现了让学生能够根据自身兴趣和发展需求选择不同种类、不同水平的课程。

2. 选课走班广泛实施

走班制是学生依照自己的学习兴趣、能力水平自主选择符合自身发展的课程，上课时流动到各个不同的班级学习不同的课程，或者到不同的班级用不同进度或难度学习某一课程的一种教学形式。走班制既有利于实现课程的选择性，又有利于教师根据不同班级学生的学习基础、能力水平、兴趣特点设计教学，同时也扩大了学生间的交往范围。走班制在美国、英国、日本、澳大利亚等各国高中课程实施中得到了广泛采用，例如，美国高中的课程一般分为必修、选修和研究计划，在课程的实施中采用走班制教学。其中必修进行分层走班，将必修课程分为基础、一般、高级三个层次。学生可根据自己的兴趣和学习水平自主选择课程和任课老师，或选择研究性学习的方向。针对实施走班制后有的学

---

① 陈时见、王芳：《21世纪以来国外高中课程改革的经验与发展趋势》，载《比较教育研究》，2010(12)。

生无法建立归属感等问题，一些美国中小学校采取了如下措施：在学生入学时就将学生分成一些二十人左右的小班级，每个小班级指定一位指导教师并安排一间教室作为他们的活动基地。每天第一节课前，小班级的学生来此教室集中并交流，然后各自去上课。这项措施在一定程度上满足了学生的心理归属感。

芬兰的"无固定班级授课制"则更进一步，推行了一种不分年级的全面的学分制的课程管理体系。1999年芬兰颁布的《芬兰高中教育法》规定，所有芬兰高中都应采用"无固定班级授课制"的教学模式，学校不再为学生分班级或分配固定教室，不同学年入学的学生可能因选择同一门课而在同一间教室上课。学生升入高中，在第一学期就要根据自己的兴趣和志向，制订适合自己的整个高中的学习发展计划。并且制订学习计划不受统一的学习进度、学生年龄和所在年级的限制，可以因人而异，具有很大的自主性和选择性。对于必修课程，学生可以选择什么时候上、选择任课教师。对于选修课程，学校一般没有太多限制，但会注明选修一门课程需具备的知识前提。一般只要有10名学生选修一门课程，学校就会开设；若有超过30名学生选修同一门课，学校会考虑分班。学生也可以选修其他学校或社会机构开设的选修课程。

3. 重视对学生发展的指导

伴随选课走班，对学生学业规划的指导、对学生学校生活和心理的辅导成为必要的配套措施。仍以芬兰为例。芬兰高中不仅设置了职业教育与指导、心理学等专门的学习领域，还通过完备的咨询指导体系帮助学生形成学业规划能力。在芬兰，高中设置有咨询顾问、指导员、学生辅导员，咨询顾问必须对学校管理、课程教学、学生的学习情况有全面了解，学生可以就任何学习问题、学校日常事务问题约见咨询顾问。[①]学校对咨询工作高度重视，许多校长、副校长兼任咨询顾问；芬兰的高中虽然没有固定的班级，但学生一入学即被划分到25人左右的小组中，小组安排有指定的指导员（类似于我国的班主任），指导员在行政上接受咨询顾问的领导。指导员每周组织学生小组开展一次例会，传达学校的重要信息，组织集体活动，解决学生学习或生活方面的问题。通过设置学生小组和指导员，实现了传统的班级和班主任的功能；芬兰高中的学

---

① 谢红珍：《国际普通高中课程改革比较研究——我国与美国、芬兰课改比较研究》，载《湖南科技学院学报》，2005(4)。

生辅导员一般由经历了一年高中生活、各方面都优秀的学生来担任，他们对高中新生的学习生活有切身体验和相对成功的经验，能够具体、细致、有针对性地帮助和指导高一新生选课、制订学习计划，同时也能够锻炼自身的工作能力。学校对学生辅导员的工作十分重视，颁发辅导员证书，并在学生的档案中进行记录。正因为建立了完善、系统的学生咨询指导体系，使得芬兰在学分制和走班制上能够走得更远、更好。

（四）评价内容和方式趋向多元

1. 通过评价保证共同基础的实现

世界各国多重视统一的学生毕业水平考试，通过基于标准的考试评价，确保学生在共同基础上达到了基本要求，确保高中教育的质量。例如，芬兰的高中学生需要参加四门全国统一的考试，成绩合格才能毕业，这四门分别是：母语、第二官方语言（芬兰语、瑞典语均为芬兰的官方语言）、外语、数学或综合科目（包括人文科学和自然科学科目），其中前三门是必考，学生可以在数学或综合科目中二者选其一参加考试。从20世纪末开始，德国的各联邦州就陆续在各自州内实施统一的高中毕业会考。近年来，有的州还联合起来，共同进行高中毕业考试，比如2010年开始德国柏林和勃兰登堡州进行统一的高中毕业考试；美国实行地方分权的教育行政体制，各州的课程标准是在参考全国标准的基础上自己制订的，在各州往往也重视通过评价确保学生达到共同基础要求。美国高中的学业评价与课程标准息息相关。比如以马里兰州和纽约州为代表的州教育管理部门制定了系统的核心课程目标，并将课程目标体现在学业评价中，将每一条课程目标具体落实到考试评价标准中，使评价能够全面、准确地反映出每名学生达成课程目标的程度，从而保证课程基本要求的落实。

2. 重视综合素质评价

综合素质评价是素质教育的重要组成，世界各主要国家和地区均重视对高中学生的综合素质评价。崔允漷等人总结了主要国家或地区实施综合素质评价的方式，指出各国均认为学生的学术能力属于综合素质的一个重要组成部分，并将综合素质评价划分为四类：第一类是通过考试，评价学生的学术能力。第二类是通过平时成绩，评价学生的学术能力。[①] 通过这种方式评价学术能力，是因为仅通过一次高利害的考试很难完全反映学生的学术水平。例如，学生在日常研究性学习、探究活动中的表现，学生在平时表现出的分析解决问题能力、对待学术问题的态度等。通过记录学生平时的课程成绩来反映这部分学术能力，可以弥补一次性纸笔考试的不足。第三类是通过考试或结构化较强的测试来测量学生的非学术能力。例如英国的"受控评价"，就是在测试中安排学生置身于模拟真实的环境中，让学生进行真实的操作，然后对学生的行为表现做出评价。我国香港地区实施的校本评核机制也与之类似。这些国家或地区的经验表明，通过模拟真实情景可以较好地对学生的一些非学术能力进行评价。第四类是通过收集和记录平时的证据来测量学生的非学术能力。通过学生日常的行为和活动表现，更能客观、真实地反映学生的非学术能力。对学生日常表现的记录和评价，不同国家或地区的具体方式有所不同，但大致可以分为两种：一种是只收集有明确证据的行为，典型的国家是新加坡；另一种是较全面地收集各种材料后进行模糊的判断，典型的国家是美国。新加坡将对学生非学术能力的评价限定在学生在课外活动中的表现，具体包括体育运动(Sports groups)、表演艺术(Performance groups)、制服队(Uniform groups)、社团学会(Clubs and Societies)四部分，对其中哪些活动在评价范围之内、具体的行为表现标准及其分数的权重都有清晰明确的界定，比如学生担任校学生会主席可以计算几分等；与新加坡不同，美国对学生综合素质的评价标准则不那么具体明确，而是在全面地收集证据的基础上进行模糊评价。美国的大学在招生时并没有明确、系统的评价指标，而是基于大量评语式的材料再进行定性的评价，大学将高中生的综合素质作为一个整体进行总体评价、模糊评价。美国的大学入学申请材料主要包括入学申请和附属材料两大部分，在这两大部分中对学生的综合素质评价均得到了充分体现，具体在下面陈述。

3. 评价内容和方式多元

大学招生是一种选拔性行为，对学生的前途、未来有重要影响，对学生而言是高利害的，因此对高中教育教学也有巨大的导向作用。因

---

① 崔允漷、柯政：《关于普通高中学生综合素质评价研究》，载《全球教育展望》，2010(9)。

此，大学招生时如何对学生评价和选拔，评价的内容、标准和形式对高中课程将产生巨大影响。如果大学在招生时，能够全面、开放地评价学生，注重学生综合素质、注重学习和发展的过程，评价的主体多元、形式多样，同时学生能有多种途径展示自我、多次机会发挥自己的潜力，将对高中的课程和教学发挥积极的导向作用，引导学生发展兴趣和特长、追求自我进步和发展，而不是功利性地应试、只关注结果不重视过程。世界上一些发达的国家和地区，在大学招生评价时，均进行多方面的综合素质评价，评价的内容、主体和方式多元。

以美国为例：美国不实行全国统一的高校招生制度，各大学实施自主招生，学生与大学之间进行双向选择。大学选拔学生时考查的方面和内容多元、对这些内容进行评价的方式和评价主体多元，具体考查的方面主要包括：(1)标准化大学入学考试成绩，主要包括 SAT 测试成绩或 ACT 测试成绩。SAT 和 ACT 都不是全国统一的官方考试，而是由社会机构组织的。SAT 主要考查学生解决问题的能力及批判思维能力，相对偏向学术潜力。ACT 属于成就测验，考查学生对高中课程所学内容的掌握程度，检测学生在知识与技能方面是否做好了进入大学学习的准备。SAT 和 ACT 考试每年都安排有 6 次以上，由考生自行报名参加考试，直到获得最满意的分数。(2)平均成绩点数(Grade Point Average，GPA)，GPA 是大学对高中阶段学生每学期、各门主要课程的考试、平时作业和家庭作业、读书报告、课堂行为等加权平均后计算出的分数。(3)自荐信和教师推荐信。自荐信由学生本人写，内容包括自我评价和陈述事实、为什么要选择某大学等。同时，还要附上至少两名教师的推荐信，由教师对学生的日常表现进行综合评价。(4)学生的社会参与能力，比如到养老院、福利院、医院、教会、基金会做义工，组织学生活动、宣传活动、公益活动等，这些均被看作评价学生社会参与的内容。(5)大学先修课程(AP 课程)成绩。AP 考试是对具有较强的学术能力的学生的评价和证明，给有学术潜力的学生提供平台和空间。(6)学生表现出来的、可证实的兴趣。[①]

(五)注重平衡国家、地方和学校课程权

从课程管理体制来看，存在中央集权型和地方分权型两种倾向。中

央集权的课程管理体制强调中央教育行政机关对课程规划和改革的领导，在全国实行统一的课程标准、课程计划和教材，这样的体制优点是有利于保证基本的教育质量，缺点是过分强调统一、不能适应不同地区的实际情况、造成课程体系的僵化。地方分权的课程管理体制能更好地满足实际情况不同的地区、学校和学生的需求，但缺点是没有全国统一的基本约束，不同地区、学校的水平和实施的课程差异较大，不能保证课程和教学的质量和效果。

当前世界各国的课程改革趋势是平衡国家、地方和学校的课程权。一些传统偏向集权型的国家倾向于将课程决策的权力下移，如日本、法国等；而传统偏向分权型的典型国家则倾向于在国家层面加强对基础教育阶段课程的管理，如英国、美国等。各国对课程管理体制的改革趋势是从中央集权型、地方分权型走向更合理的平衡分权，根据本国的传统和实际情况，在集权和分权之间找到适当的平衡点。

二、我国课改历程及高中课程建设存在的问题

(一)我国基础教育课程改革的历史回顾

我国基础教育课程改革主要分为三个历史阶段，即改革开放前30年，从改革开放到21世纪初，21世纪至今。在这三个历史阶段中，我国共经历了八次基础教育课程改革。[①]

第一次课程改革(1949—1952)发生在新中国成立初期，主要任务是改造旧教育，建设新教育，改革方针是"以老解放区教育经验为基础，吸收旧教育的有用经验，借助苏联经验，建设新民主主义教育"。在课程方面的工作主要有：对广大解放区已经形成了的中小学教材做了进一步修订，提供给各级学校使用；对国民党时期遗留下来的各级各类学校的教材进行改造、修订，为我所用；集中编译了一批苏联的中小学教材，在学校开始使用。在课程设置上，取消旧中国的"公民、军训、党义"等课程；规定了中学开设的必修课程，但不设选修课；除各科应贯彻政治思想教育外，高中各学年仍设政治科目，以期加强中学思想政治

---

① 田慧生：《我国基础教育课程改革：回顾与前瞻》，载《中国教育科学》，2015(2)。

教育；课程设置全国统一，所用的教学计划与教材全国通用。[①]

第二次课程改革（1953—1957）发生在社会主义改造时期。国家集中大量的人力物力推进中小学课程教材的建设工作，颁布了新中国成立以来第一套比较齐全的中小学各科教学大纲，编写了新中国成立以来的第二套中小学教材。这次改革初步形成了比较全面的中学课程体系，对普通高中课程的发展起到了承前启后的重要作用。

第三次课程改革（1958—1963）经历了"大跃进时期"、调整与反思时期。"大跃进时期"（1958—1960），教育领域受到"大跃进"的影响，出现了"教育大跃进"，出现了缩短学制年限、把基础教育学制压缩到 10 年、精简课程、随意对原有课程进行删减和合并，否定学校的系统教材、各地自编教材，随便停课搞运动等行为，课程与教学受到了较大影响。调整与反思时期（1961—1963）主要以"调整、巩固、充实、提高"八字方针为指导，对中学课程进行改革，制定并颁布了新的教学计划和教学大纲，起草并编写了第四套全国通用教材。在此时期一批学者对当时国际上一些发达国家的课程改革动向做了研究，出现了相对稳定和思想活跃的局面，提出了一些涉及课程建设关键因素的改革措施。

第四次课程改革（1963—1976）是一次"半途而废"的课程改革。1964年年初毛泽东同志发表关于中小学教育的讲话，对中小学学生课业负担过重提出批评，提出学制、课程、教学方法都要改，随后又作出"课程可以砍掉三分之一"的批示。随后，教育部发出《关于调整和精简中小学课程的通知》，但是很快 1966 年就爆发了"文化大革命"，正常的课程改革被迫中止。"文化大革命"期间，刚刚恢复稳定的中小学课程和教学又遭到破坏。当时倡导开门办学，开放实践，面向实践指导学生学习，但是却走向了极端，学制被大幅度缩短，否定系统的基础知识和基本技能的学习，否定教师的作用，教材全部交由地方自编。结果全国各地的教材水平差异很大，有些地方的教材基本上就是现实生活中的一些现状、问题的简单组合，内容简单、枯燥。[②]

第五次课程改革（1978—1980）发生于"文化大革命"结束后的拨乱反正时期，此时教育也开始拨乱反正。1978 年教育部颁发《全日制十年制

---

① 张湘韵：《我国高中课程改革的历史回顾与现实困境》，载《中国科教创新导刊》，2013(8)。

② 田慧生：《我国基础教育课程改革：回顾与前瞻》，载《中国教育科学》，2015(2)。

中小学教学计划（试行草案）》，开启了第五次课程改革。这次课程改革规定了小学五年、中学五年的学制，颁布了全国统一的教学大纲，国家组织编写了一套应急性的中小学教材，以保证基本的中小学教育质量。

第六次课程改革（1981—20 世纪 80 年代中期），教育部根据邓小平同志"要办重点小学、重点中学、重点大学"的指示，颁布了《全日制六年制重点中学教学计划（修订草案）》《全日制五年制中学教学计划试行草案的修订意见》。这次课程改革的几个重要方面有：高中开设了选修课；开设了包括选修课、劳动技术课在内的十二门课，恢复了以学科课程为主的课程结构；在各学科课时的比例上，延续了建国后重理轻文的倾向。通过第六次课程改革，高中教育获得了很大发展，但也发现了一些问题。例如，课程以必修的学科课程为主，主要是为升学而设置；高中选修课比例太少，且无限制性规定，在实际实施中出现了许多学校未执行的情况；改革主要针对重点中学和条件较好的中学，这样拉大了中学之间的差距等。

第七次课程改革（20 世纪 80 年代中后期至 21 世纪初）是一场从课程思想、课程体制、课程类型、课程内容等方面均发生很多实质性变化的改革。1986 年颁布了《中华人民共和国义务教育法》，义务教育开始正式实施。对高中阶段的课程改革，国家教委开展了"普通中学课程改革研究与试验"。1990 年颁发了《现行普通高中教学计划的调整意见》，将其作为过渡性教学计划；1996 年又正式印发了《全日制普通高中课程计划（试验）》，将教学计划更名为课程计划；2000 年再次颁布了《全日制普通高中课程计划（试验修订稿）》。通过第七次课程改革，高中课程结构得到了优化，高中课程被分为学科类课程和活动类课程，学科类课程又被分为必修课程、限定选修课程和任意选修课程，以更好地满足不同学生的发展需要。在这次改革中，国家实施教材审定制度，建立了一纲多本的教材管理体制。在课程管理上打破集权制，向地方和学校放权，试行国家课程、地方课程和学校课程，允许地方根据实际编写地方教材，这样激发了地方和学校的教育活力。

第八次课程改革是从 21 世纪初开始，至今仍处于深化阶段的一场深刻的改革。2001 年，教育部颁布《基础教育课程改革纲要（试行）》。2004 年开始在高中阶段进行课程改革试验，这标志着新一轮基础教育课程改革全面启动。第八次课程改革继承了第七次课程改革的正确方向，同时在课程管理体制、课程目标、课程结构、课程内容、学习方式和评价等方面进行了全面的改革和深入推进，对我国教育事业发展有非常重要的意义。改革取得了一系列显著的成效，发展至今步入了深水区，也面临很多问题，需要教育工作者进行理论和实践上的深入探索和不懈努力。

(二)当前我国高中课程建设存在的问题

1. 学生评价标准单一，应试现象严重

评价学生的标准单一，应试现象严重是当前我国基础教育课程实施需要突破的一个难题。第八次基础教育课程改革实施以来，考试评价和招生改革进展相对较慢，课程的实际实施受到评价制度制约，教师为应付考试而教、学生为获得高分而学的现象普遍存在。应试现象的存在受优质教育资源稀缺、文化传统、招生制度等复杂因素的影响。虽然产生应试现象的原因不是考试，而是高等教育资源的供需矛盾，是人们想要争取更高的物质待遇和社会地位的本性驱动，但应试现象确实对实际的课程教学实施产生了巨大的影响。尤其是高考等成了课程教学的指挥棒，这已经成为我国教育不能回避的问题，需要正视并寻求解决的路径。高考原本是普通高校选拔学生的依据，却同时被赋予了评价学生学业水平、学校教育质量和教师教学水平等其他功能。若按照高考作为选拔性考试的功能要求，高考的考查要求和目标原本并非必须和课程标准一致，但是在应试现象严重的现状下，高考考试大纲成了实际指导教学的标准，考试成了影响课程改革落实的瓶颈。因此，改革考试评价和招生制度，使之与课程改革的理念和目标一致，势在必行。然而，目前考试评价和招生改革进展相对缓慢，当前的考试评价和招生制度与新课程的理念和结构不完全匹配，导致在实践中产生了以下一些问题。

第一，在课程开设及实际实施中，存在"考什么，教什么"的现象，课程方案的要求被架空。高考中考查的科目或模块，学校十分重视，常常安排超出课程方案设置的课时。高考科目中的选修模块按当地高考要求开设，不考的模块不开，高考考查的模块成为变相的必修，学生实际上没有任何选择权。例如，物理学科的选修2系列(偏向技术方向)，由于和高考、高校招生不对应，全国几乎没有学校开设。理科班学生的政治、历史、地理课程，文科班学生的物理、化学、生物课程，无论课时和教学质量都得不到保证。而音乐、体育、美术、通用技术、综合实践活动、校本课程等非高考课程，经常存在课时不能达到课程方案规定的

要求，教学敷衍，形式化不能达到课程标准要求的现象。

第二，高三课程完全以应试为目标，课程单调、不利于素质教育。为了应付高考，一般的学校均赶进度，争取在高一和高二完成全部的新课教学，而将高三一年时间全部用来复习和练习强化，高三只学习高考考查的科目和体育锻炼，在安排课程时几乎不考虑素质教育的理念、学生的学习生活感受。

第三，在当前的高校招生制度下，高考成绩占有极大的权重和最重要的地位，导致综合素质评价不受重视，学业水平测试反而成为学生的额外负担。过度看重考试分数，评价学生的标准过于单一，高考成为教师教学和学生学习的唯一目标，助长了应试教育，不利于素质教育的推广。

第四，高考考试大纲和历年的高考要求，成为实际上指导教学的"标准"。理论上，课程标准是教学的依据，课程标准中规定了对学生的基本要求。实际上，取得较好的高考成绩成为师生的目标，考试大纲成了教学的依据。然而，高考不是基于标准的测试，而是选拔性考试。更严重的是，由于激烈的竞争，教师和学生都抱有分分必争的心态，将目光聚焦于高考中易失分的题目，甚至对区分度较大的难题、偏题产生兴趣。实际的教学内容大大超出课程标准的要求，教师在教学中希望能将考试内容和题型"全覆盖"，学生在题海中苦苦挣扎。一些教育工作者呼吁高考命题应按照课程标准的要求，但高考毕竟是选拔性考试，其要求可以适当高于课程标准，但试题体现的理念应与课程标准一致。要避免出现"考纲成为实际的'教学标准'"的现象，仅靠高考改革是不够的，必须同时进行招生制度的改革。

第五，应试教育使得学校课程和教学重智轻德。立德树人是发展中国特色社会主义教育事业的核心，是深化课程改革的根本任务。当今时代，经济全球化日益深入，国际竞争日趋激烈，价值取向越发多元，各种思想文化交流、交融、交锋更加频繁，在这样的环境下，中学生的价值观、人生观受到多方面的复杂影响。德育为先、能力为重、全面发展的教育理念已经得到普遍认同。然而，受应试教育的影响，目前许多学校只关心考试成绩和学生的学习，要求学生不去关心和学习无关的事，做到"两耳不闻窗外事，一心只读圣贤书"。学生只关心考试科目学习和成绩，缺乏社会生活体验，在学习竞争激烈的环境下，普遍存在一些问题：自私，一切以自己的利益为出发点，不会顾及他人的感受，不会考虑集体利益和社会影响；冷漠，缺乏同情心，不关心他人，不热心公益活动；不擅于合作，不能与他人、与集体融为一体，不能主动履行自己作为集体一员的义务。以至于一些学者高声疾呼：我们的教育在培养一批利己主义者，通过层层考试选拔脱颖而出的不是社会最需要的人才，而是精致的利己主义者，这种状况必须得到改变。

2. 课程的选择性需要进一步增强

基础教育阶段高中课程的特点之一就是选择性。我国的普通高中课程，直到 20 世纪末仍然总体呈现出单一性的特点，主要围绕升学而设置课程，绝大多数高中生都学习同样的内容，经历类似的高中生活。第八次基础教育课程改革中一个革命性的变化，就是注重高中课程的选择性，关注学生的差异、不同发展方向和个性化需要，促进学生的多样化发展。然而，在课程的实际实施中，受到各种因素的影响，相当多学校的课程选择性不足，偏离了课程改革的顶层设计。具体表现有以下几点。

第一，考试限制了学生对国家课程选修模块的自主选择。虽然在国家课程结构的设计中，设置了大量的选修模块，但是在实际实施中，难以实现学生的自主选择。为了在高考竞争中取得优势，学校和教师往往在考试范围内教，部分考的模块只教考的那部分内容，不考的模块不教。一些地方的教育行政部门或教研部门甚至发文，统一"指导"各科开设哪些选修模块的课程。现实的应试倾向和不合理的统一的"指导"，使得高考考查的选修模块实际上变成了必修，高考不考的模块被完全忽视，与课程改革的初衷和国家课程结构的顶层设计背道而驰。

第二，学校开设选修课程时对学生需求的关注不够。一些学校在开设选修课程时，出发点不是学生，不研究本校学生的发展需求，不能满足学生的多样化需求。有的学校虽然表面上开发了大量的校本课程，实际上学生的选择范围仍然十分有限。这表现在：有的学校开设选修课有功利化倾向，校本选修课成为各门高考科目的延伸和拓展，变成各种竞赛的培训班；有的学校让教师开发校本课程，却缺乏顶层设计，疏于管理，教师完全按照个人兴趣开设课程，使得很多学生的需求无法得到满足；有的学校课程资源开发利用的程度不足，开设的校本课程内容单调，教学方式单一；实践类课程、培养学生创新能力的课程普遍比较欠缺。

第三，对学生选课的指导不足。增强课程的选择性，同时应配套加强对学生选课的指导、人生发展规划的指导，这也是目前比较薄弱的方面。学生对自己的认识不足，对未来没有规划，在面临选择时，就会感到茫然，就容易受到考试、从众等外部因素的影响，而不能结合自己的实际做出合理选择。学生选课的意识和能力不强，也是高中课程选择性不足的表现之一。

3. 综合实践活动等跨学科课程薄弱

综合实践活动被普遍认为是本次课程改革的亮点。开展综合实践活动的目的是改变学生以单纯地接受教师传授知识为主的学习方式，通过为学生构建开放的学习环境，引导学生关注社会、经济、科技和生活中的问题，并提供多渠道获取知识、将学到的知识综合应用于实践的机会，让学生通过自主探究、亲身实践的过程综合运用已有知识和经验解决问题，培养学生收集信息、发现问题与解决问题的能力，培养学生的实践能力、创新精神、对社会的责任心和使命感。然而在课程教学实践中，却普遍存在综合实践活动落实不到位、形式化严重的问题，表现在以下几个方面。

首先，不能保证师资的数量和水平。从师资数量上看，综合实践活动的专任教师非常缺乏。按照要求，每所学校应有一名以上专任教师，协助学校制订综合实践活动课程方案，负责活动的组织、协调、实施与指导。但实际上，由于综合实践活动课程没有固定的教材和评价，相当多的学校对综合实践活动不重视，没有聘请固定的专职教师，教师的流动性强。另外，有些地方的综合实践活动教师的专业发展通道没有打开，有些地方尚未设立综合实践活动课程教师的职称系列，导致综合实践活动教师无法获得应有的专业认可和发展途径，很多教师不愿应聘综合实践活动课程的岗位。从师资水平上看，在一些安排有专任教师的学校里，很多教师也还停留在开发什么样的主题活动，怎样指导好学生实践活动的水平上，很少有教师全面地完成了规定的职责要求。庞大的综合实践活动兼职教师队伍的教学水平和态度更是参差不齐。兼职教师一般还兼任其他学科的教学，其主要精力往往不放在综合实践活动上。他们之中只有部分教师有能力较好地指导学生开展研究性学习。同时，兼职教师的培训和进修也存在欠缺，指导综合实践活动的水平长期难以得到提升。[①]

---

① 刘玲：《综合实践活动课程师资建设：困境与突破》，载《中小学管理》，2012(6)。

其次，开展综合实践活动的时间被挤占、空间受局限。在实际的实施过程中，综合实践活动课程的时间常常被其他学科挤占。有调查指出："70％的学校高一一学年能安排一定课时的研究性学习活动，而大约仅有40％的学校每周能安排一定课时开展研究性学习活动的理论课教学。特别是高三年级能够安排研究性学习活动的学校少之又少。平均每周安排3课时（符合要求）的学校几乎没有，安排2课时的学校很少，安排1课时的学校也为数不多。研究性学习活动的时间得不到保证。大部分学生抱怨没有时间从事研究性学习活动，还有不少学校甚至连1课时也保证不了。"[①]

综合实践活动课程的理念是"面向学生完整的生活世界，为学生提供开放的个性发展空间"。面向生活，密切联系学生的生活经验和社会发展实际，是综合实践活动的基本要求。综合实践活动应超越单一的、封闭的课堂时空，引导学生从个体的学习生活、家庭生活、社会生活或自然生活中提出具有生命力的鲜活的活动主题、项目或课题；面向自然、面向社会、面向学生的生活和已有经验，在开放的时空中促进学生发展，增长学生对自然、社会、自我的实际体验，发展综合实践能力。然而在实际实施中，很多时候综合实践活动难以走出校门，难以和实际生活、生产、社会联系起来。校外课程资源、实践活动场所尚未得到充分开发，学校和社区、校外教育场馆或机构等没有建立起联系，学校和教师为了避免出现安全问题也不积极带领学生走出校园，综合实践活动的范围和空间仍然有很大的局限性。

最后，实施的质量有待进一步提高。很多综合实践活动指导教师的课程意识和研究能力不足，不知道如何有效地指导综合实践活动，在教学时存在形式化的问题。例如，将综合实践活动课上成学科教学的拓展课，或者用综合实践活动的课时完成学科课程中的各种实验、活动；在教室里"教"综合实践活动，学生却未真正参与实践活动，实践活动课也上成了"一言堂"；教师在设计实践活动课时有非常强的预设，没有关注学生在实践活动中的自主和生成，导致教师"包办代替"，学生没有空间发展提出问题和解决问题的能力。很多教师仍然带着灌输的理念上综合实践活动课，不注重实践探究的过程，或者在学生的实践探究过程中不

[①] 毛佩清：《化解高中综合实践活动课程"实施难"的策略》，载《上海教育科研》，2011(10)。

会指导，甚至一些教师自身也缺乏实践和探究的经验。实践活动的内容、形式不够丰富。在一些学校，实践活动处于形式上有指导教师，实际上学生处于放羊状态的情况。

4. 学校课程自主权未能充分利用

我国教育制度传统上是中央集权型的，学校和教师习惯于自上而下地推行和管理。三级课程管理制度实施以来，虽然明确赋予学校一定的课程自主权，但由于历史传统的巨大惯性，相当多学校难以在短期内"转变"，没有充分利用好学校的课程自主权。从学校而言，很多学校干部的课程领导力仍欠缺，这也造成了学校的课程规划、课程管理薄弱。例如，有些学校干部对教学有丰富经验，但对课程知之甚少；对如何提高学生的考试成绩有一套但对如何通过课程育人这个问题几乎没有思考过。有的学校对课程没有整体规划设计，没有形成学校教育教学的思路，育人目标不明，课程目标和定位不清，为了应试和应付检查而开设课程，类似缺乏办学思考的学校渐渐"同质化"，形成千校一面的局面。有些学校对学校课程有一定的思考和规划，但是还存在一些问题。比如，三级课程如何相辅相成，形成整体，合力育人。又如，如何规范对校本课程的管理和评价，保证校本课程的质量，避免校本课程变成只由教师个体决定的"师本课程"。

从教师而言，在建设校本课程实践过程中，教师的课程意识和课程开发能力不足是学校面临的一大困难，也是无法回避的问题。有的学校在校本课程建设的初期依赖外请专业人士开设课程，或引进比较完善的精品课程，但要真正提升学校课程质量，最终还是要使本校教师参与到课程开发和实施中。因为学校的课程大部分还需要本校教师来建设，不能过度依赖"外援"，教师在了解学生的心理特点和实际情况，开展教育和教学的技能等方面也具有专业优势。即使是引进校外的课程，也需要教师根据自己学校和学生的特点加以校本化实施，唯此才能实现开设校本课程的初衷。然而，当前教师的课程意识和课程开发能力不足已经成为国家课程校本化实施和校本课程建设的瓶颈。从国家课程校本化实施来看，教师对课程标准的学习不够深入，在教学设计时普遍存在学科本位的问题，不能从育人的角度、学生发展核心素养的角度认识和设计教学。从校本课程开发来看，教师课程能力的不足导致校本课程开发过程中出现了一系列问题：教师不知道怎样开发课程；教师仅根据个人兴趣、特长开设课程，不考虑学生需要，也没有明确的课程目标；校本课程的开发过程随意性强，缺乏整体设计；忽视对课程育人效果的评价等。在课程改革深入推进过程中，教师面临校本课程开发的新挑战，提高教师的课程能力已经成为提升校本课程质量要解决的关键问题。

三、学校课程自主创新的未来展望

北京市普通高中自主课程实验以国家课程纲要、课程方案和各学科课程标准为基本依据，围绕"课程目标自主、课程排课自主、课程内容自主、课程实施自主、课程评价自主、学生选择自主"促进学校三级课程整体建设创新，逐步形成"六位一体、整体创新"的北京高中课程改革特色。自主课程实验实施以来，实验学校的课程创新取得了系列成果，直接促进了学校育人水平的提升。当今教育处在快速发展的轨道上，课程改革不断深化，在总结经验的同时，有必要展望未来，主动思考，探讨未来学校自主课程创新的方向。

(一)构建高选择性的课程体系

虽然已经步入信息化时代，科技和社会发生了天翻地覆的变化，然而我们的教育大体上和工业化早期的传统育人模式没有太大差异。当前学校教育仍然"按照工业化的生产要求制定好的'规格'和培养'流程'，把人才作为'教育流水线'上生产的优质'螺丝钉'"。学校就像一个个工厂，试图加工出规格相同的毕业生。这样的教育忽视了学生作为独立的人、不同的个体是存在差异的，忽视了学生在个体经验、学习基础、学习风格、兴趣特长、志向追求等方面具有的独特的个性。学生的个性和需求不同，教育的供给也应有所不同，课程作为学校教育供给的重要的产品就应该是多样的、可选择的。学生的个性发展和差异需求应作为具有选择性的课程体系建构的出发点。[①] 按照教育规律和法规，基础教育阶段从小学到高中，课程的选择性逐渐增强，选择性是高中课程的一个突出特征。

---

① 李希贵、秦建云、郭学军：《构建可供学生选择的普通高中学校课程体系的实践研究》，载《教育学报》，2014(1)。

1. 构建分层分类的高选择性的课程体系

构建高选择性的课程体系，就要合理规划国家、地方、校本课程。首先要开足开齐国家课程，包括各门各类国家选修课。对于国家必修课程，可以在达到课程标准要求的基础上进行分层，不同层次的课程深度、广度和教学进度可以不同，对于一些在某门学科有突出特长的学生，还可以开设大学选修课；也可以对国家课程进行校本化研究，开设分类课程。例如，十一学校将语言类的语文和外语分为听、说、读、写等模块，这些模块之间没有严密的逻辑关系，学生在语言类学科中的学习差异常常表现为对某一个具体模块的需求，按照主干课程＋补弱类和提升类自选课程模块的分类设计思路，学生可以更有针对性地选择学习。[①] 在校本课程中，学校也可以分层分类地建设，以满足不同学生的不同需求。从分层的策略来看，例如对于机器人设计课程，既可以有入门的初级课程，也可以有高级的研究开发课程。从分类的策略来看，建设课程体系时可以考虑从多种不同的角度进行分类，以实现课程的丰富全面和高选择性。例如，按照我国课程的八大领域来分类，或者在八大领域的基础之上进行整合和重新分割；按照发展学生的素养来分类，培养学生的科学素养、人文素养、艺术素养、创新素养等；按照综合和分科课程进行分类；按照不同的学习方式进行分类，分为实践活动、研究性学习、游学等。

2. 促进课程体系内各要素和实施环节的整体融通

有学者提出学校课程变革的三个层次：1.0 层次的课程变革是"点状"水平的课程变革，以课程门类的增减为标志，学校会开发校本课程，并不断增减；2.0 层次的课程变革是围绕具有办学特色的"线性"课程设计与建设，这个层次的学校会围绕某一特定的办学特色或项目特色，开发相应的特色课程群；3.0 层次的课程变革，学校课程发展呈立体分布，以多维联动、有逻辑的课程体系为标志，将课程、教学、评价、管理以及师生发展融为一体，是文化建构与创生层次的课程变革。[②] 构建学校整体融通且富有内涵的课程体系，将课程创新的成果落实到学生和教师的发展上，是学校自主课程的追求。

---

① 李希贵、秦建云、郭学军：《构建可供学生选择的普通高中学校课程体系的实践研究》，载《教育学报》，2014(1)：50～55。

② 杨四耕：《迈向 3.0 的学校课程变革》，载《上海教育》，2016(34)。

未来学校将从国家、地方、校本课程分别建设，各层各类课程相对独立的"拼盘式"课程建设，逐渐走向整体融通的学校课程体系建设。学校将围绕办学理念和育人目标，进行顶层设计规划，整合课程的各个要素，实现合力育人。打通国家、地方、校本课程，打破领域和学科的严格界限，实现课程体系紧密的内部联系和灵活性，加强学校课程与学生的需求、与社会发展、与校外学习实践的联系。实现育人目标、课程结构、课程实施和评价的一致性。

未来学校的课程应走向更深刻的内涵发展。学校不再只追求表面的特色课程，不再将开设几门其他学校没有的特色课程等同于学校的课程特色，而是追求学校课程整体内涵的独特性，追求学校育人模式的创新。学校的课程特色不再用几门精心打造的特色课程宣传，而是体现在惠及全体学生的、具有先进的育人理念且符合学校实际的整体融通的课程体系和实际实施中。更进一步，学校的课程建设不再是单纯为了追求学校的特色，而是追求能够实现每一位学生的特色发展，通过建构丰富多样、可选择的课程体系，发现和发展每一位学生的个性和特长，唤醒每一位学生的潜能，实现每一位学生的自主发展。

（二）基于学生发展核心素养统领课程和教学

针对目前学校的课程和教学存在"知识本位、学科本位"而不重视实现教育的育人功能的倾向，《教育部关于全面深化课程改革 落实立德树人根本任务的意见》提出："要根据学生的成长规律和社会对人才的需求，把对学生德智体美全面发展总体要求和社会主义核心价值观的有关内容具体化、细化，深入回答'培养什么人、怎样培养人'的问题。教育部将组织研究提出各学段学生发展核心素养体系，明确学生应具备的适应终身发展和社会发展需要的必备品格和关键能力，突出强调个人修养、社会关爱、家国情怀，更加注重自主发展、合作参与、创新实践……根据核心素养体系，明确学生完成不同学段、不同年级、不同学科学习内容后应该达到的程度要求……各级各类学校要从实际情况和学生特点出发，把核心素养和学业质量要求落实到各学科教学中。"2016年，中国学生发展核心素养课题组公布了由"文化基础、自主发展、社会参与"三个方面，"人文底蕴、科学精神""学会学习、健康生活""责任担当、实践创新"六大素养以及具体细化的十八个基本要点组成的中国学生发展核心素养体系。教育部颁布的高中各学科课程标准中提出了学科核心素养。核心素养成为引领、深化课程和教学改革的关键。

从课程的角度看，核心素养为课程目标和内容的确定提供了依据和方向。如果持有学科本位的取向，那么确定课程目标、选择课程内容时关注学科知识和逻辑体系本身，关心学科思维和本质的挖掘，而不太关注这些学科知识和思想对人的成长和发展的价值。以发展学生核心素养为取向，就是以人的发展为取向，关注学科的育人价值，在选择课程内容时考虑哪些学科内容能够最大限度地促进和提升学生的核心素养。为了发展学生的核心素养，课程目标和内容的确定，将从单纯以学科知识体系为依据，转向兼顾发展学生核心素养和学科的本质，使得课程对促进学生发展的功能和价值更大。

从教学的角度看，核心素养能够引领教学目标的确立和教学行为的转变。当前在确立教学目标时是从三维目标的角度进行的，实际在教学中，往往注重知识目标的落实，忽视过程方法目标、情感态度价值观的目标。而核心素养是在三维目标基础上的进一步发展，基于核心素养设计教学目标，更加注重人的整体发展，强调体现在学生身上的"整体表现"，有利于更清晰地体现出学科本质、学科的育人价值和功能，也有助于改变目前一些将教学目标割裂处理、贴标签的不正确做法。教学目标指引教学行为，以往探讨的高效课堂，往往默认是知识掌握高效的课堂。而以发展核心素养为目标的课堂，教师不能仅通过讲授和练习强化知识的传递，还应注重知识得出的过程，以及在此过程中运用的思维和方法，获得的情感、态度和体验。知识、知识得出的过程及过程中的体验，均成为助推学生发展的载体。教学不再是为了知识的传递，而是为了促进学生成长。

(三)通过实践课程增强学生的创新精神和实践能力

在深化课程改革，提倡发展核心素养，重视培养学生的社会责任感、实践能力和创新精神的大背景下，综合实践活动课程由于提倡实践、合作、探究、反思等丰富多元的学习方式，鼓励学生解决生活中的真实问题，注重知识与经验的整合，注重实践参与和问题解决，对学生的发展具有独特的价值，更应受到重视并发挥其育人作用。综合实践活动并非新事物，关键在于落实。学校应从以下几个方面加以突破。

第一，充分挖掘综合实践活动的育人价值，通过综合实践活动促进学生核心素养的发展，培养学生的社会责任感、实践能力和创新精神。

第二，保证综合实践活动课程的时间，拓展综合实践活动的开展空间。在时间上，不仅要保证总量，还要能够灵活安排，根据实践活动或研究的主题需要合理安排时间，高效利用时间。在空间上，努力实现课内课外结合、校内校外结合，学校积极和社区、高等院校、科研院所、博物馆、科技馆、企事业单位等建立联系，发掘社会上的教育资源，使之成为学生开展综合实践活动的资源或基地，有条件的话还可以组织学生进行游学。

第三，保证综合实践活动的教师队伍，提升教师指导综合实践活动的水平。学校既要保证专职教师的数量，又要建立专兼职结合的指导教师团队，聘请校外各行各业的人士作为兼职指导教师。这样既有利于开阔学生思路，也有利于促进相互合作的专职教师的专业发展。学校应重视综合实践活动教师的专业发展，创造交流的机会，搭建教研的平台，提升综合实践活动教师的课程意识、研究水平和指导能力。

第四，加强对综合实践活动的评价。通过评价，促进综合实践活动的落实，提升综合实践活动的效果。综合实践活动评价应注重过程性评价，坚持学生发展导向原则，通过评价促进学生和教师了解个性特长，不断激发学生的潜能，促进学生更好地学习和成长。

(四)围绕综合素质提升实施学生发展性评价

评价是课程的要素之一，要想深化课程改革，评价改革是重要的方面。评价改革有利于促进素质教育发展，促进学生全面而有个性的发展。在新的高校招生和高考改革中，已经实现高考和高中综合素质评价的联动，实施依据统一的高考成绩、高中学业水平考试成绩，参考学生综合素质评价的多元录取机制。学校应担负起做好综合素质评价的责任，从思想品德、学业水平、身心健康、艺术素养和社会实践五个方面客观记录学生的各项行为表现，为学生的全面发展和高考多元录取提供参考资料，也为课程的实施效果提供反馈。学校应从整体上设计课程和评价，积极探索综合素质评价的实施方式并使之进一步规范化，将综合素质评价渗透在日常生活和学习中，着眼于通过综合素质评价发现学生的优势和特长。综合素质评价应当关注学生成长与发展的过程，淡化排序和等级；评价方式和主体应当多元，重视学生自评、同学互评以及教师评语的作用，重视对学生日常表现的客观记录。

(五)提升管理者课程领导力和教师课程实施水平

在三级课程管理制度下，学校被赋予了一定的课程权。但是如何发挥好权利，落实政策，使学校课程更加有利于学生发展，需要学校管理者具有课程领导力、教师具有一定的课程能力。学校管理者的课程领导主要指通过对国家、地方、学生等的教育要求进行整合，结合学校的资源和现实条件，明确提出学校的育人目标和课程目标，统领学校的课程建设和保障工作围绕目标而开展，增强学校课程的方向性，其中校长的课程领导是推动学校课程建设和变革的关键力量。学校管理者的课程领导力体现在以下四个方面[①]：(1)分析学校的实际状况，明确学校要培养什么样的人、已有基础、需要什么，进而确立学校课程发展的理念和目标；(2)整体设计和规划学校课程，通过各级各类课程支撑学校育人目标的实现。学校管理者需要思考：学校应开设哪些课程、为什么要开设这些课程、开设的课程如何形成结构实现合力育人；(3)组织和管理课程的开发和实施，包括进行选课、走班方案的设计，引领、调动学校的教师参与学校课程开发，通过管理制度保证校本课程的质量，搭建课程建设的交流平台和专业发展通道等；(4)统筹和开发课程资源，为课程建设提供支持和保障。包括整合和合理开发校内、校外教育资源，尤其应充分发掘各种可利用的社会资源与校内资源实现合力育人。加强学校管理者的课程领导力，可以从加强上述四方面的能力入手。

教师是校本课程开发工作的主要承担者和教学实施者，然而，受传统的师范教育和旧的课程管理体制的制约，大多数教师在入职前没有深入学习课程论知识，入职后也几乎没有参加过课程开发方面的培训或实践，教师的课程能力普遍不高，这成了制约学校课程发展的一个瓶颈。提升教师的课程能力已经成为提高学校课程实施质量的关键。提升教师的课程能力的途径很多，例如邀请专家讲座、参加集体培训、网络学习、外出交流学习、开展研讨活动等。由于校本课程开发工作本身具有实践性和研究性，教师"在做中学"比单纯的理论学习效果更好，通过专家引领的校本课程建设研讨活动对提升教师的课程能力是一种有效的途径。[②]

[①] 赵文平：《校长的学校课程结构领导力探析》，载《中国教育学刊》，2013(5)。

[②] 范佳午、杨明全：《校本教研：校本课程开发的有效途径》，载《教育科学研究》，2015(7)。

（六）依托信息技术促进教与学方式变革

在信息化时代，信息技术的高速发展对课程和教学将带来巨大冲击，值得学校密切关注并以积极的姿态利用信息技术促进课程和学习方式变革。目前，信息技术引发的改变至少有：学生获取信息越来越便捷、丰富，学习的方式也越来越多元。教师、课本早已不是学生获取知识的唯一来源，通过网络，学生可以自主获取大量内容，而且能够获得比课本知识更加富有时代感、更加贴近生活、更加满足学生需要和兴趣的内容。网络上的各种微课、慕课、试题和答疑等学习资源也十分丰富，既有高中国家课程的辅导和拓展，也有大量其他成体系的课程。怎样将网络上丰富的课程资源加以利用，并融合到学校课程体系之中，值得进一步摸索；信息技术手段作为工具，可以辅助学校进行课程管理、进行综合素质评价的记录等，利用技术可以解决很多目前看起来难以破解的问题、使理想变为现实，值得深入研究；未来教材、教辅、各种教学资料的电子化和教学软件会越来越普及，利用信息技术还可以记录学生学习的全过程，从而实现有针对性的教学和辅导，实现学生的个性化学习，而这些学习方式的变革将引发相应的课程变革，需要学校和教师尽早关注并展开研究。

北京市开展普通高中自主课程实验，重要目的之一是通过实验学校的课程自主创新，更好地落实立德树人根本任务，并通过实验学校的示范引领作用带动北京市课程改革不断走向深化。学校的自主课程创新工作，最终要将课程创新成果落实到学生和教师的发展，进而才能实现学校的内涵发展。学校顶层设计的课程体系和一门门具体课程，只有通过有效实施落实到学生，才能取得实效、实现目标。在此过程中，从课程管理上，需要从建立课程结构走向建立操作系统[1]，实现国家课程的校本化实施、高选择性的选修课程、高体验性的实践活动课程、学生个性化的学习过程、全面多元的评价方式；从教师方面，教师既是实施和执行者、也是课程的开发者和创造者，同时也作为学习者不断地提升自身专业能力，教师是决定课程目标落实效果的关键。未来教师应不仅能谈理念，更能将理念转化成日常的教育教学行为，通过先进的教学行为将育人目标和具体的课程目标落在实处。教师开发课程应从外界推动转向

---

[1] 程红兵：《未来十年课程改革前瞻》，载《基础教育课程》，2011(12)。

专业自觉，依据教育改革目标和学生的需求、特点专业地开发课程、实施教学和评价，当然这需要学校改变对教师的评价方式、创造良好的氛围、打通教师在开发课程方面的专业发展通道并搭建提升课程能力的专业发展平台；从评价方面，要充分重视评价这一课程的基本要素，通过评价促进课程目标的真正落实。在实施评价的过程中，应改变应试倾向，立足于学生的发展，落实综合素质评价，重视过程性评价，鼓励学生的多元发展。通过系统的自主课程和育人模式创新，扎实落实立德树人根本任务，实现学生核心素养的提升和良好的发展，是普通高中学校应有的责任和追求。

参考文献

1. 崔允漷，冯生尧．谁赢得高中，谁就赢得人才——全球视野下高中课程和高考变革的对策建议[M]．上海：华东师范大学出版社，2013.

2. 戴克 F. 沃克，乔纳斯 F. 索尔蒂斯．课程与目标(第四版)[M]．向蓓莉，等，译．北京：教育科学出版社，2009.

3. 冯克诚，西尔枭．实用课堂教学模式与方法改革全书[M]．北京：中央编译出版社，1994.

4. 冯增俊，陈时见，项贤明．当代比较教育学[M]．北京：人民教育出版社，2008.

5. 冯忠良．结构—定向教学的理论与实践——改革教学体制的探索[M]．北京：北京师范大学出版社，1992.

6. 高有华．国际课程专家的课程视野[M]．芜湖：安徽师范大学出版社，2012.

7. 郭笙．新中国教育四十年[M]．福州：福建教育出版社，1989.

8. 国际 21 世纪教育委员会．教育：财富蕴藏其中[M]．北京：教育科学出版社，1996.

9. 国家教育发展研究中心组．发达国家教育改革的动向和趋势(第七集)[M]．北京：人民教育出版社，2004.

10. 黄全愈．"高考"在美国：旅美教育学专家眼里的中美"高考"[M]．北京：北京大学出版社，桂林：广西师范大学出版社，2003.

11. S·拉塞克，G·维迪努．从现在到 2000 年教育内容发展的全球展望[M]．马胜利，高毅，丛莉，等，译．北京：教育科学出版社，1996.

12. 黄志成．国际教育新思想新理念[M]．上海：上海教育出版社，2009.

13. 加藤幸次．绝对评价：学校、教育变革的方向[M]．镰仓：镰仓图书文化，2002.

14. 经济合作与发展组织. 面向未来的学校[M]. 李昕，等，译. 北京：教育科学出版社，2009.

15. 克伯莱. 美国公共教育：关于美国教育史的研究和阐释[M]. 陈露茜，译. 合肥：安徽教育出版社，2012.

16. 拉尔夫·泰勒. 课程与教学的基本原理[M]. 施良方，译. 北京：人民教育出版社，1994.

17. 威廉·M. 雷诺兹，朱莉·A. 韦伯. 课程理论新突破——课程研究航线的解构与重构[M]. 张文军，译. 杭州：浙江教育出版社，2008.

18. 李建民. 英国基础教育[M]. 上海：同济大学出版社，2015.

19. 李其龙，张德伟. 普通高中教育发展国际比较研究[M]. 北京：教育科学出版社，2008.

20. 李希贵，等. 学校转型：北京十一学校创新育人模式的探索[M]. 北京：教育科学出版社，2014.

21. 李新翠. 澳大利亚基础教育[M]. 上海：同济大学出版社，2015.

22. 阿姆斯特朗（Armstrong，D.G.）. 当代课程论[M]. 陈晓端，主译. 北京：中国轻工业出版社，2007.

23. 埃德加·莫兰. 方法：思想观念——生境、生命、习性与组织[M]. 秦海鹰，译. 北京：北京大学出版社，2002.

24. 李雁冰. 质性课程评价研究[D]. 上海：华东师范大学博士学位论文，2000.

25. 赵中建. 全球教育发展的历史轨迹：国际教育大会60年建议书[M]. 北京：教育科学出版社，1999.

26. 联合国教科文组织国际教育发展委员会. 学会生存——教育世界的今天和明天[M]. 华东师范大学比较教育研究所，译. 北京：教育科学出版社，1996.

27. 林森. 教育走向改变：加拿大中小学素质教育面面观[M]. 长春：吉林大学出版社，2012.

28. 刘复兴. 国外教育政策研究基本文献讲读[M]. 北京：北京大学出版社，2013.

29. 刘沪. 中国名校丛书——北京师大附中[M]. 北京：人民教育

出版社，2000.

30．路易丝·斯托尔，迪安·芬克．未来的学校：变革的目标与路径(第二版)[M]．柳国辉，译．北京：北京大学出版社，2015.

31．迈克尔·富兰．变革的力量：深度变革[M]．中央教育科学研究所，加拿大多伦多国际学院，译．北京：教育科学出版社，2004.

32．内尔·诺丁斯．批判性课程：学校应该教授哪些知识[M]．李树培，译．北京：教育科学出版社，2015.

33．艾伦．C.奥恩斯坦，费朗西斯．P.汉金斯．课程：基础、原理和问题[M]．柯森，主译．南京：江苏教育出版社，2010.

34．弗雷斯特·W·帕克，等．当代课程规划(第八版)[M]．孙德芳，译．北京：中国人民大学出版社，2010.

35．潘懋元，邬大光，张亚群．中国高等教育百年[M]．广州：广东高等教育出版社，2005.

36．瞿葆奎．教育学文集·英国教育改革[M]．北京：人民教育出版社，1993.

37．上海市教育委员会教学研究室．为了学校的可持续发展：普通高中提升课程领导力的探索[M]．上海：华东师范大学出版社，2013.

38．施良方．课程理论——课程的基础、原理与问题[M]．北京：教育科学出版社．2003.

39．石鸥．结构的力量——《普通高中课程方案(实验)》的理解与实施[M]．北京：高等教育出版社，2004.

40．石中英．知识转型与教育改革[M]．北京：教育科学出版社，2001.

41．宋若云．新加坡教育研究[M]．北京：经济科学出版社，2013.

42．孙培青．中国教育史(第三版)[M]．上海：华东师范大学出版社，2009.

43．伯尼·特里林，查尔斯·菲德尔．21世纪技能：为我们所生存的时代而学习[M]．洪友，译．天津：天津社会科学院出版社，2011.

44．北京师范大学国际与比较教育研究院组．国际教育政策与发展趋势年度报告2013[C]．北京：北京师范大学出版社，2015.

45．田慧生，李臣之，等．活动教育引论[M]．北京：教育科学出版社，2000.

46．汪霞．国外中小学课程演进[M]．济南：山东教育出版社，2001.

47. 王炳照，等．简明中国教育史(第四版)．北京：北京师范大学出版社，2008.

48. 王定华．美国基础教育：观察与研究[M]．北京：人民教育出版社，2016.

49. 王定华．透视美国教育——20位旅美留美博士的体验与思考[M]．北京：北京大学出版社，2008.

50. 王文．零距离美国课堂[M]．北京：中国轻工业出版社，2010.

51. 王小飞，等．普通高中特色发展调研报告[M]．北京：教育科学出版社，2013.

52. 小威廉·E. 多尔．后现代课程观[M]．王红宇，译．北京：教育科学出版社，2015.

53. 熊明安．中华民国教育史[M]．重庆：重庆出版社，1997.

54. 徐华，祁京生．为了学生发展的课程变革——北京市潞河中学自主课程建设的创新探索[M]．北京：北京师范大学出版社，2015.

55. 陈鹤琴．陈鹤琴全集[M]．南京：江苏教育出版社，1991.

56. 徐辉，任钢建．六国普及高中教育政策与改革的国际比较[M]．北京：教育科学出版社，2010.

57. 薛二勇．教育公平与公共政策：促进公平的美国教育政策研究[M]．北京：北京师范大学出版社，2015.

58. 雅斯贝尔斯．什么是教育[M]．邹进，译．北京：生活·读书·新知三联书店，1991.

59. 杨九俊，吴永军．建设新课程：从理解到行动 学习方式的变革[M]．南京：江苏教育出版社，2006.

60. 杨九俊．学校课程能力建设——基于普通高中课程文化转型的研究[M]．南京：江苏教育出版社，2013.

61. 袁振国，等．跨越中等收入陷阱国家教育变革的重要启示[M]．北京：教育科学出版社，2013.

62. 张东娇．最后的图腾——中国高中教育价值取向与学校特色发展研究[M]．北京：教育科学出版社，2005.

63. 张建文．基础教育课程史论[M]．北京：人民出版社，2011.

64. 张圣华．陶行知名篇精选[M]．北京：教育科学出版社，2006.

65. 中华人民共和国教育部国际合作与交流司．国外基础教育调研报告[M].北京：首都师范大学出版社，2001.

66.陈丽，等.普通高中特色建设：谋划与实施[M].北京：北京师范大学出版社，2014.

67.钟启泉.国际普通高中基础学科解析[M].上海：华东师范大学出版社，2003.

68.钟启泉，等.课程论[M].北京：教育科学出版社，2007.

69.钟启泉，等.为了中华民族的复兴，为了每位学生的发展——《基础教育课程改革纲要（试行）》解读[M].上海：华东师范大学出版社，2001.

70.陈如平，等.中国普通高中教育发展报告（2012）[C].北京：教育科学出版社，2013.

71.陈时见，杨茂庆.高中课程改革的国际比较——侧重 2000 年以来的经验、问题与趋势[M].重庆：西南师范大学出版社，2010.

72.丛立新，黄华.好课程：如何设计？[M].北京：教育科学出版社，2015.

73.郭宝仙.英国普通高中课程方案及其特点[J].全球教育展望，2012(2).

74.郭晓明.整体性课程结构观与优化课程结构的新思路[J].教育理论与实践，2001(5).

75.黄四林，左璜，莫雷，等.学生发展核心素养研究的国际分析[J].中国教育学刊，2016(6).

76.黄晓玲.试论普通高中学校课程校本实施的行动策略——基于北京市自主课程实验学校的实践探索[J].教学与管理，2014(12).

77.黄晓玲.普通高中学校特色课程建设的实践路径[J].教学与管理，2012(28).

78.黄晓玲.自主课程实验中校本课程建设的价值审视[J].现代中小学教育，2015(9).

79.霍益萍.国外研究性学习——法国的实施方案[J].教育发展研究，2001(11).

80.雷树人.日本高中课程的改革（上）[J].课程·教材·教法，1993(3).

81.李金云.课堂教学改革研究 30 年：回顾与反思[J].当代教育与文化，2009(4).

82. 李希贵，秦建云，郭学军．构建可供学生选择的普通高中学校课程体系的实践研究[J]．教育学报，2014(1)．

83. 蔡宝来，车伟艳．国外教师课堂教学行为研究：热点问题及未来趋向[J]．课程·教材·教法，2008(12)．

84. 林洁．美国基础教育课程评价的发展趋势及其启示[J]．世界教育信息，2006(11)．

85. 刘丽群．除了"选择"别无选择——关于加强我国普通高中课程结构选择性的思考[D]．长沙：湖南师范大学硕士学位论文，2001．

86. 刘学智，曹小旭．美国高中课程标准的构建：经验与启示[J]．现代教育管理，2011(7)．

87. 罗鑫．新中国成立以来课程评价历史发展的研究[D]．重庆：西南硕士学位论文，2011．

88. 毛佩清．化解高中综合实践活动课程"实施难"的策略[J]．上海教育科研，2011(10)．

89. 裴娣娜．新高考制度下深化普通高中课程改革的几个问题[J]．中小学管理，2015(6)．

90. 彭泽平．改革开放以来我国基础教育课程改革评析[D]．上海：华东师范大学博士学位论文，2004．

91. 綦春霞．英国高中课程设置及其启示——以两所学校为例[J]．中国教育学刊，2012(5)．

92. 秦炜炜．翻转学习：课堂教学改革的新范式[J]．电化教育研究，2013(8)．

93. 阮彩霞．不平均，却公平——教育公平视野下的高中新课程结构研究[D]．长沙：湖南师范大学硕士学位论文，2005．

94. 陈时见，赫栋峰．美国高中课程改革的发展趋势[J]．比较教育研究，2011(5)．

95. 申仁洪．高中新课程的生涯发展特性[J]．课程·教材·教法，2007(6)．

96. 沈仲九．国文科试行道尔顿制的说明[J]．教育杂志，1922(14)．

97. 孙绵涛，于江．现状与变化：改革开放前后我国的基础教育课程改革分析[J]．教育，2010(5)．

98. 谭菲，马金晶．韩国2007年高中课程改革的背景、内容及特点分析[J]. 教育探索，2011(3).

99. 滕雪丽，殷世东. 日本中小学综合学习时间改革的动向与启示[J]. 外国中小学教育，2010(10).

100. 田华. 英国中学"课程作业"及其对我国研究性学习的启示[J]. 教育探索，2005(9).

101. 田慧生. 我国基础教育课程改革：回顾与前瞻[J]. 中国教育科学，2015(2).

102. 田腾飞，何茜. 南非高中课程改革的目标、内容及特色[J]. 比较教育研究，2011(5).

103. 汪凌. 法国普通高中的课程研究[J]. 全球教育展望，2002(3).

104. 王攀峰. 论走向生活世界的教学目的观[J]. 教育研究，2007(1).

105. 陈时见，王芳. 21世纪以来国外高中课程改革的经验与发展趋势[J]. 比较教育研究，2010(12).

106. 王文静. 基于情境认知与学习的教学模式研究[D]. 上海：华东师范大学博士学位论文，2002.

107. 吴卫东. 德国的自由学习面面观[J]. 课程·教材·教法，2001(5).

108. 吴永军. 再论影响学习方式的主要因素[J]. 当代教育科学，2004(20).

109. 杨光富. 国外普通高中教育多样化特色比较[J]. 外国中小学教育，2014(3).

110. 杨四耕. 迈向3.0的学校课程变革[J]. 上海教育，2016(34).

111. 叶澜. 课堂教学过程再认识：功夫重在论外[J]. 课程·教材·教法，2013(5).

112. 叶澜. 让课堂焕发出生命活力——论中小学教学改革的深化[J]. 教育研究，1997(9).

113. 张德伟. 日本普通高中新课程改革研究[J]. 全球教育展望，2002(3).

114. 张华. 论课程目标的确定[J]. 外国教育资料，2000(1).

115. 张华. 世界普通高中课程发展报告[J]. 教育发展研究，2003(9).

116. 陈业. 建国以来我国普通高中课程设置历史、现状与发展路向研究[D]. 广州：广州大学硕士学位论文，2011.

117. 张俊列. 各国普通高中课程改革方案的分析报告[J]. 教育科学研究，2014(1).

118. 张人红. "研究性学习"在美国[J]. 教育发展研究，2001(8).

119. 张天宝，王攀峰. 试论新型教与学关系的建构[J]. 教育研究，2001(10).

120. 张湘韵. 我国高中课程改革的历史回顾与现实困境[J]. 中国科教创新导刊，2013(8).

121. 张晓峰. 分布式领导：缘起、概念与实施[J]. 比较教育研究，2011(9).

122. 刘翠鸿. 选择与组织适合学生需要的课程内容[J]. 教学与管理，2005(13).

123. 赵文平. 校长的学校课程结构领导力探析[J]. 中国教育学刊，2013(5).

124. 钟启泉，杨明全. 普通高中课程改革的国际趋势[J]. 当代教育科学，2003(22).

125. 周国韬. 论综合学习课程的设置——日本中小学课程改革的新发展[J]. 外国教育研究，2002(1).

126. 周晓琴. 大班形式下大学物理探究性学习教学方式的研究[D]. 南京：东南大学硕士学位论文，2006.

127. 程红兵. 未来十年课程改革前瞻[J]. 基础教育课程，2011(12).

128. 朱莉琴. 普通高中课程结构的历史变革和现状调查[D]. 西安：陕西师范大学硕士学位论文，2008.

129. 崔允漷，柯政. 关于普通高中学生综合素质评价研究[J]. 全球教育展望，2010(9).

130. 戴伟芬，王依依. 美国普通高中实施学生发展性评价的保障机制分析[J]. 课程·教材·教法，2013(2).

131. 范佳午，杨明全. 校本教研：校本课程开发的有效途径[J]. 教育科学研究，2015(7).

132. 冯生尧. 课程评价含义辨析[J]. 课程·教材·教法，2007(12).